泰和泰律師事務所 TAHOTA LAW FIRM ｜ 二十周年庆文丛

DIFFICULT LEGAL PROBLEMS AND JUDGMENT OPINIONS OF COMMERCIAL HOUSING SALES

商品房销售疑难法律问题与典型案例裁判观点

刘俊　钟俊芳◎著

法律出版社 LAW PRESS · CHINA ｜ 北京

总　序

2000年，泰和泰律师事务所（以下简称泰和泰）创立。20载岁月峥嵘，泰和泰布局全国，展业全球，演绎出区域崛起突围的传奇故事。2020年，泰和泰创立20周年，时节如流，我们回眸20年，著书立言，凝练思想、沉淀方略，探索理论、互融经验，实践的艰苦磨砺与思想的精彩绽放，泰和泰期翼以“卓越、专业、远见、合作”的精神赢得未来。

改革开放42年，泰和泰半程陪伴，倍感荣光。“法者，治之端也。”全面推进依法治国、努力建设法治中国，泰和泰全体同仁将秉持法治理念、坚守法治理想，培养专业人才、打造专业精神，风雨兼程，与国家同向，与时代同行。

深耕专业20年，泰和泰持续发力，深为自豪。“功以才成，业由才广。”泰和泰始终坚信品质提升和专业培养是落实发展规划的基石，不断升级人才培养战略，积极融入“一带一路”倡议大格局，致力于打造更加完善的全球法律服务网络体系。

过去20年，泰和泰以专业突破赢得了现在；未来，泰和泰以专业传承继往开来。20周年庆文丛的出版，是泰和泰人的经验总结、理性思考和执业探索，是泰和泰以专业虚心谋求行业互鉴的品格呈现，更是泰和泰建设百年律所进程中文化积淀的重要里程碑。

有字谜云：春夜喜雨。谜底为“泰”。好雨知时节，20华诞，泰风正劲、和帆正稳，泰和泰正全力构建全新云端知识管理体系，正强力布设以法律服务为引领的国际化、高端化、文化密集型服务产业生态集群，融于时代之变。

理查德·萨斯坎德写道:“法律机构和律师们正站在十字路口,20 年之内将会遭遇剧烈变革,其变化程度将超过过去两个世纪的总和。”值此文丛付梓之时,2020 年疫情仍在全球蔓延,世界经济格局和法律服务行业发展趋势已受到颠覆性影响,危机与机遇并存,戢鳞潜翼,思属风云,泰和泰已然提前布局,进行深度思考。

我们深知:“志之所趋,无远弗届。志之所向,无坚不入。”泰和泰,志愈坚,行愈远,将在巨变中迎接未来。

泰和泰律师事务所

二〇二〇年五月

自　序

近年来,房地产开发企业涉及与商品房销售有关的纠纷和诉讼呈不断上升趋势。究其原因,一方面,买受人自身维权意识进一步加强,加之房价仍然以较快速度增长,买受人付出巨大资金购买房屋,对于购房结果的期望值越来越高,由此对于购房过程中产生的问题,其容忍度也就越来越低。另一方面,随着房地产市场的发展以及政府部门监管措施全面增强,开发商已不再具有强势地位,信息不对等优势已经逐步消失,而不少开发商不能及时调整以往基于习惯形成的销售方式和工作流程,忽略了风险控制措施,在遭受买受人质疑的情况下又未能采取合理有效的措施予以应对处理,以至于经常陷入纠纷中。以“商品房买卖合同”为关键词在中国裁判文书网检索,2019 年全国人民法院作出裁判的关于商品房买卖合同的案件达 298,802 件。而这仅仅是人民法院出具判决书或调解书的数据,此外还存在大量未诉至法院以及诉前调解的纠纷。从专业角度来看,“29 万余件”这个数字,仅仅是整个房地产行业销售纠纷的“冰山一角”。因房地产项目开发本身的复杂性和法律、政策和政府调控等诸多因素影响,从商品房的销售到合同履行完成,均存在较多争议点。我们发现,很多开发商在这些环节对于法律把握度不够,缺乏风险预测,即使是其所聘用的律师或者专职法务人员,对一些问题也是一知半解,认识模糊不清,不能较好地把握纠纷处理中的关键点,以至于经常陷入被动困境。

笔者团队撰写本书的初衷,就是希望通过总结近二十年来为房地产开发企业提供法律顾问服务及代理各类诉讼案件的经验,针对开发商在销售环节遇到的法律困境进行研判,对重大、疑难问题进行案例研究及裁判观点梳理,以促进开发商规范销售，避免风险和不必要的损失。本书从商品房项目宣传到签约、履行、交付，再到权证办理及共有权益等环节，选择最为典型、最易产生争议也是实务中最易被企业所忽略的问题，结合 110 个裁判案例进行充分阐述，相关案例大部分为笔者团队代理的案件，也正是通过这些案件的代理，笔者团队能够更加充分了解审判机关对于相关问题所形成的裁判观点的由来，也更加能够反思开发商在销售环节应当如何有针对性地采取风险防控措施。因此，笔者团队在相关篇章中不仅就实务问题进行分析，也同时提供了应对措施以及风险控制流程，为开发商在预防纠纷层面提供可供参考并具有可行性的方案。

本书总结典型问题，分析相关案例，提示司法裁判规则和困境突围之策，亦可为公司法务人员、律师的进阶提升提供助力。

当然，因笔者团队自身水平有限，错误遗漏之处在所难免，还望读者不吝批评指教。

本书付梓出版之际，正值泰和泰律师事务所成立二十周年，谨以此书作为献礼。

目　录

第一章 营销篇

第一节
销售广告中“要约邀请”与“要约”的博弈

房地产项目销售过程中，通常在取得预售许可证之前的“蓄水”阶段，开发商就会投入大量的资金进行广告宣传，为正式销售做准备。前期宣传途径包括平面媒体、广播及电视媒体、网络（网站、微博、微信公众号和其他自媒体）、户外广告、DM单、楼书、沙盘、户型模型、样板房（装修示范单位）、现场公示等。开发商为了实现顺利销售，往往会对广告内容有一定程度的夸大或者渲染。这本身无可厚非，但也正是因为广告内容的歧义和夸张，使商品房销售广告饱受诟病，也一直是购房者投诉和社会关注的焦点。《最高人民法院关于审理商品房买卖合同纠纷案件适用法律若干问题的解释》第3条规定：“商品房的销售广告和宣传资料为要约邀请，但是出卖人就商品房开发规划范围内的房屋及相关设施所作的说明和允诺具体确定，并对商品房买卖合同的订立以及房屋价格的确定有重大影响的，应当视为要约。该说明和允诺即使未载入商品房买卖合同，亦应当视为合同内容，当事人违反的，应当承担违约责任。”该司法解释为销售广告的民事法律效力确定了一个基本判断标准，也相当于从司法角度给开发商提供了一个广告宣传的法律指引和提示。而从开发商的角度，既要规避法律风险，也要尽量确保宣传效果，增加楼盘关注度，拉动销售量，以期实现销售目标。两相权衡之下，广告内容用语及图示等或模糊或概括，或一语多义或明暗借指，然后在相关资料中会以较小的字体注明“以上内容仅为广告宣传用途,为要约邀请,不作为销售承诺和合同内容,买卖双方的权利义务以双方签订的《商品房买卖合同》为准”之类的声明。但是购房者对此并不买账,但凡买卖过程中发现最后交付的房屋或相关配套设施与销售广告有差异的,都会毫不犹豫地选择投诉甚至诉讼。开发商为避免责任,也只有以相关广告内容“为要约邀请而不具备法律约束力”作为抗辩。此类争议至今仍为常见,不同情形的销售广告的效力问题和由此产生的责任问题,也一直成为双方博弈的焦点。

一、销售广告构成“要约”的关键条件

根据《最高人民法院关于审理商品房买卖合同纠纷案件适用法律若干问题的解释》第 3 条的规定,销售广告构成要约的条件为:一是宣传资料中的说明和允诺具体确定。法院审查商品房销售广告中的说明和允诺是否具体、确定,要审查其说明是否有清楚明白的具体内容和事项,允诺是否有明确的标准和肯定的含义,并结合具体的事实加以认定。二是对合同的订立及房屋价格的确定产生重大影响。实践中,对于具体某项承诺或者说明对于签约和价格是否具有重大影响,当事人双方往往存有较大争议。但其实认定并不困难,只需要从中立、客观的角度结合交易实际情况,以一般交易主体的普遍性认知来进行判断和认定即可。真正在实践中成为关键条件的,就是关于“具体确定”的认定,不同的认定结果对于是否构成“要约”具有直接影响。

案例 1:张某诉某置业公司商品房销售合同纠纷案

基本案情

2009 年 4 月 20 日,张某与某置业公司签订了《商品房买卖合同》,合同约定张某购买某置业公司开发的某小区 5 幢房屋中的一套。合同及合同附件约定某小区 5 幢房屋均应配置三菱牌电梯,分别位于 9 号房与 10 号房之间、12 号房与 1 号房之间;出卖人交付的商品房的装饰、设备标准应当符合双方约定的标准,达不到约定标准的,买受人有权要求出卖人在双方约定的时间内整改,若仍达不到约定标准,出卖人赔偿双倍的装饰设备差价。

销售该房屋时，某置业公司在宣传手册第14页小区平面图上，标明房屋两端各有2部电梯标识，总共4部。合同签订后，某置业公司于2010年6月30日向张某交付房屋。房屋交付时，该楼栋已在一端安装了2部三菱牌电梯，另一端未安装电梯。

后张某向法院起诉，要求某置业公司双倍赔偿电梯费用。电梯赔偿费用计算标准为电梯井建造费350,000元，电梯设备费用350,000元，2部电梯双倍赔偿总额为(350,000元+350,000元)×2部×2倍=2,800,000元，某置业公司应赔偿张某2,800,000元÷108户=25,925.93元。

另根据某置业公司与上海三菱电梯有限公司签订的《电梯买卖合同》记载，用于该项目5幢的电梯价格为每部224,000元。据成都准量行房地产测绘科技有限公司对该项目的房产面积进行的《房产测绘成果报告》记载及对该报告的情况说明，5幢电梯面积的公摊为：将1~2层电梯面积分摊给1~11层各户，将3~11层电梯面积分摊给3~11层。审理过程中，法院对诉争房屋进行了现场勘察，并拍照记录。勘察情况为该5幢共11层，1~2层系商铺，3~11层系住户，共9层每层12户，住户共计108户。该楼栋已在一端安装了2部三菱牌电梯。另一端未安装电梯。商铺未设置电梯入口，不使用电梯。

裁判观点

法院认为，宣传手册中关于4部电梯的说明和允诺内容具体明确且对买卖合同的订立以及房屋价格的确定有重大影响，应当视为要约，结合合同附件约定电梯分别位于9号房与10号房之间、12号房与1号房之间，每处各2部。某置业公司交付的房屋仅在9号房和10号房之间安装，某置业公司未完全履行该约定，应承担违约责任。建设规划主管部门对该楼栋规划设计图纸、文件的审批，不影响张某向合同相对方某置业公司主张违约责任。

《商品房买卖合同》约定关于装饰设备的违约责任为双倍赔偿设备差价，就合同文本而言，设备指电梯设备本身，不含电梯井的建设及安装所需费用；就违约损失而言，设备价格的双倍赔偿作为惩罚性赔偿，可涵盖张某因某置业公司违约而造成的除电梯设备外的其他损失，故某置业公司应依照合同约定向该栋楼全体业主双倍赔偿电梯设备差价896,000元(224,000元×2部×2倍)。

关于电梯赔偿费的分配问题，法院认为，成都准量行房地产测绘科技有限公司作出的《房产测绘成果报告》及对该小区5幢公摊面积的情况说明，已明确3～11层住户分摊了1～11层所有电梯面积，而1～2层商户仅参与了1～2层电梯面积的分摊，未参与3～11层电梯面积的分摊，且商铺未设置电梯入口不使用电梯，电梯的缺失对1～2层商户未造成损失，故1～2层商户不应当参与电梯赔偿费分配，某置业公司要求将1层、2层商铺纳入分配的理由不成立，法院不予采信。电梯为各住户的出行提供便利，其价值在于使用，3～11层住户平等享有电梯的使用权，电梯赔偿费应当由108户平均分配。

裁判结果

法院判决某置业公司向张某赔偿电梯设备费用8296.3元。

案例2：王某诉某房产公司商品房销售合同纠纷案

基本案情

2013年2月1日，王某与某房产公司签订《商品房买卖合同》及《补充协议》，约定王某购买某房产公司开发的位于某项目1栋1单元6层5号房屋。合同第13条约定，某房产公司交付使用的商品房的装饰、设备标准应符合双方约定（附件三）的标准。达不到约定标准的，以实际交付为准。合同附件三中约定装饰、设备标准为：公共走廊，电梯间为石材面层，楼梯间为防水白色环保乳胶漆，电梯为高品质电梯。第16条第2款约定"双方通过口头、书面、实物及其他形式（包括但不限于双方在交易过程中口头表达的意向和信息、广告、楼书、宣传片、样板间、示范区、沙盘、模型）等所表达的信息都不作为双方权利、义务、责任及出卖人有关该商品房的一切承诺的依据，不构成合同内容"。

该项目宣传手册系某房产公司为宣传案涉房屋所在楼盘而制作，该图册中载明"某项目，采用五星级精装入户大堂……尊享五星级酒店式非凡礼遇……豪华入户电梯，让等待也成为一种美的享受"，上述文字下方附精装修入户大堂、电梯的示意图。该宣传手册倒数第2页下方用小五号字载明"本广告仅供参考，所引用的图片和资料，均以政府部门最终批复为准，买卖双方权利与义务以商品房买卖合同为准"。某房产公司于2014年11月14日向王某交付了房屋。

后王某起诉至法院，诉称某房产公司印制的项目宣传资料及鸟瞰图上载明其开发的某项目房屋具有精装入户大堂及豪华入户电梯。王某在阅读了解上述宣传资料后购买房屋。某房产公司交付房屋时，王某发现某房产公司所交付的房屋入户大厅、电梯与广告宣传资料不符，没有宣传资料中载明的精装入户大堂及豪华入户电梯，实际的楼房入口处空间狭窄不堪，包括电梯在内都没有进行装修。王某认为，某项目广告宣传册作为要约，是商品房买卖合同的主要内容之一，其购买案涉房屋是用于商业活动，该房屋大堂和电梯的现状降低了房屋的品质，使其购买房屋的目的落空。综上，王某认为某房产公司的行为构成了根本违约，要求某房产公司支付违约金。

裁判观点

法院认为，该项目《宣传手册》中虽载明“某项目，采用五星级精装入户大堂……豪华入户电梯……”等内容，但并未对五星级和豪华的标准进行具体确定，且该项目《宣传手册》中已明确标注“本广告仅供参考，所引用的图片和资料，均以政府部门最终批复为准，买卖双方权利与义务以商品房买卖合同为准”，故该项目《宣传手册》不应视为要约。

此外，双方签订的《补充协议》亦明确约定“双方通过口头、书面、实物及其他形式（包括但不限于双方在交易过程中口头表达的意向和信息、广告、楼书、宣传片、样板间、示范区、沙盘、模型）等所表达的信息都不作为双方权利、义务责任及出卖人有关该商品房的一切承诺的依据，不构成合同内容”，故王某以某开发公司交付的商品房不符合宣传资料为由要求支付违约金的请求，不符合合同约定。

裁判结果

法院判决驳回王某的全部诉讼请求。

律师分析

案例 1 和案例 2 的判决结果截然相反，区别就在于法院对于开发商所承诺事项是否“具体”“确定”的认定。案例 1 的开发商在小区平面效果图中在楼幢顶部自行标注 4 部电梯图示，尽管无任何文字说明，但该图示属于施工图纸规范图示，且表明电梯位置。项目销售之后，开发商认为 2 部电梯足以满足业主使用需求，因此在实际修建过程中只安装了 2 部电梯并按此交房，完全忽略了曾经在销售资料上图示为 4 部电梯的情况。该项目交付时，部分业主发现此问题提出投诉，后经双方协商无果，有 48 户业主分别起诉开发商要求其承担违约赔偿责任，本案张某为起诉业主之一。由于 4 部电梯的标注图示清晰明确，无可争议，结合电梯对于高层住宅房屋使用功能的重要性，法院即认定该宣传资料内容构成要约并判决开发商承担赔偿责任。而案例 2 中开发商宣传所称“五星级装修”及“豪华礼遇”，这种承诺并无可界定的标准，也无法通过开发商的其他说明或者承诺予以佐证，当然就被认定为“不明确、不具体”的情形了。实践中类似情况较多，比如，在宣传资料中称小区绿化面积大、配套休闲设施多，交房后业主发现小区实际情况与宣传广告的描述相差较大，提起诉讼，最后法院认为宣传资料中并没有标明绿化、休闲设施等具体数量和尺寸大小，相关表述属于要约邀请。又如，某开发商通过沙盘、宣传册、微信公众号宣称楼盘从仿手工砖石墙面以及干挂石材外立面还原出英伦风情，最后交付时业主认为外立面风格未体现英伦风情要求承担赔偿责任，法院认为相关风格属于主观认定问题，出卖人的前期宣传并没有对相关墙面和外立面的具体设计方案作出描述，不构成要约。与之形成鲜明对比的，则是某些宣传资料中对商品房和相关设施所作的描述已经达到了具体、确定的程度，比如，宣传小区绿化率达到 60%、楼栋之间为 100 米间距、小区内有 3000 平方米的绿化；又如，承诺规划区内有游泳池、健身房、幼儿园。在具体案件中，某开发商的宣传广告称买其开发的某小区可以上某重点中学被判承担违约责任；某开发商楼书表明架空层为车库，后改为幼儿园从而承担赔偿责任；某开发商宣传“3000 平方米中央花园”后缩小景观面积被判赔偿；某开发商沙盘表明某户型具有阳台，实际并未设计阳台，被判承担责任等。

可见，在“具体确定”这一关键条件具备时，法院多认定其内容构成要约且开发商应当对此承担合同责任。至于开发商以广告载体上注有“以上内容仅为广告宣传用途，为要约邀请，不作为销售承诺和合同内容”之类的免责条款来作为抗辩理由的，并不被法院认可，即使要在判决中作出说明，一句“因系格式条款且排除对方主要权利、免除自身主要责任，应为无效”即可处理，不会有过多纠结。相反，如果法院认为某些内容并不构成要约的，则通常会认可该免责条款的效力并且作为判决的引用依据(如案例2)。

二、违反销售广告“要约”的赔偿方式

因广告宣传引发的纠纷大多数是因为商品房销售之时所承诺的配套设施问题,对于违反此类承诺的赔偿方式有的可直接适用合同约定。如住房和城乡建设部以及国家工商行政管理总局联合制定的《商品房买卖合同(预售)示范文本》(2014年版)第14条第3项装饰装修及设备标准约定:“该商品房应当使用合格的建筑材料、构配件和设备,装置、装修、装饰所用材料的产品质量必须符合国家的强制性标准及双方约定的标准。不符合上述标准的,买受人有权要求出卖人按照下列第(1)、________、________方式处理(可多选):(1)及时更换、修理;(2)出卖人赔偿双倍的装饰、设备差价;(3)________;(4)________。具体装饰装修及相关设备标准的约定见附件七”在案例1中,买卖合同中约定的选择是“出卖人赔偿双倍的装饰、设备差价”,因此法院根据合同约定,在认定电梯公允价值的基础上计算双倍差价作为赔偿总额,同时由于电梯属于共有设施设备,法院最终判决根据设备的双倍价值在所有业主之间进行分摊。而对于违约责任没有明确约定的情况下,如何界定赔偿方式则相对比较困难。

案例3:某房地产公司与赵某一、周某、赵某二、某电池公司虚假广告纠纷上诉案

基本案情

1998年,某房地产公司通过《三峡晚报》《宜昌日报》及宣传画册,向社会公众宣传推销其兴建的某商住楼,称小区有3000平方米的中心花园、门卫、停车场、商店、洗衣坊、维修部、健身房、茶坊、舞厅等多功能的服务设施,是“城区中心极品住宅典范,富贵荣耀”。

1998年2月12日、5月28日、7月28日、1999年4月13日,某电池公司、赵某一、周某、赵某二分别与某房地产公司签订了《商品房买卖合同书》,约定某房地产公司将其兴建的某商住楼某房屋,建筑面积126.37平方米,单价2480元/

平方米，共计购房款313,397.60元出售给某电池公司；将C座403号房屋，建筑面积125.13平方米，单价2480元/平方米，共计购房款304,675.20元出售给赵某一，赵某一支付购房款时，某房地产公司优惠了5647.20元；将B座302号房屋，建筑面积89.25平方米，单价2450元/平方米，共计购房款218,662.50元出售给赵某二；将A座301号房屋，建筑面积126.65平方米，单价2480元/平方米，共计购房款314,092元出售给周某。合同签订后，上述三人及某电池公司分别支付了购房款，某房地产公司交付了房屋，双方办理了产权过户手续。

因入住后发现某房地产公司宣传承诺的配套设施没有到位，上述三人及某电池公司曾多次要求某房地产公司予以解决。1999年4月28日，某房地产公司的分公司某物业发展公司提出了该项目环境建设与周边污染问题的解决办法，其主要内容为：某物业发展公司将在住户入住一年内逐项兑现售房宣传册承诺的内容，整治解决A、B单元后侧的污水池与锅炉房污染，否则将承担相应的责任和赔偿相关损失。

2001年4月18日，赵某一、周某、赵某二、某电池公司以某房地产公司发布虚假广告、欺骗其购房为由，向法院提起诉讼，请求判令某房地产公司赔偿因虚假广告造成的经济损失745,450元。

1999年8月30日，湖北省高级人民法院处理另案时，曾委托湖北省审计事务所对该项目小区部分房屋进行评估，其评估价值为2391.82元/平方米，但该鉴定结论有效期为1年。2001年4月6日，赵某一委托宜昌某地产评估咨询有限公司对该项目小区C座403号房屋进行评估，结论为1998年5月28日该房的市场价值为1682.25元/平方米。一审诉讼期间，一审法院委托宜昌某房地产评估有限公司对该项目小区C座403号房屋进行评估，参照周边商品房当时的售价进行测算，评估单价为2077.84元/平方米。

裁判观点

一审法院认为：(1)某房地产公司所售房屋周边环境及配套设施没有达到广告、宣传册所承诺的内容，其发布的广告、宣传册不实，确能误导他人购买房屋，故其与买受人约定的价款可作无效处理，某房地产公司应承担返还部分购房款的民事责任，但过高的诉讼请求部分不予支持。(2)关于返还数额，可按一审法院委托评估的单价作为依据，与合同约定的单价的价差分别确定某房地产公司应退还的价款。

二审法院认为,某房地产公司在广告中明确许诺,该项目小区有3000平方米的中心花园及门卫、停车场、商店、洗衣坊、维修部、健身房、茶坊、舞厅等多功能的服务设施,但该项目小区实际上不具有3000平方米的中心花园,没有停车场、商店、洗衣坊、维修部、健身房、茶坊、舞厅等服务设施,其广告明显含有虚假内容。买受人由于受到该虚假广告的误导,分别与某房地产公司签订了购房合同。入住后,发现某房地产公司在售房广告中承诺的服务设施并不存在,即向某房地产公司要求兑现许诺的服务设施。某房地产公司下属的某物业发展公司虽向买受人书面承诺,在1年内按广告宣传册承诺的配套服务设施逐项建设到位,但至今未能履行承诺,且有些宣传内容,如3000平方米的中心花园根据现状根本不可能兑现,故应认定买受人的合法权益因某房地产公司的虚假广告而受到损害。根据《广告法》第38条"违反本法规定,发布虚假广告,欺骗和误导消费者,使购买商品或者接受服务的消费者的合法权益受到损害的,由广告主依法承担民事责任"的规定,某房地产公司因发布虚假广告,在本案中应依法承担民事责任。

关于一审鉴定结论能否采信,某房地产公司在本案中应如何承担民事责任的问题,法院认为买受人的合法权益因某房地产公司发布虚假广告而受到损害,某房地产公司应按广告宣传的内容对承诺的各项服务设施逐项配套到位。但由于该项目小区总占地面积仅有3423.60平方米,小区内现有房屋均已出售,某房地产公司已不可能建齐3000平方米的中心花园和洗衣坊、维修部、健身房、茶坊、舞厅等配套设施,故其应对该部分配套设施予以折价赔偿。一审法院委托宜昌某房地产评估有限责任公司鉴定该项目小区403室房屋首次买卖的价格,与本案要确定的赔偿标准没有任何关系而且宜昌某房地产评估有限责任公司对一审法院委托其鉴定该小区公共配套设施价格的事项,未作出结论,故二审法院对该鉴定结论不予采信。鉴于二审期间双方当事人并未向本院申请重新鉴定,且经二审法院向有关部门咨询,目前也无法准确地鉴定出该小区公共配套设施不到位部分的价格,考虑本案某房地产公司的过错,结合当地的经济发展水平,二审法院酌情判决某房地产公司承担赔偿责任。

裁判结果

二审法院判决由某房地产公司按购房款总额的7%予以赔偿。

律师分析

案例3于2002年二审终审判决时，《最高人民法院关于审理商品房买卖合同纠纷案件适用法律若干问题的解释》尚未出台，但该案适用《广告法》第38条之规定，以虚假宣传的民事责任规定来判决出卖人应承担的赔偿责任。很显然，要求某房地产公司按照当初承诺的标准对“中心花园”和其他配套设施再行修建已难以实现，《合同法》第107规定：“当事人一方不履行合同义务或者履行合同义务不符合约定的，应当承担继续履行、采取补救措施或者赔偿损失等违约责任。”本案中，为确定某房地产公司的赔偿责任，一审法院委托第三方机构进行鉴定，即以假设没有3000平方米的中央花园等配套设施时的房屋评估价与买受人实际合同价之间的差额作为赔偿标准。而在二审中，法院考虑鉴定中的各种问题，最终采用的酌情处理的方式，按照房价的7%酌情确定赔偿金额。事实上，“房屋差价损失”已被法院较多运用于司法判决中并且据以确定违约赔偿责任的标准。本案开发商没有兑现对于小区的完善配套，对于项目整体品质必然有所降低，也将对房屋价值具有一定影响，一审法院采取评估方式确定房屋差价损失具有一定合理性。只是，影响房价的因素多种多样，市场本身的波动也会造成房价的升降，此类评估结果确实难以与开发商违反配套承诺所造成的损失直接产生联系。但从另一方面来看，即使二审法院没有支持评估差价，也是按照房价的一定比例确定损失赔偿标准，可以想见的是，本案房地产公司的承诺对象并非只有原告，而是针对该小区全体业主，房地产公司都按此标准向每一位业主承担相应的违约责任，累计金额无疑是一笔庞大的数字。

三、对于项目规划范围外的承诺是否构成“要约”

案例4：陈某诉某置业公司房屋买卖合同纠纷案

基本案情

2013年5月27日，陈某与某置业公司签订《商品房买卖合同》，约定陈某向某置业公司购买某小区2期第431幢904号房屋一套。《商品房买卖合同》附件八为补充协议，整个补充协议条款均已加黑、加粗处理。该补充协议第6条第1

款第3项约定：在相关政府行政部门允许下，且在不影响小区总体功能及绿化率等规划指标前提下，出卖人可以对小区平面布局进行局部调整（比如：景观细部节点、区内道路、铺贴方式等），买受人表示充分理解。第9条约定：买卖双方之间的权利义务以主合同及其附件以及本补充协议为准，出卖人为该项目所制作的所有广告及宣传资料中的景观效果、建筑物外立面效果与实际建成后的景观、建筑物外立面效果可能会有差异，对此买受人同意接受。补充协议还对红线内外不利因素进行了说明，约定买受人对所认购的物业状况、交易条件、小区配套设施的分布状况、周边环境已有充分的了解，买受人不得以红线外规划变更或其他不利因素要求退房或补偿。该小区2期宗地图及总平面图显示，2期的绿地率为30%，该小区西面河道、河道西侧绿化及景观E1、E2、E3三大商业地块均在规划红线范围外。

某置业公司制作的该小区2期宣传册中有如下表述："超级8套配套"包含"一站式购物广场、风情商业街、3D图书馆、五星酒店、8厅影院、乡村音乐会馆、艺术博物馆、拍卖厅""西面紧贴活水清溪，河滨游步道和亲水平台与生活亲密互动，临河而居……""南庭中心超大景观池""约500平方米灵动池景"。2期宣传册的封底有"本印刷品所载图文均为宣传所需，仅供参考。双方权利义务以最终所签订的商品房买卖合同及政府批文为准"字样。某置业公司制作的宣传视频主要内容为三维动画展示，其中视频中出现了"一站式购物广场、艺术博物馆、3D图书馆、五星酒店、8厅影院、博物馆"字眼，除此之外并没有其他文字描述。

后某置业公司向陈某等业主发送《入住通知书》表明所购房屋可以交付，要求陈某等业主于2015年1月4日至9日办理入住手续。陈某以商业项目未动工、小区环境及绿化标准降档等存在违约为由拒绝收房并起诉要求某置业公司承担违约责任。

裁判观点

法院认为，商品房的销售广告和宣传资料为要约必须同时符合以下条件：一是出卖人就房屋及相关设施所作的说明和允诺仅限于商品房开发规划范围内；二是所作的说明和允诺应为具体、确定的；三是对商品房买卖合同的订立及房屋价格的确定有重大影响。

具体到本案:(1)依据规划局审核的该项目2期F2地块总平面图及国土资源局审核的宗地图,宣传册及宣传视频中载明的八大商业配套、小区西面河道及河道绿化均不属于该小区2期F2地块开发规划红线范围内。(2)宣传视频仅为三维动画显示,并没有出现具体、确定的文字性描述。宣传册中对小区内水池面积的描述也并非具体、确定。因此,该项目2期宣传册、宣传视频不构成要约,实属要约邀请,并非合同的内容,对双方不具有约束力。

裁判结果

法院判决驳回陈某的全部诉讼请求。

律师分析

按照《最高人民法院关于审理商品房买卖合同纠纷案件适用法律若干问题的解释》第3条的规定,销售广告和宣传资料构成要约的前提是针对商品房开发规划范围内的房屋及相关设施。笔者认为这也符合要约的实质,即要约应当针对商品本身。相关设施包括基础设施(如供暖、供电、供水、小区内景观、小区内道路、停车场)和配套设施(如商业、服务业、医疗、教育、公共交通),开发规划范围内的界定具体以当地主管部门的规划设计为主。所以在案例3中,由于宣传册及宣传视频中载明的八大商业配套、小区西面河道及河道绿化均不属于该小区2期F2地块开发规划红线范围内,不满足要约的构成要件,出卖人不承担合同违约责任。

如《成都市中级人民法院商品房买卖合同案件审理指南(试行)》第8条规定:"出卖人对商品房所在楼盘规划范围之外的环境和公益设施所进行的宣传并非要约,买受人以出卖人交付的房屋周边环境和公益设施未达到宣传资料内容为由,请求出卖人承担违约责任的,不予支持。"笔者认为成都中院的审理指南符合司法解释的裁判精神。首先,司法解释中对要约邀请被视为要约的范围限于规划范围内的房屋和设施。若规划范围之外的环境和公益设施等未订入合同中的事项,则不应视为合同内容,买受人不得以此追究出卖人合同的违约责任。其次,出卖人仅能控制其开发范围红线内的房屋规划、绿化等相关事宜,开发范围以外的事项,出卖人不可控。红线范围外的环境和公益设施因政府市政规划等原因发生变化,出卖人无法提前预知或阻止其改变,故出卖人无须对此承担违约责任。因此,买受人在购房时也应当对红线内外的情况进行认真审查,对市政规划进行了解后再行签署合同。

但是需要强调的一点,对规划范围外的相关设施承诺不构成要约不代表开发商可以随意承诺,甚至进行虚假宣传。即使相关内容不被认定为有约束力的合同内容,也有可能承担缔约过失责任。

案例5:邵某诉某房地产公司房屋买卖合同纠纷上诉案

基本案情

2014年1月21日,邵某与某房地产公司签订《商品房买卖合同》及《补充协议》,约定由邵某购买某房地产公司开发的某项目1栋1单元3层302号房屋。《商品房买卖合同》第11条关于市政基础设施和其他设施约定中,某房地产公司承诺公共绿地2014年12月31日达使用条件,如因出卖人原因致约定期限内未达使用条件的,自约定的期限届满之次日起至实际达到使用条件之日止,出卖人按日向买受人支付已付房款万分之一的违约金。

《补充协议》关于本小区周边不利环境因素特别提示第3条写明:本项目三期用地红线外东北侧,现存有建筑物若干,目前规划用途为军事设施及居住用地,但其规划用途可能会因政府原因作出变更。《补充协议》第16条约定:买卖双方的权利义务以合同及其附件为准,出卖人已明示不属于交付标准或交易条件的,以及双方在交易过程中口头表达的意向和信息,不构成合同内容,双方不受其约束;出卖人提供的售楼书、宣传资料、装修示范单位、装修体验馆等,不作为双方交房、验收、退房等事项的标准及确定违约责任的条件,其内容仅供购房前参考;出卖人对规划建设范围之外的环境、公共设施、道路交通等的说明或介绍,仅为买受人提供参考信息,不构成出卖人的允诺。

在邵某与某房地产公司签订合同时,某房地产公司的售楼部立有《确认书》公示牌一块,其中载明:本公司承诺在本楼栋房屋集中交付最后期限前完成本楼栋东北方向待拆迁楼房的拆迁工作。合同签订后,邵某支付了购房款,某房地产公司按约定时间将该房屋交付邵某使用。后邵某因东北方向待拆迁楼房一直未能拆除,而向法院起诉要求赔偿。

另查,东北方向待拆迁楼属某纺织品公司,原由某纺织品公司的职工居住使用，楼中多数住户已经与某纺织品公司签订拆迁协议后搬离，现在还剩约十户人家未签协议，未搬迁。某房地产公司因此向某纺织品公司发函要求某纺织品公司完成全部土地整理工作。另外，根据规划局存档的《总平面图》《建设工程规划合格证》，涉案房屋东北方向待拆迁楼房不在项目规划红线范围内，亦不在某房地产公司受让的土地红线范围内。

裁判观点

一审法院认为，一方面某房地产公司未按法院要求提交邵某申请调取的《土地整理投资协议》《土地拆迁补偿协议及声明》《土地余款支付及土地交付协议》等证据，按照《最高人民法院关于民事诉讼证据的若干规定》可作出对某房产公司不利的认定，确认待拆迁楼房在某房产公司代征地上，某房地产公司向某纺织品公司支付拆迁款，某纺织品公司有拆迁义务。但另一方面某房地产公司所举市规划局存档的《总平面图》《建设工程规划合格证》还是能以更强的证明力证明东北方向待拆迁楼房不在邵某所购商品房开发规划范围内。对照《最高人民法院关于审理商品房买卖合同纠纷案件适用法律若干问题的解释》第 3 条中“出卖人就商品房开发规划范围内的房屋及相关设施所作的说明和允诺具体确定，并对商品房买卖合同的订立以及房屋价格的确定有重大影响的，应当视为要约”的规定，某房地产公司在售楼部所立公示牌《确认书》中承诺待拆迁楼房拆除时间因待拆迁楼房不在商品房开发规划范围内而不能转化为要约。因此，某房地产公司不应承担违约责任。

二审法院认为，邵某在一审庭审中对被上诉人某房地产公司提交的市规划局存档的《总平面图》质证意见为认可其真实性，也认可案涉待拆迁楼房不在小区规划红线范围内，以及二审中认可案涉小区的规划范围应以规划局正式文件为准。一审法院根据有权机关规划局存档的《总平面图》《建设工程规划合格证》确认案涉待拆迁楼房不在案涉小区开发规划范围内，进而根据《最高人民法院关于审理商品房买卖合同纠纷案件适用法律若干问题的解释》第 3 条的规定，确认某房地产公司售楼部所作出的公告不构成要约的结论正确，法院依法予以维持。

另，对于某房地产公司售楼部所作出的公告，虽然不属于要约，未订入合同，不应视为合同内容，但该行为涉嫌对商品房规划范围之外的环境进行的虚假宣传。如果造成买受人实际损失的,买受人可根据《合同法》第42条、第54条以及《最高人民法院关于贯彻执行〈中华人民共和国民法通则〉若干问题的意见(试行)》第86条的规定,要求出卖人承担缔约过失的损害赔偿责任。

裁判结果

二审法院维持一审判决,驳回邵某的上诉请求。

律师分析

笔者认为,虽然出卖人对商品房所在楼盘规划范围之外的配套设施或环境进行的宣传并非要约,如最终配套设施或环境与前期宣传不匹配的,出卖人不承担违约责任;但是出卖人也不得以红线范围外的内容不可控且无须承担违约责任为由对红线范围外的环境、公益设施等内容任意进行宣传。如果出卖人进行了虚假宣传并造成了买受人的损失,则出卖人应承担虚假宣传的责任。这个责任不属于合同履约责任,而属于缔约过失责任。根据《合同法》第42条之规定,当事人在订立合同过程中故意隐瞒与订立合同有关的重要事实或者提供虚假情况的,给对方造成损失的,应当承担损害赔偿责任。所以在邵某诉某房地产公司房屋买卖合同纠纷案中,二审法院一方面维持了一审法院关于规划范围外的承诺不构成要约,某房地产公司不承担违约责任;另一方面又为买受人另行主张权利留下了空间,法院在判决书中认定该行为涉嫌虚假宣传,如果造成买受人实际损失,买受人可要求出卖人承担缔约过失责任。

四、"赠送面积"引发的风波和反思

长期以来,"赠送面积"是商品房营销过程中的常见宣传用语,如"购房送阳台""购房送书房",有的是直接标明可送多少平方米房屋面积或者实得多少平方米面积。实际上所谓的"赠送面积",只是根据《房产测量规范》在房产面积测算时,不算面积或只算半面积的部分。由于"赠送面积"本身界定模糊,且本身并不计入产权面积,加之宣传过程中多有歧义,从而引发大量的争议和投诉,甚至导致发生群体性诉讼。

案例6：曾某诉某实业公司商品房预售合同纠纷案

基本案情

2011年5月31日，曾某与某实业公司签订《商品房买卖合同》，约定曾某购买某实业公司开发的某小区8栋1单元3层301号商品房一套，套内建筑面积239.33平方米，单价16,403元，总价3,925,639元。签订合同时，某实业公司向曾某提交某项目楼书，楼书载明曾某所购户型产权面积约255.57平方米，地上面积约231.93平方米，赠送面积约70.79平方米。同时，楼书中的户型图载明地下储藏室系全部赠送部分。2012年5月31日，曾某收房发现，户型图载明的属于赠送部分的地下储藏室按房屋单价计算了价款并已经向曾某收取。根据实测报告显示，地下储藏室建筑面积为23.85平方米。

该项目楼书户型图下方以较小的字体注明："本户型图为要约邀请，买卖双方权利义务以合同为准……"2012年9月28日曾某与某实业公司签订《面积结算协议》：因房屋实测套内建筑面积为234.98平方米，与合同约定的239.33平方米不一致，故某实业公司按照合同约定单价退还购房款71,351.4元，本协议签订后，双方有关商品房买卖合同约定面积和实测面积差异问题就此了结，互不再向对方追究任何责任。

后曾某向法院起诉，主张购房时某实业公司出具的楼书明确载明地下储藏室为赠送面积，不应计价。收房时发现，某实业公司将之前承诺的应予以赠送的地下储藏室(面积23.85平方米)作为计价面积计算了房屋总价。曾某正因为地下储藏室为赠送面积，才签订《商品房买卖合同》。现某实业公司将本应赠送的面积计价，违反合同约定，故请求判令某实业公司退还多收的房屋价款391,211.55元。

裁判观点

法院认为，首先，虽然该楼书载明了房屋的面积的数据，但在后面又注明了"约"，表明该数据仅为大概，并不十分确定。另从楼书载明的数据与图示来看，并没有明确具体构成位置，无法与赠送的空间相互对应，由于二者之间并不统一，因此，该楼书的内容并不具体确定。

其次，在该楼书户型图下方，以较小的字注明了"本户型图为要约邀请，买卖双方权利义务以合同为准。本公司保留对户型资料修改权利，敬请留意最新资料"。表明某实业公司向宣传资料的接受者表明了楼书为要约邀请的性质，不受该楼书载明的内容约束，双方权利义务要以正式签订的合同为准。

最后，曾某在收房前与某实业公司签订《面积结算协议》并将某实业公司退还的购房款71,351.4元用于抵销办理产权费用，认可双方有关商品房买卖合同约定面积和实测面积差异问题进行了了结，亦证明曾某在与某实业公司缔约时对双方约定单价及据实测算面积并结算费用是明确认可的，因此，曾某主张楼书对合同的订立及房屋价格的确定产生重大影响的理由不成立。

裁判结果

法院判决驳回曾某的诉讼请求。

案例7：张某、王某与某房产公司房屋买卖合同纠纷申请再审案

基本案情

2013年3月30日，张某、王某与某房产公司签订《商品房买卖合同》及《商品房买卖合同附件与补充协议》。其中，《商品房买卖合同》约定张某、王某购买某房产公司开发的某楼盘18幢1层1号房屋，该商品房所在楼栋建筑层数为6层，其中地上4层，地下2层；所购商品房用途为住宅，住宅类型为普通，测绘建筑面积共408.93平方米，其中套内建筑面积为368.98平方米，共用部位与共用房屋分摊建筑面积为39.95平方米；商品房价款按照套内建筑面积计算，该商品房单价每平方米为20,922.54元，商品房总价款合计为7,720,000元。《商品房买卖合同附件与补充协议》中明确了张某、王某所购房屋在楼盘中的具体位置和该房屋各层的户型图。

2013年11月3日，双方签订一份《房屋面积结算协议》，根据某房屋测绘有限公司于2013年8月27日出具的《面积测量报告》对面积误差进行了结算，根据《面积测量报告》，张某、王某所购房屋实测套内建筑面积为368.76平方米，公摊面积为40.09平方米，总建筑面积为408.85平方米，就面积差异某房产公

司应退还房屋价款4603元。张某、王某已支付了全部购房款。2013年10月21日，某房产公司向张某、王某出具了总价款为7,715,397元的《销售不动产统一发票(自开)》。后张某、王某向法院起诉：要求某房产公司退还按住宅面积多收的购房款并支付利息损失。

经查，楼盘销售宣传资料中宣传购买房屋要赠送带产权双层地下空间。另查明，案涉房屋已经办理产权登记，在产权证上规划用途登记为住宅，建筑面积为408.85平方米，套内建筑面积为368.76平方米；附记部分载明房屋所在楼层为-1跃2层。

裁判观点

一审法院认为，张某、王某与某房产公司陆续签订的《商品房买卖合同》《商品房买卖合同附件与补充协议》《房屋面积结算协议》系双方当事人的真实意思表示，内容不违反法律法规的强制性规定，合法有效。《商品房买卖合同》《商品房买卖合同附件与补充协议》中约定的案涉房屋的计价面积均包含了-1层和-1层夹层部分，其中《商品房买卖合同附件与补充协议》中还附有包含了-1层和-1层夹层部分的户型图。双方在交房后签订的《房屋面积结算协议》中再次对案涉房屋的计价面积进行了确定，其中也包括了-1层和-1层夹层部分。可见，即使某房产公司在销售时宣传-1层和-1层夹层是赠送的，但张某和王某在签订合同时已经明确知道-1层和-1层夹层纳入了计价面积，张某和王某对此并无异议且按约履行了支付全部约定购房款的义务。因此某房产公司将案涉房屋的-1层和-1层夹层部分计入计价面积并无不当，且经双方当事人认可，张某和王某要求某房产公司退还购房款并支付资金占用利息的诉讼请求没有事实和法律依据。

二审法院认为，张某、王某主张某房产公司在宣传资料中宣传要赠送带产权双层地下空间，因此-1层及-1层夹层面积不应计入计价面积。某房产公司在销售时确实进行了“赠送带产权双层地下空间”的宣传，但张某、王某并未举证证明该宣传对商品房买卖合同的订立及房屋价格的确定有重大影响，因此，张某、王某应承担举证不能的法律后果即无法认定某房产公司的该宣传内容应作为案涉商品房买卖合同内容。故张某、王某关于-1层及-1层夹层系赠送，其面积不应作为计价面积的主张，因无事实和法律依据，法院不予支持。

再审法院经审查认为：首先，案涉房屋的宣传资料载明了“所有图片及资料仅供参考。所有细节以政府最后批准及法律文件和预售合同约定为准，开发商保留最终解释权”的提示。《补充协议》第12条约定：“买卖双方均同意以《商品房买卖合同》、《补充协议》及其附件所约定之条款为界定双方权利、义务之最终有效依据，其他由出卖方提供的售楼书、宣传资料、沙盘模型、装修示范单位等，不作为双方交房、验收、退房等事项的标准及确定违约责任的条件。其内容仅供购房前参考。双方在交易过程中口头表达的意向和信息，也不构成合同内容，双方不受其约束。”上述约定用黑体加粗的方式提请购买方注意。其次，案涉定购协议、买卖合同、补充协议及结算协议中关于案涉房屋总面积、总价款等内容均明确具体，并无歧义。且上述关键信息均系手写记明，系双方合意的体现，并非格式条款，故不适用《合同法》关于格式条款的相关规定。最后，如果-1层及-1层夹层面积不计价，案涉房屋总价会降低百万余元。该差异对商品房买卖合同的订立及房屋价格有重大影响。但张某、王某在签订案涉定购协议、买卖合同、补充协议及结算协议等法律文书、支付价款、办理抵押贷款、验收房屋的过程中对约定的面积、单价、总价等关键信息从未提出异议，可见张某、王某明知并认可案涉房屋的计价面积、房屋价款等情况。综上，案涉法律文书上载明的内容系双方真实意思表示，合法有效，双方应以最大诚信履行合同权利义务。张某、王某在买卖合同履行完毕后单方主张合同价款的确定有误，缺乏依据，二审法院判令其承担举证不能的不利后果，并无错误。

裁判结果

再审法院裁定驳回张某、王某的再审申请。

律师分析

以上两个案例都是因为赠送面积引发的纠纷。案例6所涉投诉业主100余人，分别提起诉讼为6人，经历了一审、二审。案例7所涉投诉业主200余人，提起诉讼为23人，本案不仅历经一审、二审和再审立案审查，还先行经历两次行政诉讼，案件可谓错综复杂。笔者在代理开发商参与上述两案时，提出如下意见：业主在签署《商品房买卖合同》时，合同明确约定房屋套内建筑面积单价为多少元，套内建筑面积为多少平方米，房屋总价为多少元，套内建筑面积其实包括了所谓的应当计入产权范围的“赠送面积”，因此业主在签约时应当知道“赠送面积”已经计入合同房价，但是没有提出异议并完成签约和支付全部房款的行为。若将地下室面积赠送表述认定为要约，那么双方签署买卖合同时出卖人提供的合同文本约定不存在进行赠送面积，此属于新的要约，而业主未提出异议并签约，形成承诺，合同依法生效，故原“赠送面积”要约不再具有法律效力。两案的判决都采纳了笔者的代理意见，虽在判决书中并未完整按此进行论述，但明确表达了签约和履约行为已否定赠送承诺这一观点，未予支持业主的诉讼请求。

尽管该两案开发商最终取得胜诉，但笔者认为，开发商在前期宣传中对于面积赠送问题一定要慎之又慎，否则由此所引发的风险及后果难以控制。文中的两个案例有以下共同点：(1)赠送的部分均是别墅房屋的地下室，实际上部分或者全部是要计入产权面积的。(2)企业内部决策均是按套定价，每套别墅房屋不论面积大小，均按照整体价格确定该套总价。因此，营销部门认为可将“地下室赠送”作为宣传噱头(因为不论是否赠送都是按照总价计价销售，房价不会发生变化)。(3)填写买卖合同时，别墅房屋为住宅性质，无法勾选“按套(单元)计价”选项，只能在总价不变的基础上，选择填写折算的单价和房屋面积。事实上，所谓的“地下室赠送面积”，已经部分或者全部计价，导致合同签约条款与宣传承诺不符。以上两案所涉业主在诉讼之前就要求开发商兑现承诺，退还不应当收取的“赠送面积”房款，投诉手段激烈，一度造成开发商的销售现场、办公场所瘫痪，无法正常营业，加之新闻媒体曝光、自媒体转载，给开发商造成了严重的社会负面影响。在诉讼过程中，部分业主仍然不断四处信访、申诉，给审理法院也造成了巨大的压力。因此，尽管在上述案件中开发商虽然避免了巨额退款损失，但是其他方面的损失并不小。此外，在其他诉讼案件中，也有相当数量的关于面积赠送的表述被法院认定为要约并判决开发商承担违反承诺的赔偿责任，实不能因个别案件胜诉而心存侥幸。

案例8：杨某诉某实业公司房屋买卖合同纠纷案

基本案情

杨某欲购买某实业公司开发的某项目商品房，曾多次到销售处了解情况。该公司销售人员在推销过程中，向杨某发放了该项目户型宣传资料，并安排杨某查看了现房。在该公司发放的宣传资料上，印有三室两厅二卫、建筑面积约为 $141m^2$ 的户型图，在该户型图中，有三处阴影部分上明确标注为"赠送"，同时宣传资料版面印有"三重馈赠南向宽幅阳台、主卧 L 型空间、北向设备空间全赠送"等字样，在其右下角，使用明显小于其他文字规格的字号，标注了"本户型图仅为要约邀请，双方权利义务以买卖合同为准"等文字内容。在实地看房时，该公司销售人员亦在现场向杨某说明了赠送情况。

2014 年 10 月 19 日，杨某与某实业公司签订《认购协议书》，主要内容为：杨某认购的住宅房号为 5 栋 2101 室，建筑面积 $141.56m^2$，房屋单价为 9592.24 元/m^2，建筑面积最终以产权测绘面积为准，实行多退少补等。同年 11 月 19 日，杨某（买受人）与某实业公司（出卖人）签订《商品房买卖合同》，载明：杨某购买该项目 5 幢 1 单元 2101 号房，该商品房建筑面积共 $141.56m^2$；按建筑面积计算，该商品房单价为 9592.24 元/m^2，总金额为 1,357,877 元。合同第 5 条约定"合同约定面积与产权登记面积有差异的，以产权登记面积差异处理。商品房交付后，产权登记面积与合同约定面积发生差异，双方同意按以下原则处理：面积误差比绝对值在 3% 以内（含 3%）内，据实结算房价款等。"

后某实业公司在收款后向杨某交付了房屋。2015 年 9 月 18 日，经某实业公司委托，经纬测绘公司对该房屋面积进行实际测量，在将飘窗面积（宣传资料中标称的主卧 L 型空间）计入建筑面积后，最终确定房屋建筑面积 $144.80m^2$。后某实业公司要求杨某补缴因计入飘窗面积而增加的 3.24 平方米面积房款，而杨某以此增加面积为赠送面积为由予以拒绝。

2016 年 11 月 15 日，杨某起诉至法院，要求判令：确认买卖合同项下房屋实际测绘的建筑面积与商品房买卖合同约定面积之间存在误差的 $3.24m^2$ 部分属于某实业公司承诺的赠送面积。某实业公司辩称：双方没有对赠送面积达成合意。宣传资料所示内容仅为要约邀请，并非作出的承诺，不应作为商品房买卖合同的组成部分。

裁判观点

法院认为：某实业公司向杨某等购房人发放的宣传资料中明确载明"三重馈赠：南向宽幅阳台、主卧 L 型空间、北向设备空间全赠送"等内容，此宣传资料所作出的该项允诺具体确定，并足以对杨某等购房人作出购买案涉商品房的决策产生重大影响，符合《最高人民法院关于审理商品房买卖合同纠纷案件适用法律若干问题的解释》第3条所规定的特征，故某实业公司在宣传资料所作出的“赠送飘窗面积”允诺应视为《商品房买卖合同》的内容。某实业公司在宣传资料中作出“赠送面积”允诺之前，案涉房屋设计格局和建筑面积均已确定，某实业公司对于其投入的开发成本及获取的销售利润额度亦有明确预知，虽然测绘标准改变将原不计入建筑面积的“飘窗”列入了房屋建筑面积测绘范围，但并未因此对某实业公司的预期利润产生任何影响。某实业公司在自身损益没有任何变化的情况下，仅因测绘标准调整要求杨某等购房人补交所谓的“增加面积款”，依法不应予以支持。

裁判结果

二审法院判决维持一审判决，即房屋实际测绘的建筑面积与商品房买卖合同约定面积之间存在误差的 $3.24m^2$ 部分属于某实业公司承诺的赠送面积。

律师分析

以上案件最后判决结果与案例6、案例7判决结果迥异的原因也在于说明允诺是否具体确定这一因素。案例6中法院并未认定相关楼书的内容构成要约的原因主要有两个方面：一是从楼书载明的数据和图示无法与赠送的空间对应，并不符合司法解释关于要约内容“具体确定”的构成要件；二是双方已经进行了面积结算，表明双方对面积问题已经达成了一致。反之，在案例8中关于争议的飘窗（主卧L型空间）在宣传资料中明确表明为赠送。该说明和允诺不存在任何争议且赠送面积对杨某购房产生重大影响，测绘标准的调整不影响杨某和某实业公司之间的权利和义务。

值得开发商反思的是：所谓“赠送面积”是真的赠送吗？实际上，经规划而修建的房屋局部区域是基于测绘规范要求无须计算或者部分计算产权的面积，如非封闭式阳台、局部楼板、露台，因此也不应计算房价，但是其作为买受人所购买房屋的一部分，自然随着房屋的出售而归属于买受人，开发商也不可能将此部分分割出售或者单独计价，将本来就应当归属于买受人的这部分区域谓之“赠送”，显然站不住脚，若将之界定为“虚假宣传”也不是不可能。此外，开发商将部分不计产权区域进行改造，搭建为可使用的房间或者功能区域，也谓之“赠送”。此种情况下买受人确实得到了购买房屋本来没有的一部分面积，然而是通过未经规划批准而实施改造而来，其导致的行政处罚风险和买受人索赔风险往往是开发商不可的承受。实践中，不少开发商已经摒弃了“赠送面积”这种销售惯用语，而改为“实得面积”“可用空间”等，这也是规避自身风险的折中做法，相较而言，引发的争议和投诉更少。

第二节
商品房销售广告法律指引

一、目的

为全面检查房地产公司销售广告宣传资料中存在的问题，规范房地产公司项目的广告制作、发布工作，确保房地产公司广告制作、发布符合国家法律法规规定，有效预防和控制法律风险。

二、适用范围

1. 本指引适用于房地产公司开发项目的销售广告制作、发布法律风险检查工作。

2. 销售广告表现形式：平面媒体、广播及电视媒体、DM 单、楼书、沙盘、模型、样板房、现场公示内容等。

三、广告发布原则

广告内容及发布程序合法。广告所传达信息真实，任何明确具体的描述均应有事实依据，不应对自身无法控制的事项作出承诺，不应含有虚假的内容，不应过分夸大，有意误导受众。

四、审查指引

(一)禁止发布商品房销售广告的情形

1. 在未经依法取得国有土地使用权的土地上开发建设的;
2. 在未经国家征用的集体所有的土地上建设的;
3. 司法机关和行政机关依法裁定、决定查封或以其他形式限制房地产权利的;
4. 预售房地产,但未取得该项目预售许可证的;
5. 权属有争议的;
6. 违反国家有关规定建设的;
7. 不符合工程质量标准,经验收不合格的;
8. 法律、行政法规规定禁止的其他情形。

(二)销售广告应当具备以下必须载明的事项

1. 房地产企业名称;
2. 中介服务机构代理销售的,载明该机构名称;
3. 预售或者销售许可证书号。

例外:广告中仅介绍房地产项目名称的,可以不必载明上述事项。

(三)虚假、夸大宣传广告的认定

1. 商品或者服务不存在的;
2. 商品的性能、功能、产地、用途、质量、规格、成分、价格、生产者、有效期限、销售状况、曾获荣誉等信息,或者服务的内容、提供者、形式、质量、价格、销售状况、曾获荣誉等信息,以及与商品或者服务有关的允诺等信息与实际情况不符,对购买行为有实质性影响的;
3. 使用虚构、伪造或者无法验证的科研成果、统计资料、调查结果、文摘、引用语等信息作证明材料的;
4. 虚构使用商品或者接受服务的效果的;
5. 以虚假或者引人误解的内容欺骗、误导消费者的其他情形。

（四）广告画面内容审查要点

1. 关于价格

（1）房地产广告中对价格有表示的，应当清楚表示为实际的销售价格，明示价格的有效期限。

（2）房地产广告不应违反国家有关价格管理的规定。

（3）使用“均价”描述房地产价格，“均价”应为所售房产全部面积的平均价。

（4）使用“起价”“最低价”等文字描述房地产价格的，字体、字号应相同。

（5）使用“一口价”“清盘价”等词语描述房地产价格的，如果仅为指定房源价格，必须加以注明，否则视为是指其在售所有房源价格。

（6）广告中有限量特价房内容的，必须注明限量套数，限量特价有效期。限量特价房销售结束（签订购房合同）后，广告中不应再有限量特价房的内容。

（7）房地产广告中涉及房地产价格评估的，应当表明评估单位、估价师和评估时间。

2. 关于面积

（1）房地产广告，房源信息应当真实，面积应当表明为建筑面积或者套内建筑面积，涉及不计产权面积的部分，原则上不做“赠送面积”表述；

（2）房地产广告中涉及所有权或者使用权的，所有或者使用的基本单位应当是有实际意义的完整的生产、生活空间；

（3）“建筑面积”“套内建筑面积”等表述的字体、字号与数字/平方米保持一致。

3. 项目位置及位置示意图

（1）房地产广告不应以项目到达某一具体参照物的所需时间表示项目位置；房地产项目位置的表述有参照物的，应以该项目与参照物现有交通干道的实际距离为准，不应以所需车程、时间进行表述；

（2）房地产销售广告应当载明房地产项目的具体位置，且应标明该项目的所属区（市）县行政范围；

（3）房地产广告中的项目位置示意图，应当准确、清楚，比例恰当。

4. 广告图像

（1）使用建筑设计效果图或者模型照片的，应当在广告中注明。

（2）在广告中使用他人名义或者形象的，应当事先取得其书面同意；使用无民事行为能力人、限制民事行为能力人的名义或者形象的,应当事先取得其监护人的书面同意。

5. 涉及的交通、商业、文化教育、公益设施设备及其他市政设施设备

(1)房地产广告不应对规划或者建设中的交通、商业、文化教育设施以及其他市政条件作误导宣传;

(2)房地产广告中涉及的交通、商业、文化教育设施及其他市政条件等,如在规划或者建设中,应当在广告中注明。

6. 获奖情况及需提交的证明

申请刊播、设置、张贴下列广告,应当提交有关证明:

(1)标明获奖的商品广告,应当提交本届、本年度或者数届、数年度连续获奖的证书,并在广告中注明获奖级别和颁奖部门;

(2)标明优质产品称号的商品广告,应当提交政府颁发的优质产品证书,并在广告中标明授予优质产品称号的时间和部门;

(3)其他各类广告,需要提交证明的,应当提交政府有关部门或者其授权单位的证明。

7. 数据、统计资料等引证内容

广告使用数据、统计资料、调查结果、文摘、引用语等引证内容的,应当真实、准确,并表明出处。引证内容有适用范围和有效期限的,应当明确表示。

8. 附赠内容

(1)广告中表明推销的商品或者服务附带赠送的,应当明示所附带赠送商品或者服务的品种、规格、数量、期限和方式。

(2)房地产广告有附赠内容表述的,应当准确标明附赠物品的品牌和数量,不应含糊其词。房地产广告中表述的附赠内容不应违反相关法律、法规、规章和其他政策性规定(如不正当竞争):

①不应采用谎称有奖或者故意让内定人员中奖的欺骗方式进行有奖销售;

②采抽奖式的有奖销售,最高奖的金额不应超过5000元。

9. 房地产广告中禁止出现的内容

(1)不应有下列用语:使用“国家级”“最高级”“最佳”等用语;含有淫秽、色情、赌博、迷信、恐怖、暴力等内容的用语。

(2)不应贬低其他生产经营者的商品或者服务。

(3)不应含有升值或者投资回报的承诺。

(4)不应利用其他项目的形象、环境作为本项目的效果。

(5)不应含有广告主能够为入住者办理户口、就业、升学等事项的承诺。

(6)不应使用第一、唯一、首家、独一无二、尊、极、豪、顶等绝对性和夸大表述房地产项目性质性能的词语及其类似词语。

(7)不应使用热销、抢滩、抢购、火爆、甩卖等含糊描述房地产项目销售状况的词语及类似制造紧张空气的词语。

(8)不应出现未经政府或政府职能部门确认的评比、排序等对房地产项目综合评价的内容。

(9)不应出现无法兑现的各种价格优惠、服务标准、环境及配套设施、物业管理等及违反相关法律、法规、规章的内容。

(10)不应有“含有外币计价结算”内容的广告用语。

(11)不应将科学上未定论的观点、现象等当作定论的事实用于商品宣传。

(12)不应以歧义性语言或者其他引人误解的方式进行商品宣传。

10. 广告中其他内容的规定

(1)房地产广告涉及内部结构、装修装饰的,应当真实、准确;

(2)房地产广告中涉及贷款服务的,应当载明提供贷款的银行名称及贷款额度、年期;

(3)房地产广告中涉及物业管理内容的,应当符合国家有关规定;涉及尚未实现的物业管理内容,应当在广告中注明。

(五)禁用词汇

1. “国家级”“最高级”“最佳”等用语[表述过于绝对的词汇,如与“最”有关的、与“一”/“首/家/国”有关、与“级/极”有关的,包括最高级、最佳、最大、世界级、唯一、首个、首选、最好、顶级、最高、最低、最、最具、最便宜、最新、最先进、最新技术、最先进科学、国际级产品、填补国内空白、绝对、独家、首家、最先进、第一品牌、金牌、名牌、优秀、最先、顶级、独家、楼王、全网销量第一、全球首发、全网首发、世界领先、顶级、极品、顶级、顶尖、终极、王牌、销量冠军、第一(No. 1、Top1)、极致、永久、王牌、掌门人、领袖品牌、独一无二、独家、绝无仅有、前无古人、史无前例、万能等];

2. 与事实严重违背的词汇:永久/100%/纯赚/高档/豪宅;

3. 明显可被认定升值或投资回报/承诺的词汇:如回报、保本收益、稳赢、稳赚、吸金；

4. 采用引起销售氛围紧张的词汇：火爆、激烈、热烈、热爆绝版、甩卖、抢购、热销、抢滩等词汇。

（六）免责条款

所有销售广告中均应具备免责条款，但应根据广告具体内容及相关法律规定添加。

1. 普遍条款

以上内容仅为广告宣传用途，为要约邀请，不作为销售承诺和合同附件，买卖双方的权利义务以双方签订的《商品房买卖合同》为准。

2. 户型图完整免责说明（可根据情况调整）

（1）本资料所载信息（含图示和文字等）存在不确定因素，不同房屋可能存在实际差异，不作为要约或承诺，亦不作为交付标准对待。双方权利义务应以签订生效的《商品房买卖合同》及附件为准。

（2）图示尺寸已包含墙体部分，计量单位为毫米，但实际中不精确吻合至毫米。文中面积除有特别说明外均为建筑面积。

（3）装修示意（建议）图为清水房平面经合理改造装修后可能呈现的概况之一，所示设施设备及立体空间为改造后可能呈现的情形之一，同一户型不同房屋可能存在实际差异（局部结构和尺寸等），因不同的改造装修可能呈现不同情况，具体以实况为准。

（4）对房屋及其使用的描述仅是可能性的一种介绍参考，不作为要约或承诺，不排除可能存在其他安排和理解，并非建筑设计分区和交付要求。

（5）本资料在法律允许的范围内由开发商负责说明。

（6）如对周边环境和商业等有描述，则要加上：本资料所描述的周边环境、商业等仅表示现状及已知信息，不排除有变化的可能，最终以实际情况为准。

（7）参与活动类：本宣传不视为要约与承诺，具体活动详情以项目销售现场公示或说明为准；本活动自愿参加，风险自担，在法律允许的范围内由开发商负责说明；活动时间：截止××××年×月×日。

（8）买一层得两层：注明需买受人自行/委托改造，改造后的空间不具备产权办理条件。

（9）关于样板房显著位置的免责说明：本样板房仅为空间布局向导、装修装饰和家具布置参考，非买卖双方的房屋（含花园）交付标准，买卖双方以《商品房买卖合同》及附件约定的标准进行房屋交付。

（10）沙盘、模型显著位置的免责说明：因受材质和比例限制等，均仅为示意，不视为精确表示，不能精确表现建筑物外立面、建筑间距、红线、花园等具体情况，不能完全体现设施设备及构件等的存在，具体以交付现状为准。

（七）其他要求

1. 确保广告画面、文字内容等清晰、明确，不应出现字体太小、字迹模糊导致无法辨认的情况；

2. 广告发布画面需连贯、完整，不应出现广告内容被灌木或其他设备遮挡的情况；

3. 以电子信息方式发送广告的，应当明示发送者的真实身份和联系方式，并向接收者提供拒绝继续接收的方式；

4. 利用互联网发布、发送广告，不应影响用户正常使用网络。在互联网页面以弹出等形式发布的广告，应当显著标明关闭标志，确保一键关闭。

第三节 房地产商标和品牌的保护之道

对于房地产企业享有的注册商标专用权及其附着于商标所形成的企业品牌均属于我国《商标法》和《反不正当竞争法》保护的范畴。实践中涉及房地产商标侵权主要有两种表现：一是擅自在自己开发的楼盘名称中及其相关服务过程中（如商品房销售、物业管理）使用与他人已注册商标相同或者近似的文字、图形；二是擅自将他人已注册商标用作自己的企业名称或者字号（商号）突出使用。不少开发企业历经十几年甚至数十年的努力，才在行业中形成了一定的品牌影响力，成为品牌开发商，其商标及与之相对应的企业名称、楼盘名称及相关服务都具有较高的市场价值，产品具有极强的市场吸引力。同时，由于开发商多通过商品房预售方式以回笼资金，购房者购买期房时无法看到房屋及项目现状，加之买房后遭遇“烂尾”的例子也数不胜数，因此购房者多数情况下会选择声誉好、有保障的大开发商。于是一些中小开发企业乘机通过“搭快车”“傍名牌”的方式，在企业字号、楼盘名称上使用与知名开发商近似或者完全相同的名称、文字，使消费者误认为其楼盘为某知名品牌企业开发产品，从而提升其销售价格、增加销售量。但往往因为这些企业管理混乱、房屋质量差、服务不佳等，会产生大量投诉和纠纷，而其所冒用的知名品牌也会受到牵连，导致其社会评价急剧降低，蒙受无形损失。此类现象，在房地产行业屡见不鲜，这种情形固然与房地产项目开发本身的地域差别而不易被及时发现有关，但更大程度上是基于部分品牌开发商对此未引起足够重视，缺乏有效应对措施所致。

一、房地产商标维权的困境

当开发商遭遇其他企业“搭快车”“傍名牌”这类涉嫌侵犯商标权和不正当竞争行为时，如何有效维权必然是首先思考的问题。而不得不面对的现实是，房地产商标的维权之路并非坦途，充满艰辛。一些典型案例，如深圳美地“香榭丽花园”商标案、万科“四季花城”商标案、东海房产“东海花园”商标案，原告均无一例外遭受败诉的结果，暴露出房地产商标维权存在的法律困境。

（一）房地产商标缺少识别的显著性

2003 年深圳美地置业公司（以下简称美地公司）首先在上海起诉上海龙仓置业公司（以下简称龙仓公司）与上海外滩房屋置换公司（以下简称原外滩公司）开发的“香榭丽花园”（Champs Elysees）侵犯了自己公司的商标专用权，本案被媒体称为“中国房地产商标侵权第一案”。2004 年 9 月，上海市第一中级人民法院判决深圳美地公司败诉。法院认为：“Champs Elysees”（“香榭丽舍”）是闻名世界的法国巴黎香榭丽舍大街的英文名称，美地公司“香榭里 - Champs Elysees”注册商标因涉及外国地名，在获得区别于原有含义的第二含义之前，该商标的区别功能即显著性较弱，所以“Champs Elysees”本身的知名度削弱了原告商标的显著性。被告将楼盘命名为“香榭丽花园”是为了追求法式新古典主义建筑风格，整个住宅小区营造的是法国的浪漫艺术氛围，《商标法实施条例》第 49 条规定，注册商标中含有地名的，注册商标专用权人无权禁止他人正当使用。故原告无权禁止被告正当使用"Champs Elysees"的英文名称。被告龙仓公司与原外滩公司在其开发的"香榭丽花园"住宅小区的大门口、每栋楼的楼身、入口处及售楼广告上使用"香榭丽花园 Champs Elysees"的图文标识既不会与原告注册商标标示的服务发生混淆,也是一种合法、正当的使用行为,故不构成对原告"香榭里 - Champs Elysees"注册商标专用权的侵害。

(二)房地产商标保护范围不及于楼盘本身

作为国内知名房地产开发商,深圳市万科房地产有限公司(以下简称深圳万科)于2001年3月向国家商标局申请"四季花城"商标注册,2002年8月28日核准注册,核定项目包括第36类的所有不动产事务。偶然的一次机会,深圳万科一名工作人员发现,杭州萧山区区划地名管理办公室于2001年8月9日向浙江绿都房地产开发有限公司(以下简称绿都公司)颁发了"四季花城"的地名使用批准书,且绿都公司以"四季花城"命名楼盘。由此深圳万科怀疑绿都公司侵犯了自己的商标权,并一举将绿都公司告上法庭,要求绿都公司停止使用"四季花城"作为楼盘名称和标识使用,并公开赔礼道歉、消除影响,赔偿100万元损失。本案因原告在国内业界的地位和声名而备受媒体和业内关注。2005年1月,浙江省杭州市中级人民法院判决深圳万科败诉。深圳万科上诉后,浙江省高级人民法院终审判决维持原判。

"东海花园"是深圳东海房地产公司1997年开发的第一个楼盘,该楼盘是中国首个AAA住宅小区。2002年,深圳东海房地产公司对东海花园的中英文名称进行了商标注册。2004年,深圳东海房地产公司计划在全国连锁开发房地产项目时发现,东海花园这个名称已被广州、杭州等5个城市的开发商使用。为维护自己的合法权益,深圳东海房地产公司提起了目前国内房地产界涉及被告最多的一宗商标侵权案,在广州、佛山、杭州、宁波及威海5地提起诉讼,诉5家冠名"东海花园"楼盘名称的开发商侵权。上述诉讼在佛山、宁波等地法院均被驳回。

在我国,依据不同用途及使用对象,商标可以划分为"商品商标"和"服务商标"。按照《商标法》以及目前在国内适用的《商标注册用商品和服务国际分类表》的规定,房地产商标仅能在服务类申请注册,主要是在分类表的第36类、第37类上注册。具体而言,在第36类,以"商品房销售"申报,在第37类,以"商品房建造"申报,因此,房地产商标是典型的服务商标。服务商标是用于将服务提供者的服务与他人提供的服务区别开来,服务是必须独立于商品的,即房地产商标专用权的保护限于服务提供者提供的服务,而不涉及建设、出售、出租、管理的不动产本身。由于房地产商标的专用权保护的是服务,不包括服务所依托的不动产本身,故不动产的名称并不是商标专用权的保护范围。也就是说,根据我国目前的商标法规,商品房本身或者说楼盘本身(某一个商品房项目之所以区别于其他的项目就在于不同的楼盘名称)是不能注册"商品商标"的,只能就商品房的建造和销售服务注册"服务商标"。

在上文提到的"香榭丽花园""四季花城""东海花园"商标纠纷案中,法院均认为:原告在第36类"商品房销售"和第37类"商品房建造"上注册的商标均为服务商标,与楼盘名称是两个概念,原告注册商标的保护范围并不延及楼盘本身。被告的楼盘名称与原告的注册商标相同或相似,不构成对原告注册商标的使用,而是对核准不动产名称的使用,不构成商标侵权。

(三)房地产商标专用权与地名使用权发生冲突

在"香榭丽花园""四季花城""东海花园"商标案中,被告均辩称:已根据国务院《地名管理条例》的规定将其开发楼盘的名称申报为地名,并获得了相关部门的批准,拥有合法的地名使用权,因此不构成对原告商标权的侵犯。"香榭丽花园""四季花城""东海花园"商标案的一审判决基本上都支持了被告,认为其合理的地名使用权应受法律保护。

(四)房地产商标专用权与企业名称权(商号)发生冲突

2003年11月,重庆协信集团将重庆南岸天骄公司告上法庭,指称重庆南岸天骄公司在某旧城改造项目中以"天骄花园"名义从事楼盘开发、销售侵犯了其"天骄(及图)"注册商标专用权。"天骄"是重庆协信公司的注册商标,同时又是重庆南岸天骄公司的"商号",协信公司指称南岸天骄公司以"天骄花园"名义从事楼盘开发、销售侵犯了其"天骄"注册商标专用权。南岸公司辩称其"天骄花园"项目使用的"天骄"字样是其企业名称权(商号)的合理运用和延伸,不是协信公司的"天骄"商标;"天骄"作为其企业字号,已按照《企业名称登记管理规定》《企业名称登记管理实施办法》的规定获得了企业名称权,受法律保护。此案即是典型的房地产商标权与企业名称权之间发生的法律冲突。当权利发生冲突时,法院认为天骄公司的"天骄"商号取得在先,基于保护在先权利的原则,法院驳回了协信公司的诉讼请求。

二、有效实现商标与品牌维权之策

当然，上述困境并不代表房地产商标维权总是会失败。随着房地产企业吸取教训，总结经验，逐步调整自身的商标保护策略和侵权追责方式，其维权结果已发生重大变化。

案例9：广州星河湾实业发展有限公司、广州宏富房地产开发有限公司与连江县好旺房地产开发有限公司侵害商标权纠纷上诉案

基本案情

国家工商行政管理总局商标局核准发给广州宏富房地产开发有限公司(以下简称宏富公司)第1946396号的《商标注册证》，载明："商标名称：星河湾及英文StarRiver。核定服务项目为第36类：办公室(不动产)出租；不动产出租；不动产代理；不动产估价；不动产管理；不动产评估；不动产中介；公寓出租；公寓管理；住房代理(商品截止)。注册有效期限：2002年9月28日起至2012年9月27日止。"2012年9月18日，商标局核准涉案商标续展注册有效期自2012年9月28日起至2022年9月27日止。

2005年7月14日，商标局出具《核准商标转让证明》，核准宏富公司将涉案商标转让给广州市宏宇集团。2008年7月14日，商标局出具《核准商标转让证明》，核准广州市宏宇集团将涉案商标转让给广州星河湾实业发展有限公司(以下简称星河弯公司)。

2010年8月10日，商标局核准星河湾公司报送的许可宏富公司使用涉案商标，许可期限为2008年7月15日至2012年9月27日。2012年9月28日，星河湾公司和宏富公司签订《商标使用许可合同》，星河湾公司普通许可宏富公司使用涉案商标，许可期限为2012年9月28日至2022年9月27日。

连江县好旺房地产开发有限公司(以下简称好旺公司)在福建省连江县凤城镇G104国道1、2、5路公交车站站牌上有"好旺星河湾"站名。星河湾公司、宏富公司的代理人王某某以普通消费者身份向"好旺·星景湾"售楼部工作人员领取A、C、F系列房屋标准层平面图各一张，其中A系列房屋标准层平面图写"好旺·星景湾、好旺中文的拼音、星河湾英文字母及图形组成"。C、F系列

房屋标准层平面图及取得好旺公司工作人员个人名片一张的标识是“好旺·星河湾、好旺中文的拼音、星河湾英文拼写及图形组成”。好旺公司在58同城网站上为其开发销售的商品房楼盘作“好旺·星河湾”广告。

2012年4月6日星河湾公司发给被告《关于要求贵司停止商标侵权及不正当竞争行为的函》,声称好旺公司侵犯其商标权及反不正当竞争行为,要求好旺公司停止侵权,否则采取法律措施。2012年4月12日好旺公司给星河湾公司《关于贵司来函的回复》,称其公司没有侵权,但已开始办理项目案名变更申报工作。

星河湾公司、宏富公司提起诉讼,请求法院判令好旺公司的行为构成商标侵权和不正当竞争,并判令好旺公司立即停止商标侵权及不正当竞争行为:不再使用星河湾公司、宏富公司商标或与该商标相同的文字,销毁涉案的宣传资料、拆除涉及“星河湾”文字的招牌、标识等;并立即向当地政府地名或建筑名称管理部门申请变更其建筑名称和(或)地名,以及向当地交通运输委员会申请变更其楼盘附近的“好旺星河湾”公交站牌名称及站名,不再包含“星河湾”文字,相关的申请、受理及批复文件复印件需提供给星河湾公司、宏富公司留存;请求判令好旺公司赔偿星河湾公司、宏富公司经济损失及原告为制止侵权行为所支付的公证费、差旅费、调查费等合理开支共计25万元人民币,并登报消除不良影响。

一审法院审理后,驳回原告的全部诉讼请求。星河湾公司、宏富公司不服提起上诉,二审法院认定被上诉人构成商标侵权,依法改判。

裁判观点

一审法院认为:依照《商标法》的规定,商品商标的规定适用于服务商标。注册商标的专用权,以核准注册的商标和核定使用的商品为限。未经商标注册人的许可,在同一种商品或者类似商品上使用与其注册商标相同或者近似的商标的;销售侵犯注册商标专用权的商品的,属于侵犯注册商标专用权。星河湾公司的注册商标是“星河湾及英文 StarRiver”,被控侵权商标是“好旺星河湾”“好旺·星河湾、好旺中文的拼音、英文 StarRiver 及图形组成”,可以确认被控侵权商标与星河湾公司注册的商标相比较不相同。两者文字的字形、读音、含义或者其各要素组合后的整体结构不相似,不易使相关公众对服务的来源产生误认或者认为其来源与星河湾公司注册商标的服务中有特定的联系,两者存在较为明显的差异和区别，相关消费者只要施以一般注意力、以一般认识综合判断，就能够区分和辨别，因此不构成近似。在本案中，星河湾公司的注册商标是房地产服务商标，其保护的范围仅是提供相关的服务，并不包括房地产名称和房地产本身。好旺公司开发销售的楼盘"好旺花园(好旺·星河湾)"，根据其使用含有星河湾公司注册商标"星河湾及英文 StarRiver"的行为及标识好旺花园的情形，只是说明自己开发销售楼盘的名称，并非以区别服务来源为目的，应认为只是作为地名的普通叙述意义上的使用，不是作为商标使用，这种使用行为属于合理使用。房地产作为特殊的商品，与普通商品的销售存在区别。房地产价格较高且具有地域性、不可流动性的特点，即使同一种建筑因地理位置的不同而明显不同。购房者在购房时首要选择和确定的是开发商的信誉、楼盘的地理位置和规划配套等因素，且商品房买卖需要签订书面购房合同，购房者在购房时较谨慎，注意程度相对较高，购房者应清楚谁是开发销售商，造成混淆的可能性较小，购房者不会因为只看楼盘名称就会对楼盘开发商的信息产生混淆，从而导致误认或误购。由于好旺公司开发的楼盘在福建省连江县，星河湾公司、宏富公司开发的楼盘主要在广东省和北京市，相关的服务行为也在这些地方，双方开发的楼盘距离位置较远，即使考虑星河湾公司、宏富公司开发销售的楼盘具有一定的知名度，但也不足以造成购房者认为星河湾公司、宏富公司开发销售的楼盘和好旺公司开发销售的楼盘可能存在特定联系，客观上不易使相关公众对服务的来源产生误认或者认为其来源与星河湾公司注册商标的服务中有特定的联系。好旺公司的行为不构成对星河湾公司注册商标专用权的侵犯，星河湾公司、宏富公司认为好旺公司侵权缺乏事实和法律依据，不予支持。

二审法院认为：星河湾公司享有第 1946396 号(星河湾及英文 StarRiver)注册商标的专用权，宏富公司是该注册商标的许可使用人，星河湾公司和对该注册商标的相关权益应受法律保护。虽然在 2002 年 9 月颁发的涉案第 1946396 号注册商标证中核定使用的服务项目内，不含"房地产销售"的服务项目，但根据《国家工商行政管理总局商标局关于"商品房"如何确定类别问题的复函》[商标函(2003)32 号]中有关"出售'商品房'的服务属于 36 类，以'商品房销售服务'申报"的解释，应认定涉案第 1946396 号注册商标专用权的保护范围包括商品房销售服务。案涉商标经过宏富公司多年在广州、北京等地的使用、宣传，获得省级著名商标，相关房地产项目获得国家建设部颁发的"国家康居住宅示范工程"，因此，可以认定涉案商标在相关受众中具有较高的知名度和美誉度。本案中,好旺公司将其开发的楼盘命名为“好旺·星河湾”,在58同城网站作“好旺·星河湾”的楼盘广告,在销售该楼盘的营业场所标有“好旺·星河湾”字样,在部分销售该楼盘的宣传广告单上以及有关销售人员的名片上印有“好旺·星河湾”和“HAOWANGSTARRIVER”字样。好旺公司的上述行为应视为是对其服务标识的使用。虽然好旺公司在上述场合使用的服务标识与涉案商标不尽一致,并在前面加有“好旺”字样,但其突出显示了“星河湾”字样,而涉案商标中汉字“星河湾”是其主要且醒目的部分,因此应认定“好旺·星河湾”与涉案商标近似。在本案诉讼中,没有证据证明“好旺·星河湾”或者“星河湾”被有关部门被确定为地名。原审法院有关涉案商标与好旺公司使用的“好旺·星河湾HAOWANGSTARRIVER”标识不相同也不相似,以及好旺公司使用“星河湾”及STARRIVER只是作为地名在普通叙述意义上的使用,不是作为商标使用的认定,事实和法律依据不足,应予纠正。星河湾公司和宏富公司对此上诉有理,应予支持。商品房楼盘销售固然有其特殊性,好旺公司在标识的实际使用中也在“星河湾”前冠以“好旺”,但将同业中较有知名度和美誉度的商标作为其服务标识的主要组成部分,可能使相关受众误认为好旺公司销售的楼盘与涉案商标之间具有特定的联系,进而对服务提供的来源产生混淆。根据《商标法》(2001年修订)第52条第1项的规定,好旺公司上述使用标识的行为,可以认定为未经星河湾公司许可,在相同服务领域(商品房销售)使用与涉案商标近似标识,构成商标侵权。原审法院有关好旺公司行为不构成对星河湾公司注册商标专用权的侵犯的认定,法律依据不足,应予纠正。星河湾公司和宏富公司的相关上诉理由,予以采信。

裁判结果

二审法院判决撤销一审判决,改判好旺公司立即停止侵害星河湾公司第1946396号注册商标专用权的行为,即在好旺公司销售其开发的商品房的营业场所、公司员工名片上、相关宣传广告单上及相关网站的广告中,不得使用含有“星河湾”字样标识,销毁带有“星河湾”宣传广告单,并赔偿星河湾公司、宏富公司经济损失(含合理支出)5万元人民币。

案例10：华润（集团）有限公司与安徽华泓物业管理有限公司侵害商标权纠纷上诉案

基本案情

第773121号“华润”商标由华润(集团)有限公司于1994年12月7日经核准注册,核定使用项目为第36类服务:住所(公寓)、不动产管理、不动产代理、不动产出租、公寓管理、资本投资等,注册有效期限续展至2024年12月6日。第779532号“华润”商标由华润(集团)有限公司于1995年3月21日经核准注册,核定使用项目为第37类服务:家具保养,照相器材修理,电器设备的安装与修复,电梯安装与修理,建筑,砖石建筑,室内装潢等服务,注册有效期限已续展至2025年3月20日。第9358784号“华润物业”商标由华润(集团)有限公司于2012年5月7日经核准注册,核定使用项目为第36类服务:不动产出租、不动产代理、不动产经纪、不动产评估、不动产估价、不动产管理、公寓管理、公寓出租、住所(公寓)、办公室(不动产)出租(截止),注册有效期限至2022年5月6日。

被告安徽华泓物业管理有限公司原名为“铜陵华润物业管理有限公司”,在诉讼过程中更名为现名。原铜陵华润公司于2009年2月5日成立,注册资本300万元,经营范围为:物业管理,小区绿化、保洁、家政服务,提供劳务服务,房屋中介服务(上述经营范围涉及资质的凭资质证书经营)。

2016年8月28日,经公证处对由原铜陵华润公司管理的小区物业用房窗口张贴的通知及招聘信息进行拍照,公证书所附照片显示,被公证的台卡内容为“学雷锋志愿者服务站点华润物业”。招聘信息内容为:“华润物业现对社会招环卫工人若干名,男女不限,年龄在65岁以下。符合条件者,请速来金口岭社区报名或华润物业报名,携带本人身份证。”落款为“金口岭社区华润物业　2016-07-13”。通知内容为:“各位车主,大家好！为了本小区的管理,各位业主的车位合理分划,环境的优美,请各位车主在本月底前来本公司落实车位及办理手续,同时将2015年车位费一同交付,过期不办本公司将车位另行安排,感谢各位车主的支持。”落款为“铜陵华润物业管理有限公司　2016年6月”。

2016年10月18日,经公证处接入互联网的电脑,打开“www.thrwy.com”的网站并进行下载,公证书所附保全网页的内容显示,首页上部显示“华润物业管理有限公司”字样,在“我们的优势”版块,显示:“优势一:6年物业管理服务公司拥有物业服务企业二级资质……优势二:公司配有专业人员为您提供优质的物业服务……优势三:丰富的合作经验公司服务过一批小区、事业单位……”网站部分其他页面的顶部显示“华润物业管理”,其中“华润”文字的字体、大小不同,显著突出于其他文字。网站的“公司介绍”版块显示:铜陵华润物业管理有限公司成立于2009年2月,注册资金300万元,物业服务企业二级资质。公司设有办公室、财务部、人力资源部、管理部、维修部、安保部、绿化保洁部等部门,现有员工328人,其中各类专业技术人员23人……公司接管的物业有:“锦绣家园”小高层高档小区、铜陵华源麻业有限公司厂区及办公楼、铜官山区阳光社区、金口岭社区、鹞山社区、露采社区、东郊办事处开源小区、源东小区、恒威工业园以及市政道路滨江大道、长江西路等。承诺:公司任何一个岗位,均严格按照ISO 9001－2000质量体系的国际标准作业,均努力满足所有业户的期望,提供规范、舒适、温馨的服务。

根据2017年5月10日铜陵市公共资源交易中心提供的材料,原铜陵华润公司在露采社区基础性物业服务项目(编号2016－CG－F－026)采购中,被确定为成交供应商,成交价为1,187,805.03元,服务承包期限为1年,自2016年5月1日起至2017年4月30日止;原铜陵华润公司在金口岭社区基础性物业服务项目(编号2016－CG－F－029)采购中,被确定为成交供应商,成交价为人民币1,201,821.24元,服务承包期限为1年,自2016年5月1日起至2017年4月30日止。

华润(集团)有限公司向法院起诉请求判令:原铜陵华润公司立即停止侵犯华润(集团)有限公司第773121号、第779532号“华润”、第9358784号“华润物业”商标专用权,判令原铜陵华润公司立即停止在物业经营、网站及广告宣传等一切经营活动中使用与“华润”相同及类似文字的商标侵权及不正当竞争行为;判令原铜陵华润公司立即停止使用带有“华润”文字的企业名称,并变更其企业名称,变更后的企业名称不得含有与“华润”相同或近似字样;判令原铜陵华润公司消除不良影响并赔偿损失共计103.2279万元。

裁判观点

一审法院认为:华润(集团)有限公司的第773121号“华润”商标具有高知名度,2005年该商标即被认定为“资本投资”领域的驰名商标;该商标以及第

779532号"华润"商标注册时间较早,核定使用类别分别包含不动产或建筑领域,华润(集团)有限公司在该等领域的商业经营活动广泛持久,"华润"品牌为公众所知晓。原铜陵华润公司经营范围主要为提供物业管理服务,虽然与华润(集团)有限公司上述两商标包含的不动产、建筑领域不属于相同领域,但具有较高的相关性(因此本案中无须对华润(集团)有限公司商标是否驰名作出认定);尤其考虑在我国,很多开发商开发房地产的同时还提供物业管理服务的情况下,更易令普通公众自发产生认知,自然地建立起其间的联系。原铜陵华润公司在字号中使用"华润"文字,很难避免公众产生原铜陵华润公司与华润(集团)有限公司具有关联的联想。"华润"本不属于有固定搭配和明确含义的词语,原铜陵华润公司也未能为其字号提供合理解释。公众的上述认知结果客观上对原铜陵华润公司产生利益,即令原铜陵华润公司在与同业经营者进行竞争时,可能具有竞争优势,该利益不属于原铜陵华润公司应得。一审法院认定,原铜陵华润公司具有"攀附"和"搭便车"的故意,构成对华润(集团)有限公司的不正当竞争。原铜陵华润公司在其网站上对"华润"文字突出使用,构成对华润(集团)有限公司该两项商标权的侵害。对于华润(集团)有限公司依第9358784号"华润物业"商标而提出的主张,原铜陵华润公司注册字号对华润(集团)有限公司构成不正当竞争,自始即具有违反法律规定的性质,虽然原铜陵华润公司企业名称的注册早于华润(集团)有限公司商标注册时间,但在华润(集团)有限公司商标注册、商标权成立以后,原铜陵华润公司就其字号不成立在先权,其使用企业名称或字号行为仍有可能侵害华润(集团)有限公司的商标权。综上,原铜陵华润公司侵害了华润(集团)有限公司涉案商标权,并对华润(集团)有限公司构成不正当竞争,应承担停止侵权、赔偿损失、消除影响的法律责任,判决原铜陵华润公司停止对华润(集团)有限公司就第773121号、第779532号、第9358784号注册商标享有商标权的侵权行为以及不正当竞争行为,即在企业名称中停止使用"华润"文字,在网站宣传及其他广告宣传等经营活动中停止使用"华润"文字;赔偿华润(集团)有限公司经济损失35万元;原铜陵华润公司于判决生效之日起10日内,就其侵害商标权及不正当竞争行为,在《铜陵日报》刊登声明消除影响;声明的内容须经一审法院审核,费用由原铜陵华润公司负担。

二审法院认为:关于原铜陵华润公司是否侵犯华润(集团)有限公司第9358784号"华润物业"商标问题。第9358784号"华润物业"商标的注册使用范围与原铜陵华润公司的经营范围属于同类服务,但鉴于原铜陵华润公司早在

2009年2月5日即以“华润物业”字号开始经营，而第9358784号“华润物业”商标注册于2014年5月7日，根据《商标法》第59条第3款的规定，原铜陵华润公司不构成对第9358784号“华润物业”商标的侵权。一审法院此节事实认定不当，本院予以纠正。鉴于原铜陵华润公司已于一审判决后变更了公司名称，对华润(集团)有限公司要求原铜陵华润公司“在企业名称中停止使用‘华润’文字”的要求，本院不再予以支持。

裁判结果

二审法院认为原铜陵华润公司不构成对第9358784号“华润物业”商标的侵权，故判决驳回华润(集团)有限公司要求原铜陵华润公司立即停止侵犯第9358784号“华润物业”商标专用权的诉讼请求。

律师分析

多个案例及其经验教训已经昭示，房地产企业商标案件胜诉之策在于要把握好以下两个方面：

其一，被控侵权行为的实施领域与所注册的商标类别属于同一范围。

《国家商标局关于“商品房”如何确定类别问题的复函》[商标函(2003)32号]中明确：按照世界知识产权组织提供的《商标注册用商品和服务国际分类》的分类原则，第19类的“非金属建筑物”是指简易的或是可移动的建筑物，不包括“商品房”。在“商品房”建筑、销售等环节中，建造永久性建筑的服务属于第37类，以“商品房建造”申报；出售“商品房”的服务属于第36类，以“商品房销售服务”申报。因此，房地产商标受到保护的关键条件应当是至少在第36类或者第37类以“商品房销售”或者“商品房建造”申请登记注册。同时该复函也表明，“商品房销售”和“商品房建造”服务属于该类别所涵盖的保护范围。在以往的一些房地产商标诉讼案件中，原告往往以“被告所使用的楼盘名称与原告注册商标相同或者近似”来作为主要论点，殊不知“楼盘”本属于开发商用于市场销售并赢取利润的产品，如前所述，房地产商标仅仅只是服务商标，拿服务商标来指责他人楼盘产品侵权，这本身就是重大缺陷。案例9中，原告注重收集了被告在销售过程中使用的销售资料及平面图，并由工作人员以消费者身份取得被告对外使用的名片，上述资料都直接使用了与其商标相同和近似的文字、图形，原告以此作为主要证据,其思路已经转化为证明被告在销售服务过程中在该商标注册保护范围内实施了侵权行为。虽然一审判决驳回其诉求,但二审判决给予纠正,认定被告的行为构成侵权,正是因为二审法院认为被告所实施的行为与"商品房销售"这一服务范围相重叠。案例 10 中,原告更是大量通过公证手段取得被告网站宣传、服务投标等使用其商标的行为,被法院认定为构成对其部分注册商标的侵权。可见,在被控侵权企业正在实施商品房销售或者类似服务过程中提起诉讼为时机最佳,此时也最便于对其实施的侵权行为进行多方面取证,围绕"提供服务"这一核心点进行举证,获得法院最终支持的可能性就非常大。

在此应当提到关于对"不正当竞争"同时追诉的问题。多数企业在起诉对方侵害商标权时,也会同时追诉不正当竞争侵权。根据《反不正当竞争法》的规定,"不正当竞争"的内涵比"侵害商标权"的内涵更大,一般情况下,若企业行为构成侵害商标权,也就被认定构成不正当竞争侵权;而没有构成侵害商标权的,不一定能够免除承担不正当竞争责任。不正当竞争包括冒用知名企业名称、产品等行为,由于房地产商标保护范围有限(只是服务商标),原告同时采取不正当竞争的追诉方式也是有希望起到一定"兜底"作用的意图。不过,由于房地产项目开发的地域性问题,除非原、被告双方的商品房项目及其相关服务局限在某一个较小区域范围内(如同一城市),否则法院往往会因项目本身的地域性差异认为不足以造成消费者混淆或者误认,从而予以否定。案例 10 中二审法院对此问题的态度足以代表。

其二,需遵循"使用在先"的原则。

我国《商标法》规定的"使用在先"原则是为了保护先于商标注册进行使用的经营者的权利,对于其在先使用和延续使用的情形一般不认定构成侵权。案例 10 中,华润(集团)有限公司要求被告承担侵害第 9358784 号"华润物业"商标的责任,最终未被二审法院支持,就是因为被告使用"华润物业"这个商标在其注册之前。因此,若拟对他人提起侵权追诉,需查明他人是否存在使用在先情形,如有,则较难获得胜诉。由此引申出房地产企业自身的商标战略问题。越来越多的开发企业已经建立了较为完善的商标注册管理体系,早就预先进行策划并把今后有可能使用的与企业经营、商品房销售相关的文字和图形申请注册,形成"商标库",新的开发项目直接使用已经取得注册的商标专用权,并长期以来形成自身不同层次、不同含义的系列楼盘"产品标志",使之更具备区别性和不可复制性。而有的企业仅仅只是较早把自己的企业名称进行了注册,对于楼盘名称及相关品牌等未提前做商标注册规划,这就可能使得被其他企业“钻空子”,规避侵权责任。

第四节
包销、整体销售的区别和处理

商品房包销,是开发商与包销人签订包销合同,约定将特定房源按照约定包销基础价格,由包销人以开发商名义对外销售,包销人根据销售情况提取佣金或者溢价分成;包销期满后,包销人承担未销售房源购买义务并支付房款。《最高人民法院关于审理商品房买卖合同纠纷案件适用法律若干问题的解释》第20条规定:“出卖人与包销人订立商品房包销合同,约定出卖人将其开发建设的房屋交由包销人以出卖人的名义销售的,包销期满未销售的房屋,由包销人按照合同约定的包销价格购买,但当事人另有约定的除外。”该司法解释首先确认了包销合同的有效性;其次认可了包销合同中存在两层法律关系,在约定的包销期限内,出卖人和包销人建立的是委托代理关系,包销期限届满后,双方就未售出的包销房源成立买卖合同关系,包销人需在包销期届满后购买剩余房源,达到全部房源在包销期届满时清盘的目的。

不少开发商为完成业绩要求,在不同的时间节点制订了不同的销售计划,为完成销售任务,开发商在考核节点前一般会采取整体销售整栋/整层物业或包销的方式来实现房源的清盘率。整体销售需要一个固定买受人购买开发商名下的整栋或整层物业,对于此类标的额较大的大单交易合同,磋商难度较大,磋商过程耗时较长。为完成销售节点任务,部分大单合同会在取得预售证之前就已经签署,并且为尽快促成签约,整体销售/团购/大单销售/大单定制销售合同中一般不会将商品房买卖合同范本里的内容全文纳入,仅对房源范围、款项、对价、支付方式等买卖合同的部分主要条款进行原则性约定,部分整体销售/团购/大单销售/大单定制销售合同中会约定买受人一定期限内的更名权。有观点认为,整体销售/团购/大单销售/大单定制销售合同虽然对房源范围、款项、对价、支付方式等主要条款进行了约定,但只是对商品房买卖合同的主要条款进行原则性约定,并不能取代双方签署正式的商品房买卖合同,故其性质是预约合同而不是买卖合同。也有观点认为整体销售/团购/大单销售/大单定制销售合同在被赋予了更名权后,真正发生法律关系的并不是整体销售/团购/大单销售/大单定制销售合同的买卖双方而是更名后的买受人和出卖人,故其合同性质亦不是买卖合同而是包销合同或委托代理销售合同。但不论合同性质如何认定,开发商所关注的是包销人不能在约定期限实现预期回款能否进行有效追偿。

一、包销与整体销售(买卖合同)性质的不同认定

案例11:某房地产公司与邱某、第三人某银行、第三人某人民政府合同纠纷案

基本案情

某房地产公司负责开发某花园项目。自2012年开始,某花园项目因资金短缺导致银行的3000余万元的到期贷款不能偿还,近千万元的工程款、税金和其他到期债务不能按时支付。为了解决这些矛盾和纠纷,2013年9月5日,某房地产公司与邱某以及房产整治办、某银行签订了《商品房团购买卖协议》。该协议第3条约定,某房地产公司将自己所开发的某花园项目第A2、B2两栋一层至八层现房(含住房和车库、杂房),第C3、D3两栋一层至四层未完工的框架商用房,第C3栋第五层未完工的框架房(属车库),第D3栋第五层至第六层未完工的框架房(属车库)一并低价卖给邱某,总价款约为3880万元并约定了付款节点。在《商品房团购买卖协议》履行过程中,邱某未按约定支付购房款,致使某房地产公司无法筹足资金、清偿债务和恢复开发建设。同时邱某以某房地产公司的名义对外出售房产,若该项目不能恢复施工,房屋不能按时交付,不能按时履行其他义务,某房地产公司可能承担相应的违约责任。故某房地产公司向法院提起诉讼并请求(1)邱某支付所欠的购房款、利息;(2)邱某将从某房地产公司处购买的房屋转让给他人的,由邱某为第三人履行办理房屋产权手续即房屋所有权证、国有土地使用权证分证。

裁判观点

法院认为,根据《最高人民法院关于审理商品房买卖合同纠纷案件适用法律若干问题的解释》第 1 条之规定,商品房买卖合同是指房地产开发企业将尚未建成或者已竣工的房屋向社会销售并转移房屋所有权于买受人,买受人支付价款的合同。根据该司法解释第 20 条之规定,商品房包销合同是指出卖人与包销人订立商品房包销合同,约定出卖人将其开发建设的房屋交由包销人以出卖人的名义销售的,包销人赚取包销价与售出价之间的差额利润和手续费,包销期满未销售的房屋,由包销人按照合同约定的包销价格购买的行为。综上,商品房买卖合同是发生在开发商与买受人之间的直接买卖行为,由开发商将房屋所有权直接转移于买受人,而商品房包销是一种特殊的附条件商品房买卖行为。所附的条件就是包销行为,如在包销期限内包销房全部售出的,则包销商与开发商之间不发生包销房的直接买卖行为;如在包销期限届满后包销房全部或部分未售出的,包销商与开发商之间就所剩的包销房发生直接的买卖行为。本案中,邱某作为团购代表与某房地产公司签订《商品房团购买卖协议》,邱某向社会组织购房者,购房者与某房地产公司签订正式的商品房买卖合同,某房地产公司协助购房者办理按揭手续,购房者要么将购房款付给邱某,由邱某打到某房地产公司指定账户,要么银行直接将按揭款打入某房地产公司指定账户。因此,邱某并不是直接的房屋买受人,所购房屋的所有权并不是直接转移给邱某,双方签订的《商品房团购买卖协议》不符合商品房买卖合同的特征。某房地产公司与邱某签订的合同中,虽无包销期满则由邱某购买全部或部分未售房屋的约定,但结合合同约定的超出房款总价部分的税费负担、超出房款总价多余房款的退还、邱某陈述的如房屋没有出售完,则由邱某购买所有剩余房屋以及某房地产公司与实际购房者签订商品房买卖合同,为实际购房者办理按揭等情况,邱某实为包销人,其通过组织他人购买某房地产公司的房屋,赚取包销价与售出总价之间的差额利润,在包销期限(合同约定的最后付款期限)届满后,如有未出售的房屋则由邱某直接购买。故法院确定某房地产公司与邱某、某银行、房产整治办签订的《商品房团购买卖协议》属商品房包销合同性质。该合同是当事人真实意思的表示,并未违反法律、行政法规的强制性规定,因此该合同自签订之日成立并生效。

裁判结果

法院确定某房地产公司与邱某、某银行、房产整治办签订的《商品房团购买卖协议》属商品房包销合同性质，因某房地产公司不同意变更诉讼请求，法院裁定驳回某房地产公司的起诉。

案例 12：某房地产开发公司与某投资有限公司房屋买卖合同纠纷案

基本案情

2018 年 3 月 23 日，某房地产开发公司（甲方）与某投资有限公司（乙方）签订了某项目《商业整体购房协议书》，约定乙方自愿购买甲方开发的某项目商铺房 89 套，总价款为 88,003,623 元；乙方采取分期付款方式向甲方支付标的房源总价款（第一期款项 2018 年 4 月 25 日前支付 8,800,362 元，第二期款项 2018 年 6 月 25 日前支付 22,000,906 元，第三期款项 2018 年 9 月 25 日前支付 26,401,087 元，第四期款项 2018 年 12 月 25 日前支付 30,801,268 元，累计支付全部房款）；乙方向甲方支付的上述房款包括乙方付款、乙方指定买受人付款。乙方及乙方指定购买人向甲方支付的房款均作为乙方在本协议项下付款义务的履行，双方在每期款项付款期限届满后 3 日内对本期付款进行结算。如需办理房屋更名手续的，甲方在办理相对应房屋更名手续前，乙方指定购买人应将该房屋的房款足额支付至甲方指定账户（一次性支付全部房款或按揭首付款），甲方在乙方指定购买人完成上述支付行为后 5 个工作日内，办理相应的更名手续。乙方在 2018 年 12 月 25 日前未要求更名的商品房，甲方可在合作期限届满 2 个月后直接登记备案至乙方名下，乙方不持异议。乙方应按照约定按时支付每笔款项，最长不可超过应付款日期的 5 个日历日，如超过 5 个日历日的宽限期，则视为乙方违约，乙方应自宽限期届满之日起至实际支付该期款项时止，按照该期应付款项每日万分之五的标准向甲方支付违约金。同日，双方还签订了《商品房买卖合同（现售）》附商品房使用说明书、房屋质量保证书。2018 年 12 月 13 日，某投资有限公司向某房地产开发公司发出《关于终止协议及妥善处理相关事宜的函》，该函载明某投资有限公司系以批量购买方式承销某项目尾盘房源，因 2018 年 6 月 25 日《住房和城乡建设部、中国共产党中央委员会宣传部、公安部、司法部、国家税务总局、国家市场监督管理总局、中国银行保险监督管理委员会关于在部分城市先行开展打击侵害群众利益违法违规行为 治理房地产市场乱象专项行动的通知》发布后，有实际购房人多次向房管局投诉，称其涉嫌违法销售，2018年8月6日某市城乡房产管理局等11部门发出《关于开展房地产市场秩序专项整治行动的通知》，进一步强化房地产市场治理措施，加大违规销售惩治力度，双方合作模式已违反新的政策规定，导致销售项目处于停滞状态，为维护双方利益，正式终止《商业整体购房协议书》。

某房地产开发公司遂向法院提起诉讼，请求：(1)判令某投资有限公司向某房地产开发公司支付剩余购房款14,267,536元及逾期支付购房款的违约金570,701.44元（暂计至2019年3月21日，应计算至付清之日），总计1,483,823,744元；(2)判令某投资有限公司向某房地产开发公司支付本案律师费50,000元；(3)请求判令某投资有限公司承担本案诉讼费用。某投资有限公司辩称，双方所签订的《商业整体购房协议书》实为代理销售关系，因政策变化导致约定房源不能销售完成并非某投资有限公司的过错，后果应当由作为委托人的原告自行承担，其无权要求某投资有限公司支付剩余房款和违约金。

裁判观点

法院认为，某房地产开发公司与某投资有限公司所签订的《商业整体购房协议书》系当事人真实意思表示，内容未违反法律、行政法规的强制性规定，应为合法有效，各方当事人均应按约行使权利及履行义务。依照《商业整体购房协议书》，双方明确将某项目下89套房屋作为交易标的，建筑面积为8407.18平方米，房源均价为10,467.67元，总房款合计88,003,623元，付款方式分为四期。对于交易房屋的交付时间，双方约定为2018年12月25日，在该日期前，由某房地产开发公司协助某投资有限公司指定的案外人办理房屋所有权转移的相关手续并收取价款。依据双方当事人当庭陈述可知，双方对于合同的实际履行同样是依照合同约定的模式进行。依据双方的合同约定与实际履行模式，参照《最高人民法院关于审理商品房买卖合同纠纷案件适用法律若干问题的解释》第20条“出卖人与包销人订立商品房包销合同，约定出卖人将其开发建设的房屋交由包销人以出卖人的名义销售的，包销期满未销售的房屋，由包销人按照合同约定的包销价格购买，但当事人另有约定的除外”的规定可知，虽然双方并未明确该合同为包销合同，但是合同条款中明确约定在合作期限届满后，未要求更名的商品房，某房地产开发公司可在两个月后直接登记备案至某投资有限公司名下，某投资有限公司不持异议，即由某投资有限公司对剩余房屋进行购买。故对于某投资有限公司抗辩双方属于委托销售代理关系，法院不予采纳。某投资有限公司基于政策调控抗辩合同不能继续履行，但并未提交任何证据证明双方所签订合同的履行受到了政策调控的实际影响，且该政策调控所影响的仅为该公司的二次销售行为，对于某房地产开发公司与某投资有限公司间的买卖合同履行无关，某投资有限公司不享有对案涉合同的约定、法定及任意解除权。某投资有限公司向某房地产开发公司发出的《关于终止协议及妥善处理相关事宜的函》不产生解除合同的法律效力。故某投资有限公司应向某房地产开发公司支付剩余房款及相应违约金。

裁判结果

法院判决某投资有限公司于判决生效之日起 10 日内向某房地产开发公司支付剩余房款 14, 267, 536 元及相应违约金。

律师分析

如前所述，包销合同最大的特征是由包销人承担约定期限内房源不能售出的“兜底”责任，因此其履行至后期存在买卖合同特性，从而使实务中对于此类合同究竟应当定性为包销还是买卖关系存在较大争议。案例 11 和案例 12 存在相似的案件事实，即“买受人”与开发商签署名义上为整体交易的协议文件，并对外进行转售，开发商协助“更名”，“买受人”通过转售赚取差价，最后转售成功的房源由开发商直接与实际购房者签署买卖合同。但两个法院将其分别认定为包销合同关系和商品房买卖合同关系。有观点认为，不管是包销合同关系还是买卖合同关系，最终法律后果都是由“买受人”自己承担不能售出部分的兜底购买责任，那么区分二者性质认定和存在的争议其实并无意义。但实际上并非如此。

其一，包销合同关系究其基础是建立在开发商与“包销人”的委托之上，换言之，不论“包销人”是以自己名义还是以开发商名义对外出售，都是基于开发商的委托而实施，至少在约定包销期限届满之前，开发商与“包销人”的法律关系还应是接受委托合同相关法律规定的调整。如案例12,若认定为双方系包销合同关系,那么由于政府加强对房地产市场调控的原因,查处加价、溢价销售行为,确实属于非受托人原因造成,而由此导致"包销人"无法按照约定销售模式实现预期销售目的的,其要求解除合同具有合理的理由和依据,法院支持其解除合同主张的可能性较大。而正是法院最终认定双方为买卖合同关系,开发商才能依据合同约定对解除合同的效力进行抗辩,并要求其承担剩余房款的支付义务。反之则该目的很难予以实现。

其二,最高人民法院对于"两合行为说"(包销合同关系存在委托代理和买卖合同两种法律关系)也并不认同。[1] 尽管《最高人民法院关于审理商品房买卖合同纠纷案件适用法律若干问题的解释》第20条中规定了"包销期满未销售的房屋,由包销人按照合同约定的包销价格购买",但是后面还规定了"当事人另有约定的除外"。实践中,并非所有的合同中对于"兜底"条款的约定都清晰明确,有的约定期限届满之后"承担剩余房源的全部价款",有的约定"承担剩余房款金额相应的违约责任",有的约定"剩余房源应当自行认购"等,这些都给法院认定为属于"另行约定"条款留下了自由裁量权,不少包销合同纠纷法院并没有判定"包销人"承担剩余房款支付义务的情况也足以证明这一点。

其三,较大数量的整体销售类合同,仅仅只是框架性地约定所交易房源的套(单元)数和整体价款,并约定买受人在一定期限内完成签署买卖合同、备案和回款以及一些双方相互配合事项,该类合同的性质既不是包销合同关系也不是买卖合同关系,而是预约合同。预约合同是交易双方为将来在一定条件下签署"本约"而进行的约定。判定整体销售类合同是买卖合同还是预约合同,是看其是否具备《商品房销售管理办法》第16条规定的商品房买卖合同的主要内容,即是否具备商品房基本状况、商品房的销售方式、商品房价款的确定方式及总价款、付款方式、付款时间、交付使用条件及日期、面积差异的处理方式、办理产权登记有关事宜等条款。

《最高人民法院关于审理商品房买卖合同纠纷案件适用法律若干问题的解释》第2条规定:"当事人签订认购书、订购书、预订书、意向书、备忘录等预约合同,约定在将来一定期限内订立买卖合同,一方不履行订立买卖合同的义务,对

---

[1] 参见最高人民法院民事审判第一庭编著:《最高人民法院关于审理商品房买卖合同纠纷案件司法解释的理解与适用》,人民法院出版社2003年版,第246~251页。

方请求其承担预约合同违约责任或者要求解除预约合同并主张损害赔偿的，人民法院应予支持。”预约合同一方不履行合同的情况下，不能强制缔约或者强制履行。

上述案例中，法院结合合同的约定、分户销售合同的签订模式、分户销售合同的款项收取方式进行综合判断，不论合同名称是否为买卖合同，法院在对合同的性质进行判断时均采取“实质大于形式”的原则进行考量。如果合同条款中存在收取固定价款、“买方”可自行销售并收取溢价款、“买方”享有更名权、“买方”需购买剩余房源的，且此时合同约定的房源已经达到预售条件，买卖合同的主要条款具体明确的，法院一般将合同性质认定为包销。如果合同条款中存在包销合同的部分特征，但若此时包销房源还未达到预售条件，法院在认定合同性质时一般将合同性质认定为预约合同。

二、包销合同通过强制履行转为买卖关系

包销合同的特征之一是如果包销期内房源未销售完毕，则由包销人自行购买剩余房源。包销合同在达到前述条件后，双方的合同标的是签订商品房买卖合同的行为，而不仅仅是金钱或财物的给付行为。《合同法》第110条规定：“当事人一方不履行非金钱债务或者履行非金钱债务不符合约定的，对方可以要求履行，但有下列情形之一的除外：(一)法律上或者事实上不能履行；(二)债务的标的不适于强制履行或者履行费用过高；(三)债权人在合理期限内未要求履行。”有观点认为要求履行行为的合同由于受到合同性质、当事人的人身自由等条件的影响不能适用“强制履行”。包销合同转化为买卖合同时也是强制要求买卖双方履行签订买卖合同的“行为”，是否属于不适于强制履行的情形？

案例13：温州某策划公司与菏泽某房地产开发公司商品房委托代理销售合同纠纷案

基本案情

2008年9月29日，甲方菏泽某房地产开发公司与乙方温州某策划公司签订

合作合同书约定:“1. 甲方委托乙方作为某项目营销与经营的总代理商……4. 代理方案:甲方把项目未出售物业定基价3200万元(以4000元/m^2的单价,根据实际可销售面积计算,不包括已销售面积,多退少补),由乙方负责销售。乙方在销售中获得超额100%利润。乙方确保12个月内还清所有基价房款,并负责乙方利润的税费。乙方保证每月支付基价销售款总额不低于200万元,不足部分由乙方补足。5. 乙方在项目付清所有基价总价款时,乙方拥有所有权、经营权……10. 甲方向乙方提供用于项目销售的购房合同……16. 甲方需协助乙方客户办理房产证备案工作,由房管部门发放房产证……20. 乙方对本项目具有独立销售和经营权,甲方不再干涉……29. 甲方不得以任何名义直接或者间接地再委托其他机构或个人代理本项目,或侵占乙方的客户资源,如发现甲方有违反本合同事件,甲方需支付乙方50万元的违约金。”包销期届满后,乙方认为其已经付清了全部房源的房款,但甲方拒绝办理未售房屋的房产证等手续,乙方遂起诉要求确认未销售1283.52平方米房屋所有权归乙方所有及甲方协助办理1283.52平方米房产证的手续。

裁判观点

法院认为,菏泽某房地产开发公司与温州某策划公司于2008年9月29日签订的合作合同书是双方真实意思表示,不违反法律、行政法规的强制性规定,系合法有效合同。合作合同书约定,温州某策划公司负责销售菏泽某房地产开发公司开发建设的某项目未出售部分,对该部分具有独立销售和经营权,并在付清合同约定的基价总价款后,拥有相关物业的所有权,符合《最高人民法院关于审理商品房买卖合同纠纷案件适用法律若干问题的解释》第20条对包销法律特征的界定,菏泽某房地产开发公司与温州某策划公司之间形成商品房包销法律关系。

关于未销售的1283.52m^2商铺的所有权归属以及菏泽某房地产开发公司是否应协助办理房产证的问题。《最高人民法院关于审理商品房买卖合同纠纷案件适用法律若干问题的解释》第20条规定:“出卖人与包销人订立商品房包销合同,约定出卖人将其开发建设的房屋交由包销人以出卖人的名义销售的,包销期满未销售的房屋,由包销人按照合同约定的包销价格购买,但当事人另有约定的除外。”根据合作合同书的约定温州某策划公司付清所有价款时,即拥有涉案物业的所有权和经营权。本案中如果温州某策划公司将欠菏泽某房地产开发公司的所有应付款项付清后，剩余未销售的1283.52m^2归温州某策划公司所有，菏泽某房地产开发公司应协助办理过户手续。

裁判结果

再审法院判决菏泽某房地产开发公司返还超付款422,535.72元、协助温州某策划公司办理未售商铺共计1283.52m^2的不动产登记手续。

案例14：东莞市某策划公司与怀化市某房地产开发公司商品房委托一代理销售合同纠纷案

基本案情

2009年9月27日怀化市某房地产开发公司作为甲方与东莞市某策划公司作为乙方共同签订《某商业广场销售代理协议书》《补充协议》，约定由甲方将某商业广场交由乙方销售，甲方不直接参与销售行为。怀化市某房地产开发公司与东莞市某策划公司又于2011年1月14日共同签订《协议函》，约定"乙方同意在2011年1月18日前筹集800万元作为完成该月销售任务款打入甲方账户，其中鲁某负责500万元，杨某负责300万元，甲方用相应资产作抵押。如乙方两位股东(鲁某、杨某)均不能按期完成上述任务则视为乙方不能继续包盘，剩余部分由甲方自行处理。反之，原包盘合同继续履行。如乙方其中任何一方完不成任务，则完不成任务一方视为自动放弃继续包盘权益，另一方可以代其完成并享有其权利和义务，或将完不成任务的一方所占股份划归甲方。"

双方后续就合同的履行发生争议，东莞市某策划公司以怀化市某房地产开发公司自行销售房屋及与他人另行签订包销合同属于根本违约为由，向法院提起诉讼，要求判令怀化市某房地产开发公司开发的某商业广场一、二、三层未销售房产的所有权与销售权归东莞市某策划公司所有。

裁判观点

法院认为，东莞市某策划公司与怀化市某房地产开发公司先后共同签订有

《某商业广场销售代理协议书》、《补充协议》及《协议函》，上述三份协议均系双方协商一致、真实意思表示，故均合法有效。东莞市某策划公司与怀化市某房地产开发公司最后于2011年1月14日共同签订《协议函》一份，约定："乙方同意在2011年1月18日前筹集800万元作为完成该月售任务款打入甲方账户，其中鲁某负责500万元，杨某负责300万元""如乙方两位股东(鲁某、杨某)均不能按期完成上述任务则视为乙方不能继续包盘，剩余部分由甲方自行处理等。"法院综合双方证据认定，双方签订的房屋销售协议并未出现《协议函》中约定的终止情形。双方签订的《某商业广场销售代理协议书》、《补充协议》及《协议函》应依法依约继续履行。

但鉴于东莞市某策划公司并未提供怀化市某房地产开发公司开发的商业广场一、二、三层未销售房产面积的证据，故东莞市某策划公司要求直接判决怀化市某房地产开发公司开发的新时代商业广场一、二、三层未销售房产所有权与销售权归其所有，法院不予支持，故未支持东莞市某策划公司要求确认剩余未售房屋产权归属的诉讼请求。

裁判结果

法院判决驳回东莞市某策划公司的诉讼请求。

律师分析

上述两个案例均认为包销合同的性质本身并不对合同是否适宜继续履行造成障碍，但案例13直接确认了剩余包销房源的权属，案例14则驳回了要求确认剩余未售房屋产权归属的诉讼请求。两个案例的差别并不在于所签署的包销合同的性质而是在于对包销期届满后未售房源由包销人进行购买的约定是否明确，即法院认为包销合同履行期限届满后需由包销人购买剩余包销房源的"行为"并不属于不适宜强制履行的情形，如果该"行为"的强制履行不存在约定不明确(如案例中无法确认未售房源清单的情况)导致法律上或者事实上不能履行、债务的标的不适于强制履行或者履行费用过高等情形，一方要求将包销合同转化为买卖合同予以强制履行亦可能得到法院的支持。

三、基于包销合同产生的购房纠纷的责任承担

虽然包销合同的签订主体仅为开发商和包销人，但在包销合同的履行过程中，开发商需与包销人寻找的实际购房人签署单套房屋的商品房买卖合同，由实际购房人向开发商支付的款项以抵扣包销人应向开发商支付的费用，考虑到款项安全问题，开发商一般要求实际购房人直接向开发商支付购房款，不得由包销人转交款项，而除合同约定的房款外的其他费用（溢价款）则由包销人直接收取。同时，也存在部分由包销人与实际购房人签署商品房买卖合同并收款的情况。在包销合同的履行过程中，开发商和包销人均需和实际购房人发生法律关系，在实际购房人就商品房买卖合同的履行与开发商、包销人产生争议时，各方权利义务应当如何确认？

案例15：李某诉吉林市某公司，第三人吉林市某房地产顾问有限公司、第三人李某芳房屋买卖合同纠纷案

基本案情

李某于2011年8月与吉林市某公司签订《转让协议》，约定李某购买了吉林市某公司的某公寓一号楼22号车库一套。建筑面积为26.89平方米，已于2011年8月31日前支付购房款45,000元，吉林市某公司承诺2012年6月办理入住。该项目至今仍未动工，故李某诉至法院要求判令：吉林市某公司按照退房款协议约定退回房款45,000元及占用购房款期间的利息11,558.26元（按年息15%计算，自交款日起至2013年5月30日止，2011年8月31日交纳10,000元，2011年9月18日交纳35,000元，分段计算）。

吉林市某公司认为其不应承担房款返还责任，应由吉林市某房地产顾问有限公司和李某芳返还李某已付购房款及利息。吉林市某公司与李某芳约定合作开发吉林市某公司办公楼、科研楼项目。项目开发建设过程中，李某芳擅自以吉林市某公司的名义与吉林市某房地产顾问有限公司签订包销协议，预售某公寓，吉林市某房地产顾问有限公司便以吉林市某公司的名义与李某签订了买卖协议书，并要求李某向其指定的银行卡上汇款，李某的房款并没有支付给吉林市某公司，故应由二者返还李某房款及利息。

第三人吉林市某房地产顾问有限公司认为其帮助吉林市某公司推荐房屋，并且依照约定收取代理佣金，现双方的权利义务已经终止，第三人收取的是替吉林市某公司服务的费用，服务已经完成不存在为吉林市某公司退还费用，此代理关系与李某无关，不存在与吉林市某公司共同退还李某购房款的义务，本案与第三人无关，不承担任何责任。

裁判观点

法院认为，根据我国《合同法》的规定，合同的相对性是指合同仅在合同当事人之间发生拘束力，合同的效力及于合同当事人，包括主体的相对性、内容的相对性与责任的相对性。概言之，合同债权人只能请求合同债务人履行合同义务（或者承担违约责任），不能请求合同以外的第三人履行合同义务（或者承担违约责任）。本案李某的请求权基础是房屋买卖合同关系，依据的是其与吉林市某公司签订的《转让协议书》，该协议在房屋买卖合同法律关系上主体适格，意思表示真实，应当认定为有效合同。李某已经按照协议约定的付款方式向吉林市某公司交纳了部分车库款，而吉林市某公司至今未按期交付车库且拒绝返还李某购房款，其行为已构成了违约，因此吉林市某公司应当向李某承担相应的违约责任，即返还李某已交纳的车库款并赔偿损失。《合同法》第107条规定："当事人一方不履行合同义务或者履行合同义务不符合约定的，应当承担继续履行、采取补救措施或者赔偿损失等违约责任。"第113条规定："当事人一方不履行合同义务或者履行合同义务不符合约定，给对方造成损失的，损失赔偿额应当相当于因违约所造成的损失，包括合同履行后可以获得的利益，但不得超过违反合同一方订立合同时预见到或者应当预见到的因违反合同可能造成的损失……"

裁判结果

法院判决吉林市某公司返还车库款45,000元及支付利息11,558.26元。

案例16：安某与天津某公司、天津某房地产投资有限公司商品房预售合同纠纷案

基本案情

2012年4月25日，天津某公司、天津某房地产投资有限公司签订了《某科技大厦议定书》，双方约定："天津某房地产投资有限公司预定并购买天津某公司开发建设的整个某科技大厦，总价款47,300万元，面积为70,782平方米，天津某房地产投资有限公司支付完毕总价款后享有某科技大厦的完整产权，每套商品房的价格由天津某房地产投资有限公司自行确定，该大厦可分割进行销售，天津某公司同意由其与天津某房地产投资有限公司指定的第三人直接签订正式的商品房买卖合同，天津某公司承诺将及时配合第三人办理所有手续（包括银行按揭贷款等）。"2013年5月5日，安某向天津某房地产投资有限公司交纳了购买某科技大厦房屋的排号费5000元，2013年5月6日，安某向天津某房地产投资有限公司交纳了购房定金195,000元。2013年5月27日，安某向天津某房地产投资有限公司交纳了购买某科技大厦1－413、414号房屋的购房款1,126,139元、税费60,966元、车位排号费40,000元。天津某房地产投资有限公司收到上述款项后未交付给天津某公司。且安某未与天津某公司签订正式的《商品房买卖合同》。2014年4月27日，天津某房地产投资有限公司与天津某公司签订了协议书，双方约定："解除双方于2012年4月25日签订的《某科技大厦议定书》，议定书解除后，天津某公司返还给天津某房地产投资有限公司支付的已付购房款4000万元，议定书履行期间，天津某房地产投资有限公司对外已经签订销售协议但未备案的房屋（含已交齐房款及已交部分定金的客户），由天津某公司退还相关费用，并独自承担由此产生的法律责任。"

后天津某房地产投资有限公司、天津某公司未履行交房义务，亦未退还安某任何款项。安某认为双方的商品房买卖行为因对方原因现已无法实现，故要求解除房屋买卖合同关系并返还全部费用及利息。

天津某公司认为，安某和天津某房地产投资有限公司之间存在房屋买卖关系，安某与天津某公司之间不存在任何关系。天津某公司未收取安某的任何款项，关于天津某房地产投资有限公司与天津某公司之间的关系，天津某公司将某科技大厦整体转让给了天津某房地产投资有限公司，两者不是委托代理销售关

系。根据合同的相对性原则，安某无权要求天津某公司承担责任。

天津某房地产投资有限公司认为，某科技大厦是由天津某公司开发建设，天津某公司委托天津某房地产投资有限公司进行销售，两者是委托销售代理关系，安某应向天津某公司主张权利，故不同意安某的诉讼请求。

裁判观点

法院认为，虽然天津某房地产投资有限公司与天津某公司签订的《某科技大厦议定书》约定，天津某公司将某科技大厦整体转让给天津某房地产投资有限公司，但天津某房地产投资有限公司在对外销售房屋时使用的均系天津某公司的建设开发手续和销售许可证，天津某房地产投资有限公司无权以自己公司的名义对外销售房屋。天津某房地产投资有限公司在与业主签订的房屋认购合同中注明“天津某房地产投资有限公司有权代表天津某公司签署本合同并收取相关款项”，且天津某公司的法定代表人在天津某房地产投资有限公司出具给业主张卫平的注明“天津某房地产投资有限公司代天津某公司收取了购房款”的承诺书中书写了“情况属实”，说明天津某房地产投资有限公司当时是以天津某公司的名义对外销售房屋。安某作为业主，其对天津某房地产投资有限公司与天津某公司签署的《某科技大厦议定书》的内容并不知情，在核实了销售许可证后，安某有理由认定房屋的出卖方为天津某公司，业主康某、郭某在与天津某房地产投资有限公司达成房屋买卖合同(关系)后，与天津某公司签署了正式的《天津市商品房买卖合同》，进一步说明天津某公司是房屋买卖合同的出卖人。故法院认定本案房屋买卖合同(关系)的出卖人之一为天津某公司。

依据法律规定，商品房包销形式的法律概念为：“出卖人与包销人订立商品房包销合同，约定出卖人将其开发建设的房屋交由包销人以出卖人的名义销售的，包销期满未销售的房屋，由包销人按照合同约定的包销价格购买，但当事人另有约定的除外。”天津某房地产投资有限公司与天津某公司签署的《某科技大厦议定书》虽注明双方就某科技大厦进行整体转让，但该议定书的实质主要内容为：由天津某房地产投资有限公司负责对外销售房屋，天津某公司负责与天津某房地产投资有限公司拓展的业主签署《天津市商品房买卖合同》并协助业主办理贷款，天津某公司就整栋房屋收取固定数额的购房款，天津某房地产投资有限公司的利润则来自其出售的价格与其付给天津某公司购房款项的差额。《某科技大厦议定书》的实质主要内容符合商品房包销的法律关系，故法院认定天津某房地产投资有限公司与天津某公司就某科技大厦的销售方式属于包销法律关系，安某系买受人，天津某公司系出卖人，天津某房地产投资有限公司系包销人。天津某房地产投资有限公司与天津某公司以包销形式进行房屋销售和业主产生纠纷后的责任承担问题：包销形式进行商品房销售产生的商品房买卖合同是一种特殊的买卖合同，买卖行为是由出卖人、包销人与买受人共同完成，出卖人收取包销价格、交付房屋，包销人收取售房款、赚取销售溢价，出卖人和包销人均能从包销形式的房屋买卖合同中获取利润，因房屋买卖合同产生纠纷，出卖人和包销人均作为房屋买卖合同的出卖方。因天津某房地产投资有限公司与天津某公司在 2014 年 4 月 27 日签订的协议书中约定："天津某房地产投资有限公司对外已经签订销售协议但未备案的房屋（含已交齐房款及已交部分定金的客户），由天津某房地产投资有限公司退还相关费用，并独自承担由此产生的法律责任。"且安某交纳的款项现在天津某房地产投资有限公司处，故天津某房地产投资有限公司应退还安某交纳的款项并承担相关责任。鉴于天津某公司亦是该买卖合同的出卖人之一，故天津某公司应承担连带给付责任，其承担完给付责任后可依据双方约定向天津某房地产投资有限公司进行追偿。

裁判结果

法院判决天津某房地产投资有限公司返还安某已交纳的购房款、契税等费用共计 1,427,105 元（含定金），被告天津某公司承担连带给付责任；天津某房地产投资有限公司向安某支付自交款之日至 2015 年 1 月 14 日占用购房款（含定金）期间的利息损失 143,094.39 元，天津某公司承担连带给付责任。

律师分析

根据上述两个案例可知，法院在审理买受人与开发商、包销人的关系时，一般会先对开发商与包销人的合同性质进行认定，若双方为包销合同而非买卖关系，则法院一般认为，除包销人承诺就开发商与买受人之间的纠纷承担责任外，商品房买卖合同的主体为买受人与开发商。开发商、包销人之间建立的是包销合同关系，在存在实际购房人的签约模式下，包销人实际上是开发商的销售代理，实际购房人为买受人，无论商品房买卖合同的签署主体和收款主体是否为开发商，开发商均为商品房买卖合同的出卖人，即因商品房买卖合同的履行发生争议时，合同双方为买受人和出卖人，而不是包销人，故在确认诉讼主体时，开发商与实际购房人为买卖双方。

包销合同中一般会对包销人的权利进行一定的限制，仅赋予包销人部分权限，如寻找意向买受人、前期洽谈，若意向业主确定签约，则必须由开发商进行签约、收款工作。但实践中由于意向买受人前期洽谈工作均由包销人完成，包销人与买受人联系较为紧密，可能出现包销人直接联系买受人私下签约、私下收款的情形，部分开发商为减少重复性工作的工作量，也会在包销合同中直接约定由包销人负责以开发商名义签约、通知交房等工作。而包销人在履行义务的过程中如发生擅自收款、逾期交房等事项，买受人往往会按照商品房买卖合同的约定向开发商追责，要求开发商继续履行合同或承担相应的违约责任，法院一般根据合同的相对性进行判断，认为此类案件的诉讼主体为商品房买卖合同的双方，判决开发商承担相应责任后，开发商只能根据包销合同向包销人追偿。因此，为尽可能避免此种情形，建议开发商严密监督商品房买卖合同的签约、收款流程，尽量缩小包销人的权限，并在包销合同中明确包销人的违约责任，同时留存一定的保证金，降低追偿成本和风险。

第二章 签约篇

第一节
定金到底该不该退

《最高人民法院关于审理商品房买卖合同纠纷案件适用法律若干问题的解释》第 4 条规定:"出卖人通过认购、订购、预订等方式向买受人收受定金作为订立商品房买卖合同担保的,如果因当事人一方原因未能订立商品房买卖合同,应当按照法律关于定金的规定处理;因不可归责于当事人双方的事由,导致商品房买卖合同未能订立的,出卖人应当将定金返还买受人。"根据该条规定,认购书的定金是为保证认购人与开发商之间订立正式买卖合同而交付的定金,在定金类型上属于立约定金,其适用《最高人民法院关于适用〈中华人民共和国担保法〉若干问题的解释》第 115 条关于立约定金的规定,即给付定金的一方拒绝订立主合同的,无权要求返还定金;接收定金的一方拒绝订立合同的,应当双倍返还定金。

在商品房销售过程中,认购是重要的一个环节。在开盘当天,开发商为了锁定客户,一般不会在当天签订正式的商品房买卖合同,而会以签订认购书要求购房者缴纳定金的方式作为未来双方订立正式商品房买卖合同的担保。认购书是对交易双方未来交易事项的事先约定,签订认购书的目的是锁定双方的交易行为,约定将来订立正式合同。因此,认购协议中一般也会约定:购房者必须在签订认购书之日起几日内与开发商签订正式的商品房合同,否则开发商有权将房屋另行出售且没收定金;为体现权利义务对等,认购协议还会约定如果开发商不签订正式商品房买卖合同,购房者有权要求开发商双倍返还定金。

适用以上定金罚则的前提是不能订立正式的商品房买卖合同可归责于当事人一方。但认购协议在法律上属于预约合同,预约合同有别于本约合同,即区别于正式的商品房买卖合同。预约的本质是赋予合同双方将来对本约进行磋商之义务,如果是未来合同双方就即将签订的商品房买卖合同条款达不成一致,则属于不可归责于当事人双方的事由。

为了避免购房者在订立正式合同时对合同条款提出异议,开发商一般都会在认购协议中约定:购房者已经阅读了即将签订的商品房买卖合同全套文本并且对相关合同条款清楚无异议。但在实践中,开发商销售的每一个项目几乎都会出现购房者要求退定金的情况。如果双方协商不成,最后只有诉诸法院。在众多的案例中,为何有的法院判开发商退还定金,而有的法院判不退定金?退与不退的原因到底是什么?

一、定金退与不退之认定

案例17:四川省某家居市场经营管理有限公司与成都某投资有限公司商品房预约合同纠纷案

基本案情

四川省某家居市场经营管理有限公司(以下简称某家居公司)与成都某投资有限公司(以下简称某投资公司)于2012年4月18日签订了《认购协议》,协议约定由原告认购被告开发的某项目1901、1904、1905、1906、1907、1908号房屋,认购协议签订当日某家居公司缴纳定金60万元。

认购协议还约定,认购人应当在2012年5月18日前备齐购房所需相关资料到出卖人售楼部签订正式《商品房买卖合同》、附件及其补充协议,逾期则视为认购人自动放弃认购权利,出卖人有权单方解除本认购协议,并无须事先通知认购人即可将该商品房收回另行销售,认购人已付的认购定金出卖人不再退还。同时,某家居公司与某投资公司在《认购协议》第2条第3款下通过手写字体部分约定如下:“在5月18日正式签订《商品房买卖合同》前申请7月提前进场装修事宜,如若审批不下来,认购人有权解除本协议,若认购人要求解除本协议,出卖人须无条件退还认购人所交定金。”

另《认购协议》第5条约定“认购人承诺已认真阅读并充分了解该项目《商品房买卖合同》及其附件的内容,出卖人销售人员已经按照认购人的要求就合同中的全部内容向认购人进行了说明与解释,履行了提示注意事项和说明义务,认购人已充分了解认购房屋的情况(包括但不限于房屋位置、面积、户型及相关重要提示)并对此无任何异议……本认购协议所有条款均系双方平等协商一致而订立,不得理解为格式条款”。

2012年4月19日,某家居公司按《认购协议》约定向被告交付了60万元定金。同时被告向某家居公司出具《收据》表明收到某家居公司认购定金60万元。某投资公司称某家居公司交付定金的前提是,某投资公司于2012年4月18日曾向某家居公司出具《承诺》一份,表明某投资公司承诺在2012年7月上旬让某家居公司进入所购房屋进行装修,但要求某家居公司在2012年5月18日前与某置业公司就所购房屋签订正式《商品房买卖合同》,同时约定该《承诺》为该正式文本的附件,生效时间与双方签订正式《商品房买卖合同》一致,至某投资公司按《商品房买卖合同》约定正式交房时失效。但某家居公司不予认可,称其从未看过该《承诺》。

后某家居公司于2012年5月10日与14日先后两次前往某投资公司售楼部就商品房买卖合同的签订以及相关条款事宜进行磋商,但直到2012年8月28日某家居公司仍然未签订正式的合同,故某投资公司通过EMS邮寄公函拟行使合同解除权并没收某家居公司定金。后某家居公司向法院起诉,要求:(1)法院判决某投资公司退还认购定金60万元;(2)判决某投资公司支付上诉人的资金占用利息;(3)判决某投资公司支付证据保全费4000元。

裁判观点

法院认为,某投资公司否认某家居公司曾找过其协商正式合同条款,但某家居公司以公证文书为据主张前往某投资公司处进行过协商。公证书虽然有瑕疵且因时间和场所限制未当庭播放录音资料,但根据其内容表述且某投资公司亦认可公证书中载明地址为销售处,可以看出双方经办人员进行过磋商,符合高度盖然性民事证据优势规则，故法院认定某家居公司在约定的订立正式文本过程中曾找过某投资公司进行协商。

某投资公司之间签订的《认购协议》属于预约合同，其中所涉及的购房定金属于立约定金的性质。继续就正式合同的签订事宜进行磋商是双方的一项主要权利义务，而《认购协议》第5条第2款约定："认购人承诺已认真阅读并充分了解该项目《商品房买卖合同》及其附件的内容，出卖人销售人员已经按照认购人的要求就合同中的全部内容向认购人进行了说明与解释，履行了提示注意事项和说明义务，认购人已充分了解认购房屋的情况（包括但不限于房屋位置、面积、户型及相关重要提示）并对此无任何异议。"其很大程度上限制了某家居公司就正式合同文本继续进行协商的合同权利，故该条款属于格式条款。但根据《合同法》第39条第1款、第40条和《最高人民法院关于适用〈中华人民共和国合同法〉若干问题的解释（二）》第10条之规定，商品房认购书的说明条款并非必然无效，在格式条款免除己方责任、加重对方责任、排除对方主要权利的内容时，如果格式条款提供方已经尽到合理提示和说明义务，该条款就不能轻易认定无效，反之则条款无效。故本案的争议焦点在于双方签署《认购协议》时，某投资公司是否就正式合同文本尽到合理提示和说明义务？判断某投资公司是否尽到了提示说明义务的标准，实质上是是否对于买受人进行了足够的解释以及在解释的基础上是否给予买受人足够的时间用于阅读；形式上，开发商提请认购人的注意是否达到了合理的程度，格式条款应当加大、使用黑体标题等醒目方式印制，并在其后留出单独空白，供认购人签字确认。从本案来看，某投资公司没有证据或者提供的证据不足以证明已经尽到了合理的提醒、提示义务。

某投资公司抗辩其在销售现场对正式文本进行了公示，某家居公司也存在自行阅读的情况。某投资公司对文本的公示是客观存在的，但是格式条款的生效不在于是否采取公示而在于对于合同相对方的提醒解释义务是否达到格式条款生效之法律要件。本案中某投资公司的义务是对格式条款在签订预约合同时进行充分足够的说明和提示，这是某投资公司的义务，义务不履行导致的是责任的承担。

法院认为某投资公司在《认购协议》中提供格式条款，但某投资公司不能证明其已经尽到了合理的提示和说明义务，判决法院对条款效力不予准认，判决某投资公司应退还定金。

裁判结果

法院判决某投资公司退还定金60万元。

案例18：黄某、胡某诉成都某实业发展有限公司房屋买卖合同纠纷案

基本案情

原告黄某、胡某与被告成都某实业发展有限公司(以下简称某实业公司)于2013年3月10日签订了《商品房认购书》,约定由黄某和胡某购买某实业公司开发的某项目四期×幢×单元×号房并支付定金3万元人民币,双方约定黄某和胡某应当在2013年3月15日签订《商品房买卖合同》。认购书中载明:黄某、胡某已经明确悉知并认可《商品房买卖合同》、附件及补充协议的内容且对上述合同及其补充内容无异议。同日黄某、胡某签署了一份《签约声明》,该份声明载明:“在签订《商品房买卖合同》《商品房认购书》前,在项目销售现场,公司销售人员就认购书的内容向本人进行逐条说明和解释,并提请本人特别注意认购书中的黑体加粗部分,公司已经实际履行了提示和说明义务,不存在重大误解和显失公平情形;同时本人于项目销售现场,已经实际查阅了现场公示的《商品房买卖合同》、附件、补充协议、《前期物业服务合同》、《临时管理规约》等公司文本及项目周边和建筑范围内可能不利环境因素的风险提示……”

后双方协商签订《商品房买卖合同》的时间延至2013年3月21日。黄某、胡某于2013年3月19日到某实业公司处签订《商品房买卖合同》时,对合同第15条第3款第3项存在异议,而导致双方未签订正式《商品房买卖合同》。故黄某、胡某起诉至法院要求某实业公司返还已支付的定金。

裁判观点

法院认为,黄某、胡某与某实业公司签订的《认购协议书》是双方真实意思的表示,合法有效。双方对正式合同文本具有磋商的权利,而双方主要的争议焦点在于黄某、胡某在签订认购协议书时,是否出示《商品房买卖合同》,某实业公司是否阅读了正式《商品房买卖合同》,并对相关条款达成了一致同意。黄某、胡某自认在签约时已经阅读了正式合同文本并对所有条文无异议,且该说明条

款已经加粗加黑。同时黄某、胡某签订的《签约声明》亦载明:"本人于项目销售现场,已经查阅了现场公示的《商品房买卖合同》、附件、补充协议。"由上述两份证据可知,某实业公司对于相关条款已经做到了合理的提示说明义务,黄某、胡某已自认在签约时已经阅读了正式的《商品房买卖合同》,且已作出了对正式合同文本无异议的承诺。《最高人民法院关于适用〈中华人民共和国担保法〉若干问题的解释》第 115 条规定:"当事人约定以交付定金作为订立主合同担保的,给付定金的一方拒绝订立主合同的,无权要求返还定金;收受定金的一方拒绝订立合同的,应当双倍返还定金。"《最高人民法院关于审理商品房买卖合同纠纷案件适用法律若干问题的解释》第 4 条规定:"出卖人通过认购、订购、预定等方式向买受人收受定金作为订立商品房买卖合同担保的,如果因当事人一方原因未能订立商品房买卖合同,应当按照法律关于定金的规定处理;因不可归责于当事人双方的事由,导致商品房买卖合同未能订立的,出卖人应当将定金返还买受人。"根据以上法律规定,定金不予返还。

裁判结果

法院判决驳回黄某、胡某的诉讼请求,定金不予返还。

律师分析

上述两个案件基本情况是一致的,均是原被告双方因对正式合同文本的条款无法达成一致而最终未能签订正式的合同文本,但法院的判决结果却截然相反,主要原因在于两个案件中开发商对于《认购协议》中关于认购人已知悉正式合同条款且无异议的说明条款是否尽到了合理的提示和说明义务。

案例 17 中法院通过格式条款效力裁判原则认为开发商未尽到合理的提示说明义务进而认定《认购协议》第 5 条关于购房人已悉知正式合同条款的约定无效,购房人与开发商之间对正式的合同文本并没有达成一致意见,故购房人有权就正式合同文本及签约事宜与开发商磋商洽谈,由于磋商洽谈未达成一致而未签订正式的《商品房买卖合同》属于《最高人民法院关于审理商品房买卖合同纠纷案件适用法律若干问题的解释》第 4 条规定的"不可归责于当事人双方的事由",所以开发商应当退还定金。

案例 18 中法院通过对购房人签订的《商品房认购协议》及《签约声明》的审

查,认为开发商对《认购协议》中的说明条款已经尽到了合理的提示说明义务,且购房人自认已阅读了正式的合同文本并对其无异议,故《认购协议》中的约定有效。根据诚实信用原则,认购人不能对于已达成一致的内容再次进行磋商,由此导致未能签订正式的《商品房买卖合同》是购房人单方原因,判定购房人无权要求退还定金。

二、《认购协议》说明条款的效力问题

通过上文的论述,可以看出商品房预约合同纠纷中在因合同条款磋商不成而未达成正式的《商品房买卖合同》的情况下,购房定金是否应该退还购房人主要在于《认购协议》中的说明条款是否有效。这就涉及格式条款的效力问题。

《认购协议》以及未来开发商与购房者即将签订的《商品房买卖合同》、附件、补充协议、临时管理规约、前期物业服务协议等均是开发商为了重复使用而预先拟定、并在订立合同时未与购房者协商的条款。《合同法》第 39 条第 1 款规定:“采用格式条款订立合同的,提供格式条款的一方应遵循公平原则确定当事人之间的权利和义务,并采取合理的方式提请对方注意免除或者限制其责任的条款,按照对方的要求,对该条款予以说明。”第 40 条规定:“格式条款具有本法第五十二条和第五十三条规定情形的,或者提供格式条款一方免除其责任、加重对方责任、排除对方主要权利的,该条款无效。”(关于格式条款的问题将在本章第三节中进行重点阐述)。

认购书的说明条款不能简单地一概认定为无效,其是否有效主要依赖于开发商是否正确履行了对该说明条款的合理提示和说明义务。说明条款载于认购书中的事实并不足以证明开发商已就该条款履行了合理的提示和说明义务,关键在于开发商提请认购人注意应达到合理的程度。

首先,认购协议中的说明条款就是约定认购人已经悉知并认可正式商品房买卖合同的内容,那么如果实际上现场没有公示商品房买卖合同的正式文本,认购人从何处悉知和理解呢?因此开发商应当对正式商品房买卖合同的文本在签约现场进行公示,并给予认购人充分的阅读便利,同时为了固定证据,减少诉讼中的争议,开发商也应当对正式文本的公示进行公证(相关内容将在本章第二节中进行进一步说明)。

其次,开发商主要应从文字外形、字体大小、内容清晰度、提示方式、提示时间等几个方面加强对说明条款的设置及提示。第一,说明字体应当加粗、加大、加黑,使用不同的颜色等使其相对于其他部分更加突出。若说明条款位于认购协议的背面或者分散于不同区域的,应该在其正面醒目的位置将其独立列出来,使认购人清楚注意此类条款。第二,说明条款内容的清晰度。说明条款的内容必须能让认购人清楚明白的了解条款的意思。在形式上,印刷一定要清晰,不能有阴影或者墨点导致认购人无法看清条款内容;在内容上,说明条款的表述必须具有意思上的一致性,不能使认购人产生歧义。第三,说明条款的提示方式。合同签订时开发商一定要选择适当的方式向认购人明示说明条款的内容。开发商在设置认购协议时可以在说明条款后面单独留出空白,供认购人签字确认。在签订认购协议后再与认购人签订签约声明,该声明的主要内容是对认购协议中的说明条款进行再确认。第四,格式条款的提示时间。说明条款除了形式意义上的提示说明以外,还必须进行实质意义上的提示说明,主要是要给认购人充分的时间阅读理解相关的条款。

三、对买受人进行恶意磋商的处理

《福建省高级人民法院关于审理商品房买卖合同纠纷案件疑难问题的解答》规定:“因一方当事人恶意磋商导致合同无法订立的,应当按照法律关于定金的规定处理。例如,在签订认购、订购、预订等协议后,买受人反悔,为了能退回定金,在订立商品房买卖合同时,对双方未约定的事项故意提出一些苛刻条件(例如要求出卖人在不合理的期限内交房)的,不属于不可归责于双方当事人的事由……”通过该规定可以看出,在正式的商品房买卖合同签订时进行恶意磋商应不属于“不可归责于双方当事人的原因”,由此导致《商品房买卖合同》未订立属于单方原因,应适用定金罚则。因此,当购房人欲通过磋商来达到退还定金的目的时,那么对于购房人磋商是善意还是恶意的判断就显的得尤其重要,直接关系到开发商是否应当退还购房定金。

案例19：范某、吴某诉上海某置业有限公司定金合同纠纷案

基本案情

2014年3月15日，范某、吴某与上海某置业有限公司（以下简称置业公司）签订一份《定金合同》，合同约定范某、吴某向置业公司预订位于某项目11幢7号802室房屋，建筑面积为118.58平方米，总房价为1,946,609元人民币。范某、吴某签订本合同时，支付定金2万元，作为双方订立商品房预售合同的担保，签订商品房预售合同后，该定金转为房价款。范某、吴某应于2014年3月18日与置业公司签订《上海市商品房预售合同》。此外双方在签订定金合同时对于付款方式已经达成一致意见。

合同签订后，范某、吴某即支付置业公司定金2万元，置业公司出具收据。2014年3月18日，范某、吴某到置业公司售楼处准备签订商品房预售合同时，因范某、吴某要求在合同上增加部分条款并要求留有部分房款在交房后再支付，遭置业公司拒绝，导致商品房预售合同未能签订。范某、吴某向置业公司要求退还定金未果。故诉至法院，请求返还购房定金2万元。

裁判观点

法院认为，出卖人通过认购、订购、预订等方式向买受人收受定金作为订立商品房买卖合同担保的，如果因当事人一方原因未能订立商品房买卖合同，应当按照法律关于定金的规定处理。范某、吴某在签订预售合同之前，已就付款方式与置业公司达成一致意见。依据诚实信用原则，范某、吴某应当按照之前约定的付款方式签订预售合同并履行。范某、吴某在签订商品房预售合同时，要求在合同上增加部分条款并要求留有部分房款在交房后再支付，显然属于恶意磋商，理应依定金罚则承担相应责任。

裁判结果

法院判决驳回范某、吴某的诉讼请求，定金不予返还。

律师分析

对正式的《商品房买卖合同》文本进行磋商洽谈是《认购协议》当事人双方主要的合同权利，也是主要义务。实践中，认购人要想达到退还购房定金的目的的主要手段是与开发商就正式文本的条款内容进行形式上的磋商洽谈。在相关磋商中买受人为达到不签约的目的故意刁难，对开发商提出近乎苛刻的签约要求进而导致磋商失败。如果相关恶意磋商行为归属于《最高人民法院关于审理商品房买卖合同纠纷案件适用法律若干问题的解释》第 4 条规定的"不可归责于当事人双方的事由"而不适用定金法则，表面上看似是对契约自由的保护，实际上却忽视了保证交易主体利益的平衡性，不符合民法上的诚实信用原则。为最大限度地保障善意相对方的信赖利益，维护市场交易的稳定性，《认购协议》当事人之间的磋商洽谈必须遵循诚实信用的原则，磋商的内容、磋商的时间以及磋商的方式都必须在善意正当的前提下进行。对正式合同文本进行恶意磋商并不属于法律规定的"不可归责于双方的事由"，认购人并不能以此达到退还定金的目的。

案例 20：娄某诉某房地产开发有限公司商品房预约合同纠纷案

基本案情

原告娄某与被告某房地产开发有限公司于 2012 年 5 月 1 日签订了《项目认购书》，约定原告购买被告开发的某项目 302 号房屋。认购书载明：(1) 本协议签订的同时支付定金 5000 元；(2) 原告在签订认购书后，须于 2012 年 5 月 8 日前到公司签约中心签订正式的《商品房买卖合同》、附件及补充协议，逾期未办理视为原告违约，本预购书自动解除，甲方可将该物业另行处置，乙方无权要求返还定金；(3) 被告已向原告明示双方将签订的商品房买卖合同文本、补充协议、附件、《前期物业协议》、《临时管理规约》、《签约须知》及法律法规规定应明示的其他文件、证书等文件资料。乙方声明已阅悉并理解上述明示的合同文本、补充协议、图纸、收费项目、收费标准和其他文件、证书等文件资料，对所认购的物业状况、交易条件、周边环境已有充分的了解且无异议。后原告娄某向被告缴纳了定金 50,000 元。后原告就涉案房屋所处楼层问题以及合同版本问题与被告进行磋商，最终双方未达成一致，在《认购协议》约定的期限内未成功签订正式合同。2012年5月17日，被告向原告发出了《解除认购协议通知书》，明确由于原告自身原因，至今未与被告公司签订正式的《商品房买卖合同》及补充协议，已构成违约，被告决定解除双方签订的《商品房认购书》，原告缴纳的定金50,000元不予退还。后原告起诉至法院，要求被告双倍返还原告支付的定金100,000元。

裁判观点

法院认为娄某提出的磋商、洽谈共两点：一为涉案房屋所处楼层的问题；二为合同版本，即合同能否修改的问题。首先，关于涉案房屋楼层的问题。涉案房屋所处楼层为原告在认购房屋时对买卖合同标的物的确定，原告在签订认购书之时对涉案房屋的房号、楼层、楼栋是清楚知道的。因此，该问题并不能作为签订《商品房买卖合同》时可以进行磋商与洽谈的问题。其次，关于合同版本的问题。本案中原告并没有充分证据证明其向被告提出过对合同版本进行修改，同时即使原告提出过对合同版本进行修改，也并未提出对合同中的具体条款进行磋商、洽谈，在此情况下，被告作为合同的提供者，并不清楚原告作为买受人需要对合同进行怎样的修改，原告要求磋商、洽谈的内容不确定，因此，原告提出对合同版本进行修改之磋商、洽谈行为并不合理。原告并没有正当理由不依据“认购书”的约定履行签订正式商品房买卖合同的义务，其未与被告签订正式的商品房买卖合同已构成违约。故按照《最高人民法院关于适用〈中华人民共和国担保法〉若干问题的解释》的规定，给付定金的一方拒绝订立合同的，无权要求返还定金。

裁判结果

法院判决驳回娄某的诉讼请求。

案例21：柳某诉南京某房地产开发有限公司商品房预约合同纠纷案

基本案情

2017年4月29日，柳某与南京某房地产开发有限公司签订《商品房认购协议》,约定柳某认购公司的“尚峰尚水山庄嵩园13幢103室”房屋,“建筑面积为177.55平方米”“房屋单价为¥16,166元/平方米,总房款为人民币(大写)贰佰捌拾柒万零贰佰柒拾叁元整(¥2,870,273元)”“付款方式:首付加商业贷款”,柳某同意向南京某房地产开发有限公司指定账户“缴交定金人民币(大写)贰拾万元整,作为甲、乙双方当事人订立《预售合同》的担保”。同时约定“双方应于2017年5月25日前签订《预售合同》”“在本协议约定的预定期限内,除本协议第七条、第八条约定的情形外,甲方拒绝签订《预售合同》的,双倍返还已收取的定金;乙方拒绝签订《预售合同》的,无权要求甲方返还已收取的定金”。协议第7条约定“甲乙双方签订本协议后,由司法机关、行政机关依法限制该房屋权利的,乙方有权拒绝签订《预售合同》,甲方应全额返还已支付的定金”。第8条约定“甲方有下列行为之一,乙方拒绝签订《预售合同》的,甲方应双倍返还乙方已支付的定金。1.未遵守本协议第二条约定(房屋价格)的;2.在认购期间,将乙方认购的房屋另售他人的;3.未告知乙方在签订本协议前该房屋已存在抵押的事实的”。2017年4月29日,柳某向南京某房地产开发有限公司支付定金200,000元,并签署《认购/签约缴款确认单》,在确认了认购房屋的房号、面积、单价、总价、首付款、签约时间等内容。

后柳某、南京某房地产开发有限公司双方未按照约定于2017年5月25日前签订《商品房预售合同》。2017年5月26日,柳某向南京某房地产开发有限公司寄送《通知函》,载明柳某对合同中的房屋面积、价格、贷款方式、违约责任、物业费等内容存有异议,要求南京某房地产开发有限公司就上述问题修改合同或双方签订补充协议。2017年5月31日,南京某房地产开发有限公司向柳某寄送《关于商品房逾期未签约的催告函》,提醒柳某于2017年6月3日前签订《商品房预售合同》,否则将不再返还定金。2017年6月7日,柳某向南京某房地产开发有限公司寄送《告知函》,载明因南京某房地产开发有限公司不同意修改合同导致合同不能签订,过错在于南京某房地产开发有限公司,要求南京某房地产开发有限公司返还定金。

裁判观点

法院认为,依法成立的合同,对当事人具有法律约束力。当事人可以约定一方向对方给付定金作为债权的担保。债务人履行债务后,定金应当抵作价款或者收回。给付定金的一方不履行约定的债务的,无权要求返还定金;收受定金的一方不履行约定的债务的,应当双倍返还定金。柳某、南京某房地产开发有限公司于2017年4月29日签订的《商品房认购协议》及南京某房地产开发有限公司签署的《认购/签约缴款确认单》中,已明确约定订金200,000元作为双方订立《商品房预售合同》的担保,并在《商品房认购协议》第6~8条详细列明双方收取或返还定金的各项事由,上述约定对柳某、南京某房地产开发有限公司均具有法律约束力,双方应当按照协议约定于2017年5月25日前签订《预售合同》,如有违约,则应按照《商品房认购协议》的约定承担违约责任。柳某在未出现《商品房认购协议》中约定的有权拒绝签订《预售合同》的事由的情况下,经南京某房地产开发有限公司事前书面提醒,仍未在协议约定的时间前签订《预售合同》,是柳某违约,故其"无权要求南京某房地产开发有限公司返还已收取的定金"。且,柳某以南京某房地产开发有限公司在《商品房预售合同》中对房屋面积、价格、贷款方式等约定系格式条款为由,拒绝签订合同,事实上,柳某、南京某房地产开发有限公司双方已在《商品房认购协议》中对房屋面积、价格、贷款方式等作出明确约定,双方均无权擅自变更,柳某以此为由拒绝签约,构成违约,而非《最高人民法院关于审理商品房买卖合同纠纷案件适用法律若干问题的解释》第4条中规定的"不可归责于当事人双方的事由",法院对其要求南京某房地产开发有限公司返还定金的诉讼请求不予支持。

裁判结果

法院判决驳回柳某的诉讼请求。

案例22:孙某与某房产公司商品房预约合同纠纷案

基本案情

2013年12月28日,孙某与某房产公司签订《商品房认购协议》,约定:"乙方(孙某)同意认购甲方(某房产公司)开发建设的某房产滨江花园项目,宁房售第2013300150号《商品房预售许可证》项下的商品房;乙方同意认购工程编号为某幢1301室的商品房,该房屋建筑面积为278.74平方米;乙方认购的该房屋单价为15,284元/平方米,总房款为人民币(大写)肆佰贰拾陆万零肆佰元整,付款方式为一次性付款;乙方认购的该房屋已设定在建工程抵押,甲方须于2014年1月12日前注销抵押登记;乙方同意签订本协议时,向汇丰银行监管账号16××13缴交定金人民币(大写)伍万元整,作为甲乙双方当事人订立《商品房预售合同》的担保。签订《商品房预售合同》后,乙方支付的定金转为房款;甲乙双方应于2014年1月12日前签订《商品房预售合同》;在本协议的第五条约定的预定期限内,除本协议第七条、第八条约定的情形外,甲方拒绝签订《商品房预售合同》的,双倍返还已收取的定金;乙方拒绝签订《商品房预售合同》的,无权要求甲方双倍返还乙方已收取的定金;甲方有下列行为之一,乙方拒绝签订《商品房预售合同》的,甲方应双倍返还乙方已支付的定金:1.未遵守本协议第二条的约定;2.在认购期间,将乙方认购的房屋另售他人的……”同日,孙某、某房产公司双方签订《商品房认购书》,约定:“认购方须于2014年1月12日前,到售楼部签署《商品房预/现售合同》、补充协议及其他有关文件……该物业的建筑工程将依政府有关主管部门最后核准的图纸及设计图纸施工办理。摆放空调主机的位置以该设计图纸预留位置为准……认购方在签署本认购书时已认真阅读了出售方公示的《商品房预/现售合同》及其补充协议、《某房产滨江花园认购须知》、《装修合同》、《某房产滨江花园各项收费标准》、《某房产滨江花园前期物业服务协议》、《某房产滨江花园临时管理规约》的范本,认购方声明出售方已就前述文件向认购方进行了充分的说明,已清楚了解并认可上述各项文件之内容,承诺在签署上述各项文件时不再以任何理由向出售方提出修改或增删合同条款的要求,也不以合同条款经磋商无法达成一致为由要求解除认购关系。否则,视为认购方违约,出售方有权将该物业另行出售,并无须返还认购方已付定金。”2013年12月28日,孙某向某房产公司支付定金50,000元,某房产公司向孙某出具收款收据一份。

庭审中,孙某陈述,孙某购房时在售楼处现场看到或听到的是沙盘、某房产公司提供的房屋平面图及某房产公司售楼人员的现场讲解,对于孙某而言,预售房都在建设过程中,孙某只能根据沙盘显示的楼幢号及销售人员的讲解来确定其所购买的房屋所处的位置,房屋的朝向、房屋前方有无更高的建筑对其视线产生影响都是无法确定的。后某房产公司在销售合同上面注明的楼幢号与公安审定的门牌号是可能出现差别的,因此,孙某认为其所购买的标的物不被特定化。2014年1月,孙某到现场准备签订《商品房预售合同》,但发现某房产公司提供的《商品房预售合同》特别是补充协议及其他协议存在诸多不合理条款，孙某要求与某房产公司进行协商、修订，但某房产公司拒绝，故未能完成签约。

裁判观点

法院认为，孙某与某房产公司于2013年12月28日签订的《商品房认购协议》《商品房认购书》系双方当事人的真实意思表示，且不违反法律法规效力性禁止性规范，合法有效，双方应当依约履行。《商品房认购协议》上载明涉案房屋工程编号为某幢1301室，虽然该房屋门牌可能因公安部门设定的楼幢编号而发生变化，但这并不妨碍该房屋的坐落、位置已特定化，孙某以此为由主张权利得不到保障，没有事实与法律依据。《商品房认购书》载明认购人在签署本认购书时已认真阅读了出售方公示的《商品房预/现售合同》等资料。故孙某称某房产公司未公示《商品房预售合同》，并主张《商品房认购书》排除了其对《商品房预售合同》内容提出异议的权利，法院不予采信。孙某与某房产公司在《商品房认购书》中约定，如认购方不履行认购书约定的义务，认购方已交付的定金不予退回，出售方有权另行处置该物业且无须通知认购方。孙某没有按照《商品房认购书》的约定于2014年1月12日前与某房产公司签订《商品房预售合同》，故某房产公司有权依照合同的约定不予退回孙某交付的5万元定金并可另行处置涉案房屋。孙某称某房产公司擅自将房屋出售给第三人构成根本违约，无事实与法律依据。

裁判结果

法院判决驳回孙某的诉讼请求。

律师分析

实践中磋商是善意还是恶意一般很难分辨，但通过上述法院判决的整理和归纳，笔者总结出商品房预售合同纠纷中恶意磋商主要有以下几种情形：

1. 认购人未提出磋商的具体事由或者未就磋商请求提出合理充分的依据

在正式《商品房买卖合同》的磋商过程中，认购人对于开发商提供的正式合同文本有异议，则必须提出自己明确的修改要求，且该修改要求必须具有合理性、可行性。若认购人在磋商过程中没有对异议内容进行明确的说明,那么开发商作为正式合同文本的提供者是无法确定应对合同进行怎样的修改;同时若认购人虽对异议内容有明确的说明,但修改要求没有足够的理由支撑且会极大的损害开发商的利益,那么由此导致的正式合同未签订的责任应由认购人承担。

2. 对已决条款进行再磋商

一方面,《认购协议》一般都会对认购房屋房号、房屋楼层、房屋位置、房屋价格以及付款方式等内容进行明确的约定,认购人在《认购协议》上签字则表明开发商与认购人对上述条款已经达成一致,非经双方一致同意不能更改。在对上述条款已经达成一致的情况下,认购人在磋商过程中要求修改上述条款属于恶意磋商,由此导致正式合同文本未能订立的,属于认购人单方原因。另一方面,《认购协议》中约定的说明条款在有效的情况下,视为认购人与开发商之间就正式的《商品房买卖合同》达成一致。故认购人在正式的商品房买卖合同的磋商过程中要求修改合同文本的条款属于恶意磋商,由此造成正式的合同文本未订立属于购房人单方原因。

3. 认购人提出的磋商条款系正式合同文本中未约定的条款且该条款内容不具有合理性

磋商的内容不应仅局限于正式合同文本,一切与该交易有关的事项均可磋商,但磋商的内容必须具有合理性。笔者认为判断磋商内容是否具有合理性主要在于磋商的内容是否对某一方的实际利益产生影响且属于另一方的法定义务。例如在案例 22 中,认购人以某房产公司在销售合同上注明的楼幢号与公安审定的门牌号可能出现差别,故认为其所购买的标的物未被特定化。显然,房屋门牌可能因公安部门设定的楼幢编号而发生变化,但这并不妨碍该房屋的坐落位置已特定化,认购人以此为由主张权利得不到保障,是没有任何依据的。

四、违反《认购协议》的违约赔偿范围

《最高人民法院关于审理商品房买卖合同纠纷案件适用法律若干问题的解释》第 2 条规定:“当事人签订认购书、订购书、预定书、意向书、备忘录等预约合同,约定在将来一定期限内订立买卖合同,一方不履行订立买卖合同的义务,对方请求其承担预约合同违约责任或者要求解除预约合同并主张损害赔偿的,人

民法院应予支持。"通过该条文规定可知,一方当事人违约导致正式的商品房买卖合同未订立的,除应当承担定金责任外,还可能赔偿相应的损失。而在实践中该损失的范围应如何确定是一个难题。

案例23：林某与北京某置业公司商品房预售合同纠纷案

基本案情

2012年6月24日,林某与北京某置业公司签订认购书,双方约定:"一、认购人所认购的商品房位于北京市朝阳区某项目中的第1幢1802号,建筑面积223.22平方米(套内建筑面积179.17平方米)……三、商品房按照套内建筑面积计算,单价为69,268.34元/平方米,总价款12,410,809元。四、认购人应当自签订认购书之日起1日内,向出卖人支付认购定金300,000元;逾期出卖人有权解除本认购书;认购人同意在支付定金日起2日内,与出卖人协商商品房预售合同相关条款(本款约定的期限为协商签约的起始时限,而非中止时限)。五、认购人未在第四条第二款约定的期限内与出卖人协商商品房预售合同相关条款的,出卖人有权解除本认购书,认购人已经支付的定金不予退还,出卖人有权将商品房另行出卖给第三方。六、认购人在第四条第二款约定的期限内与出卖人协商商品房预售合同的相关条款,但双方未达成一致意见,自第四条第二款约定的期限届满之次日起超过12日的,本认购书自动解除,双方也可以协商解除本认购书,出卖人应当在本认购书解除之日起30日内将已收取的定金退还认购人……九、其他约定,下列情况本认购书解除:1.在认购人支付认购定金之日起2日内,认购人未与出卖人协商订立商品房预售合同的,认购书解除,出卖人不退还定金,认购书解除之日为认购人支付定金之日起的第3日;2.自认购人支付认购定金之日起14日内双方未达成一致,未签署商品房预售合同,本认购书解除,出卖人退还定金(无息),认购书解除之日为认购人支付定金之日起的第15日;3.双方无法确认解除日期的,以出卖人退还定金的日期为本认购书解除之日。"双方还约定了其他内容。

2012年6月25日,林某向北京某置业公司支付定金300,000元。其后,涉诉房屋办理期房转现房手续,双方未签订商品房预售合同。

2012年9月26日,北京某置业公司通过银行转账形式向林某银行账户中汇入299,950元。北京某置业公司主张于2012年9月26日将认购定金扣除手续费50元后退还给林某。林某称对此不知情,北京某置业公司擅自将定金退还未与其进行沟通。

2012年9月30日,北京某置业公司将涉诉房屋(实测套内建筑面积181.54平方米)出售给案外人王×,总价款12,933,777元。

后林某于2013年2月在朝阳区另行购买了一套房屋,比2012年6月时多支付了200多万元。故起诉要求法院判令双方之间的认购书解除,北京某置业公司双倍返还林某定金600,000元的剩余款项300,050元,北京某置业公司支付林某损失费用2,736,015.22元。

裁判观点

关于林某主张的损失赔偿问题。法院认为,相对于本约而言,违反预约的行为既是预约违约行为,也可以视为是本约之缔约过失行为,预约违约的损失应相当于本约的缔约过失责任范围,因此预约违约损失相当于本约的信赖利益损失。本案中,除林某为准备签订买卖合同所受损失外,林某因与北京某置业公司签订涉诉房屋的认购书,放弃了与他人订立同类房屋买卖合同的机会,而因北京某置业公司的违约行为,致使这种机会损失变为现实损失,亦属于林某的信赖利益损失范围。根据查明的事实,北京某置业公司将涉诉房屋转卖与他人,所售价格高于与林某签订的认购书约定的价格,北京某置业公司所获利益即为林某的信赖利益损失,北京某置业公司理应赔偿给林某。故还应当将北京某置业公司所获利益在扣除相应房屋面积差额与定金赔偿部分后返还给林某。

至于林某主张的其另购房屋的差价损失,法院认为,预约合同的履行只是发生签订本约合同的行为,预约合同履行行为本身并无任何交易发生,尚不产生任何经济利益。对于林某而言,北京某置业公司不履行认购书,仅使林某丧失了订立涉诉房屋买卖合同的机会,并无履行利益可言。林某主张的其另购房屋的差价损失等可得利益损失没有法律依据,法院不予支持。

裁判结果

法院判决解除林某与北京某置业公司于2012年6月24日签订的《北京市商品房认购书》,北京某置业公司支付林某300,000元,赔偿林某经济损失

58,802元。

案例24：何某与王某商品房预售合同纠纷案

基本案情

2016年6月26日，原告何某（甲方）、被告王某（丙方）与第三人（乙方）华邦公司签订了《房地产买卖居间协议》，原、被告在居间协议内就房屋的物业基本案情（包括名称、面积、共有人、总房款等）、定金支付、交易时间以及违约后果等进行明确约定。《房地产买卖居间协议》第6条约定：如果丙方未能依约签订房屋转让合同，则丙方应向甲方双倍返还定金（包含甲方已支付定金），甲方同意将丙方双倍返还之定金（包含甲方已支付定金）的25%支付给乙方，作为居间费用。第8条约定：若甲方所交的定金由乙方代为保管，待甲、丙双方签订的《杭州市房屋转让合同》（以下简称转让合同）生效后，该定金将转为甲方需承担的税费。同时，丙方为代表出售该物业之诚意，特将该房屋的相关权属证书交由乙方保管。第9条约定：丙方保证该房产权清晰，权属明确，符合上市交易条件；如该房为共有财产，则丙方已征得共有人同意；如丙方违反以上条款，则丙方承担过错责任，丙方应向甲方赔偿等同于双倍的定金，同时本协议终止。

居间协议签订当日，何某通过刷卡将20万元定金打入华邦公司。后由于居间协议中载明案涉房屋为王某与庄某（未成年人）共有。根据相关法律法规以及政策的规定，王某无法为被监护人庄某办理未成年子女房屋变更登记公证手续，致使不能办理案涉房屋变更登记手续以及签署正式的房屋转让合同。因此，2016年8月4日，华邦公司将20万元定金退还给了何某。本案审理过程中，原告何某多次表达（第一次庭审时庄某离年满18周岁尚差12天，交易困难和障碍已接近自动消除）继续履行居间协议的请求，但被告王某均以目前房地产市场价格已经发生明显变化等为由，表示不可能继续履行居间协议及签订房屋转让合同。

本案审理过程中，经原告何某的申请和本院委托，杭州天平房地产评估公司作出《房地产评估报告》，评估结果为：估价对象（桂花城栖霞苑9幢2单元101室）在价值时点2016年8月4日的市场价值总额取整为人民币469万元整（单价36,200元/平方米）。该评估结果与居间协议约定的总房款405万元高出64万元。故何某向法院提起诉讼，要求：（1）请求判令被告按照定金罚则支付一倍的定金20万元作为赔偿;(2)请求判令被告立即支付房屋差价损失80万元;(3)请求判令被告承担房屋中介费用10万元;(4)请求判令本案诉讼费、保全费由被告承担。

裁判观点

法院认为,居间协议与正式买卖合同的关系是预约合同与本约合同的关系,签署居间协议的目的是约束双方的交易行为,约定将来订立正式的合同。预约合同的成立和生效,仅使当事人负有将来按预约规定的条件订立合同的义务,而不负履行将来要订立的合同中的义务。从居间协议的约定来看,双方约定之定金显然是为将来订立正式的房屋转让合同所设立的担保,而非对履行将来所订立合同之义务进行的担保,即该定金的性质为立约定金。原告主张因被告违约,导致其丧失在同时期同地段购买房屋的机会,现因房屋价格普遍上涨,要求被告赔偿房屋差价损失,实质是原告按照未订立、未生效的正式买卖合同之履行利益而主张的赔偿责任。但由于双方正式的买卖合同尚未订立、生效,当事人因履行正式的买卖合同可能获得履行利益的盖然性较小,一方当事人不履行居间协议就让其赔偿另一方正式合同的履行利益,显然有失公平。而让违反居间协议的一方当事人承担信赖利益的损失符合公平原则。双方于居间协议所设立的立约定金,即用来担保将来签订正式买卖合同的定金,可以视为原、被告双方对可能发生的信赖利益损失赔偿额的约定,该立约定金具有预定损害赔偿的性质。一方拒绝订立合同适用立约定金罚则后,对方无论有无损害或损害多少,均以立约定金额为损害赔偿额。故何某有权要求双倍返还定金,但无权要求赔偿80万元房屋差价损失。

裁判结果

法院判决王某向何某双倍支付定金20万元;驳回何某要求支付房屋差价损失80万元的诉讼请求。

律师分析

《北京市高级人民法院关于审理房屋买卖合同纠纷案件适用法律若干问题

的指导意见(试行)》第 2 条规定:"……因可归责于当事人一方的原因致使房屋买卖合同未能订立,预约协议约定有定金条款的,应当适用定金罚则;没有约定定金条款,或者定金处罚数额不足以弥补守约方实际损失的,违约方应当赔偿守约方因此所受到的信赖利益损失。守约方要求赔偿合同履行的可得利益损失的,一般不予支持。"从上述规定及两个案例可以看出,《认购协议》的违约方应当承担守约方的信赖利益损失而不必承担可得利益损失。

首先,《认购协议》本质上是预约合同,其成立于本约的订立阶段。于本约合同而言,预约合同的订立实际上是本约合同的一个缔约过程,对预约合同的违反具有双重性质,其一方面是对于预约合同的合同违约责任,另一方面是对于本约合同的缔约过失责任。因此,最高人民法院在《商品房买卖合同纠纷司法解释理解与适用》一书中认为预约违约的责任范围在总体上应相当于本约的缔约过失责任范围,[1]故预约违约损失相当于本约的信赖利益损失。其次,可得利益是指未来获取利润所对应的利益。一方面,可得利益的存在是以本约合同的订立为前提,而预约合同的违约意味着双方正式的买卖合同尚未订立、生效,所以对于本约而言,预约违约行为并不会产生可得利益损失。另一方面,预约合同与本约合同不同,预约合同的标的物为签订本约合同的行为,其履行本身并不发生任何交易行为,不会产生任何的经济利益,仅仅是行为的给付,即使预约违约所损失的也仅仅是一次交易机会。

《认购协议》违约方应当承担信赖利益损失而无须承担可得利益损失,而房屋差价损失是否属于信赖利益损失?违约方是否应当承担房屋差价损失?各地法院在此问题上存在观点的差异。《上海市高级人民法院关于宏观政策调控后房屋买卖纠纷若干问题的解答》第 5 条规定:"……《购房意向书》《房屋预订单》等预订协议属于预约,具有合同性质。预订协议约定有定金条款及其他违约条款的,当事人不履约的,应适用定金罚则和其他违约条款。若协议中没有定金条款(违约金条款),或定金数额(违约金数额)低于实际损失,相对方主张其他损失的,应予支持。根据《合同法》相关规定的精神,缔约过失造成的损失包括直接损失(如缔约费用),也包括间接损失(丧失与第三人另订合同机会所产生的

---

[1] 对于此问题,最高人民法院也存在观念上的矛盾,一方面认为预约违约责任与本约的缔约过失责任是竞合关系,责任范围总体上相当;另一方面则认为预约合同已经对本约标的物、对价等作出了明确的约定,当事人对本约的期待利益已经固化,一旦违约,守约方的期待利益随之丧失,故相对于缔约过失责任而言,预约合同的违约行为可能会造成更大的损失,所以责任范围更大。

损失等),但损失不应超过当事人在订立合同时所应当预见到的因合同不成立、无效或者被撤销可能造成的损失;也不得超过合同成立或合同有效时的履行利益。因此,守约方要求违约方赔偿房屋差价损失的,一般可予准许,具体数额应综合考虑守约方的履约情况、违约方的过错程度、合理的成本支出等因素酌定。”《福建省高级人民法院关于审理商品房买卖合同纠纷案件疑难问题的解答》中规定:“买受人可以请求出卖人双倍返还定金,并赔偿其信赖利益,例如,为订立商品房买卖合同而支出的费用及利息等损失,使其恢复到未认购商品房前之财产状态。但请求出卖人赔偿其房屋涨价的损失的,不予支持。”

上述两地法院对于违约方是否应当承担房屋差价损失在观点上互不相同。但笔者认为房屋差价损失不属于信赖利益损失,违约方无须承担房屋差价损失。主要原因是,信赖利益实际上属于一种消极利益,对于信赖利益的保护也仅仅是使当事人恢复到合同未曾发生的状态,主要是对于所受损失与所失利益的补偿,具体而言包括:订立《认购协议》所支付的各项成本的补偿、准备签订正式合同所支付的各项成本的补偿、已付款孳息的补偿以及损失交易机会等补偿。而房屋涨价利益是在《认购协议》签订时任何一方都不享有的,其是一种未来的利益,必须通过正式的《商品房买卖合同》的履行才能实现的,其并非信赖利益,而是一种合同履行的可得利益。故《认购协议》的违约方无须承担房屋涨价损失。

第二节
销售现场公证的意义

根据《公证法》的规定,公证是指公证机构根据自然人、法人或者其他组织的申请,依照法定程序对民事法律行为、有法律意义的事实和文书的真实性、合法性予以证明的活动。据此,商品房销售现场公证可理解为是公证机关对商品房销售现场的情况包括但不限于销售公示资料、买卖合同文本、房屋价格信息、装修配置信息、沙盘及样板房状态和情况等进行证明的活动。商品房销售现场公证的主要作用在于证据的保全以及对相关事实的证明。首先,在商品房销售现场公证中,公证机关会将销售现场的情况通过拍照、录像等多种手段进行固定和保存。其次,《民事诉讼法》第 69 条规定:“经过法定程序公证证明的法律事实和文书,人民法院应当作为认定事实的根据……”开发商在面对相关的诉讼时,对于某些待证事实,法院可以直接根据公证文书内容予以认定。

一、定金纠纷中销售现场公证的作用

案例 25:胡某与某实业公司商品房预售合同纠纷案

基本案情

2017 年 10 月 14 日,胡某与某实业公司签订了一份《商品房定购协议》,约定胡某认购某实业公司开发的房屋,房屋总价为 808,192 元整,首期款(暂定为)408,192 元整,定金为 3 万元整;胡某应在 2017 年 10 月 22 日之前,前往项目售楼中心与某实业公司签订《商品房买卖合同》、附件、补充协议、《前期物业服务协议》、《临时管理规约》(以下统称买卖合同),若胡某逾期未与某实业公司签订买卖合同,则某实业公司无须通知胡某即有权将本协议约定的商品房另行出售,胡某已付某实业公司的立约定金不再返还,若某实业公司无合理理由在上述期限内将本协议约定的商品房另售他人,则某实业公司应双倍返还胡某已付定金;合同以黑体加粗的方式载明某实业公司已在销售现场向胡某明示即将签订的《商品房买卖合同》、附件及补充协议、《前期物业服务协议》、《临时管理规约》等,对相关条款作了充分合理的说明,胡某确认对以上文书的条款清楚而且无异议。

同日,胡某向某实业公司支付了定金 30,000 元,某实业公司向胡某出具了收款收据一张。后胡某未在 2017 年 10 月 22 日前前往某实业公司处签订《商品房买卖合同》。2017 年 10 月 31 日,某实业公司向胡某发出《通知》,由于胡某未于 2017 年 10 月 22 日前与某实业公司签订《商品房买卖合同》,违反了《商品房定购协议》的约定,通知胡某于 2017 年 11 月 7 日前携带足额房款或首付款及其他所需资料至项目销售现场与某实业公司签订《商品房买卖合同》。2017 年 11 月 11 日,胡某与委托代理人等前往某实业公司处,要求对某实业公司提供的《商品房买卖合同》多项条款进行协商,未果。2017 年 11 月 15 日,某实业公司向胡某发出《解除合同通知书》,但未送达。

2017年1月12日,某实业公司向四川省某公证处申请公证,公证内容为某实业公司在楼盘销售中心内公示项目“沙盘”、《四川省商品房买卖合同(预售)》(商业物业合同网签模板)、《商品房买卖合同》补充协议的情况。后原告起诉至法院,要求被告双倍返还定金60,000元。

裁判观点

法院认为,胡某与某实业公司签订的《商品房定购协议》系双方真实意思表示,不违反法律、行政法规的强制性规定,合法有效。本案的争议焦点为某实业公司是否应双倍返还胡某定金60,000元,根据《商品房定购协议》中“特别约定”第1条,胡某支付的30,000元为立约定金,即双方明确约定在2017年10月22日前签订《商品房买卖合同》,30,000元定金是履行这一行为的担保。根据《合同法》第115条“当事人可以依照《中华人民共和国担保法》约定一方向对方给付定金作为债权的担保。债务人履行债务后,定金应当抵作价款或者收回。给付定金的一方不履行约定的债务的,无权要求返还定金;收受定金的一方不履行约定的债务的,应当双倍返还定金”之规定,若任何一方无正当理由未履行签订《商品房买卖合同》的义务的,将适用定金罚则。本案中,胡某未举证证明其在2017年10月22日前前往项目售楼中心与某实业公司准备签约的事实,故原告、某实业公司双方未在2017年10月22日前签订《商品房买卖合同》的原因在于胡某,胡某无权要求某实业公司返还定金。

胡某称其于2017年11月11日前往某实业公司售楼处与某实业公司协商合同签订事宜,《商品房买卖合同》未签订系因某实业公司不愿修改有关合同条款,未签约的原因在于某实业公司。法院认为,根据《合同法》第45条“当事人对合同的效力可以约定附条件。附生效条件的合同,自条件成就时生效。附解除条件的合同,自条件成就时失效”之规定,双方签订的《商品房定购协议》中约定了该协议的解除条件,即若胡某未在2017年10月22日前与某实业公司签订买卖合同,则某实业公司无须通知胡某即有权将本协议约定的商品房另行出售,胡某已付某实业公司的立约定金不再返还,该条件已成就,故某实业公司已经享有涉争定购协议的解除权。某实业公司此后向胡某发出《通知》和《解除协议通知》以及胡某与某实业公司就商品房买卖合同条款协商未果的事实并不影响某实业公司所享有的解除权,不能证明胡某与某实业公司达成了新的合意,而且签订定购协议时某实业公司已经合理提醒了胡某合同文本并公示了合同文本,故对胡某所主张的系因为某实业公司不同意协商合同条款导致合同未订立的意见不予采纳。

裁判结果

法院判决驳回胡某的诉讼请求。

案例 26:董某与广州某公司商品房预售合同纠纷案

基本案情

2014 年 5 月 7 日,董某(乙方)与广州某公司(甲方)签订《商品房认购协议》(以下简称《认购协议》),约定的主要内容:"甲、乙双方就某商品房认购事宜,达成本认购协议:一、签订本认购协议前,甲方已向乙方出示并在销售现场公开展示了下述文件,并已按乙方要求做出合理说明。乙方确认已详细阅读并充分理解下述文件,并保证不以《广州市商品房买卖合同(预售)》(含附件及补充协议,下称'商品房买卖合同')条款没有理解,无法达成一致或其他任何非双方约定或法律规定事由为由,拒绝或拖延签订商品房买卖合同及相关文件。1.《商品房销售管理办法》、《城市商品房预售管理办法》及商品房买卖合同示范文本。2. 项目的《国有土地使用证》、《建设用地规划许可证》、《建筑工程规划许可证》、《建筑工程施工许可证》、《商品房预(销)售许可证》、项目本身及周边不利因素、公用建筑面积分摊情况说明以及政府主管部门要求公示的其他文件。3. 乙方将签订的商品房买卖合同及补充协议、《临时管理规约》和《前期物业服务合同》。4. 乙方所认购商品房的合同附图、装饰设备标准。5. 国家和本地有关住房限购、限贷政策及实施细则(如有)。上述文件的内容以甲方张贴在售楼处的版本为准。二、房屋价款及付款方式。1. 乙方自愿认购位于广州开发区科学城某商品房(下称'该商品房'),购房款总价为人民币 909,930 元。2. 乙方选择按揭贷款的付款方式。按揭贷款享受折后购房款总价 834,389 元。乙方应在签订商品房买卖合同当日,向甲方支付不少于购房款总价 50% 的首期房款(含已付定金)即人民币 424,389 元,剩余购房款由乙方向甲方认可银行申请按揭贷款。乙方应保证剩余购房款于商品房买卖合同签订后30日内支付至甲方账户。三、乙方在签订本认购协议同时向甲方交纳定金人民币伍万元整,作为乙方订立商品房买卖合同的担保。商品房买卖合同订立后,乙方所支付的定金转为该商品房购房款的组成部分……五、乙方须在签订本认购协议后7日内,即应于2014年5月14日前,持本认购协议、定金(发票)收据、签订合同资料(包括按照本地住房限购政策要求应由乙方提供的证明其具备购房资格的证明、书面承诺等文件资料)、甲方要求的其他手续资料及全部购房款(如为按揭贷款购房或分期付款购房的,则为首期房款)到售楼处,在向甲方交纳全部购房款(如为按揭贷款购房或分期付款购房的,则为首期房款)及其他全部款项的同时,与甲方签订商品房买卖合同及相关文件。六、认购协议终止、解除及没收定金:1.如因乙方未带齐第五条约定资料或未交纳全部购房款(如为按揭贷款购房或分期付款购房的,则为首期房款)或因其他乙方原因导致双方未能在本协议第五条约定期限内签订商品房买卖合同及相关文件的,视为乙方不购买该商品房,甲方有权解除本认购协议,甲方据此解除本认购协议的,甲方有权在不通知乙方的情况下另行出售该商品房,且甲方有权没收乙方所付定金,乙方无任何异议……十二、本认购协议经甲、乙双方签订后生效。"

《商品房认购协议》签订当天,董某向广州某公司支付定金10,000元,2014年5月11日,董某向广州某公司支付定金40,000元。双方于2014年5月14日前未就涉案房屋签订《商品房买卖合同》。董某主张在2014年5月14日前到售楼部欲完成签署购房合同等相关事宜,但广州某公司的销售人员要求董某先付房款后签订合同。广州某公司对此不予认可,主张董某在2014年5月14日前未到售楼部协商签署合同事宜。2014年7月27日,董某通过EMS邮政特快专递的方式向广州某公司发函,主要内容为董某对正式的《商品房买卖合同》条款有异议,要求开发商进行调整,但开发商拒绝调整。由于对《合同》条款无法达成一致,未订立《合同》的责任在开发商,开发商应赔偿董某双倍定金。广州某公司确认7月28日收到该函件,收到函件后未进行回复。2014年8月6日,广州某公司向董某发出《解除认购关系通知书》,董某确认已收到《解除通知书》。

同时广州某公司提交两份《公证书》作为证据,《公证书》显示2013年3月29日至2014年4月30日、2014年6月30日至2014年7月6日广州某公司在销售中心公示了《商品房买卖合同(版本一)》《商品房买卖合同(版本二)》等相关文件。

董某诉至法院请求:(1)确认解除《商品房认购协议》;(2)被告双倍返还定金。

裁判观点

法院认为，双方为在将来买卖涉案房屋，在签订正式的《商品房买卖合同》前，就涉案房屋的相关认购事宜签订的《商品房认购协议》，是双方对交易房屋有关事宜的初步确认，性质属于预约合同。双方签订的《商品房认购协议》是双方当事人的真实意思表示，无违反相关法律法规等无效情形，自当事人签字盖章之日起成立，对各方当事人具有法律约束力，受法律保护。双方应当遵守诚实信用原则，按照约定履行自己的义务。董某主张《商品房认购协议》第 1 条具备《合同法》第 40 条规定的无效情形，主张该条款无效缺乏法律依据，法院不予支持。本案的争议焦点为双方未能签订《商品房买卖合同》的责任如何认定。董某主张双方未能签订《商品房买卖合同》的原因在于广州某公司，理由之一就是广州某公司未在销售现场公开展示商品房买卖合同，广州某公司的工作人员未向其出示商品房买卖合同，而且广州某公司的合同版本有诸多不公平的条款，董某对部分合同条款有异议。对于董某的上述理由，法院认为，双方签订《商品房认购协议》时已载明甲方向乙方出示并在销售现场公开展示了商品房买卖合同及补充协议等相关文件等，乙方亦详细阅读并充分理解合同文本的所有条款，并保证不以商品房买卖合同条款没有理解、无法达成一致或其他任何非双方约定或法律规定事由为由，拒绝或拖延签订商品房买卖合同及相关文件。董某在《商品房认购协议》中作为乙方签名确认，表明其知晓条款内容和相关法律后果。且广州某公司提交的《公证书》亦载明其在销售现场公示了《商品房买卖合同》等文件。现董某主张广州某公司未展示、出示商品房买卖合同并对合同条款提出异议，有悖于《认购书》约定的内容且不符合客观事实，法院对董某的该主张不予采信。根据《商品房认购协议》的约定，董某应于 2014 年 5 月 14 日前与广州某公司签订《商品房买卖合同》，否则，广州某公司有权没收董某支付的定金。现董某以广州某公司不同意修改合同有关条款等理由拒绝与广州某公司签订《商品房买卖合同》有违诚信，也违反了《商品房认购协议》的约定，应承担违约责任，董某主张广州某公司双倍返还定金缺乏理据，法院不予支持。关于《商品房认购协议》的解除问题。根据《合同法》第 93 条第 2 款的规定，当事人约定解除合同，必须符合解除合同的条件，即约定解除合同的条件成就时，解除权人可以行使解除权。《商品房认购协议》第 6 条约定，如因董某未带齐约定资料或未交纳购房款或因其他董某原因导致双方未能在约定期限内签订商品房买卖合同及相关文件的，视为董某不购买该商品房，广州某公司有权解除本认购协议。表明双方约定了合同解除的条件。如前所述，双方未能在约定期限内签订商品房买卖合同，责任在董某，双方约定合同解除的条件已经成就。据此，广州某公司有权解除合同。董某在诉讼前已收到广州某公司发出的《解除通知书》，广州某公司解除认购协议的意思表示已到达董某。董某在收到《解除通知书》后有异议但未在法定的期限内请求人民法院或仲裁机构确认解除认购书的效力，故《商品房认购协议》从董某收到《解除通知书》时产生解除的效力，法院确认双方签订的《商品房认购协议》已解除。

裁判结果

法院判决确认董某与广州某公司签订的《商品房认购协议》解除，驳回董某要求双倍返还定金的诉讼请求。

律师分析

结合本章第一节的阐述，认购人与开发商签订《商品房认购协议》后，若对正式合同文本的条款无法达成一致而未能签订正式的《商品房买卖合同》，开发商一般都会被判决退还定金。鉴于此，开发商为避免此种情形的出现都会在销售现场对正式的《商品房买卖合同》及配套文本进行公示，并在《认购协议》中设置认购人已经阅读正式的合同文本并对此无异议的自认条款。而正式《商品房买卖合同》文本的公示以及《认购协议》条款的设置看似能够证明开发商与认购人在签订《认购协议》时已经对正式的《商品房买卖合同》达成了一致意见。但在司法实践中，认购人一般会称销售现场并未公示正式的《商品房买卖合同》，其并没有阅读正式的《商品房买卖合同》文本，《认购协议》中关于认购人已经认真阅读正式的合同文本的自认条款是开发商利用自己的优势地位迫使其签订的格式条款，应当认定无效。在此情况下，若开发商无法提供其他证据对自认条款进行佐证，而仅仅以格式条款效力问题进行被动答辩，法院可能会倾向支持认购人的诉求。所以，在此情况下，开发商应当寻求完整的证据链来支持自己的观点，而其中最为关键的就是证明正式的《商品房买卖合同》文本已经在销售现场予以公示，认购人在客观上能够阅读正式的合同文本，认购人在能阅读的情况下而不阅读则属于对自己权利的放弃。

上述两个案例中开发商均在销售初期就向公证处申请公证项目销售中心内公示《商品房买卖合同(预售)》(商业物业合同网签模板)、《商品房买卖合同》补充协议的公示情况,并将该公证书向法庭提交,以证明认购人在签订《认购协议》时客观上能够阅读将要签约的合同文本,同时配合《认购协议》中自认条款的设置,足以向法院证明开发商已经合理提醒了认购人正式合同文本的内容并公示了正式的合同文本。在签订《认购协议》时销售现场已经公示了正式的合同文本,认购人在能阅读而不阅读的情况下就签字确认了自认条款,属于对自己权利的放弃,当认购人在签订正式的《商品房买卖合同》时否定自认条款,显然违背了诚实信用原则,双方未在约定的时间内签订正式的《商品房买卖合同》的原因在于认购人,其无权要求退还定金。

二、交付纠纷中销售现场公证的作用

案例 27:韩某与某房地产公司商品房买卖合同纠纷案

基本案情

2013 年 8 月 10 日,韩某与某房地产公司签订《浙江省商品房买卖合同》及附件,合同约定韩某购买某房地产公司开发的某项目房屋一套,建筑面积为 85.09 平方米,单价为每平方米 23,691.66 元,总价为 2,015,923 元;买受人在合同签订之日支付首付款 605,923 元,余款 1,410,000 元采用银行按揭方式支付。双方在合同附件八的补充协议第 1 条中约定:“出卖人已就该商品房项目内部及周边的道路及规划情况向买受人进行了充分说明,不存在遗漏情况。如项目周边情况(包括绿地、道路、公园、学校等)发生变化,均以政府规划为准,出卖人不承担责任。买受人已充分了解因项目内部及周边的道路及规划情况,该商品房可能受到道路、噪声、车辆灯光、粉尘、废气、高压线、飞机航线、铁路等周边不利因素的影响。另出卖人由于客观条件所限,无法也无义务告知项目周边所有信息。买受人对以上内容已经知悉。”第 21 条约定:“1. 出卖人就地块项目(以下简称‘本项目’)已知的下列情况向买受人做如下告知……本项目红线外不利因素:(1)临近市政道路及规划道路的房屋可能面临一定的环境噪音影响,且随着时间推移和项目周边道路交通规则、车流量的变迁,环境噪音可能会产生改变;

(2)西南侧高空为三桥连接线,为城市次干道,会有一定噪音干扰……买受人知悉购房系重大事项,因此已对该商品房项目内部及周边的环境、道路及规划情况(如该商品房可能受到道路、噪声、车辆灯光、粉尘、废气、变电站、飞机航线、地铁等周边不利因素的影响等)进行了详尽了解。买受人知悉由于条件限制出卖人难以穷举本项目外所有现状,买受人确认购买前已仔细比较并慎重决策后方签署本合同及补充约定。出卖人确认以上告知均属现状或出卖人根据相关规划得知的信息,若发生变更,出卖人无义务另行告知。本项目红线外非出卖人规划开发范围,因此,因各种原因引起的调整、变化和影响均与出卖人无关……"合同及附件还对房屋交付、产权登记等事项进行约定。同年11月27日,韩某向银行贷款1,410,000元。

浙江省某公证处工作人员于2013年3月30日上午对销售现场的模型及部分公示牌拍摄了相应的照片进行证据保全,并于2013年4月8日出具保全证据公证书一份,该公证书显示2013年3月30日,被告在展示大厅设有建设红线内外不利因素公示牌,并载明:"为帮助客户慎重选房,现提醒客户在签署合同之前特别注意以下事项:项目红线外一公里内现规划有以下设施,在符合国家标准的前提下,仍可能对相邻的住宅产生影响:一、环境噪音影响　临近市政道路及规划道路的房屋可能面临一定的环境噪音影响,且随着时间推移和项目周边道路交通规则、车流量的变迁,环境噪音可能会产生改变……2.西南侧高空为三桥连接线,路宽52米,为城市次干道。最近点离项目约60米,带来交通便利同时也会有一定噪音干扰……"沙盘中标明三桥连接线且对其做抬高展示,沙盘中有关位置设有提示牌,写明"公建"或"政府用地,具体规划以政府公示为准",沙盘旁设有温馨提示:"本模型对项目周围环境、交通及其他公共设施的效果示意,不意味本公司作出任何承诺,最终以政府相关信息为准;本模型为要约邀请,实际建设结果会与本模型效果存在区别,最终交付结果以政府核准文件及销售合同约定为准。在不违反法律法规、合同约定的前提下,本公司有权对本沙盘模型细节作出调整。"2014年5月31日,某房地产公司发表"致业主的公开信",就是否"隐瞒项目周边市规划"的问题进行说明,并称会结合项目外的不利因素对房屋销售价格酌情考虑。

另查明,浙江省某研究院有限公司就涉案项目作《环境影响报告书》及《杭州市环境保护局滨江分局建设项目环保"三同时"检查意见书》均认定韩某所购房屋符合规划和环评要求。

韩某认为其在2014年5月发现所购楼房前正在修建机场高速高架桥，认为某房地产公司在房屋买卖过程中隐瞒该信息，存在欺诈行为，故此成诉，要求法院判决：撤销原、被告之间的买卖合同。

裁判观点

法院认为，合同自成立即发生法律效力，韩某、某房地产公司签订买卖合同及补充协议，双方当事人意思表示真实，符合法律规定，自合同成立时即发生法律效力，韩某、某房地产公司均应遵照合同约定严格履行各自义务。韩某认为三桥连接线并非机场高速高架线，某房地产公司故意使用三桥连接线替代机场高速高架线，以便混淆概念，未尽到告知义务，构成欺诈消费者，应当撤销涉案房屋买卖合同。某房地产公司认为，其在补充协议第21条明确告知韩某项目红线外不利因素之一为西南侧高空为三桥连接线，且某房地产公司提供了公证书证实其于2013年3月30日在展示大厅设有建设红线内外不利因素公示牌等提示牌，提示了西南侧高空为三桥连接线等环境噪音影响，并在沙盘中标明三桥连接线予以抬高展示，设置“政府用地，具体规划以政府公示为准”提示牌等。同时，机场公路改建工程项目经过行政主管部门的批复、公告，关于该道路改建以及高架存在的事实在杭州范围内已众所周知，某房地产公司无法隐瞒或者欺骗，其已尽充分提示、说明的义务，并未欺诈消费者，韩某无权据此撤销合同。法院认为，机场公路改建工程经过立项、规划、征地等各个环节，并经过多次的公告、公示，关于该项目在杭州相当的范围内系属公开的事实。一般公众，可以不知机场公路改建工程，也可以漠不关心。但是对于韩某等购房者特定人员而言，对于楼盘周边的交通、环境、规划等应当予以充分必要的考察，此一点，某房地产公司在附件八第21条中予以专门说明，足兹印证。根据合同中关于“西南侧高空为三桥连接线”的提示，在机场公路改建工程实施前，原三桥连接线为地面公路，因此，合同文本中出现“高空”二字，该情况与原道路状况明显存在着差异。韩某作为购买价值200多万元房屋的消费者，在作出购买决定前，对于合同中明文提示的“高空”二字应当足够敏感。考察双方提供的照片，法院确认某房地产公司在沙盘中标注了“政府用地，具体规划以政府公示为准”的事实。法院认为，结合以上事实，某房地产公司作为出卖人对于其无法控制的涉案房屋项目红线外建设项目的风险，已尽到充分提示、说明的义务，并无欺诈或者欺骗消费者的行为。

裁判结果

法院判决驳回韩某的诉讼请求。

律师分析

《合同法》第 54 条规定："下列合同，当事人一方有权请求人民法院或者仲裁机构变更或者撤销：(一)因重大误解订立的；(二)在订立合同时显失公平的。一方以欺诈、胁迫的手段或者乘人之危，使对方在违背真实意思的情况下订立的合同，受损害方有权请求人民法院或者仲裁机构变更或者撤销。当事人请求变更的，人民法院或者仲裁机构不得撤销。"该案购房人以开发商在销售房屋的过程中未告知购房人高速高架建设事宜，隐瞒房屋重要信息，使购房人在违背真实意思表示的情况下就涉案房屋订立了《商品房买卖合同》及补充协议为由，故诉请法院撤销买卖合同，同时向法院提交了项目销售中心沙盘照片、开发商宣传海报、商品房买卖合同等证据材料，欲证明开发商在销售涉案房屋的过程中未告知购房人高速高架建设事宜，隐瞒了重要事实。而开发商向法院提交了公证机构就销售现场出具的公证书及光盘和部分照片，证明沙盘、项目示意图以及不利因素提示书中均对上述高架建设事宜作出了充分的提示。最终法院认为上述高速高架建设事宜是经过政府部门公示、公告，属于公开的事实，且购房人作为特定人员对于涉及自身利益的情况应当予以充分必要的考察，同时结合原、被告提供的证据材料，认定开发商并不存在欺诈或欺骗购房人的行为，故判决驳回购房人的诉讼请求。

三、监测公证的重要性

案例 28：李某诉成都某置业公司商品房预售纠纷案

基本案情

2016 年 8 月 28 日，李某与成都某置业公司签订《商品房定购协议》，约定李某以按揭付款方式购买成都某置业公司开发的房屋,建筑面积107.79平方米,房屋总价1,769,088元,定金5万元。定购协议中特别约定:(1)李某应在2016年8月31日前前往售楼中心与成都某置业公司签订《商品房买卖合同》、附件、补充协议、《前期物业服务协议》、《临时管理规约》;如李某逾期未与成都某置业公司签订买卖合同,则本定购协议自动终止,成都某置业公司无须通知李某即有权将上述房产另行出售,且李某已付成都某置业公司的立约定金不再返还;若成都某置业公司不按本定购协议约定与李某签订买卖合同,应双倍返还立约定金。(2)成都某置业公司在销售现场向李某公示即将签订的《商品房买卖合同》、附件、补充协议、《前期物业服务协议》、《临时管理规约》等,成都某置业公司对相关条款做了充分合理的说明,李某确认对以上文书的条款清楚而无异议,上述公示内容已在销售现场予以展示并经公证处公证,本协议签订日之公示现状与之相符……

签定购协议当天,李某向成都某置业公司支付了定金5万元。后李某认为成都某置业公司销售人员存在故意隐瞒与订立合同有关重要事实、未向其展示正式合同样本等问题;存在不将销售人员口头承诺赠送的64平方米花园面积写入合同等问题;于是李某要求解除定购协议返还定金5万元。

此前,2015年7月27日,成都某置业公司向四川省成都市某公证处申请,对销售现场张贴、悬挂、摆放的阳光宣言、商品房预售许可证、国有土地使用证、四川省商品房买卖合同(预售)、商品房买卖合同附件与补充协议、业主临时管理规约、单体模型、区位图等进行拍照公证。

2016年10月19日,成都某置业公司向李某邮寄《解除认购协议通知》,通知李某:因未按时签订《商品房买卖合同》,即日起认购协议正式解除,立约定金不予退还,房屋将另行出售。故李某诉至法院,请求判决:(1)解除2016年8月28日签订的《商品房认购协议》;(2)成都某置业公司返还李某定金5万元;(3)成都某置业公司承担本案诉讼费。

裁判观点

法院认为,李某与成都某置业公司签订的《商品房定购协议》由成都某置业公司印刷提供,其中特别约定均是排除购房者权利的格式条款,那么在李某主张成都某置业公司存在故意隐瞒与订立合同有关重要事实、未向其展示正式合同样本、未将销售人员口头承诺赠送的64平方米花园面积写入合同等问题时,成都某置业公司仅以格式条款内容抗辩，而无其他证据佐证“甲方对相关条款作了充分合理的说明，乙方确认对以上文书的条款清楚而无异议，上述公示内容已在销售现场予以展示并经公证处公证，本协议签订日之公示现状与之相符”，是无法达到相应的证明目的的。即使四川省成都市某公证处在 2015 年 7 月对销售现场摆放四川省商品房买卖合同(预售)、商品房买卖合同附件与补充协议等进行拍照公证，但也不能证明 2016 年 8 月 28 日当天这些文件还摆放在销售现场，更不能证明成都某置业公司的销售人员提醒李某阅读这些文件并进行了必要的解答。因此，在这种情况下，法院不能确认双方已就商品房买卖合同主要条款协商达成一致(如赠送 64 平方米花园能否写入合同都未协商一致)。

裁判结果

法院判决解除李某与成都某置业公司于 2016 年 8 月 28 日签订的《商品房定购协议》；成都某置业公司返还李某定金 50,000 元。

律师分析

因格式条款具有特殊性，法院对于格式条款效力的认定较为慎重，有的法院认为，简单地对格式条款加黑加粗是无法证明已经进行了合理的提示说明，格式条款的提供方还必须利用其他证据进行佐证，且须达到较高的证明标准。案中法院认为开发商提供的销售现场公证书仅仅能证明公证当日销售现场的情况，而认购人签订认购协议并非在公证当日，法院无法根据公证书判断认购协议签订日销售现场的情况，故认为开发商作为格式条款的提供方并不能证明其在与认购人签订认购协议时对其中的格式条款做到了合理的提示说明。商品房销售现场公证的对象实质上是一种具有法律意义的事实，其不同于对法律行为以及对文书的公证，前者是一个持续的过程，在不同的时间会表现出不同的状态，而后者一经发生，其状态或者效力就已经固定，并不会因时间的不同而发生任何改变。正如法院的观点，公证书仅仅能反映出公证当日销售现场的情况，其对其他时间销售现场的情况是不具有证据能力的。因此，为应对商品房销售现场公示状态的持续性、可变性，开发商要想保证销售现场公证证据能力的完整性，则应当选择监测公证对销售现场进行持续性的公证。

总之，商品房销售现场公证问题在民事诉讼上属于证据规则问题，在商品房预约合同纠纷中开发商是否应该退还定金以及商品房销售合同纠纷中开发商是否存在交付不符的情况,开发商均需提交充分的证据证明自己的主张,并保证提交的证据具有较高的证明力,那么对销售现场进行公证就是开发商在项目开盘前必须进行的前置程序。在商品房销售现场公证时开发商必须保证公证内容的全面性以及公证方式的适当性。

首先,商品房销售现场公证的内容应当具有全面性。主要包括:(1)法律法规规定的销售现场应当公示的文本或事项,如《商品房销售管理办法》、商品房预售许可证、前期物业合同、住宅质量保证书、住宅使用说明书。(2)前期销售宣传等资料,如项目沙盘、项目宣传手册、户型图。(3)不利因素告知情况,如不利因素告知书。(4)其他必须特别公证的内容,如《商品房买卖合同》附件及补充协议、装饰装修配置标准、装修示范单位等。

其次,商品房销售现场公证应当选择合适的公证方式。在商品房销售过程中,现场公证的时间往往是在项目开盘的前几日,其与购房人签约时间并不重合。而销售现场公证仅能证明公证当天的销售现场情况,对实际签约时销售现场的情况不具有证明作用,开发商完全有可能在公证完成之后刻意的改变销售现场的情况。鉴于此,开发商可以考虑采取监测公证的方式将项目集中签约的时间进行持续监测,以尽可能地避免商品房销售过程中的风险。

第三节
“hold”住格式条款

根据《合同法》第39条第2款之规定,格式条款是当事人为了重复使用而预先拟定,并在订立合同时未与对方协商的条款。房地产领域由于施行商品房买卖合同备案制度,各地房管部门均会制定统一的商品房买卖合同版本,开发商和买受人在签订合同时只能做填空题或选择题。由于各项目具有特殊性,开发商会根据主合同制定商品房买卖合同附件或补充协议。另外,因买受人具有不确定性、实践中诉求各异、意见基本无法统一,若开发商与买受人协商合同条款将大大增加交易成本以及合同履行风险,除非涉及大宗标的买卖,房地产开发商基本也不可能与单个买受人协商具体合同条款。单个买受人都是以开发商统一预先拟定的合同全套文本进行签约，故商品房买卖合同附件以及补充协议均会被为格式合同或者格式条款。

《合同法》第40条规定："格式条款具有本法第五十二条和第五十三条规定情形的，或者提供格式条款一方免除其责任、加重对方责任、排除对方主要权利的，该条款无效。"商品房买卖合同中相关条款为开发商提前拟定，实践中出现了大量买受人向法院起诉要求确认商品房买卖合同某一个或者多个条款无效的情形。相关条款被确认为无效可能导致开发商承担重大责任或者遭受巨大损失，所以开发商的合同文本应当根据法律规定提前做好相关措施，才能"hold"住格式条款，避免困境和风险。

一、示范文本中的格式条款问题

由于商品房买卖合同实行备案制度，因此商品房买卖备案合同并非开发商制定，而是由政府部门统一制定的示范合同，开发商只能做填空题或者选择题。示范合同在房地产交易过程中重复使用，与格式条款具有一定的相似性，故在实践中示范合同与格式合同的区分具有争议。

案例29：马某、江某与三亚某房地产公司商品房预售合同纠纷案

基本案情

2005年1月26日，马某、江某与三亚某房地产公司签订《商品房买卖合同》，双方约定："马某、江某购买三亚某房地产公司开发建设的位于三亚市××区号房，约定该房建筑面积共18.76平方米，其中套内建筑面积9.38平方米，公共部位与公用房屋分摊建筑面积9.38平方米。计价方式与价款。出卖人与买受人约定按第4条第2种方式计算商品房价款：按套内建筑面积计算，该商品房单价为每平方米28,416元，总金额266,542元……"合同第4条中的第1种方式为：按建筑面积计算，单价为14,208元每平方米，总房价款为266,542元。合同第5条约定："根据当事人选择的计价方式，本条规定以套内建筑面积为依据进行面积确认及面积差异处理。合同约定面积与产权登记面积有差异的，以产

权登记面积为准。商品房交付后,产权登记面积与合同登记面积发生差异,双方同意按以下方式进行处理:(1)商品房面积以房屋所有权证记载面积为法定依据。(2)商品房面积与销售面积差异不超过±3%(含±3%)的,每平方米价格保持不变,商品房价款按商品房面积与销售面积的差异多退少补。(3)面积差异超过±3%的,双方约定每平方米价格保持不变,房价款总金额按实际面积调整,多退少补,并由甲(乙)方按差额价款于30日内退还给乙(甲)方。"合同签订后,马某、江某依合同约定向三亚某房地产公司支付了购房款。2014年5月16日,三亚市人民政府就涉案交易的商铺给马某、江某颁发的明珠广场第一层B229房的土地房屋权证。该证载明涉案房屋的建筑面积为13.83平方米、实得建筑面积9.38平方米;分摊共有面积4.45平方米。土地房屋权证登记的分摊共有建筑面积比合同约定的分摊公共建筑面积少了4.93平方米,但实得建筑面积与合同约定的套内建筑面积约定一致,为9.38平方米。马某、江某向三亚某房地产公司催要面积差异款未果,特诉至法院,请求判令:(1)确认双方签订的《商品房买卖合同》第5条(格式条款)无效;(2)三亚某房地产公司返还房产面积差异款及利息。

裁判观点

法院认为,双方当事人签订的《商品房买卖合同》第5条属于格式条款。根据《合同法》第39条第2款的规定,格式条款是当事人为了重复使用而预先拟定,并在订立合同时未与对方协商的条款。因此,认定格式条款必须具备3个条件:(1)由一方当事人预先拟定;(2)重复使用;(3)在订立合同时未与对方协商。本案中,三亚某房地产公司与马某、江某等购房人签订的《商品房买卖合同》,使用的是建设部和国家工商行政管理总局于2000年9月印发的《示范文本》。《示范文本》第5条系"面积确认及面积差异处理",对于处理方式当事人有两种选择,既可以选择双方自行约定,也可以选择《示范文本》中已经列明的处理原则;并且《示范文本》第5条项下的第1种方式"双方自行约定"后面的内容处系空白,留待当事人协商后再填写,因此,《示范文本》第5条属于选择性条款。然而,就本案的实际情况,三亚某房地产公司与马某、江某等购房人签订的《商品房买卖合同》第5条,虽然形式上属于选择性条款,但是实质上已经具备了格式条款的全部要件,应当认定为格式条款,理由是:(1)三亚某房地产公司与马某、江某等数十位购房人签订《商品房买卖合同》时,均选择按第1种即“双方自行约定”的方式进行处理,而“双方自行约定”后面的具体内容,均是三亚某房地产公司提前用纸条打印好并黏贴在《示范文本》中的空白处,因此,可以认定《商品房买卖合同》第5条系由三亚某房地产公司预先拟定;(2)三亚某房地产公司与马某、江某等数十位购房人签订《商品房买卖合同》时,采取的是同样的方式,约定的是相同的内容,因此,可以认定合同第5条系重复使用;(3)从三亚某房地产公司与马某、江某等数十位购房人签订的《商品房买卖合同》第5条对处理方式选择一致和“双方自行约定”具体内容相同可知,三亚某房地产公司在订立合同第5条时并未真正赋予购房人选择权,也未与购房人进行充分协商。如果三亚某房地产公司真正赋予了购房人选择权并与购房人进行了充分协商,那么数十位购房人在不同的时间签订合同却选择了一致的处理方式并且协商约定了相同的内容,这与日常生活经验不符。因此,双方签订的《商品房买卖合同》第5条应属于格式条款。

裁判结果

法院判决确认马某、江某与三亚某房地产公司于2005年1月26日签订的《商品房买卖合同》第5条无效;三亚某房地产公司返还马某、江某房产面积差异款132,094元并支付利息。

律师分析

最高人民法院认为,示范合同是指通过有关的专业法规、商业习惯等确立的,为当事人订立合同时所参考的文本格式。其主要作用不在于为当事人提供固定的合同条款,而在于提供一个可参照的模式。示范合同对双方当事人没有强制约束力,当事人可以对示范合同的条款进行修改、增删。[1] 而《合同法》第39条第2款规定:“格式条款是当事人为了重复使用而预先拟定,并在订立合同时未与对方协商的条款。”示范合同对合同的完备性作出了规定,但留给了合同主体平等协商的空间。而格式合同一般是由具有垄断地位或交易优势的一方,

〔1〕 最高人民法院研究室编著:《最高人民法院关于合同法司法解释(二)理解与适用》,人民法院出版社2009年版,第83页。

在未与对方协商的情况下，预先制定，对方只有接受与不接受的选择，其排除了合同主体之间就合同条款平等协商的可能。由此可以看出，格式条款与示范合同虽然都具有重复使用、预先拟定的特点，但两者之间的区别在于双方就合同条款能否进行协商，及合同条款是否具有定型化特点。基于格式合同具有定型化特点，判断是否属于格式合同应关注合同内容及形式能否任意修改或增减，若合同条款不能协商，则属于格式合同。正如在上述案例中，法院认为虽然开发商使用的是《商品房买卖合同示范文本》，但对于上述示范文本开发商已经提前做好填空题和选择题，在与购房者签订时并不会与其协商，合同条款已经定型化，故案涉条款为格式条款。

二、格式条款的效力规则

（一）格式条款中的公平原则

案例30：唐某诉成都某置业有限公司商品房预售合同纠纷案

基本案情

2018年5月26日，唐某与成都某置业有限公司签订《商品房买卖合同》《附件及补充协议》，约定唐某购买成都某置业有限公司开发的某项目房屋。案涉房屋预测建筑面积143.47平方米，总价款为2,409,327.93元。案涉房屋系成品住宅，按现代风格实施装修，装修标准为4298.25元/平方米。唐某采取商业贷款方式付款。首付款时间为2018年5月26日，首付款金额为729,327.93元。合同约定2020年6月30日前交付房屋。合同签订当日，成都某置业有限公司要求唐某签署《项目关于装修示范单位和装修标准的签约前信息确认书》，主要内容为：(1)成都某置业有限公司已经向唐某介绍了案涉项目的基本情况；(2)唐某清楚购买的是成品住宅，销售现场已经公示了装修标准并设置了装修示范单位；(3)唐某清楚并认可装修标准；(4)唐某清楚房屋与装修为统一不可分割的整体商品，合同是双方真实意思表示；(5)落款处唐某手书“本人对上述信息认可且无异议”。

《商品房买卖合同》第16条载明："该商品房基础实施设备和相关公共设施的交付使用条件。(一)基础设施设备。1.供水、排水：交付时供水、排水配套设施齐全，并与城镇公共供水、排水管网连接。使用自建设施供水的，供水的水质符合国家规定的饮用水卫生标准，雨、污水排放纳入城镇雨、污水排放管网；但因城镇公共供水、排水市政主管未铺设至本项目等非出卖人可控制因素造成供水、排水配套设施未与城镇公共供水、排水管网连接的，不视为出卖人违约，出卖人对此不承担违约责任。2.供电：交付时纳入城镇供电网络并正式供电；但因城镇供电主线路为铺设至本项目等非出卖人可控制因素造成本项目用电未与城镇供电网络连接的，不视为出卖人违约，出卖人对此不承担违约责任。3.燃气：交付时完成室内燃气管道的铺设，并与城镇燃气管道网连接，保证燃气供应，在本房屋为住宅且设计有燃气管道的前提下，因城镇市政燃气主管未铺设至本项目等非出卖人可控制因素造成燃气管道未与城镇燃气管网连接的，不视为出卖人违约，出卖人对此不承担违约责任；本房屋未设计燃气管道的，本条关于燃气的描述不约束买卖双方。"该条上述内容部分通过下划线方式标注。

《附件及补充协议》第2条约定："出卖人在签订《商品房买卖合同》和本补充协议之前已向买受人明示《商品房买卖合同》示范文本、本补充协议、《前期物业服务协议》和《业主临时管理规约》、全部销售依据(《国有土地使用证》《建设用地施工许可证》等)。并对于可能限制、影响买受人权利的条款，出卖人已经采取合理的方式提请买受人注意并作出充分说明，经与买受人进行充分协商，买受人对上述文本内容及各条款已经完全理解且无异议。买受人未能在销售现场查找到上述特定文件的，请及时咨询出卖人现场工作人员，对于上述文件的任何疑问，买受人均应及时向出卖人提出。"该条上述内容通过字体加粗方式标注。

《附件及补充协议》第4条约定："……5.出卖人向买受人交付的是经过装修的房屋，双方确认合同项下交易为双方针对包含装修装饰部分在内的商品整体展开交易，未单独出售清水房屋和装修装饰，房屋购买价格为包含增值税、装修装饰在内的房屋整体价格；合同正文记载的装修标准及备案表记载的装修成交价为双方基于网签、备案要求而填写，买受人认可合同载明的装修标准和备案表载明的装修成交价。6.买受人清楚并明确合同约定的装修标准是综合考虑了包括但不限于装修设计、施工单位的品牌价值、成本、税金及合理利润之后所确定商品房精装修销售价格，并非装修材料价格、人工费价格等的简单相加的商品房精装修工程造价，该价格在充分尊重出卖人的自主定价权和买受人的自由选择权的基础上,是双方真实意思表示。7. 双方共同确认,房屋实际的装修价值,无法通过评估、鉴定的方式得出。如果任意一方申请鉴定或评估,无论结果报告显示装修价值低于或者高于合同第四条约定的装修标准或备案表载明明装修成交价,双方确认:(1)该类结论不作为认定事实的依据,买受人不得以此为由要求退房;(2)出卖人和买受人互不找补,互不承担任何违约责任;(3)评估或鉴定费用由申请评估、鉴定的一方自行承担。8. 买受人同意,在合同约定的交房期限届满时,出卖人按照合同约定的装修标准将房屋交付买受人,即确定为出卖人向买受人交付的房屋,完全符合合同约定的装修标准,买受人不以装修标准/装修成交价为依据向出卖人提出变更装修内容、退还装修费用、退房、拒绝收房、损害赔偿或其他任何补偿要求,买受人不得以装修标准/装修成交价为依据向政府相关部门进行任何投诉或向媒体进行曝光。若买受人违反前述约定,则出卖人有权要求解除合同及协议,出卖人解除合同及协议的,买受人应按照购房总价款的10%向出卖人支付违约金,并赔偿出卖人为此支出的诉讼费、律师费、财产保全费、调查取证费等费用。该条上述内容通过字体加粗并下划线方式标注。"

《附件及补充协议》第9条载明:"对合同第十五条'商品房交付条件'和第十六条'该商品房基础施设备和相关公共设施的交付使用条件'的补充约定:1. 买卖双方确认,出卖人交付时无法提供第十五条第二款约定的条件的,不影响房屋交付,买受人可要求出卖人在合理期限内提供《住宅使用说明书》《住宅质量保证书》《住宅工程质量分户验收结果表》……3. 出卖人在交付时向买受人提供临时用水、临时用电的,视为出卖人已满足合同第十六条第一款第(一)~(二)项的约定,出卖人无须承担违约责任,但出卖人应在具备条件时及时完成本项目水、电与市政供水、排水系统、供电网络的连接。"该条上述内容部分通过字体加粗或字体加粗并下划线方式标注。

《附件及补充协议》第10条载明:"对合同第十八条'交付时间和手续'的补充约定,1. 出卖人承诺以合同第十八条第一款约定的期限,按照合同附件六及附件十三约定的装饰装修标准向买受人交付房屋,买受人按照合同第十五条及合同附件六及附件十三约定标准,对该套房屋改造和装修后的情况进行一次性验收和确认,如经验收后装饰装修与约定标准不符的,由出卖人按原合同约定予以限期整改和修复。买受人对于房屋改造后的结果呈现、现状均无异议,同意按照最终改造现状接受和接收房屋,买受人并同意不以改造后的房屋户型与改造前的房屋户型不一致或其他理由,向出卖人提出变更改造内容、退还改造费用、拒绝收房、恢复原状、损害赔偿或其他任何补偿要求。买受人因此未按期办理房屋交接手续的,按本补充协议第十条第二款和第四款的约定执行……8. 关于本合同第十八条第五款'修复'问题的特别约定。(1)买卖双方一致确认:如买受人认为房屋出现合同第十八条第五款约定的质量问题时,买受人应以书面形式向出卖人详细提出,否则视为买受人无异议;当且仅当该质量问题致使买受人合同目的不能实现时,买受人可以要求修复后再行交付,修复期同的物业服务费等由出卖人承担。(2)除上述导致买受人合同根本目的无法实现的质量问题外,房屋交付时,买受人认为交付的商品房需要整修的,应以书面方式向出卖人提出,出卖人核实后应按照合同约定承担保修责任,但交房时间不顺延,并且买受人应在约定时间内办理完毕房屋交付手续,买受人未在约定的时间内办理或者未在约定的时间内办理完毕房屋交付手续的,视为房屋已交付,出卖人不承担逾期交付的责任。修复期间的物业服务费等由买受人承担……11. 出卖人设立的'样板间''装修示范单位''装修体验馆'或者其他展示单位仅为空间布局、装修装饰和家具布置参考,目的在于展示户型空间布局或者为买受人提供装修方案参考,出卖人已经明示其不属于交付标准,交付标准以合同及附件约定为准,买受人在房屋交付过程中不能以上述展示区域作为房屋验收的标准。"该条上述内容通过字体加粗或字体加组并下划线方式标注。《附件及补充协议》第16条载明:"合同第三十一条(要约邀请与要约)约定:出卖人提供的售楼书、宣传资料、样板间、示范单位、装修体验馆等展示内容仅为要约邀请,不作为双方交房、验收、退房等事项的标准及确定违约责任的条件,其内容仅供购房前参考。出卖人在上述广告宣传和宣传资料中已明示不构成要约或者不属于交付标准或交易条件的,不构成合同内容、双方不受其约束。"该上述内容通过字体加粗或字体并下划线方式标注。

裁判观点

法院认为,民事合同系当事人设立民事权利义务关系的协议,依法成立的合同关系受法律保护。关于本案的争议焦点为合同争议条款的效力。

案涉合同条款均系成都某置业有限公司为了重复使用而预先拟定,并在订立合同时未与唐某协商,属于格式条款。《合同法》第40条规定:"格式条款具有本法第五十二条和第五十三条规定情形的,或者提供格式条款一方免除其责任、加重对方责任、排除对方主要权利的，该条款无效。”案涉合同条款并不具有《合同法》第52条、第53条规定的无效情形，故本案争议的实质是判断案涉合同条款是否免除成都某置业有限公司责任、加重唐某责任、排除唐某主要权利。对此，法院认定如下：

1. 关于《商品房买卖合同》第16条第1款第1～3项

唐某主张，水电气三通是房屋居住的基本条件，未满足水电气三通对房屋进行交付属于违约行为。该条款实际上免除了成都某置业有限公司的违约责任，应属无效。成都某置业有限公司主张，因案涉房屋所在项目目前已经实现水电气三通，该条没有适用意义，成都某置业有限公司可承诺在交房时不以该条款进行抗辩。

法院认为，合同双方在不违反法律禁止性规定的前提下，可以对违约责任进行约定。该条并未免除成都某置业有限公司的责任，亦未排除唐某的主要权利，应属于有效。

2. 关于《附件及补充协议》第2条、第4条第5款、第10条第1款

针对《附件及补充协议》第2条，唐某主张，选房签约之前并未看到成都某置业有限公司所起草的合同文件，该条款与事实不符，且将成都某置业有限公司的明示义务转变为唐某的主动咨询义务，剥夺了唐某的知情权，应属无效。成都某置业有限公司主张，该条款属于对相关事实的确认，并未约定双方权利义务，也说明成都某置业有限公司在签约前已尽到了合理的提示义务。

针对《附件及补充协议》第4条第5款，唐某主张，结合《附件及补充协议》第4条的其他条款，该条款剥夺了其对房屋价实不符提出异议的权利，应属无效。成都某置业有限公司主张，结合合同全文，该条与事实相符，应属有效。

针对《附件及补充协议》第10条第1款，唐某主张，该条款免除了成都某置业有限公司交付质量合格房屋的义务，免除了逾期交房的违约责任，应属无效。成都某置业有限公司主张，该条款明确交付房屋与约定不符的情况下唐某可以要求进行整改，应属有效。

法院认为，上述三条没有免除成都某置业有限公司责任，加重唐某责任、排除唐某主要权利，不属于格式条款无效情形，应属于有效。

3. 关于《附件及补充协议》第4条第6款

唐某主张，该条款结合《附件及补充协议》第4条的其他条款，剥夺了其对房屋价实不符提出异议的权利，应属无效。成都某置业有限公司主张，案涉房屋

的装修作为添附不具有独立性，是包含在整体交易之中的，该条款与事实相符，应属有效。

法院认为，市场交易价格的确不是商品各项成本的简单相加，还受到供求关系等诸多方面因素的影响。该条款系对商品房装修价格确定因素的描述，并未免除成都某置业有限公司责任、加重唐某责任、排除唐某主要权利，应属有效。

4. 关于《附件及补充协议》第 4 条第 7 款

唐某主张，该条款结合《附件及补充协议》第 4 条的其他条款，剥夺了其对房屋价实不符提出异议的权利，应属无效。成都某置业有限公司主张，装修价值与装修成交价存在差距时，不按照退房方式处理具有合理性，该条款应属有效。

法院认为，交易价格不能通过交易后评估鉴定的方式予以否定，该条款未排除唐某的主要权利，应属有效。

5. 关于《附件及补充协议》第 4 条第 8 款

唐某主张，该条款禁止其向政府部门投诉检举，直接侵害了其法定权利，损害了社会公共利益，应属无效。成都某置业有限公司主张，该条款系对争议解决方式的约定，装修价值与装修成交价存在出入时，不按退房方式处理具有合理性，条款应属有效。

法院认为，该条款一定程上排除了唐某解除合同的权利，并对唐某苛加了明显不合理的违约责任。禁止向政府门投诉排除了唐某的法定权利，故该条款应属无效。

6. 关于《附件及补充协议》第 9 条第 1 款

唐某主张，《建设部关于印发〈商品住宅实行住宅质量保证书和住宅使用说明书制度的规定〉的通知》（建房〔1998〕102 号）第 3 条规定："地产开发企业在向用户交付销售的新建商品住宅时，必须提供《住宅质量保证书》和《住宅使用说明书》。《住宅质量保证书》可以作为商品房购销合同的补充约定。"该约定违反法律规定，应属无效。成都某置业有限公司主张，提供"两书一表"仅为合同的附随义务，且其承诺在一定期限内提供，并未排除唐某的主要权利，应属有效。

法院认为，提供"两书一表"并非合同的附随义务，该条款免除了成都某置业有限公司按期交付《住宅使用说明书》《住宅质量保证书》《住宅工程质量分户验收结果表》的法定义务，应属无效。

7. 关于《附件及补充协议》第 9 条第 3 款

唐某主张，水电气三通是房屋居住的基本条件，未满足水电气三通对房屋进行交付属于违约行为。该条款实际上免除了成都某置业有限公司的违约责任,应属无效。成都某置业有限公司主张因案涉房屋所在项目目前已经实现水电气三通,该条款没有排除唐某的主要权利。

法院认为,水电气三通是房屋居住的基本条件,但当非因成都某置业有限公司的行为而出现水电气不通时,双方约定了房星交付时成都某置业有限公司应提供临时用水用电,该约定不损害买受人对房屋的正常使用,较好地平衡了双方的利益,该条款也未免除成都某置业有限公司责任、排除唐某的主要权利,故应属有效。

8. 关于《附件及补充协议》第 10 条第 8 款

唐某主张,该条款增加了其收房风险,加重了其违约责任,应属无效。成都某置业有限公司主张,该条款符合行业惯例,具有合理性,没有排除唐某的主要权利,应属有效。

法院认为,该条款明确唐某在房屋出现重大质量问题时可以要求修复后交付,一般质量问题成都某置业有限公司负有保修责任,并未免除成都某置业有限公司的责任,亦未排除唐某的主要权利,应属有效。

9. 关于《附件及补充协议》第 10 条第 11 款、第 16 条第 1 款

唐某主张,根据有关文件规定,实体样板房是房屋交付的参照标准,该约定系成都某置业有限公司规避政府监管,应属无效。成都某置业有限公司主张,约定装修示范单位不作为交付标准属意思自治,且其已在装修示范单位中明示了不作为交付标准,该条款应属有效。

法院认为,在案涉合同订立时,双方可以就样板房是否作为交付标准进行约定。该条款不违反法律禁止性规定,未免除成都某置业有限公司的责任,亦未排除唐某的主要权利,应属有效。

裁判结果

法院判决:《附件及补充协议》第 4 条第 8 款"买受人不得以装修标准/装修成交价为依据向政府相关部门进行任何投诉或向媒体进行曝光。若买受人违反前述约定,则出卖人有权要求解除合同及协议,出卖人解除合同及协议的,买受人应按照购房总价款的 10% 向出卖人支付违约金,并赔偿出卖人为此支出的诉讼费、律师费、财产保全费、调查取证费等费用"无效;第 9 条第 1 款"买卖双方确

认，出卖人交付时无法提供第十五条第二款约定的条件的，不影响房屋交付，买受人可要求出卖人在合理期限内提供《住宅使用说明书》《住宅质量保证书》《住宅工程质量分户验收结果表》”无效。

律师分析

因格式条款具有定型化特点，无法进行协商，合同双方在交易过程中权利义务是否对等、是否遵循最基本的公平原则，则成为考察格式条款效力的主要标准。故《合同法》第40条规定：“格式条款具有本法第五十二条和第五十三条规定情形的，或者提供格式条款一方免除其责任、加重对方责任、排除对方主要权利的，该条款无效。”在上述案例中，法院认为案涉格式条款是否有效主要在于判断案涉格式条款是否遵循基本的公平原则，即格式条款中是否存在免除己方的责任、加重相对方的责任、排除相对方的主要权利的情形。若案涉格式条款不存在排除己方责任、加重相对方责任、排除相对方主要权利，并不违反公平原则，则该格式条款属于有效条款，否则该格式条款为无效条款。

法律规定并未对何为“免除己方责任、加重对方责任、排除对方主要权利”作出具体解释，也未作出明确的列举，但《国家工商行政管理总局合同违法行为监督处理办法》则对此明确为：(1)经营者不得在格式条款中免除自己的下列责任：①造成消费者人身伤害的责任；②因故意或者重大过失造成消费者财产损失的责任；③对提供的商品或者服务依法应当承担的保证责任；④因违约依法应当承担的违约责任；⑤依法应当承担的其他责任。(2)经营者不得在格式条款中加重消费者下列责任：①违约金或者损害赔偿金超过法定数额或者合理数额；②承担应当由格式条款提供方承担的经营风险责任；③其他依照法律法规不应由消费者承担的责任。(3)经营者不得在格式条款中排除消费者下列权利：①依法变更或者解除合同的权利；②请求支付违约金的权利；③请求损害赔偿的权利；④解释格式条款的权利；⑤就格式条款争议提起诉讼的权利；⑥消费者依法应当享有的其他权利。

2010年12月发布的《四川省工商局、住房和城乡建设厅关于印发〈四川省商品房买卖格式条款专项整治工作方案〉的通知》中对开发商在商品房交易中存在的风险格式条款情形作了更为详细的规定：(1)房地产开发经营企业未将商品房买卖合同在合同订立前向购房者明示的；(2)未明确、完整提供所购商品房的基本情况，却在认购书、预订书等中要求购房者签字确认已完全知悉并认可提供方在商品房买卖合同及其附件、物业管理等中规定的内容，损害购房者的知情权和公平交易权；(3)广告、提供的图纸等内容具体确定符合要约规定，却规定上述内容为要约邀请或不得视为合同条款，出卖人享有最终解释权的；(4)在认购书、预订书等中有违公平原则设置定金条款，或在定金条款中设置不公平交易条件的；(5)在认购后是否签约、延期交付房款、延期交房、延期办理权属登记等条款中，随意扩大免责事由或者支付违约金、赔偿损失的数额及条件不对等，损害购房者的公平交易权的；(6)在精装房买卖合同中排除购房者了解装修公司、装修标准等信息的权利；(7)将不能如期办理商品房担保贷款合同的责任归由购房者承担，加重购房者责任的；(8)在规划变更、设计变更条款中，有违诚信原则规定通知义务或者采用购房者难以知悉的通知方式，损害购房者知情、依法变更或解除合同的权利；(9)规定的交房条件不符合房地产管理法律制度规定，免除或减轻其依法应当承担的责任；(10)规定先签署《验收交接单》等才提供验房机会，或者不提供商品房已验收合格的相关材料，排除购房者在知情前提下验房的权利；(11)在面积误差结算条款中，规定不公平的结算条件或者排除购房者应当享有的退房权利的；(12)免除或者减轻依法应当承担的质量责任的。

(二)对格式条款的提示和说明义务

案例31：大同某公司与李某商品房买卖合同纠纷案

基本案情

2014年10月14日，大同某公司与李某签订了《商品房买卖合同》及《补充协议》，合同约定：李某购买大同某公司开发的某项目房屋一套，面积253.48平方米，套内建筑面积231.23平方米，每平方米单价11,401.29元，合同总价款289万元；李某于2014年9月18日首付87万元，剩余购房款202万元以按揭贷款的方式在合同签订之日起60个工作日内全部付清。其中《商品房买卖合同》第8条约定："出卖人应当在2014年9月24日前，依照国家和地方人民政府的有关规定，将具有该房屋经验收合格条件，并符合本合同约定的商品房交付买卖人使用。"而《补充协议》第9条第2款约定："甲方按合同正文条款第八条约定的交房期限向乙方交付该房屋的条件是乙方已付清合同约定及依法应当支付的全部款项,包括但不限于全部房价款、逾期付款的违约金、甲方代乙方垫付或清偿的公用事业费(电表费、有线电视初装费及水费等)、按揭贷款本息、罚息、违约金、物业管理费、专项维修资金等;如乙方未在合同约定的交房期限前付清全部款项,甲方有权推迟交付该房屋,交房期限自动变更为乙方付清全部费用之日起的15个工作日内。甲方根据本款约定推迟交付该房屋的,无须就推迟交付事宜另行通知乙方。”同时《补充协议》第1条约定,“合同补充条款与正文不一致时,以补充条款为准”“乙方确认,甲方已提示其注意可能免除或限制甲方责任的条款,并就有关条款进行了充分的解释和说明,乙方完全理解并同意其内容”。

后大同某公司以李某迟延支付剩余房款于2015年8月24日向法院提起诉讼后,要求李某支付逾期付款违约金273,710元,李某于2015年9月30日全部支付给了大同某公司剩余购房款202万元。但双方至今未办理房屋交付手续,故李某反诉要求大同某公司承担逾期交房的违约责任,李某认为《补充协议》第9条第2款属于格式条款且排除了其主要权利,应属于无效条款。

裁判观点

就李某反诉要求大同某公司逾期交房,法院认为:李某在未交清房款的情形下,要求大同某公司先履行交房义务既不符合合同的约定,也不符合交易习惯,不予支持;关于李某主张补充协议系格式条款,应为无效的意见,法院认为:虽然该条款存在免除大同某公司责任的内容,但双方补充协议约定“乙方确认,甲方已提示其注意可能免除或限制甲方责任的条款,并就有关条款进行了充分的解释和说明,乙方完全理解并同意其内容,并无异议”,因此,根据该约定,大同某公司已就条款内容进行了明确提示及说明,李某并无异议,故该条款内容不具有法律规定的无效情形,不应认定为无效。

裁判结果

法院判决李某向大同某公司支付逾期付款违约金273,710元,驳回李某的全部诉讼请求。

律师分析

最高人民法院在制定《最高人民法院关于适用〈中华人民共和国合同法〉若干问题的解释(二)》过程中,为应对国际金融危机,保持国内经济的平稳较快发展,其在合同效力问题上采取了从宽认定的态度,进一步严格格式条款无效的法定条件。故该司法解释第10条在认定格式条款无效的要件中增加了“格式合同提供方违反了尽到提示说明义务”,规定:“提供格式条款的一方当事人违反合同法第三十九条第一款的规定,并具有合同法第四十条规定的情形之一的,人民法院应当认定该格式条款无效”。由此可见,认定格式条款无效的条件须为提供格式合同的一方未尽到提示说明义务且该格式合同本身还必须具有《合同法》第40条规定的情形,未满足上述条件的,均不宜轻易认定该格式条款无效。故若格式条款中存在免除提供方责任、增加对方责任、排除对方主要权利,且格式合同提供方未对上述条款尽到合理的提示说明义务,则该格式条款无效;而若格式合同提供方尽到了合理的提示说明义务,则该格式合同并非一定无效。正如上述案例中,法院认为大同某公司提供的格式条款虽然具有免除自己责任的情形,但其已经尽到了合理的提示说明义务,则其提供的格式条款并不被认定为无效。

三、怎样“hold”住格式条款

通过上文论述可知,格式条款的效力主要取决于以下两个问题:第一,格式条款是否遵循基本的公平原则;第二,格式条款的提供者是否尽到了提示说明义务。而在实践中,对于格式条款效力确定的争议也由上述两个问题引起。《合同法》第40条是对格式条款绝对无效情形的规定,即格式条款对于公平原则的违背。而《最高人民法院关于适用〈中华人民共和国合同法〉若干问题的解释(二)》将格式条款提供一方的提示说明义务纳入了判断格式条款效力的标准,即格式条款违背公平原则且格式条款提供一方未尽到提示说明义务,则该格式条款无效,该司法解释基于当时的经济环境,在维护交易稳定的大原则下,提高了对格式条款无效认定的标准,其实质是对格式条款绝对无效情形的突破。故其导致了法律适用上的争议,各地法院对于格式条款效力的认定不尽相同,对于提示说明义务是否属于判断格式条款效力的标准也存在争议。但在房地产交易过程中,开发商制定的《商品房买卖合同》、附件及补充协议中的条款不能协商,且必然存在某些违背公平原则的情况。故在此情况下,对格式条款进行提示说明则成了开发商保证格式条款有效性的唯一选择。那么,应该采取怎样的方式对格式条款进行提示说明才属于《合同法》第39条规定的“合理的方式”?

本章第一节案例17“四川省某家居市场经营管理有限公司与成都某投资有限公司商品房预约合同纠纷案”,法院认为《认购协议》中约定的“认购人承诺已认真阅读并充分了解该项目《商品房买卖合同》及其附件的内容,出卖人的销售人员已经按照认购人的要求就合同中的全部内容向认购人进行了说明与解释,履行了提示注意事项和说明义务,认购人已充分了解认购房屋的情况(包括但不限于房屋位置、面积、户型及相关重要提示)并对此无任何异议”,其很大程度上限制了某家居公司就正式合同文本继续进行协商的合同权利,故该条款属于格式条款。但根据《合同法》第39条第1款、第40条和《最高人民法院关于适用〈中华人民共和国合同法〉若干问题的解释(二)》第10条之规定,商品房认购书的说明条款并非必然无效,在格式条款免除己方责任、加重对方责任、排除对方主要权利的内容时,如果格式条款提供方已经尽到合理提示和说明义务,该条款就不能轻易认定无效,反之则条款无效。故本案的争议焦点在于双方签署《认购协议》时,成都某投资有限公司是否就正式合同文本尽到合理提示和说明义务?判断成都某投资有限公司是否尽到了提示说明义务,应当看其是否对于买受人进行足够的解释以及在解释的基础上是否给予买受人足够的时间用于阅读。形式上,开发商提请认购人的注意应达到合理的程度,格式条款应当加大、使用黑体标题等醒目方式印制说明条款,并在其后留出单独空白,供认购人专门签字确认。而成都某投资有限公司没有证据或者提供的证据不足以证明已经尽到了合理的提醒、提示义务,从而认定该格式条款无效。

在实践中开发商是否对格式条款尽到了“合理的提示说明义务”是一个很难把控的问题。在案例31中,法院仅仅因补充协议中约定了“乙方确认,甲方已提示其注意可能免除或限制甲方责任的条款,并就有关条款进行了充分的解释和说明,乙方完全理解并同意其内容,并无异议”就认定开发商尽到了合理的提示说明义务;而在案例17中,法院则认为开发商必须要在形式上及实质上均尽到合理的提示说明义务。

《最高人民法院关于适用〈中华人民共和国合同法〉若干问题的解释(二)》第6条第1款规定:“提供格式条款的一方对格式条款中免除或者限制其责任的

内容，在合同订立时采用足以引起对方注意的文字、符号、字体等特别标识，并按照对方的要求对该格式条款予以说明的，人民法院应当认定符合合同法第三十九条所称‘采取合理的方式’。”笔者认为格式条款的“提示说明义务”主要关注点在于：(1)格式条款在文字、符号、字体上是否对其他条款作出了明确区分；(2)开发商是否对格式条款进行了解释说明；(3)购房者是否对格式条款涉及的权利的处分具有明确的认知。

由此，开发商应当从以下几个方面把握格式条款的有效性。

1. 采取合理、显著的方式提请购房者注意

相关提示说明不仅仅限于口头告知，亦应通过书面形式对证据予以固定和保留。首先，应对格式条款进行加粗、加黑或者加下划线等明显的方式进行特别标识，提请购房者注意；其次，在签订合同的同时，根据购房者的要求向购房者着重说明、解释该条款，使购房者明确知晓自己权利义务的相关内容；最后，尽可能在格式条款后留取一定的空白供购房者签字确认使用，以证明其对该格式条款的内容知悉，或在签订相关合同文本后要求购房者出具格式条款提示说明确认函。

2. 确定《商品房买卖合同》版本后，需进行统一排版、印刷

在实践中，开发商将合同版本拟定完毕后，经常出现相关工作人员在印刷合同版本时为美观好看、统一格式，对特殊标注的格式条款进行还原，导致最终签署版本中的格式条款均未作特别提示，从而产生可能导致格式条款无效的风险。故为避免相关风险，应在确定《商品房买卖合同》及其补充协议版本后即形成不可更改的定稿，届时再进行统一印刷。

3. 在签约之前做好销售现场的文本资料的公示

销售现场公示与签约并不是两个独立的阶段，两者之间相互影响，销售现场公示的深度与广度在一定程度上影响着对合同格式条款效力的认定。如各地在开展对商品房买卖格式条款进行专项整治的工作中，发现多数开发商在合同文本订立前未向购房者明示合同文本的内容或未完整提供所购商品房的基本情况，却在认购书、预订书等中要求购房者签字确认已完全知悉并认可提供方在商品房买卖合同及其附件、物业管理等规定中的内容等条款。故为防止《商品房买卖合同》、附件及补充协议等合同文本中某些条款被认定为格式条款而导致无效，开发商应当严格按照法律规定进行销售现场公示，同时为保存证据，应采取适当的方式进行销售现场公证。

第四节

出卖人告知义务的全面履行

《消费者权益保护法》第 8 条第 1 款规定:“消费者享有知悉其购买、使用的商品或者接受的服务的真实情况的权利。”根据此规定,消费者有权询问、了解所购买、使用的商品或接受的服务的真实情况,经营者有义务真实地向消费者说明所提供服务或商品的有关情况。消费者只有在对商品或服务有所了解的情况下,才会购买、使用该类商品或接受服务。因此,知情权是消费者参与消费活动的前提。按照《消费者权益保护法》的规定,消费者有权根据商品或者服务的不同情况,要求经营者提供商品的价格、产地、生产者、用途、性能、规格、等级、主要成分、生产日期、有效期限、检验合格证明、使用方法说明书、售后服务,或者服务内容、规格、费用等有关情况。

虽然商品房买卖并不都属于生活消费,也不必然适用《消费者权益保护法》,但商品房销售仍然要遵守诚实信用原则、不得进行虚假宣传。众所周知,所购预售商品房的房屋状况、相关配套设施、周边环境等对购房者多具有实质性影响,但如果购买的为期房,销售时相关情况并未实际呈现,购房者只能通过销售人员的介绍和购房资料进行了解。开发商作为出卖人,应当履行对房屋相关情况的告知义务,尤其是对于其中所涉及的不利因素。2007 年,万科企业股份有限公司推出“阳光宣言”,在项目竖出展板,展示每月项目施工进度展示图、车位公示、节能公示,其中还包括“特别提示”。在“特别提示”中对红线内以及红线外 1000 米范围内可能影响购房者利益的因素,都明确提示给购房者,以便购房者在权衡不利因素的基础上作出选择。该宣言的核心在于充分体现了信息的透明与对称,从而保障了购房者在购买房屋时对项目的知情权。这种以“阳光”的方式进行诚信维护,对于企业品牌的树立起到了关键的作用。

《民法总则》第 7 条关于“民事主体从事民事活动,应当遵循诚信原则,秉持诚实,恪守承诺”以及《合同法》第 6 条关于“当事人行使权利、履行义务应当遵循诚实信用原则”的规定,体现了民事主体在从事民事活动中,应当遵守诚实信用的原则。据此,部分地区的房管部门在制订《商品房买卖合同》示范文本时,借鉴了万科公示项目不利因素的做法，要求开发商将《不利因素告知书》作为合同附件或在现场进行展示，说明“该商品房所在建设工程项目周边可能引起气味、污染、辐射性、噪声等不利因素”。

“不利因素”一般是指对购房者购买的商品房存在不利影响的情况。该不利影响是以普通人的价值观念和判断标准为依据，而不是以特殊个体的主观感受为准。在商品房销售过程中为避免后期争议，开发商应当对项目可能涉及的“不利因素”进行充分的提示。但是对于“不利因素”的范围及告知方式，法律并没有进行强制性的规定，因此在实践中仍存在大量争议。如果开发商没有尽到告知义务会产生什么后果？开发商应如何合理地履行不利因素告知义务？

一、没有尽到告知义务的责任承担

案例32：孙某与上海某房地产开发有限公司房屋买卖合同纠纷案

基本案情

2011年1月10日，孙某(乙方)与上海某房地产开发有限公司(甲方)签订《上海市商品房预售合同》，约定由乙方向甲方购买上海市某项目17号房屋(以下简称系争房屋)。该合同第9条约定：“甲方不得擅自变更已经与乙方约定的小区平面布局(见附件六)，确需变更的应当征得乙方书面同意。甲方未征得乙方同意变更小区的平面布局，乙方有权要求甲方恢复，如不能恢复的，甲方应当向乙方支付总房价款的0.1%违约金。”合同附件六载明了该房屋的相邻关系及小区平面布局。《补充条款》第12条约定：“1. 双方的权利义务以合同及其附件和本补充协议为准。2. 甲方此前在书面的销售广告和宣传资料、模型中对该项目开发规划范围内的房屋及相关设施所作的说明和允诺具体确定，并对合同的订立以及房屋价格的确定有重大影响，合同又未作重新约定的，可作为合同附件，对双方具有约束力，一方违约的，应依法承担违约责任。甲方在上述场合已明示不构成要约或者不属于交付标准或交易条件或者待双方签订合同时进行具体约定的，不构成合同内容，双方不受其约束……5. 因比例和表现方法所限等因素，销售广告、宣传资料、模型等未标明的内容并不代表实际建造房屋或者小区范围没有根据规划或者设计要求存在相应的设施、设备或配套建筑物、构筑物，乙方对此予以充分理解。”《补充条款》第21条约定:“小区内的不利因素见合同附件六《该房屋相邻关系及小区平面布局》。”孙某购买系争房屋时,上海某房地产开发有限公司向孙某提供《阳关宣言》宣传手册,其中关于“红线内不利因素”,37号楼标注了“外观有开窗处有百叶,用作地库排风”,并表明在符合国家标准的前提下,仍有可能对相邻的住宅产生影响,但以最终政府批准的规划及设计方案为准。但上海某房地产开发有限公司对系争房屋并未标注“地库排风”等不利因素。

2012年5月31日,孙某通过电子邮件向上海某房地产开发有限公司反映排风口与排风泵房问题。当日,上海某房地产开发有限公司答复孙某称,小区设施设备的布局,均经政府有关部门批准,项目建成后已通过竣工验收,系争房屋外的地库通风井处于小区公共区域,不得擅自占用、改造或损坏,上海某房地产开发有限公司已采取相关措施尽可能不影响孙某对系争房屋的使用,故地库通风井的设置不影响系争房屋的价格与使用价值。同年6月6日,孙某再次通过电子邮件与上海某房地产开发有限公司沟通相关问题。上海某房地产开发有限公司于6月11日答复孙某称,《阳光宣言》系楼盘信息及状况的参考,其中所涉不利因素并非上海某房地产开发有限公司的必然义务且提出愿意以限时排放及降低噪声等措施降低地库通风井对孙某的影响。孙某于6月12日回函,要求上海某房地产开发有限公司答复关于“不利因素”的问题。上海某房地产开发有限公司于6月13日再次答复孙某称,其交付的系争房屋符合合同约定,《阳光宣言》系开发商提供的一项服务,仅供客户购房时参考。同年6月19日、20日,孙某又以邮件形式与上海某房地产开发有限公司协商沟通,并表示将通过法律途径解决相关问题。

2013年4月26日,孙某诉至法院请求判令上海某房地产开发有限公司拆除系争房屋边上的地库排风口(地上一层)和排风机泵(地下一层)。

裁判观点

法院认为,本案的争议焦点之一在于上海某房地产开发有限公司在合同履行过程中是否存在单方变更小区平面布局的违约行为。根据查明事实,上海某房地产开发有限公司出售系争房屋时,向孙某出示了宣传手册,该手册对同一楼盘37号楼标注了地库排风的内容作为红线内的不利因素,对本案系争房屋所在的17号楼却未作出相应标注。开发商对37号楼排风设施进行标注的行为本身说明标注并不受比例和表现方法等因素影响。因此,双方签订的《补充条款》第2条第5项约定,因比例和表现方法所限等因素影响,系争房屋的相应设施、设备或配套设施以最终规划和设计为准,并不适用于本案的情况。由于房屋是否附着排风设施对预售合同的订立以及房屋价格的确定均有重大影响,上海某房地产开发有限公司对系争房屋所在的17号楼未标注排风设施,应视为该处并不存在相应设施,孙某对此予以接受并与其签订预售合同后,该部分内容应视为合同内容。现上海某房地产开发有限公司向孙某交付的系争房屋附着了排风设施,应认定为开发商违反双方合同约定。

本案的另一争议焦点在于孙某是否可以依据《上海市商品房》预售合同第9条的约定要求上海某房地产开发有限公司拆除排风设施。通常而言,合同双方应当遵循契约严守原则全面履行合同义务,一方违约的,另一方有权要求其承担继续履行、采取补救措施或者赔偿损失等违约责任。但在要求违约方承担具体的违约责任时,尚需要基于诚实信用原则和公平正义原则考虑是否存在履行不能的问题。所谓履行不能,包括事实上的履行不能以及履行的代价远远超过违约损失的情况。本案系争房屋是按照批准的规划及设计方案建造并经竣工验收获得交付使用许可证,拆除该房屋附着的排风设施,势必改变经批准的规划,是否重新获批尚有疑问,况且,改变之前的功能布局亦势必影响小区其他业主的利益,因此,可以认定孙某要求上海某房地产开发有限公司拆除排风设施存在履行障碍,孙某可依法要求上海某房地产开发有限公司承担包括赔偿损失等其他替代违约责任。事实上,赔偿损失为金钱给付义务,法律上亦不存在履行不能的问题。

裁判结果

法院判决驳回孙某全部诉讼请求。

案例33:重庆某置业有限公司与王某商品房预售合同纠纷案

基本案情

2010年9月22日,王某与重庆某置业有限公司签订《重庆市商品房买卖合同》,约定王某购买重庆某置业有限公司开发建设的某房屋;该商品房为预售商品房,共计4层(-1层至3层);建筑面积240.31平方米,套内建筑面积232.47平方米,共用部位与分摊建筑面积7.84平方米;总成交金额为2,670,612元;付款方式为签订合同时支付现金810,612元,另按揭贷款1,860,000元;重庆某置业有限公司应当在2011年11月25日前将已进行建设工程竣工验收备案登记的商品房交付王某使用。王某在合同约定交房日之前前往接房时,发现房屋-1层的“私家花园”墙壁开设了消防安全门并搭设了铁质楼梯,认为重庆某置业有限公司交付的房屋与约定不符,且存在重大安全隐患,遂未办理接房手续。

后王某与重庆某置业有限公司协商无果,故起诉要求解除双方于2010年9月22日订立的《重庆市商品房买卖合同》,如法院认定不应解除合同,重庆某置业有限公司在签订合同时存在欺诈行为,致使王某在购房时产生重大误解,故要求撤销该合同;由重庆某置业有限公司立即返还王某购房款并承担损失。

裁判观点

法院认为,根据《合同法》第54条第2款的规定,一方以欺诈、胁迫的手段或者乘人之危,使对方在违背真实意思的情况下订立的合同,受损害方有权请求人民法院或者仲裁机构予以变更或者撤销。案涉房屋为重庆某置业有限公司开发建设的高品质别墅。别墅虽与一般商品房均为居住性房屋,但购房者在选购别墅时,不仅会考虑居住功能,而且会注重选购的别墅是否能够提供更高的生活品质。从别墅的销售单价通常高于同地段的一般商品房屋即可看出别墅具有不同于一般商品房的特性。案涉房屋也系如此。该特性具体体现为别墅购房者对别墅舒适性、私密性、安全性等的追求。王某认为,重庆某置业有限公司在案涉房屋的“私家花园”的外墙开设消防门,直接影响到该房屋的私密性、安全性,并据此要求撤销合同。王某的这一请求具有事实依据,应当得到支持。

首先,重庆某置业有限公司承认该“私家花园”在销售宣传时被定位为私家花园、私家绿地,并承认王某对“私家花园”享有“有限”的独自使用权利;在双方签订的《重庆市商品房买卖合同》附件五中关于私家花园、私家绿地的约定,亦足以让购房者认为,其对所购房屋的花园享有独自使用的权利;重庆某置业有限公司在王某所购别墅的“私家花园”外墙开门,但案涉房屋相邻、相对等方位的别墅房屋均无此状况。换言之,与案涉房屋相邻、相对等方位的别墅房屋的购房者，事实上可对相应的花园进行独占性使用。据此，王某对案涉房屋的花园属于“私家花园”的预期，属于合理预期。

但是，根据重庆某置业有限公司举示的规划设计图，王某所购别墅的“私家花园”墙壁的开门，在规划设计之初即存在，属于消防设计，无法更改。消防门的存在，导致他人可通过该门自由进出案涉房屋的花园，势必会影响“私家花园”的私密性和安全性，降低案涉房屋的品质。对于这一影响房屋品质、违背购房者合理预期，且显著区别于相邻、相对等方位别墅花园的因素，开发商理应在销售时明确告知购房人，以便购房人在信息充分的情况下作出真实的意思表示，避免基于错误认识订立合同。

如前所述，别墅的私密性、安全性，对购房者的购房决定具有重大影响，而从现有证据来看，重庆某置业有限公司并未能举证证明其在订约时明确告知过王某所购房屋存在私密性与安全性方面的缺陷并显著区别于相邻、相对等方位别墅花园的因素，从而导致王某基于错误认识与其订约。王某在约定交房日之前看房时，发现这一缺陷即拒绝接房，并通过发律师函、提起诉讼的方式，要求整改或撤销合同，表明重庆某置业有限公司故意隐瞒真实情况的行为，导致王某作出错误意思表示而购房。据此，王某要求撤销合同的请求，符合法律规定，应当得到支持。

裁判结果

法院判决撤销王某与重庆某置业有限公司于2010年9月22日订立的《重庆市商品房买卖合同》，由重庆某置业有限公司返还王某购房款2,670,612元并赔偿代收税费42,489元以及资金占用损失。

案例34：杨某、孙某与贵州某房地产开发有限公司商品房预售合同纠纷案

基本案情

2013年7月5日，杨某、孙某与贵州某房地产开发有限公司签订《商品房认购书》，约定杨某、孙某认购贵阳市某项目商品房39#-4号房，建筑面积共

380.37平方米，房屋总价550万元；杨某、孙某在签订认购书之日交付50万元作为购房定金；杨某、孙某需在2013年7月12日前付清总房款550万元(含定金)，并签署《商品房买卖合同》；还约定该认购书自双方签字、盖章并且杨某、孙某在认购书签订当日付款且贵州某房地产开发有限公司开具收据后生效，签订正式《商品房买卖合同》后，该认购书自动失效。该认购书上加注(并加盖开发商营销部专用章)："该套房屋赠送的花园总面积260m²，车库5个。本公司同意此套房款按两期付清，首付200万元整(含50万元认购金)，第二次的350万元整将在2013年7月19日内付清。客户按时付清房款的，公司将赠送一年的物业管理费用。"2013年7月19日，杨某、孙某与贵州某房地产开发有限公司签订《商品房买卖合同》，合同约定杨某、孙某购买贵州某房地产开发有限公司开发建设的位于贵阳市某项目39#－4号房，建筑面积共380.37平方米，套内面积361.42平方米，按套内建筑面积计算，该商品房总金额为550万元；付款方式为分期付款，第一期于2013年7月5日支付购房款50万元，第二期于2013年7月20日前支付剩余全部购房款500万元；房屋应于2014年12月31日前交付，逾期超过30日，杨某、孙某有权退房，贵州某房地产开发有限公司应当自收到退房通知之日起15日内退还全部已付款，并按照全部已付款的10%向杨某、孙某支付违约金；房屋达到交付条件后，贵州某房地产开发有限公司应当在交付日的7日前，书面通知杨某、孙某办理交接手续。《合同附件》第11条约定："买受人确认出卖人已将该商品房红线内外不利因素告知买受人，同时因地形地势、规划设计要求造成挡墙、推坡、公告管道检修口、柱子、变电箱等有遮挡视线或妨碍房屋正常使用的情况如实告知买受人，买受人已充分了解，无任何异议。"合同签订后，杨某、孙某按照合同约定全款向贵州某房地产开发有限公司支付了购房款。后因贵州某房地产开发公司修建的"项目别墅区10kV配电室"与杨某、孙某购买的房屋仅一墙体之隔，故杨某、孙某以贵州某房地产开发有限公司违约为由，诉至法院请求：(1)解除签订的《商品房认购书》《商品房买卖合同》；(2)判决退还已交付的购房款、维修基金、物业管理费及违约金共计6,185,586元。

裁判观点

法院认为，依法成立的合同受法律保护，当事人应当按照合同的约定履行自己的义务。本案中，双方争议的焦点为杨某、孙某是否有权解除双方签订的《商品房买卖合同》。杨某、孙某称贵州某房地产开发有限公司修建的“项目别墅区10kV 配电室”与杨某、孙某购买的房屋地下室仅一墙之隔,对其居住会有安全隐患。贵州某房地产开发有限公司称已经使用隔音层,不影响杨某、孙某的居住使用,亦已在《合同附件》第 11 条载明高压配电房的情况且案涉房屋已经竣工验收备案,具备交付和使用条件。法院认为,贵州某房地产开发有限公司将“贵州弘宇房开别墅区 10kV 配电室”修建在杨某、孙某购买的地下室,在出售房屋时应当对杨某、孙某予以释明,以保障消费者的知情权。贵州某房地产开发有限公司提出《合同附件》第 11 条约定:“买受人确认出卖人已将该商品房红线内外不利因素告知买受人,同时因地形地势、规划设计要求造成挡墙、推坡、公告管道检修口、柱子、变电箱等有遮挡视线或妨碍房屋正常使用的情况如实告知买受人,买受人已充分了解,无任何异议。”而杨某、孙某已签名确认知晓高压配电房的修建。杨某、孙某提出该约定所指为变电箱,然贵州某房地产开发有限公司修建的与杨某、孙某购买房屋地下室仅一墙之隔的系高压配电房,与变电箱是两个概念,虽贵州某房地产开发有限公司开发修建的房屋已经竣工验收备案,具备交付和使用条件,但对于杨某、孙某而言,其购买别墅是为了一个更好的居住环境,如若贵州某房地产开发有限公司提前告知其购买的房屋地下室修建有高压配电房,对杨某、孙某是否购买该房有重大影响。故贵州某房地产开发有限公司隐瞒该事实,违背了诚实信用原则,侵害杨某、孙某的知情权。综上,法院认为,别墅作为一种高端住宅是对生活品质更好的追求,别墅房的绿化、景观的独特性以及能满足更高标准的安全需求都是人们选择购买的别墅的原因。而贵州某房地产开发有限公司的违约行为,致使杨某、孙某购买别墅的目的不能得以实现,其有权要求解除双方签订的《商品房买卖合同》。杨某、孙某诉请贵州某房地产开发有限公司退还已交付购房款 550 万元、维修基金 11 万元及物业管理费 13,260 元,因贵州某房地产开发有限公司对收到上述款项不持异议,故应予以支持。

裁判结果

法院判决解除双方签订的《商品房买卖合同》,贵州某房地产开发有限公司退还已交付的购房款、维修基金、物业管理费共计 5,623,260 元。

律师分析

在房地产营销过程中，有的开发商为顺利完成销售会夸大宣传项目的有利方面而回避甚至隐瞒不利因素，但事实上不利因素是客观存在的，如果不进行提示和告知，在签约之后或者房屋交付时，往往可能引发群体性投诉乃至诉讼，此时开发商所面临的责任更为重大，后果更为严重。从以上案例可知，若开发商未将项目内的不利因素告知购房者，可能面临如下后果：其一，可能会因交付的案涉房屋不符合合同约定而被认定违约，承担违约赔偿责任；其二，可能被认定开发商的行为构成欺诈，导致购房者在购房时作出错误的意思表示，存在《商品房买卖合同》被撤销的风险；其三，法院可能以不能实现购房者购房目的为由支持购房者解除合同。

二、履行告知义务的方式

案例35：李某、潘某与置业有限公司商品房销售合同纠纷案

基本案情

2010年1月10日，李某、潘某与置业有限公司签订《楼宇认购书》，约定："李某、潘某认购成都某项目房屋（以下简称涉案房屋），套内建筑面积49.98平方米，套内建筑面积单价13,716.41元/平方米，属于特惠房源。"双方声明共同遵守如下约定："置业公司已向李某、潘某明示包含但不限于《楼宇认购书》、《商品房买卖合同》（含补充协议和附件）示范文本、《本小区周边不利的环境因素》、《本期建设范围内可能对业主生活产生影响的环境因素》、《项目重要信息提示》、《节能信息公示》、认购须知等，李某、潘某对上述公示内容清楚且无异议。"

2010年1月16日，李某、潘某签署了《签约信息单》，并特别确认："本人对以上信息及在签订《楼宇认购书》、《商品房买卖合同》、《商品房买卖合同补充协议》、《本小区周边不利的环境因素》、《本期建筑范围内可能对业主生活产生不利影响的环境因素》、《项目重要信息提示》及其他相关法律文件时，已充分了解上述房屋的情况（包括但不限于房屋位置、面积、户型及相关重要提示）。"同日，李某、潘某与置业公司签订《商品房买卖合同》和《商品房买卖合同补充协议》，

约定李某、潘某按揭购买置业公司开发的涉案房屋。《商品房买卖合同补充协议》共32页，其中第22页为《特别提示本期建设范围内可能对业主生活产生影响的环境因素》，与置业公司的楼盘销售现场张贴的《敬请留意本小区周边不利的环境因素》一文相比较，区别在于楼盘销售现场张贴的《敬请留意本小区周边不利的环境因素》系彩印，示意图中各项不利环境因素以不同颜色的图例标注，而合同附件中的《本期建设范围内可能对业主生活产生影响的环境因素》系黑白印刷，示意图中各项不利环境因素以不同形状的图例标注，而“垃圾收集点”和“化粪池”同为黑圆点。其余内容均完全相同。

置业公司建设的案涉房屋楼栋建设工程在规划设计时垃圾收集点和化粪池的位置已确定，规划图已明确本案争议的垃圾收集点面积为24平方米。该建设工程未发生规划变更情形。2011年10月31日，置业公司取得该项目1~3号楼的建设工程规划合格证。涉案的垃圾收集点和化粪池均在《商品房买卖合同补充协议》约定的“2号楼、3号楼南侧的红线内沿街集中绿化内”。

经查明，置业公司在销售房屋的现场张贴、悬挂、摆放了各类“公示”“告知”“重要提示”“合同”“商品房预售许可证”“资质证书”“位置图”“沙盘”等。其中“重要提示”包括《敬请留意本小区周边不利的环境因素》，其中部分内容为：“特别提示：本期建设范围内可能对业主生活产生影响的环境因素，为帮助客户慎重选购房屋，现提示购房人在签署法律文件前特别注意以下事项：一、本小区1~3号楼附近规划有以下公共配套设施，在符合国家标准的前提下，仍可能对相邻的住宅产生影响……6.本项目1~3号楼附近以下位置规划有成品垃圾收集点；2号楼、3号楼南侧的红线内沿街集中绿化内……16.本项目1~3号楼附近以下位置规划有化粪池；2号楼、3号楼之间的红线内沿街集中绿化内以及3号楼、4号楼之间的小区绿化内……三、出卖人在制定销售价格时，已充分考虑以上因素的影响。”“特别提示：本期建设范围内可能对业主生活产生影响的环境因素”为黄色粗体字，“为帮助客户慎重选购房屋，现提示购房人在签署法律文件前特别注意以下事项：一、本小区1~3号楼附近规划有以下公共配套设施，在符合国家标准的前提下，仍可能对相邻的住宅产生影响”为稍小一号的白色粗体字。具体的各项不利环境因素为再小一号的白色常规字体。该文同时配有示意图，以不同颜色的图例标明特别提示中提及的各不利环境因素的具体分布位置。其中成品垃圾收集点的图例颜色为橙色，化粪池的图例颜色为白色。2009年10月30日，置业公司申请四川某公证处对现场公示情况进行了公证。

李某、潘某于2012年2月29日向法院提起诉讼，请求撤销李某、潘某于2010年1月16日与置业公司签订的购房合同。

裁判观点

法院认为，本案争议焦点是李某、潘某与置业公司签订的商品房买卖合同是否存在欺诈的情形。欺诈是指一方当事人故意告知对方虚假情况，或者故意隐瞒真实情况，诱使对方当事人作出错误意思表示的行为。根据本案查明的情况，置业公司已采取多种形式向李某、潘某告知其所购房屋有关不利因素的情况，不构成欺诈。

1. 从销售现场的告知情况来看。置业公司在项目销售现场张贴、悬挂、摆放了各类“公示”“告知”“重要提示”等资料，购房者能够对案涉1～3号楼周边存在的不利因素有清楚、明确的了解。

2. 从签订合同的告知情况来看。李某、潘某签订《楼宇认购书》时，确认置业公司已向其明示《本小区周边不利的环境因素》《本期建设范围内可能对业主生活产生不利影响的环境因素》。李某、潘某签署《签约信息单》时再次确认其在签订《楼宇认购书》、《商品房买卖合同》、《商品房买卖合同补充协议》、《本小区周边不利的环境因素》、《本期建设范围内可能对业主生活产生影响的环境因素》、《项目重要信息提示》及其他相关法律文件时，已充分了解涉案房屋的情况（包括但不限于房屋位置、面积、户型及相关重要提示）。同日，李某、潘某与置业公司签订《商品房买卖合同》和《商品房买卖合同补充协议》，《商品房买卖合同补充协议》第22页为特别提示《本期建设范围内可能对业主生活产生影响的环境因素》。

3. 置业公司向李某、潘某提供的《商品房买卖合同补充协议》第22页《本期建设范围内可能对业主生活产生影响的环境因素》所配示意图以同一形状的黑圆点既代表垃圾收集点，也代表化粪池，属告知不当，而非故意隐瞒事实。

故本案中李某、潘某认为置业公司有欺诈行为，但其并无证据证明置业公司主观上有故意的动机，客观上实施了隐瞒真相或虚构事实的行为，李某、潘某主张不能成立。

裁判结果

法院判决驳回李某、潘某的诉讼请求。

案例36：沈某与某房地产有限公司商品房预售合同纠纷案

基本案情

2013年10月10日，沈某(乙方)与某房地产有限公司(甲方)签订《楼宇认购书》，约定乙方认购甲方位于重庆市北部新区房，套内面积70.52平方米，单价10,671.10元/平方米，认购总价款752,526元。乙方于签署认购书时交纳定金5万元。乙方于2013年10月20日前与甲方签订《重庆市商品房买卖合同》。《楼宇认购书》第5条约定：1.乙方在签订本认购书前已仔细阅读在售楼处公开展示的《商品房买卖合同》及附加条款样本、《国土证》、《建设用地规划许可证》、《建设工程规划许可证》、《建筑工程施工许可证》、《商品房预售(预租)许可证》、《合同登记收费标准》、《前期物业服务合同》、《项目建设范围内可能不利的环境因素》及《项目建设范围外不利的环境》，乙方确认上述文件已经公示在甲方售楼部现场并为乙方知悉和完全理解。乙方承诺在签约时不再以对《商品房买卖合同》及附加条款样本、房屋交付标准、前期物业服务标准和收费标准等存有异议为由而拒绝签约。2.乙方在签署本认购书时已经知悉并愿意遵守《签约须知》。合同第7条约定了违约责任，乙方应在本认购书约定的日期内并备齐全部资料到甲方签约中心签订《重庆市商品房买卖合同》并付清全部应付款项，否则，视为乙方违约及放弃购买该商品房，甲方有权解除本认购书，乙方已支付的定金不予返还，甲方并有权不再另行通知乙方而将该商品房另行出售。同日，沈某在《认购须知》上签字，其中第3条约定，“退定：鉴于您缴纳定金并签订认购书时，已经充分了解了现场公司的《商品房买卖合同》各项条款和不利因素展示的具体内容，故我双方之间的认购法律关系已经建立，我司将立即为您销控您购买的房源，不再销售此套房源，故在认购后我司不接受任何原因的退定”。同日，沈某在《项目N14－1地块1号楼差异性说明》上签字，其中地块外部不利因素第1条载明：垃圾转运站投入使用后，将对本项目造成空气污染、污水、噪声、粉尘等影响等不利影响。同日，重庆市市政委公开信箱在答复来信“为什么要在人口密集区域建这么大型的垃圾处理站”中提及:“……新建个别楼盘开发商(多数地产商开盘时已做了购房风险提示,如招商地产)……”

认购书签订当日,沈某交纳定金5万元。其后,沈某以某房地产有限公司未告知楼盘附近有垃圾站为由未签订正式商品房买卖合同。2013年10月22日,某房地产有限公司电话通知沈某解除《楼宇认购书》,沈某同意解除。后沈某向法院起诉,要求某房地产有限公司退还定金。

裁判观点

法院认为,沈某与某房地产有限公司签订的《楼宇认购书》是双方真实意思表示,不违反法律、行政法规的强制性规定,合法有效。本案的争议焦点在于:(1)关于某房地产有限公司对于项目外部将建设垃圾转运站,是否履行风险提示义务。(2)某房地产有限公司是否应当承担返还定金的责任。针对以上争议焦点,法院评判如下:

1. 关于某房地产有限公司对于项目外部将建设垃圾转运站,是否应履行风险提示义务。沈某作为完全民事行为能力人,理应在相关合同内容是其真实意思表示的前提下才签字予以确认。沈某同日签字的《楼宇认购书》《认购须知》均载明,售楼部现场已对《项目建设外不利的环境因素》进行了展示,沈某已知悉和完全理解。沈某同日签字的《项目N14-1地块1号楼差异性说明》具体载明了项目外部的垃圾转运站投入使用后将造成空气污染等不利因素,沈某签字承诺对以上内容予以知晓,且同日重庆市市政委公开信箱答复内容中也提及了某房地产有限公司开盘时进行了风险提示。因此,某房地产有限公司对于项目外部将建设垃圾转运站已进行了风险提示。沈某关于其虽在相关书面文件上签字,但对项目外修建垃圾转运站不知晓,某房地产有限公司故意隐瞒、未进行风险提示的上诉理由,与本案查明的事实不符,本院不予采纳。

2. 关于某房地产有限公司是否应当承担返还定金的责任。《合同法》第115条规定:“当事人可以依照《中华人民共和国担保法》约定一方向对方给付定金作为债权的担保。债务人履行债务后,定金应当抵作价款或者收回。给付定金的一方不履行约定的债务的,无权要求返还定金;收受定金的一方不履行约定的债务的,应当双倍返还定金。”本案中,某房地产有限公司举证证明其已告知沈某涉案小区将修建垃圾转运站,现沈某以某房地产有限公司未告知为由拒绝签订商品房买卖合同,系沈某单方不履行《楼宇认购书》的约定义务,已构成违约,沈某无权要求某房地产公司退还定金。

裁判结果

法院判决驳回沈某的诉讼请求。

案例37:刘某、赵某与杭州某房地产开发有限公司房屋买卖合同纠纷案

基本案情

2013年12月23日,刘某、赵某(买受人)与杭州某房地产开发有限公司(出卖人)签订《商品房买卖合同》及《补充协议》,合同约定购买杭州某项目12栋1单元302室商品房,建筑面积88平方米,单价每平方米16,774.45元,总价为1,476,152元。刘某、赵某选择银行按揭贷款方式支付房款,于本合同签署之日支付首付款446,152元,剩余购房款1,030,000元应在签订本合同之日起7个工作日内办理完毕相关贷款手续。杭州某房地产开发有限公司应当于2015年9月30日前将符合下列各项条件的商品房交付刘某、赵某。合同同时约定,出卖人因小区规划建设及物业管理等需要,而必须在该商品房所在楼宇周围的地面、地下及地上埋(架)设电力、电讯、给排水管线及配电箱、窨井(盖)及其他有关装置时,买受人应予同意和理解,并予以配合,同时出卖人应尽量保证买受人生活便利,环境整洁。《补充协议》约定,除合同第11条规定的规划设计变更导致的合同解除权外,买受人按合同约定行使解除权的,应在买受人知道或应当知道解除事由发生之日起15日内将解除合同的书面通知送达出卖人,否则视为买受人放弃解除合同的权利。《补充协议》同时约定,买受人购买时已经详细察看了项目的周边环境,对项目的周边环境已经熟知。同日,刘某、赵某支付给杭州某房地产开发有限公司预售购房款446,152元。

经相关部门许可,案涉房产所在的12栋地下一层西侧,规划建设设备房,其中包含移动基站机房,用于增强整个楼盘移动信号的稳定性。在12栋首层裙房西面的公共空地上,规划建设垃圾房,用于收集堆放清运后的空垃圾桶。杭州某房地产开发有限公司已将上述规划情况在涉案房产的建设现场以告示

牌的形式予以公示。刘某、赵某自述于2014年4月看到上述公示。后刘某、赵某诉请判令:(1)解除于2013年12月23日签订的房屋买卖合同;(2)退还刘某、赵某首付款446,152元、认酬金20,000元、新建物业专项维修金5720元及银行利息36,334元,合计508,206元,退还银行贷款本金1,030,000元及利息49,545元合计1,079,545元,误工费、交通费、通信费计35,000元,共计人民币1,622,751元。

裁判观点

法院认为,刘某、赵某与杭州某房地产开发有限公司签订的《商品房买卖合同》及《补充协议》,系双方当事人的真实意思表示,内容未违反国家法律规定,合法有效,对双方当事人均具有法律拘束力。杭州某房地产开发有限公司在涉案房产所在的12栋地下一层西侧,规划建设移动基站机房,在12栋首层裙房西面的公共空地上,规划建设垃圾房,均经相关部门批准许可,杭州某房地产开发有限公司亦已将上述规划予以公示。因此,刘某、赵某认为杭州某房地产开发有限公司有欺瞒消费者的嫌疑,没有事实依据,理由不能成立。刘某、赵某认为通信基站辐射较大不利于小孩成长发育,更不利于居住;垃圾房内的垃圾会导致异物发酵产生难闻异味,周围业主恐难以忍受,但无相关的证据予以支持。综上,刘某、赵某要求解除合同的事由,不符合合同的约定和法律的规定。

裁判结果

法院判决驳回刘某、赵某的诉讼请求。

律师分析

开发商履行告知义务的形式首先应当是书面形式,若能结合视听资料、多媒体技术等方式当然更好。最终达到的目的是固化告知和提示的行为及内容,能够在发生争议和投诉时提供有效证据予以证明。实践中,可按如下方式进行公示、告知:

1. 对市场、医院、学校、道路、其他场所等非显然不利的因素,可在销售现场设置环境示意图,在图上标注,只注明名称,不评价其影响。

2. 对全局性的显性不利因素,应当在宣传资料上设专门的“重要提示”,以文字和图示详细介绍环境因素的位置和可能产生的影响,并可作为合同附件内容。

3. 对与价格有关的特定环境因素,应加入合同附件。如临路的房屋、商铺、变配电站等可加入存在噪声影响但已在价格中作了相应考虑的条文。

4. 对具有重大风险的显性不利因素的提示,也应当写入合同附件,如垃圾场、危险品仓库等设施的影响和发展趋势。

5. 红线范围内的不利因素尽量通过销售现场图文公示及沙盘标识等直观方式予以同步公示。同时通过公证机构进行现场公证以提高公示的证明力与公信力。

三、项目红线以外的不利因素告知问题

案例38:许某与宁波某置业有限公司商品房预售合同纠纷案

基本案情

2014年4月16日,许某与宁波某置业公司(以下简称置业公司)签订《商品房买卖合同》《商品房买卖合同补充协议》,约定:许某购买的房屋,建筑面积106.79平方米,单价为每平方米14,306.42元,总价1,527,783元。《商品房买卖合同补充协议》第7条约定:“买受人签订合同时已经在工地进行实地考察,对小区的四至、周边的市政规划和配套、环境状况都已熟知和了解;对房屋所处的位置、方向、间距、结构、高度、大小等基本情况均已熟知和了解;关于宣传资料:双方同意一切权利与义务以主合同及附图为准,并以政府有关部门验收(或备案)通过的最终状况作为交付依据。买受人对小区公建设施的分布状况及所购房屋入户进门通道、自行车停放位置及楼梯位置设置情况已作了解并认可,小区规划红线外的环境非出卖人所能控制,买受人有义务自行调查;买受人不得以交付时小区红线外环境发生变化而向出卖人提出异议。除按宁波市规定应计入公摊的公建配套面积外,其余小区配套设施(包括但不限于会所、地下车库、部分管理用房等)经双方确定其权益归出卖人所有,在小区交付后将由出卖人以出售、出租或有偿服务等方式处理。”合同签订后,许某已支付首付款467,783

元。2012年8月31日，宁波市规划局对涉环城南路立交桥改造工程规划选址在宁波规划网进行公示，公示内容中包括了东苑立交快速化改造一期工程的建设地址、性质、规模、总体布局等，在总体布局中提及在现状东苑立交上，新建四层互通立交的建设情况。涉案楼盘地块于2012年9月4日取得用地规划许可，于2013年2月28日取得施工规划许可。2013年2月，宁波市环境保护科学研究设计院受置业公司委托出具了《住宅小区项目环境影响报告书》(报批稿)。该报告对涉案项目所在地声环境质量现状进行了评价，经监测地块北侧环城南路受该侧道路交通噪声影响超标；为减少周边道路噪声影响，要求建设单位采取本环评提出的各项隔声降噪措施以缓解道路交通噪声对本项目的影响，同时对购买临近道路一侧的住户，让其有充分的知情权，并在购房合同中明确，以避免不必要的纠纷。该报告同时载明，置业公司于2012年9月14日至27日以张贴方式对环评信息进行了公示，2013年2月20日至3月5日又公示了环境影响报告书简本。置业公司在售楼现场对环城南路立交桥规划建设等相关情况进行了公示，但公示的时间无法确定。

后许某以置业公司隐瞒小区周边立交桥建设事宜于2014年10月30日诉至法院，请求判令：(1)解除《商品房买卖合同》；(2)返还已付房款人民币467,783元；(3)置业公司以已付房款为基数按同期银行贷款利率自起诉之日起支付利息至判决生效之日止。

裁判观点

法院认为，关于置业公司是否存在故意隐瞒涉案小区周边建设立交桥事实的行为，应结合相关法律规定及签订合同时的具体情况来看。许某与置业公司的《商品房买卖合同》签订于2014年4月16日，但环城南路立交桥改造工程在2012年8月已在宁波规划网就工程选址、性质、规模、总体布局进行了公示，媒体就相关工程建设信息进行了报道，《住宅小区项目环境影响报告书》(报批稿)对涉案小区声环境检测结果也进行了公示，指出该地块北侧环城南路受交通噪声影响超标，可见涉案小区环境影响状况在一定程度上是被大众所知晓的。且立交桥改造工程位于小区红线之外，非置业公司所能掌控区域，许某与置业公司对公示信息拥有同等获取权利，许某作为购房者，其理应在购房前对与自身利益密切相关的欲购房屋及周边状况进行了解，其获取信息并非只能通过开发商，而多是在通过多方了解并实地走访的基础上才最终作出决定。购房者若有意了解，完全能够获取相关立交桥改造工程信息。因此，法院认定置业公司并不存在故意隐瞒许某信息的行为。许某诉称其与置业公司签订的《商品房买卖合同补充协议》第7条为无效的格式条款，该条款形式上确系开发商为了重复使用需要而预先拟定的格式条款，但从该条款的内容来看，是购房者对自己所购房屋及周边的熟知和了解进行确认。许某作为购房者，理应在签订合同前对欲购楼盘及楼盘所在地块周边信息进行相应了解，如有疑问或者异议，可在签订合同时向开发商提出，且本案诉争信息完全可由许某通过多种途径自行获取，因此，该条款并不存在法定无效情形或免除开发商自身责任、加重购房者责任，排除购房者主要权利的情形，该条款为有效条款。

裁判结果

法院判决驳回许某的诉讼请求。

案例39：上海某地产有限公司与于某商品房预售合同纠纷上诉案

基本案情

2006年11月19日，于某与上海某地产有限公司签订《上海市商品房预售合同》，合同约定：于某向上海某地产有限公司购买其开发的房屋；于某购买该房屋，每平方米房屋建筑面积单价（不包含房屋全装修价格）为18,943.26元，根据上海某地产有限公司暂测的房屋建筑面积，于某购买该房屋的总房价款（不包含房屋全装修价格）暂定为6,680,718元人民币；上海某地产有限公司定于2008年6月25日前将房屋交付给于某，除不可抗力外。2008年10月28日，上海某地产有限公司将房屋交付于某。于某入住房屋后，就房屋噪声问题致函上海市环境保护局，上海市环境保护局于2010年12月6日书面答复：于某所居住的小区南侧为沪青平高速，北侧为沪青平公路，西侧为嘉金高速和沪青平公路收费站。上海市环境保护局在2003年就已批复嘉金高速和沪青平公路收费站工程项目环评。于某所在小区在2005年获得青浦区环保局环评批复。一期、二期和三期分别在2008年、2010年获得验收。青浦区环保局对该项目批复中，明确要求落实相应环保措施，同时要求建设单位在售房时将周边环境状况、道路噪声及治理措施等告知购房者，并以契约形式予以约定。于某所反映的问题属“先有路后有房”的性质，按目前道路噪声治理原则，应由青浦区政府相关部门牵头落实。建议于某向上海某地产有限公司获取该项目环保相关资料，也可向青浦区建交委咨询了解上述路段的噪声治理措施情况。于某就噪声污染问题致函上海某地产有限公司，上海某地产有限公司于2011年1月17日回复：(1)其已按照环保局要求建高了围墙、种植了树木，以减少噪声的影响。在项目竣工验收时，根据相关规定对小区的环境噪声进行了检测，结果符合相关规定。(2)上海某地产有限公司销售房屋时并未隐瞒小区边存在高速公路的事实。售楼广告、现场模型都标明了小区与高速公路之间的距离、关系。于某至现场看房时，高速公路在建中，于某应注意到高速公路建成通车后对小区的影响。上海某地产有限公司认为于某可与专业公司沟通，自行安排进一步降低公路噪声影响的措施。

2005年8月9日，青浦区环境保护局对案涉小区审批意见中要求出售住宅时应明确告知住户交通噪声可能对项目产生的影响(近高速公路一侧边界按Ⅳ类标准执行)。2008年4月23日，青浦区环境保护局关于案涉建设项目分期试生产(试运行)的审批意见载明：项目靠近高速公路一侧已设置6米高的围墙，并在别墅中安装了双层隔声窗，西面第一排建筑面向高速公路一侧噪声划分为《城市区域环境噪声标准》(GB 3096—93)Ⅳ类标准适用区，项目西侧边界噪声应参照《工业企业厂界噪声标准》(GB 12348—90)Ⅳ类标准执行，其余三侧边界噪声参照Ⅱ类标准执行；项目内应符合《城市区域环境噪声标准》(GB 3096—93)Ⅰ类区标准。意见中还要求销售时应将交通噪声等环境不利因素告知购房者，并作为售房合同必备附件之一。2008年9月22日，青浦区环境保护局关于案涉建设项目环境保护设施分期竣工验收审批意见载明：经青浦区环境监测站监测，项目西侧第一排建筑边界噪声符合《工业企业厂界噪声标准》(GB 12348—90)Ⅳ类标准，其余三侧符合Ⅱ类标准；项目区域内噪声符合《城市区域环境噪声标准》(GB 3096—93)Ⅰ类区标准，振动符合《城市区域环境振动标准》(GB 10070—88)“混合区、商业中心区”标准。2010年3月3日，青浦区环境保护局关于案涉项目三期建设项目试生产(试运行)的审批意见，第3条第2项第3点明确，应重点考虑西侧嘉金高速对区域的影响，通过在建筑隔声和加强绿化等方面采取优化措施，确保小区声环境达到《声环境质量标准》(GB 3096—2008)1类功能区标准，沿嘉金高速第一排建筑面向道路一侧执行4类功能区标准；西侧边界噪声达到《工业企业厂界噪声标准》(GB 12348—2008)4类功能区标准，其余三侧边界达到2类功能区标准；第5点规定房产商应在售房时将交通噪声等环境不利因素告知有关购房者并作为售房合同必备附件之一。

2011年4月19日于某自行委托第三方对房屋噪声进行检测，检测结果为：(1)昼间(17时至18时10分)噪声检测结果：检测点位置50#别墅西北角3米处1#，56.90分贝；50#别墅西南角6米处2#，55.60分贝；50#别墅2楼西面客厅窗外1米处3#，61.60分贝；均未超过限量值70分贝。(2)夜间(22时至23时10分)噪声检测结果：检测点位置50#别墅西北角3米处1#，54.50分贝，未超过限量值55分贝；50#别墅西南角6米处2#，55.60分贝，超过限量值55分贝；50#别墅2楼西面客厅窗外1米处3#，56分贝，超过限量值55分贝。该报告中的评价依据是GB 3096—2008声环境质量标准，噪声敏感建筑物声环境所处4类功能区。于某为此支付该公司鉴定费2600元。

上海某地产有限公司对外公布的售楼书载明小区西侧临东徐联路及嘉金高速公路；销售广告中载明小区西侧临嘉金高速公路，南侧临沪青平高速公路；小区一期、二期、三期总平面图中载明小区西侧临东徐联路及嘉金高速公路。同时深圳市山之田模型艺术设计有限公司上海第二分公司出具说明，表示其公司在制作沙盘模型时，上海某地产有限公司要求将周边道路情况作标志，“嘉金高速”作为周边重要的道路，在沙盘模型中作了标识，沙盘制作完成后于2006年10月起摆放于楼盘现场的售楼处，模型实物已交付上海某地产有限公司。嘉金高速公路全线于2007年年初通车。于某认为上海某地产有限公司在出售房屋时恶意隐瞒房屋噪声影响的情况，未尽到法律规定和行政部门要求的披露义务，造成于某的生活困扰及较大经济损失，严重侵害了于某的合法权益，应承担相应的赔偿责任。为此于某起诉请求：(1)判令上海某地产有限公司赔偿于某损失50万元；(2)判令上海某地产有限公司承担检测费2600元；(3)诉讼费由上海某地产有限公司承担。

裁判观点

一审法院认为，双方签订的《上海市商品房预售合同》系双方真实意思表示，又未违反国家法律、行政法规的禁止性规定，应属有效。上海某房地产有限公司作为房屋开发商，在签订合同及实际履行过程中，应当有如实告知房屋位置、质量等情况的义务。本案中,上海某房地产有限公司在开发此项目时,因相邻嘉金高速公路的原因,故致开发项目所属区域相对应的房屋按环境噪声标准划分为不同的标准适用区,并就此影响环保部门也要求上海某房地产有限公司出售住宅时应明确告知住户交通噪声可能对项目产生的影响,对此,上海某房地产有限公司是明知的。虽然上海某房地产有限公司在销售时并未隐瞒嘉金高速公路此项目,也告知了于某所购房屋与嘉金高速公路的位置,但此告知并不能证明上海某房地产有限公司已告知交通噪声影响,因为环保审批意见中的告知是指因交通噪声而导致购房人受到的影响,而因嘉金高速公路的项目直接造成的影响即是同一区域按环境噪声标准划分为不同的标准适用区,上海某房地产有限公司仅告知嘉金高速公路的项目,未告知于某所购房屋划分为四类功能区域,应认定其未尽充分告知义务。上海某房地产有限公司辩解,于某可以根据现场其房屋位置与嘉金高速公路间的距离,结合公开颁布的区域划分标准能判断其房屋适用的区域。因根据买卖合同中对标的物的情况审查,出卖方是负有如实告知义务,作为购房人可能根据房屋现状能了解到其房屋因距高速公路距离近,噪声较其他房屋影响大,但其并不能判断出同一小区因此而划分不同的噪声区域,也没有义务根据现状自行判断该结果。故对于上海某房地产有限公司的辩解,法院不予采信。上海某房地产有限公司未能按照环保部门的提示,将交通噪声影响情况告知于某,属于未能全面履行合同义务,对由此造成于某的损失应承担赔偿责任。现对于噪声影响而导致房屋价值上的贬值,法院已委托评估单位进行评估,评估机构也认定根据房地产评估的一般常识,在其他条件均相同的情况下,适用Ⅳ类噪声标准的房地产市场价格与适用Ⅱ类噪声标准的房地产市场价格应有较为明显的差异。但对于实际数额,无法作出精确判断。法院根据房屋的价值,上海某房地产有限公司告知的程度,于某根据已披露的信息对噪声影响的了解程度等因素,酌情考虑上海某房地产有限公司赔偿于某损失40万元。

二审法院认为,上海某房地产有限公司作为房地产开发商在进行房屋预、出售时,有如实告知房屋位置、质量等情况的义务。于某称上海某房地产有限公司恶意隐瞒嘉金高速公路对房屋噪声的影响,但上海某房地产有限公司在销售时并未隐瞒嘉金高速公路项目的存在,也以楼书、模型沙盘等标注了嘉金高速公路的位置。合同签订时,嘉金高速公路已在建。就邻近高速公路一侧房屋距离高速公路的远近以及由此造成噪音影响的大小的判断,属于常识问题,于某作为购房人对此亦应有所预见。虽然系争项目因交通噪声问题会对购房人产生一定影响，但在签订合同时，相关行政机关作出的行政批复并未强制要求开发商就噪声问题作出书面告知或者订入合同条款，在房屋交付时，系争项目也已通过相关环保行政部门的验收。据此，于某以上海某房地产有限公司恶意隐瞒高速公路对房屋噪声的影响，系争房屋因噪声污染严重，导致房屋贬值为由，请求赔偿的主张，缺乏相应的事实及法律依据。

裁判结果

二审法院判决撤销一审判决，改判驳回于某的诉讼请求。

案例40：张某与杭州某置业有限公司商品房预售合同纠纷案

基本案情

2013年8月18日，张某在杭州某置业有限公司发放的宣传资料《置业指南》上签字确认有关购买商品房前对所购商品房建设工程规划红线内、外的不利因素知悉，该《置业指南》中特别提示："因受条件所限和不同主体之间的认知差异，本公司未必能对所有不利因素一一作提示，敬请您在选择购买房屋前，亲临现场，对周边环境仔细考察后再做购买决策。"同日，张某与杭州某置业有限公司签订《浙江省商品房买卖合同》及其附件，主要约定：张某向杭州某置业有限公司购买位于杭州市某项目商品房，房屋总价款为1,367,041元，于2015年8月31日前交房；合同附件八第17条第1款约定"买卖双方之间的权利义务以合同及其附件为准"，第2款约定"出卖人对规划建设范围之外的环境、公共设施、道路交通等的说明或介绍，仅为买受人提供参考信息，不作为合同内容，双方不受其约束"。合同签订后，张某依约支付购房款。2014年3月，张某发现距离所购商品房房屋东侧约100米处，沿通益路架设了一条高压输电线。张某经向电力部门了解和申请政府信息公开得知，该高压输电线系2007年就已经规划批准建设的220kV育苗-石南输变电工程。

据了解，案涉商品房所在的地块位于杭州市余杭区良渚街道通运路南锦江路东，杭州某置业有限公司于2012年8月以受让方式取得。杭州某置业有限公司在预售案涉商品房时，未将该商品房附近有220kV育苗-石南输变电工程的高压电电线列入周边不利因素进行告知。220kV 育苗-石南输变电工程是为解决杭州城北地区用电问题，于 2007 年获得浙江省发改委及省环保等相关部门批复建造，由于地下线缆难以满足相关技术要求，该项目采用部分架空线，其线位方案在杭州市余杭区住建局网站进行过公示，相关单位和个人均可通过阳光公示栏进行查询得知。

张某以杭州某置业有限公司在销售商品房时故意隐瞒案涉商品房附近有高压输电线为由与杭州某置业有限公司进行交涉，但未果。后张某起诉至原审法院，请求变更双方签订的商品房买卖合同的价款条款，将原合同总房价下调 15%，即由杭州某置业有限公司向张某退还部分购房款 205,056.15 元人民币。

裁判观点

商品房附近有高压电线，确属购房者在购买时需要考虑的不利因素。杭州某置业有限公司在与张某签订购房合同之前发放给张某的置业指南中，确实未将商品房附近有高压电线列入其中进行提示，但是该置业指南特别注明，“因受条件所限和不同主体的认知差异，未必能对所有不利因素一一作提示”，而且杭州某置业有限公司在与张某签订的《浙江省商品房买卖合同》及其附件中也明确约定双方的权利义务以《浙江省商品房买卖合同》及其附件为准，合同的附件中明确载明出卖人对规划建设范围之外的环境等的说明或介绍，仅为买受人提供参考信息，不作为合同内容，双方不受其约束。因而杭州某置业有限公司对案涉商品房周边有高压电线的不利因素进行告知，并不是合同约定的义务；况且，220kV 育苗-石南输变电工程获批建设在商品房预售之前，业经公示，信息已公开，单位和个人均可从政府网站查知，杭州某置业有限公司没有隐瞒的前提条件。因此，张某主张杭州某置业有限公司故意隐瞒商品房附近有高压电线架设规划，构成欺诈，其依据不足。

裁判结果

法院判决驳回张某的诉讼请求。

律师分析

分析上述案例可知，相比较红线范围内的不利因素，因红线范围外的不利因素并非开发商所能掌握且购房者也可通过其他途径进行了解，因此，开发商对于红线范围外的不利因素并不必然具有告知义务。但是，正如案例39中一审法院的观点，如果开发商对红线范围外的不利因素明知且该不利因素对购房客户影响较大的，则开发商仍可能承担未尽到告知义务的责任。

虽然目前我国并未有相关法律法规要求开发商对红线范围外的不利因素履行告知义务，但从避免争议和降低风险的角度，开发商应尽量把红线范围外的凡直接或间接对房价或业主生活产生不利影响的因素，在销售时进行明确告知，主动提示。通过上述案例可以看出，法院审理这类纠纷案件主要从两个方面考虑开发商是否对不利因素承担责任：一是购房者是否有条件知道不利因素的存在，包括开发商是否告知以及购房者是否有其他途径可以知晓；二是不利因素的存在是否对购房者产生实质性的不利影响。

在司法实践中，下列因素容易被认定为属于对购房者的购房行为有实质性影响的不利因素：

1. 红线范围内：小区内的各种公建配套都可能对毗邻房屋带来一定的不利影响，包括居委会用房、物业管理用房、垃圾房、公厕、自行车棚、停车场、水泵房、变配电站、商铺、儿童设施、运动场、地下室排气口等。

2. 红线范围外：包括可直接感知的显性不利因素，也包括精神风俗禁忌类不利因素。包括噪声：机场、铁路、公路、车站、立交桥、工厂、集市、学校等；恶臭：垃圾场、污水河/塘、屠宰场、养禽/畜场等；污染：造纸厂、水泥厂、火电厂、化工厂、废品站、产生烟雾和扬尘的场所；禁忌：殡仪馆、火葬场、公墓、监狱、看守所、刑场等；辐射性：高压线路、微波信道、无线通信基站；环境变迁：规划中的公路、铁路、高架桥建设。

为了更全面的核查项目可能存在的不利因素，开发商可通过不同阶段进行核查，包括：

1. 在项目调研阶段，项目前期人员需对项目附近的不利因素进行全面调查，将不利因素的规模、影响、发展趋势尽可能掌握清楚，可能的情况下，要聘请专业机构测试对噪声、废气等情况进行测评，取得科学的数据；

2. 在规划设计阶段，设计部门应针对已发现的问题逐一研究解决方案，并负责方案的具体落实；

3. 在市场推广阶段，销售部门应确保销售资料中已经包含了应公示的全部内容，同时对销售人员进行专门培训，防止口头介绍的随意性；

4. 在合同定稿前，仔细核查是否已加入应补充的条款；

5. 开盘前，销售、客户和法律部门要检查现场是否按规定布置，同时应请公证机关进行现场公证；

6. 同时特别提示，若在过程中出现设计变更、规划变更或其他变化因素，开发商应当及时更新公示的内容，如沙盘、图文说明。

第五节 “填错合同”的各种痛与伤

在商品房销售过程中，合同文本的拟定是非常重要的环节。由于商品房买卖合同必须采用书面形式且房地产管理部门对备案合同文本有强制要求，开发商不能对主合同进行调整，只能进行选择、填空。故在主合同以外，开发商会根据项目情况自行拟定相关补充协议以尽可能规避风险。但由于合同内容复杂以及合同文本填写主体的多样性（比如，合同文本的填写一般是销售部门，但相关内容和数据的确定又来源于工程、设计等部门提供的信息），加之销售人员个人不够谨慎，在签订商品房买卖合同的过程中，难免出现开发商将商品房买卖合同内容填写错误的情况。如将不同户型装修标准配置单粘贴错误、房屋状况（楼层、层高、面积等）和重要节点（交付日期、付款日期等）填写错误等。合同内容填写错误，必将导致合同履行过程中产生争议，并可能使开发商由此承担违约责任。

一、“填错合同”导致的困局

案例41：成都某置业公司与周某商品房买卖合同纠纷案

基本案情

2015年10月25日，成都某置业公司与周某签订《四川省商品房买卖合同（预售）》，约定买受人购买出卖人开发的某项目房屋，建筑面积预测为146.04平方米，总价款2,123,300元，支付方式为一次性付款，支付时间为2015年11月25日前，如周某预期不能付清全部房款的，应按日计算向成都成都某置业公司支付应付款万分之二的违约金。同时约定，成都某置业公司在2018年6月30日前向周某交付该商品房。

关于周某支付购房款的时间，成都某置业公司向法庭出示的《四川省商品房买卖合同（预售）》第9条第2款显示，周某应在2015年11月25日前支付该商品房的全部价款；周某向法庭出示的《四川省商品房买卖合同（预售）》第9条第2款显示，周某应在2018年11月25日前支付该商品房的全部价款。对此，成都某置业公司认为周某所持合同将付清全款时间写为2018年11月25日系笔误，双方约定的付清全款时间应当是2015年11月25日。

合同签订后，周某支付了425,300元购房款，但是未在2015年11月25日前支付其余剩余购房款1,698,000元。2016年4月19日，成都某置业公司向周某致以《诉讼告知书》，称由于多次催告对方支付剩余购房款，对方均不支付，成都某置业公司决定依法提起诉讼。周某回函告知双方约定的付款期限未到，周某暂不支付剩余购房款。后成都某置业公司以周某逾期支付购房款为由向人民法院提起诉讼，要求周某支付购房余款及承担逾期付款违约责任。

周某认为，周某与成都某置业公司于2015年10月25日签订了《四川省商品房买卖合同（预售）》《商品房买卖合同附件与补充协议》，合同第9条约定，“买受人在2018年11月25日前支付该商品房全部价款”，合同已明确了其支付房屋价款的期限为2018年11月25日，因此，无须立即向成都某置业公司支付购房余款。

裁判观点

法院认为，成都某置业公司与周某签订的《四川省商品房买卖合同（预售）》及《商品房买卖合同附件与补充协议》系双方的真实意思表示，亦不违反法律及行政法规的规定，合法有效。根据合同约定，周某有向成都某置业公司支付购房款的义务。关于购房款总金额，合同予以明确约定，周某仅支付了部分购房款是事实，所以周某尚需继续支付剩余购房款。但是，关于剩余购房款支付的截止时间，双方根据己方持有的合同书文本各持己见。合同书系格式文本，由成都某置业公司提供，成都某置业公司应该对文本内容与双方合意的一致性负全部责任，成都某置业公司向周某提供的合同文本，经周某签字确认后，所明确记载的全部内容对双方均有约束力，如果合同文本有笔误，也只能由造成笔误的一方承担不利的后果，成都某置业公司造成以上笔误，应由成都某置业公司承担不利后果。

裁判结果

法院判决驳回成都某置业公司的诉讼请求。

基本案情

2017 年 3 月 11 日，成都某置业公司与案外人杨某、张某签订了《四川省商品房买卖合同（预售）》，将案涉房屋另行出售给了杨某、张某，并办理了商品房买卖合同备案手续。

2018 年 3 月 14 日，周某委托律师向成都某置业公司发出了《律师函》并快递送达成都某置业公司，载明 2018 年 3 月 7 日周某拟支付购房尾款时得知成都某置业公司已经将案涉房屋另行出售，成都某置业公司的行为违约且违背了生效判决。周某、成都某置业公司双方曾协商以置换其他房屋履行房屋买卖合同，但是没达成一致意见。成都某置业公司认可收到该函，但是认为周某在前诉讼过程中口头申请退房，成都某置业公司履行了内部退房手续后另行出售案涉房屋，并无恶意。

后周某以成都某置业公司一房二卖为由向人民法院提起诉讼，要求解除合同，返还已付购房款并按照已付购房款一倍承担赔偿责任。

裁判观点

法院认为，周某与成都某置业公司签订的关于购买案涉商品房的《四川省商品房买卖合同（预售）》和《商品房买卖合同附件与补充协议》是双方当事人真实意思表示，其内容不违反法律、行政法规强制性规定，合法有效，依照《合同法》第60条之规定，双方当事人均应按照合同约定履行义务、享受权利。

虽然周某与成都某置业公司双方各自持有的合同中，对于周某一次性支付全部购房款的时间不一致，但是在成都某置业公司起诉周某支付购房款和违约金的案件中，法院已经出具判决认定周某最后付款时间是2018年11月25日前。在上述判决生效后，双方应当按照生效判决确定的内容继续履行，但是成都某置业公司在明知该判决内容，且与周某之间的房屋买卖合同关系没有解除的情形下，将案涉房屋另行出售给了案外人并办理了合同备案手续，导致周某与成都某置业公司之间的房屋买卖合同无法实际履行，依照《合同法》第94条之规定，成都某置业公司的违约行为致使不能实现合同目的，周某可以解除合同。

依照《合同法》第97条和《最高人民法院关于审理商品房买卖合同纠纷案件适用法律若干问题的解释》第8条之规定，成都某置业公司在与周某的商品房买卖合同订立后，又将该房屋出卖给案外人，周某可以请求解除合同、返还已付购房款及利息、赔偿损失，并可以请求成都某置业公司承担不超过已付购房款一倍的赔偿责任。合同解除后，成都某置业公司应当向周某退还已付房款425，300元和利息，资金利息是周某的实际损失，应当以425，300元为基数，按照中国人民银行同期贷款利率，从2015年10月25日计算至实际付清之日。关于周某主张的房屋溢价损失2，084，988.64元，法院认为，周某仅支付了20%的购房款，没有支付全部购房款，主张涨价损失的证据仅仅是一张网站截图的复印件，不能达到证明目的，故法院不予支持。关于周某要求成都某置业公司承担已付购房款一倍的赔偿责任425，300元的主张，法院认为，成都某置业公司在自行起诉周某要求支付购房款和违约金的案件中，明确知晓双方合同没有解除，且应当依照生效判决的结果继续履行合同，在此情况下，成都某置业公司仍然将案涉房屋另行出售，存在明显的主观恶意，故周某的该项诉讼请求，有事实和法律依据，法院予以支持。

裁判结果

法院判决解除周某与成都某置业公司签订的关于购买案涉商品房的《四川省商品房买卖合同(预售)》和《商品房买卖合同附件与补充协议》;成都某置业公司向周某返还已付购房款425,300元和利息并按照已付购房款一倍承担赔偿责任。

律师分析

在上述案例中,由于开发商将付款时间填写错误,使购房者利用其错误规避了逾期支付购房款的违约责任,而又因该开发商处理不善,最终导致其双倍赔偿购房款的法律后果。法院认为,开发商非因主观过错将买卖合同内容填写错误,并不当然影响合同效力,双方均应按照合同继续履行,商品房买卖合同几乎均由开发商提供系格式文本,开发商应该对文本内容与双方合意的一致性负全部责任,开发商向买受人提供的合同文本,经买受人签字确认后,所明确记载的全部内容对双方均有约束力,如果合同文本有笔误,也只能由造成笔误的一方承担不利的后果。开发商因自身原因造成以上笔误,故应承担相应不利后果。

本案中周某所提供的合同约定的余款支付时间为2018年,其并非双方当事人的真实意思表示,真实合意的付款期限应当为2015年11月25日。从合同生效要件来讲,该条款并不对双方当事人产生效力,但是人民法院单纯地认为商品房买卖合同文本为开发商提供的格式文本,就应该由开发商承担全部不利后果,而忽略双方当事人的真实意思表示以及是否存在一方当事人借合同填写错误获取额外利益甚至逃避自身违约行为等情况,笔者认为值得商榷。但在原审判决已经生效的情况下,开发商由于内部管理问题,在双方已经本已协商退房的情况下又被购房者抓住漏洞,最终被判决承担已付款一倍的赔偿,代价确实过于惨重。

案例42:李某某诉广安某房地产公司商品房预售合同纠纷案

基本案情

2012年3月8日,李某某(买受人)与广安某房地产公司(出卖人)签订了

《商品房买卖合同》。合同第3条“买受人所购商品房的基本情况”载明案涉房屋的用途为商业办公，层高6.0米；第5条“计价方式与价款”载明案涉房屋按照建筑面积计算，某甲号门市单价8940.55元，总价款534,913元，某乙门市单价8611.16元，总价款453,550元，两个门市合计总价款为988,463元。合同附件八还约定：“本协议生效后，任何一方均无权要求解除或中止本协议，除双方另行约定并签订协议外，任何单方解除或终止或不履行本协议的有关规定均应承担违约责任，并按合同房款总额的10%承担违约责任。”2014年2月12日，广安某房地产公司将房屋交付给李某某。

接收房屋后，李某某以广安某房地产公司交付的房屋层高只有5.4米，与合同约定层高为6米不符为由向人民法院提起诉讼要求承担违约责任。庭审中广安某房地产公司提交该项目的规划设计资料以及申请证人出庭，欲证明层高真实的意思表示为5.4米。

裁判观点

法院认为，李某某与广安某房地产公司签订的《商品房买卖合同》系双方真实意思表示，内容不违反法律、行政法规的规定，合法有效，合同各方均应按约定履行各自的义务。现广安某房地产公司向李某某交付的房屋不符合《商品房买卖合同》关于房屋层高的约定，属于不适当履行，应承担合同附件八中约定的违约责任，即按合同房款总额10%支付违约金。广安某房地产公司提供的规划设计资料与其如何销售房屋及签订合同之间没有关联性，证人刘某某等系广安某房地产公司的工作人员，与其存在利害关系，也不能单独作为认定相应事实的依据。商业用途房屋的销售价格与购买时间、具体位置等亦相关，案涉房屋价格的高低不能完全反映房屋层高的高低。故对广安某房地产公司关于《商品房买卖合同》中填写的层高为6米是工作失误的辩解意见，法院不予采信。李某某接收房屋并不表示放弃要求广安某房地产公司承担违约责任的权利，且广安某房地产公司也未举示证据证明李某某主张的违约金过高，法院依据案涉房屋6米层高与5.4米层高的不同使用价值及本地市场实际情况，认定李某某主张的违约金并不过分高于广安某房地产公司违约给李某某造成的损失。故对李某某的诉讼请求，法院予以支持。

裁判结果

法院判决广安某房地产公司向李某某支付违约金45,355元。

律师分析

该案中,被告将合同中层高数据填写错误,属于在实践中开发商常犯的错误。法院最终认为合同系双方真实意思表示,内容并不违反法律行政法规规定,应属合法有效,合同各方均应按合同的约定履行各自义务,开发商提供的房屋层高不符合合同约定,应当承担违约责任。

上述案例41和案例42均为开发商将合同内容填写错误而引发的诉讼,法院经审理后对于合同效力均予以确认,并且认为开发商在签订合同过程中占据主动和优势地位,因此对其举证责任也提出了非常高的要求,在开发商不能提供其他更为充分的证据予以证明的情况下,对其抗辩理由均不予认可。有些案件中,一些法院甚至不理会证据,直接将合同填错的后果归责于开发商。《合同法》第107条规定:"当事人一方不履行合同义务或者履行合同义务不符合约定的,应当承担继续履行、采取补救措施或赔偿损失等违约责任。"很多开发商仅因为模板合同内容填写失误,导致房屋交付时违约,引发群体诉讼并且承担高额赔偿金。

二、"填错合同"的困境突围

笔者在上文中提到,开发商即使填错合同,该合同也应属合法有效,开发商存在承担违约责任的风险。但是合同填写错误并不意味着一定承担违约赔偿责任,当开发商有能力举证证明该错误并非双方真实意思表示,对方当事人也明知其与事实不符的情况下,就有可能实现困境突围。

案例43:蒋某某、刘某某诉成都某房地产公司商品房预售合同纠纷案

基本案情

2010年12月21日,蒋某某、刘某某与成都某房地产公司签订《商品房买卖

合同》一份,约定蒋某某、刘某某共同向成都某房地产公司购买某项目住宅房屋一套。房屋建筑面积109.18平方米,总价778,905元。房屋为普通商品房,建筑结构为剪力墙结构,建筑层数为14层,其中地上12层,地下2层(原文如此)。蒋某某、刘某某以分期付款的方式支付房屋价款,其中首期支付总价款的38%,其余价款通过贷款解决。成都某房地产公司应当在2012年8月31日前向蒋某某、刘某某交付房屋,并符合下列条件:“1.该商品房已取得规划验收合格证;2.有资质的房产测绘机构出具的该商品房的面积实测报告;3.出卖人已取得了该商品房所在楼栋的房屋权属证明;4.满足合同第十一条中出卖人承诺的市政基础设施达到的条件;5.出卖人提供住宅商品房的《住宅工程质量分户验收表》。”该合同签订后,蒋某某、刘某某向成都某房地产开发公司支付了首期付款308,905元。2012年8月31日,蒋某某、刘某某应成都某房地产公司通知前往商品房现场共同验房。蒋某某、刘某某在2012年8月31日、9月3日、11日、20日4次验房均不满意。由于蒋某某、刘某某对小区建设和房屋质量持有严重异议,遂于2012年12月28日诉至法院,要求成都某房地产公司退房并赔偿损失。

蒋某某、刘某某认为小区建设存在以下问题:合同约定的楼栋为地下2层,实际为地下1层。

针对蒋某某、刘某某对小区建设及房屋质量提出的异议,成都某房地产公司称合同中载明蒋某某、刘某某所购买的4号楼地下室有2层属于填写错误,实际只有1层。该楼栋的规划、设计图纸、报建方案均注明地下室只有1层。蒋某某、刘某某在签订合同时,知道或应当知道4号楼地下室的层数和面积,因为成都某房地产公司在售楼部现场公示了总平图,蒋某某、刘某某应当看到了该图,图上明确标明了3号楼、4号楼地下室只有1层。所以,地下室只有1层才是双方的真实意思表示。而且,地下室填写错误没有对蒋某某、刘某某造成任何影响和损失,地下室的实测面积不仅没有减少,反而增加了。

裁判观点

法院认为,蒋某某、刘某某主张房屋地下室层数与合同约定和规划许可不符,但双方向法庭提交的小区规划图均显示蒋某某、刘某某所购房屋所在的楼栋为12+1F结构,即地下仅有1层,因此签订合同时蒋某某、刘某某知道或应当知道地下室的层数为1层,合同载明地下室有2层应属笔误而非双方真实意思表示。而且，地下室层数既未减弱房屋地基牢固程度，也不至于影响蒋某某、刘某某居住。综上，蒋某某、刘某某的解除合同请求不符合合同约定和法律规定，法院不予支持。

裁判结果

法院判决驳回蒋某某、刘某某的诉讼请求。

律师分析

该案亦为开发商将合同内容填写错误引发的纠纷。从开发商提供的案涉房屋规划、设计及报建来看，案涉房屋所在楼栋地下应当为1层，但是由于开发商自身原因导致签订商品房买卖合同时合同填写错误，将地下1层填写为地下2层。笔者作为本案被告代理人，同时也是被告的常年法律顾问，非常清楚该开发商在销售现场对所售楼盘的总平图已经予以公示且早在开盘时就对公示内容进行了销售现场公证，经查找所公示的总平规划图纸，发现该图纸上明确注明案涉楼栋地下为1层。代理人将该总平规划图纸及公证文书证据向法庭提交，证明该楼栋按照规划批准仅为地下1层，且该规划图纸已在销售现场向所有购房者公示，同时双方买卖合同补充协议也约定买受人对于现场公示内容清楚无异议，由此足以表明原告在签订合同时对于地下为1层的事实是明知的，合同上写为地下为2层确属开发商填写失误，并非双方真实意思表示，被告不存在欺诈或者隐瞒。后法院判决采纳了代理人意见，驳回原告的诉讼请求。

案例44：丁某、焦某与某实业公司商品房预售合同纠纷案

基本案情

2013年8月1日，丁某、焦某与某实业公司签订《商品房买卖合同》及补充协议，约定丁某、焦某向某实业公司购买某项目公寓一套，建筑面积为128.14平方米，房屋总价1,069,610元。合同第10条“交付条件”约定：“（一）出卖人应当在2015年4月30日前向买受人交付该商品房。（二）该商品房交付时应当符合下列1、2、6项所列条件：该商品房为住宅的，出卖人还应当提供《住宅质量保

证书》和《住宅使用说明书》。1. 该商品房已取得规划验收合格证;2. 有资质的房产测绘机构出具的该商品房面积实测报告书……6. 但如遇下列特殊原因,除双方协商同意解除合同或变更合同外,出卖人据实予以延期:(1)遭遇不可抗力,且出卖人在发生之日起60日内告知买受人的;(2)详见《补充协议》。"合同第12条"逾期交房责任"约定:"除不可抗力外,出卖人未按照第10条约定的期限和条件将该商品房交付买受人的,按照下列第1种方式处理:1. 按照逾期时间,分别处理[(1)和(2)不作累加]。(1)逾期在60日之内(该时限应当不小于第10条第1项中的时限),自第10条约定的交付期限届满之次日起至实际交付之日止,出卖人按日计算向买卖人支付已交付房价款万分之三的违约金(该违约金比率应当不小于第9条第1项中的比率),并于该商品房实际交付之日起15日向买受人支付违约金,合同继续履行。(2)逾期超过60日(该日期应当与第1项中的日期相同)后,买受人有权退房。买受人退房的,出卖人应当自退房通知送达之日起30日内退还全部已付款,并按照买受人全部已付款的20%向买受人支付违约金。买受人要求继续履行合同的,合同继续履行,自第10条约定的交付期限届满之次日起至实际交付之日止,出卖人按日计算向买受人支付全部已付款万分之四(该比率应当不小于第1项中的比率)的违约金,并于该商品房实际交付之日起15日内向买受人支付违约金。"合同附件六"装饰和设备标准的约定"约定:"……3. 外墙:石材、高级面砖,顶部采用高档涂料结合金属装饰……"《住宅使用说明书》和《住宅质量保证书》为合同的附件八、附件九。

合同签订后,丁某、焦某依约以按揭贷款的方式向某实业公司付清购房款。2015年4月22日,某实业公司发送《延期交房通知书》,载明目标房屋不能按期交付,交房时间预计将延期1个月左右,具体交付时间将提前7天以电话或函件通知。2015年5月8日,某实业公司向丁某、焦某寄送《交房(入住)通知书》,载明目标房屋将于2015年5月11日进行房屋交付工作。丁某、焦某于5月12日前往办理涉案房屋的交接手续。接房时发现,房屋所在楼栋外墙面实际采用涂料、氟碳漆及GRC装饰。

后丁某、焦某以某实业公司未按合同约定时间交房并且房屋外墙使用的材料并不是合同约定的面砖为由向人民法院提起诉讼,要求某实业公司支付逾期交房违约金、赔偿差价等。

裁判观点

法院认为,丁某、焦某与某实业公司签订的《商品房买卖合同》及补充协议系双方当事人的真实意思表示,不违反法律、行政法规有关效力性的禁止性规定,合法有效,双方均应按照合同约定严格履行各自义务。对于涉案房屋所在楼栋外墙装饰装修的问题,某实业公司确实未按照合同约定对外墙使用"石材、高级面砖,顶部采用高档涂料结合金属装饰",但合同中仅约定使用石材、高级面砖等,没有明确拟采用的石材、高级面砖的类型、质量标准,属于约定不明,且外墙的装饰装修标准的改变并未影响涉案房屋的质量和使用功能,故对于丁某、焦某主张涉案房屋一直未达到交付条件的主张不予采纳。虽然合同中约定了装修装饰标准未达约定的违约赔偿标准,但丁某、焦某未能证明现有外墙装修标准与合同约定标准之间的价差,且根据《合同法》第 113 条第 1 款"当事人一方不履行合同义务或者履行合同义务不符合约定,给对方造成损失的,损失赔偿额应当相当于因违约所造成的损失,包括合同履行后可以获得的利益,但不得超过违反合同一方订立合同时预见到或者应当预见到的因违反合同可能造成的损失"的规定,丁某、焦某也未证明外墙装修标准的变更给其造成了实际损失或影响了涉案房屋的质量和使用功能,故对于其要求某实业公司赔偿外墙装修标准价差 120,000 元的主张不予支持。对于丁某、焦某要求某实业公司继续履行合同,按照约定对外墙进行装修装饰的主张,基于房屋所在楼栋外墙的实际情况,现已经以涂料、氟碳漆及 GRC 装饰的标准对外墙进行了装饰装修,且也已经通过了相关部门的各项验收,大部分业主也已经陆续对各户房屋进行接房使用,如果重新改变大楼外墙现有的装饰装修标准,履行费用过高,势必造成资源的重复浪费,也会给其他业主生活带来不利影响,根据《合同法》第 110 条"当事人一方不履行非金钱债务或者履行非金钱债务不符合约定的,对方可以要求履行,但有下列情形之一的除外……(二)债务的标的不适于强制履行或者履行费用过高……"的规定,对于丁某、焦某的此项诉请法院不予支持。

裁判结果

法院判决驳回丁某、焦某的诉讼请求。

律师分析

该案系笔者代理的另外一件因合同内容填错引发的纠纷。案件起因于开发商在填写合同的过程中将附件六“装修和设备标准约定”中的外墙装饰填写错误,开发商实际拟采用线条装饰外墙,在签订合同时却错误表述为石材和高级面砖,导致开发商最后交付的房屋外墙装饰实际状况与合同约定不一致,引发诉讼。笔者接手该案后经过取证分析,发现虽然开发商最终交付的外墙装饰与原合同约定的不一致,但是开发商交付的房屋外墙装饰采用涂料、氟碳漆及 GRC 等装饰,装饰成本高于原合同约定。依据《合同法》第 113 条第 1 款规定:“当事人一方不履行合同义务或者履行合同义务不符合约定,给对方造成损失的,损失赔偿额应当相当于因违约所造成的损失,包括合同履行后可以获得的利益,但不得超过违反合同一方订立合同时预见到或者应当预见到的因违反合同可能造成的损失。”笔者在代理该案件的过程中核心即围绕虽然交付的外墙装饰与合同约定不一致,但是开发商交付的外墙装饰成本价格比原合同约定更高,并且不影响房屋中质量和使用功能,并未给买受人造成损失。最终法院采纳笔者以上意见,并未判决开发商承担违约责任。

上述两个案例均为开发商合同填写错误引发的纠纷,但是结果却与案例 41、案例 42 的结果迥异,其原因在于买受人是否对合同填错内容知情即合同填错内容是否为双方真实意思表示以及合同填错是否给买受人造成了实际损失。案例 43 中法院未认定开发商承担责任的原因在于买受人对合同填错系知情,该内容并非当事人真实意思表示;案例 44 则是因为合同填错未给买受人造成损失,开发商得以免除责任。

事实上,较多“填错合同”的情况并非无可挽回,因为这些数据或者指标其实多数是按照行政管理要求需要在销售现场进行公示的内容,只要开发商不是故意隐瞒或者欺骗,严格按照规划批准的图纸和方案制作公示资料,并作为合同填写依据,那么必然可以通过这些证据证明购房者对此其实已知情或者应当知情,从而表明这些“错误”并非双方当事人的真实意思表示,在不给购房者造成损失的情况下,开发商就有可能不需要承担违约赔偿责任。

当然,真正有效的突围措施并不是寄希望于个案的侥幸获胜,众多案例表明,要避免这种失误所需要的是规范管理和流程控制。

第一,合同会签管理制度。商品房买卖合同其实是对整个商品房开发过程的体现,合同内容涵盖了设计、施工、装饰装修等众多专业领域,因此仅仅靠营销团队负责整个商品房买卖合同的起草,容易导致填错合同事件发生。为此,开发商应实行商品房买卖合同文本的会签制度。即在项目开盘前,应组织设计、施工(含主体工程、装饰装修等专业分包工程等)、物业服务、营销及法务等多个部门共同对商品房买卖合同文本内容进行确定,并会签意见,确保相关内容的准确性,并可明确各部门责任,若出现问题可实现追责。

第二,现场公证。案例 43 再次表明销售现场规范公示和公证保全工作的重要作用。在此不再赘述。

第三,及时告知。当开发商发现合同内容填写错误时,应第一时间书面告知买受人并提出合理解决方案,要求买受人在规定时限内进行意见反馈,采取该措施主要可以印证开发商并未有故意填错内容并获取额外收益的故意,同时可以侧面证明买受人对合同填写错误知情,若对方未在有效时限内反馈,开发商可借此合理抗辩达到减轻或免除责任承担的效果。

第四,变更告知。开发商取得《商品房预售许可证》后即可销售,实际上在签订合同时,预售房屋距离竣工验收还需较长建设时间,项目在建设过程中会因为各种原因而对原设计方案进行变更,从而导致合同约定内容与之不符。在进行变更的同时,应及时需组织法务部门、营销部门等多方对已签订的商品房买卖合同进行审查,决定是否通知买受人以及应采取的应对措施,否则开发商可能因实际交付房屋状况与合同约定不一致而需要承担违约责任。

第六节
销售合同签约法律风险控制流程

一、现场公证

项目开盘时,应当对销售现场公示资料和展示物料进行保全公证,公证按照如下程序实施:

1. 在开盘前 3 日,应当联系并确定公证处在开盘日至项目销售现场对公示现状进行公证。可委托顾问律师协助联系。

2. 公证内容主要为:《商品房销售管理办法》、商品房销售文本[包括商品房预售(买卖)合同及其附件、补充协议、前期物业合同、住宅质量保证书、住宅使用说明书等]、房屋装饰装修配置清单、房屋价格公示表、“五证”、总平规划图、不利因素提示(或重要信息提示)、其他涉及对客户进行提示或者声明的资料(如认购须知、签约须知、温馨提示等)等。公证方式主要采取对公示现状进行拍照、提取文本进行。

3. 公证应采取监测公证方式实施,原则上监测日期为1~2个月。

4. 公证书出具时,应当要求将销售文本和现场照片作为公证书附件,也可录制为光盘。公证书取得后,由公司保留存档,公司保留存档至少2份。

二、认购

(一)签约要求

1. 签署认购书应当留存认购人身份证或护照复印件(单位为营业执照复印件、法定代表人身份证明书、代理人身份证复印件、授权委托书),并在协议中载明客户联系电话和通讯地址。

2. 认购书应当由认购人本人签署,并加盖手印;单位认购的,应当加盖单位公章,代理人签字。

3. 认购书签署的同时,由认购人同时签署《签约声明》,作为认购书附件。若不使用《签约声明》的,原则上应当要求认购人在认购书中加粗或者下划线的条款旁捺印或者签名、盖章。

4. 收取定金后,收据应当明确写明为“定金”或者“认购定金”,不得写为“订金”“认购金”“房款”等。

5. 认购书原则上采取认购人面签方式进行,一般情况下不得使用邮寄、传真方式签署。若认购人确实不能到场签署的,经销售负责人同意后,在已缴纳定金的情况下,先行由认购人以微信或者短信方式确认,再行邮寄认购协议文本,待认购人签署寄回后留存保管。微信或者短信记录应当保存。

（二）特殊情况的处理

1. 以未满18周岁的未成年人名义认购的，由其监护人（法定代理人）之一或者共同代为签署。监护人一般为父母，若是其他亲属，应当提供公安机关或者街道办证明。未成年人本人无须一定签署，但是应当写明认购人基本情况。

2. 认购人委托他人代为签署认购书的，由认购人当面签署委托书。如认购人不能当面签署委托书的，代理人应当提交经公证的委托书。同时，应当留存代理人身份证复印件和联系方式。

3. 外国人及港澳台地区人士认购的，应当提交在本地居住1年以上证明、中文姓名公证书（具体以当地公示购买政策为准）。

三、逾期签署买卖合同的处理

买卖合同为《商品房买卖合同》、附件、补充协议、前期物业服务合同、临时管理规约等的统称。

1. 销售部门应当每周对认购人签署买卖合同情况进行统计，并形成统计表（见附件1:《延期签约统计周报》参考文本），统计表应注明认购人逾期原因，有特殊情况的，应当详细写明。

签约期届满前，经认购人申请延期签约且公司予以同意的，应当由认购人签署《延期签约申请书》（见附件2:《延期签约申请书》《客户延期签约申请审批表》参考文本），期限届满后仍不签约的，直接没收定金。

2. 对于逾期签署买卖合同达7日以上的，根据情况选择以下方式之一处理：

（1）先以公司名义发送《签约催告函》（见附件3:《签约催告函》参考文本）或者委托律师发送《律师函》进行催告，催告后在7日内仍不签约的，发出《解除认购协议通知书》（见附件4:《解除认购协议通知书》参考文本），没收定金；

（2）直接发送《解除认购协议通知书》，没收定金。催告函件的发送参照下文所列方式执行。

3. 解约方式的注意事项：

（1）《解除认购协议通知书》以公司名义发送，采取特快专递（EMS）方式邮寄。邮寄地址为认购书载明的通讯地址或者身份证地址，“文件名”栏应注明为

"解除认购协议通知书"。

(2)应当留存邮件邮寄回执或者电子回单,已送达的,应在服务网站上及时查询并打印送达信息并且留存。

(3)若邮件被退回的,应当将退件予以留存(不得拆开)。

(4)通知发出后,查明邮件已送达的情况下,认购房源可另行销售。被退件的,查明退件原因,若因地址不明的,查明其他有效地址再行邮寄,仍被退件的方可另行销售。

4. 风险防范的策略如下:

(1)在发出解约通知之前,应当先行审查该认购人是否存在特殊情况,如置业顾问同意延期签署、限购、已发函催告但重新指定签约期限、已签署部分合同文本、虽未签署但已支付大部分房款、公司有过错等。对于存在特殊情况的,交由法务部门(或者顾问律师)提供处理意见,经审核后认为可以发送的,方能发送。

(2)认购人在签署认购书之后,曾经向公司、置业顾问发出书面函件的,应当判断其性质、理由及应对措施,交由法务部门(或者顾问律师)提供处理意见,经审核后认为可以发送的,方能发送。

(3)没有对逾期签约认购人发出解约通知的,不得与其他第三方签署认购协议或者不签署认购协议但收取诚意金、定金。

四、买卖合同签署

(一)签约要求

1. 签署买卖合同应当留存认购人身份证或护照复印件(单位为营业执照复印件、法定代表人身份证、代理人身份证复印件、授权委托书),并在相关条款中载明客户联系电话和通讯地址。

2. 合同应当由买受人本人签署,并加盖手印;单位购买的,应当加盖单位公章,代理人签字。合同原则上采取买受人面签方式进行,一般情况下不得使用邮寄、传真方式签署。若买受人确实不能到场签署的,经销售负责人同意后,在已支付约定房款的情况下,先行由买受人以微信或者短信方式确认,再行邮寄签约文本,待买受人签署寄回后留存。微信或者短信记录应当保存。

3. 项目属于限购区域的，签约时应当要求买受人签署《购房人家庭成员住房情况申报表》，并提供身份证明、户籍证明、婚姻状况证明等；非本地户籍的，应当提供本地纳税证明或者社保证明（具体以当地公示限购政策为准）。

4. 合同签署时，应当要求买受人在骑缝处签名及捺印。若销售项目采取摇号方式确定买受人的，且买受人购买资格已先行审查合格的，无须再按照上述要求执行。

5. 两人或者两人以上共同购房的，合同应当注明各自享有的份额。合同签署时应当由共同购买人共同签署。

（二）特殊情况处理

1. 以未满 18 周岁的未成年人名义签署合同的，参照第 2 条第 2 款第 1 项的方式执行。

2. 委托他人签署合同的，参照第 2 条第 2 款第 2 项的方式执行。

3. 外国人签署合同的，参照第 2 条第 2 款第 3 项的方式执行。

4. 属于限购对象的买受人，可在一定期限内达到购房资格的，公司愿意销售且买受人同意暂不办理合同备案和产权的，可以签署合同，在此情况下应当与买受人另行签署补充协议（见附件 5：关于限购情形下签署买卖合同的《补充协议》参考文本）。

附件 1：延期签约统计周报参考文本

附件 2：延期签约申请书《客户延期签约申请审批表》参考文本

附件 3：签约催告函参考文本

附件 4：解除《商品房认购书》的通知函参考文本

附件1：

延期签约统计周报

项目	房号			业态	客户	认购日期	协议约定签约日期	已延期天数	申请延期签约日期	是否通过审批
	栋	单元	房号							

附件2：

延期签约申请书

____________公司：

本人于______年____月____日购买了贵公司开发的______项目______栋______单元______号物业，根据双方签订的编号为NO.______的《商品房认购书》/《认购协议》约定，本人应于______年____月____日前往该项目售楼处签署《商品房买卖合同》、附件、补充协议及相关法律文书（以下简称商品房买卖合同），并支付相应款项。

现由于个人原因，本人无法在约定期限内履行签约义务，特向贵司提出延期签约申请。本人承诺于______年____月____日前至所购项目售楼处签署商品房买卖合同，并付清应付款项。若在本次约定日期前未与贵公司签订商品房买卖合同等相关购房文件的，视为本人主动解除该套房屋《商品房认购书》，自愿放弃本套房屋认购权，届时贵公司可将该房屋另行出售，且本人之前所付全部立约定金贵公司不予退还。

特此申请。

申 请 人:________________　　身份证号:________________

申请日期:________________

客户延期签约申请审批表

[客户基本资料]			
客户姓名		项目	
所购物业	□住宅 ______栋______单元______楼______号 □写字楼 ______栋______单元______楼______号 □商铺 ______栋______单元______楼______号 □车位 __________号		
认购协议签署时间	______年______月______日		
协议约定签约日期	______年______月______日		
[延期周期]			
申请延期时间	延期______日,即延至______年______月______日前签约		
[客户延期说明]			
延期说明			
[审批]			
销售助理(审核)审批	确认【客户基本资料】信息正确无误		
销售经理(审核)审批			
项目客服经理(审核)审批			
销售总监(审核)审批			

置业顾问:　　　　　　　　　　　　　　填表日期:

客户延期申请书,须作为本审批表附件一并附上

附件3：

签约催告函

致：______先生/女士（身份证号码：______________________）

您于______与我公司签订了《商品房认购书》（以下简称协议）。据此协议，您向我公司认购“　　”项目______号商品房壹套，并交纳立约定金人民币______元整。根据协议约定：您应该在本协议约定的时间内前往售楼中心与我公司签订《商品房买卖合同》、附件及补充协议、《前期物业服务合同》、《临时管理规约》（以下简称商品房买卖合同），逾期我公司有权解除本协议，您所支付立约定金不予退还，同时，我公司有权将该您所认购房屋另行出售。

但是，直至今日，您依然未按协议约定履行义务，您的行为已构成违约，并给我公司的正常经营和管理造成了不良影响。

为维护我公司的合法权益，现我公司致函郑重通知您：

请您于________日前至我公司销售中心签署商品房买卖合同，逾期我公司将严格依照协议约定解除贵我双方合同关系，届时您所交纳的定金不予退还；同时，我公司有权将您所定购的商品房另行出售。

特此通知。

____________________公司

______年______月______日

附件4：

解除《商品房认购书》的通知函

致：________先生/女士

您与我公司签订编号为______的《商品房认购书》一份，您向我公司认购“______”______栋______号房，并交纳立约定金人民币______万元。根据认购书第______条之约定，您须于______年______月______前与我公司签订《商品房买卖合同》、附件及补充协议及相关法律文书（以下简称商品房买卖合同），逾期该认购书自动解除，我公司有权另行出售房屋，您已支付的立约定金不再返还。

现您因自身原因,至今未与我公司签订商品房买卖合同,经我公司多次催告,您未予理会。

现我公司正式通知:

从即日起,我公司解除与您签订的《商品房认购书》,您所交纳的立约定金不予退还,同时,我公司有权将您所认购的房屋另行出售。

特此函告!

____________________公司

______年______月______日

第三章 履约篇

第一节
一切为了回款

毫不夸张地讲,完成签约后的回款工作是开发商销售过程中的第一要务,回款额及回款率也是房地产企业对于销售团队和管理层考核的重要指标,其重要性不言而喻。然而从实践中来看,尽管开发商对于回款事项足够重视,但是通常仅着重于依靠销售人员或者代理公司对购房客户的正常催款以及财务人员持续督促按揭合作银行尽快发放按揭贷款等常规方式来实现回款,而往往没有形成良好有效的销售回款风险控制流程,乃至于大量售房款未能及时收回。以某品牌开发商为例,其在成都地区的全部项目公司 2015 ~ 2018 年累计约 6000 万元房款未及时收回,涉及买受人 200 余户,其中 90% 为按揭购房客户。令人尴尬的是,这些欠款中有一部分已超过诉讼时效,有的已超过合同解除权行使的除斥期间,与买受人协商其他付款方式又不能达成一致,导致公司陷入进退两难的境地,既不能回款,又不能另行销售,部分房源处于长期搁置状态,教训惨痛。

一、对按揭买受人未能获得贷款的追偿

按揭贷款是买受人支付购房款的主要方式,在买受人支付首付款之后,经常会出现因个人征信问题、证明资料不齐全等导致银行拒绝放贷的情况,也有买受

人因贷款利率或者贷款额度调整而拒绝签订贷款合同。多数买受人认为贷款银行与开发商是合作单位，自己交了首付款和基础资料，放款的问题是开发商和银行之间的事情，对于后续资料补充、征信加强、提供其他担保措施等要求往往消极配合，致使开发商迟迟无法实现回款。此时面临两种情况：一种情况是买受人主动起诉，以无法获得贷款致使合同不能履行为由要求解除买卖合同；另一种情况是开发提起诉讼进行追偿。诉讼请求一般有两种选择：一是诉请买受人履行协助义务，如补交资料、提供资信证明。这种诉请本身无可厚非，但是法院判决买受人承担的是行为义务，执行起来难度较大，且通过该判决也无法直接收到房款，诉讼目的不能立即实现。二是诉请买受人一次性支付剩余购房款。

无论以上哪种情况，主要的争议点就在于若买受人不能获得贷款，买卖合同约定的付款方式不能实现，是否合同无法继续履行而一方当事人有权以此为由解除合同？反言之，开发商是否有权要求买受人继续履行合同并一次性支付剩余房款？《最高人民法院关于审理商品房买卖合同纠纷案件适用法律若干问题的解释》第 23 条规定："商品房买卖合同约定，买受人以担保贷款方式付款、因当事人一方原因未能订立商品房担保贷款合同并导致商品房买卖合同不能继续履行的，对方当事人可以请求解除合同和赔偿损失。因不可归责于当事人双方的事由未能订立商品房担保贷款合同并导致商品房买卖合同不能继续履行的，当事人可以请求解除合同，出卖人应当将收受的购房款本金及其利息或者定金返还买受人。"从该条规定可以确知，若未能取得贷款的原因在于买受人，则开发商有权要求解除合同并赔偿损失或者要求买受人承担违约责任，买受人无权要求解除合同；若不是基于买受人原因而未能取得贷款，则买受人有权解除合同。

但是，该司法解释规定仅仅解决了不能获得贷款情形下当事人一方的合同解除权问题，若因买受人原因未能获得贷款，开发商又不愿解除合同的，是否有权要求买受人继续履行合同并一次性支付剩余购房款？如果仅仅从字面上来理解，"未能订立商品房担保贷款合同并导致商品房买卖合同不能继续履行的"，显然其逻辑是不能获得贷款则合同无法履行（除非双方另行协商确定其他付款方式），既然合同已无法履行，那么开发商就只能选择解除合同并追究违约责任，而不能要求继续履行和支付剩余房款。但是，若此时合同已无法履行，丧失了履行基础，那实际上任何一方都可以要求解除合同，法院一般也都会支持，差别只是在于是否承担违约责任而已，这样的话司法解释分别规定是因一方原因还是不可归责于某一方原因情形下的合同解除权又有什么意义呢?

笔者认为,如果因买受人原因致使未能签订贷款合同和取得贷款,开发商此时除有权选择解除合同外,还有权选择要求买受人继续履行合同并支付剩余购房款。

其一,不能取得贷款不代表合同就已无法履行。买受人选择按揭贷款方式付款,固然多数是因其经济负担能力欠缺,但也有其他原因,如其资金需多方面使用、家庭内部人员关系、贷款利率优惠,法院审判中不可能专门去审查买受人是基于何种原因选择按揭贷款,也不可能审查其是否确有能力一次性支付剩余购房款,若仅仅因为不能取得贷款而就认定合同无法履行不符合司法解释的本意。

其二,不论是一次性、分期还是按揭贷款,都是买受人基于买卖合同履行其支付购房款这一主要合同义务的方式,买受人本就应当积极提交贷款资料和证明,促使自己符合银行贷款条件,并配合银行办理贷款手续,从而完成房款支付。若因买受人自己的原因导致未能获得贷款的,并不能当然免除其付款义务。同时,买受人在确定购买之前,可以通过咨询等多种渠道对于自身情况是否能够达到银行贷款要求作出初步的判断,对于能否获得贷款也具有一定的预见,签署买卖合同并选择按揭贷款方式付款,本身就代表了买受人对于自己能够获得贷款的默示承诺。所以除了主观配合因素外,即使因买受人客观存在的问题(如征信原因)导致不能贷款的,也不能免除其付款责任,其更不应当享有单方合同解除权。

案例45:华茂置业公司与谭某、李某商品房预售合同纠纷上诉案

基本案情

2013年12月30日,谭某、李某与华茂置业公司签订《商品房买卖合同》及《商品房买卖合同补充协议》。《商品房买卖合同》约定:华茂置业公司将其开发的华茂小区的1幢1单元14层1402号房屋出售给谭某、李某,单价15,321.73元/平方米,总价832,583元;2016年6月30日交付商品房。合同第5条第3款约定:“贷款方式付款买受人可以首期支付购房总价款的30%,其余价款可以向银行或住房公积金管理机构借款支付。”合同附件五对《商品房买卖合同》补充

约定：买受人采用银行抵押贷款付款方式购房，应在《商品房买卖合同》签订之日支付首期购房款，并在买卖合同生效之日起3个月内完成贷款到账，否则买受人应当按照《商品房买卖合同》第9条承担逾期付款的违约责任。买受人申请贷款的利率、额度与年限最终以银行核定为准，若银行核准贷款的利率、额度与年限低于双方约定，要求买受人更改，买受人在收到银行电话或书面通知提高首付款之日起10个工作日内一次性向出卖人补足首付款。如买受人不愿意提高首付款的，应当在银行电话或书面通知后10个工作日内一次性支付全部房款。如买受人未能在约定的付款期限内付清全部房价款，则买受人应自付款期限届满之次日起，按《商品房买卖合同》第9条承担逾期付款的违约责任，买受人应当支付的违约金从买受人已付款中优先扣除。上述补充协议内容，华茂置业公司进行了加黑加粗。合同签订当日，谭某、李某向华茂置业公司支付了首付款252,583元。之后，谭某、李某向银行申请贷款，并提交了相关贷款手续，但贷款银行要求谭某、李某补足一成首付或由其父母承担共同还款责任方能贷款，谭某、李某与华茂置业公司及贷款银行交涉无果。2014年7月，银行以买受人未按要求补足一成首付或由其父母承担共同还款责任为由，将贷款申请予以退回，贷款未成。华茂置业公司于2015年10月提起诉讼，请求法院判决谭某、李某支付剩余购房款580,000元及违约金。

裁判观点

一审法院认为，《商品房买卖合同》附件五相关内容为华茂置业公司提供的格式条款。格式条款中约定：买受人如不按银行要求提高首付，应当在10日内一次性支付全部房款，否则承担违约责任。就目前全国主要城市的房价，众所周知，结合普通购房者的履行能力，能够一次性付款购房在事实上已不可能。因此，最高人民法院基于普通购房者的履行能力，结合当今市场实际，同时为建立稳健的市场经济秩序，维护守约者利益，出台了《最高人民法院关于审理商品房买卖合同纠纷案件适用法律若干问题的解释》，在此种情况下赋予了当事人解除商品房买卖合同的权利，公平合理地制定了商品房销售者与普通购房者之间合同纠纷规则。根据上述格式条款约定，购房人在银行贷款不成时，不问归责原因，只能选择一次性付清房款，否则就构成违约。但从我国按揭实务中按揭贷款合同流程来看，商品房按揭贷款合同的签订并非完全取决于买受人的还款担保能力，其与金融政策、市场风险、甚至于开发商的资信状况及保证能力等诸多因素有关。因此，华茂置业公司利用其优势地位拟定的格式条款不但显失公平，而且加重了谭某、李某责任，应当认定该条款约定的“买受人如不按银行要求提高首付，应当一次性支付全部房款，否则承担违约责任”内容无效。故驳回华茂置业公司诉讼请求。

二审法院认为，附件五相关内容虽系格式条款，但仍为有效。理由如下：(1)该条款并未免除华茂置业公司的主要责任或华茂置业公司因该条款而获取额外利益。且谭某、李某作为房屋买卖合同关系中的买受人一方，其主要义务为支付全部房款，而非仅支付首付款，双方在签订该条款时，谭某、李某个人对若无法按约定额度办理按揭时要提高首付款或一次性付款一有定心理预期，该条款也未加重谭某、李某的责任。同时该条款赋予了买受人付款方式的选择权，即可选择提高首付款或一次性支付全部房款的方式达到履行合同义务的目的，该条款亦未排除买受人的主要权利。因此，该条款虽系格式条款，但不属于《合同法》第40条规定的无效情形。(2)华茂置业公司已尽到合理提示注意义务。对该条款的内容华茂置业公司采取了加黑、加粗的明显突出方式提请对方注意。且在双方签订的《商品房买卖合同补充协议》第26条约定：“买受人确认，出卖人在签订本合同及其相关补充条款、附件前，已将合同条款尤其是可能会免除或者限制出卖人责任的条款按照买受人的要求进行了提示和说明，买受人已充分理解并同意其全部内容。”由此可见，谭某、李某在签订该协议时，已充分理解且自愿承担若无法按约定额度办理按揭时导致的付款方式变更的后果。因此，该条款虽系格式条款，但华茂置业公司已按照《合同法》第39条第1款“采用格式条款订立合同的，提供格式条款的一方应当遵循公平原则确定当事人之间的权利和义务，并采取合理的方式提请对方注意免除或者限制其责任的条款，按照对方的要求，对该条款予以说明”的规定，尽到了合理的提示、说明义务。综上，《商品房买卖合同补充协议》附件五约定条款系当事人真实意思表示，内容不违反法律、行政法规的强制性规定，应为有效，双方当事人应该严格履行。在银行按揭无法如期办理时，谭某、李某仍负有支付购房款的合同义务。谭某、李某可选择提高一成首付款、父母承担共同还款责任或一次性付清全部款项的付款方式履行自己的付款义务。而本案中，谭某、李某并未选择上述任何一种方式付款，属于主观上不愿意继续履行合同，而非客观上合同已履行不能，该行为已构成违约。

裁判结果

二审法院判决撤销一审判决，谭某、李某向华茂置业公司支付剩余购房款580,000元并承担逾期付款违约金。

案例46：徐某与南城置业公司房屋买卖合同纠纷案

基本案情

2014年8月14日，徐某与南城置业公司签订了《商品房买卖合同》及《商品房买卖合同补充协议》，约定徐某购买"南部花园2幢1单元10层1002号房屋，房屋总价为1,482,944元。付款方式为：买受人可以首期支付购房总价款的30%，其余价款可以向银行或住房公积金管理机构借款支付，期限20年"。同日，徐某向南城置业公司支付了三成的首付款，即402,944元。随后，徐某向某银行申请贷款。2014年10月28日，该银行向南城置业公司出具了一份《情况说明》，因银行在审徐某的住房按揭贷款过程中，要求其补足六成首付，但因其未收到徐某向南城置业补足首付款的证明，故将相关资料退回。

徐某于2014年10月16日提起诉讼，认为买卖合同约定首付三成，但银行要求首付六成，超过合同约定条件，且自身经济困难无力补足首付，请求法院判决解除买卖合同，南城置业公司退还全部已收取款项。南城置业公司提起反诉，请求法院判令徐某继续履行合同，并支付剩余房款103万元。

裁判观点

双方签订的《商品房买卖合同》及《商品房买卖合同补充协议》，系双方真实意思表示，其内容不违反法律和行政法规的强制性规定，应属有效。现徐某按约已向南城置业公司支付了购房首付款452,944元。随后，徐某向银行申请购房贷款，银行经审核，要求徐某将首付提高至六成，即要求其补足另外三成，徐某认为其与南城置业公司签订的《商品房买卖合同》中已经约定首付购房款三成即可，如改变首付金额，则不愿意再继续履行合同；但南城置业公司提出在《商品房买卖合同》附件五第3条第2项中，双方已明确约定"买受人申请贷款的利率、额度与年限最终以银行核定为准，若银行核准贷款和利率、额度与年限低于双方约定，要求买受人更改，买受人在收到银行电话或书面通知提高首付款之日10个工作日内一次性向出卖人补足首付款。如买受人不愿意提高首付款的，应当在银行电话或书面通知后10个工作日内一次性支付全部房款”。现徐某以首付金额提高与原合同约定不符且其经济困难为由不按照合同约定继续履行支付义务，法院不予以支持。

裁判结果

法院判决徐某与南城置业公司继续履行《商品房买卖合同》及补充协议，并于判决生效之日起10日内向南城置业公司支付剩余房款103万元。

律师分析

事实上，多数开发商在与买受人所签订的买卖合同附件或者补充协议中，均会约定一定期限的按揭回款期，并约定在买受人不能获得贷款的情况下，付款方式一般是变更为一次性付款。从华茂置业公司与谭某、李某商品房预售合同纠纷案中可以看出，司法实践中法院对于此类约定的效力还是存在一定的争议。该案一审法院认为买受人不能获得贷款情况下要求其一次性支付购房款明显不公平，进而认定格式条款无效；二审法院则认为买受人对于首付款额度和一次性支付房款应当有预期，因其自身原因不能获得贷款的应当承担付款义务，故而认定格式条款有效且买受人应当继续履行合同。因此，开发商在拟定该类条款时，应当注意进行显著提示，避免因格式条款问题导致条款无效从而失去主张买受人支付房款的依据。

二、合同解除权行使期间的法律适用

在买受人逾期付款情形下，其明显已缺乏履行能力，或者通过催告、诉讼促使其付款周期过长的，开发商选择解除合同并将房屋另行销售，也是最终实现回款的一种常见方式。《最高人民法院关于审理商品房买卖合同纠纷案件适用法律若干问题的解释》第15条第1款规定：“根据《合同法》第九十四条的规定，出卖人迟延交付房屋或者买受人迟延支付购房款，经催告后在三个月的合理期限内仍未履行,当事人一方请求解除合同的,应予支持,但当事人另有约定的除外。”第2款规定:“法律没有规定或者当事人没有约定,经对方当事人催告后,解除权行使的合理期限为三个月。对方当事人没有催告的,解除权应当在解除权发生之日起一年内行使;逾期不行使的,解除权消灭。”解除权行使期间与诉讼时效不同,其为除斥期间,不适用中止、中断的情形,开发商经常会忽略这个“一年期间”问题,当准备解除合同时,才往往发现已经超过“一年期间”。甚至有的开发商对此懵然不知,向买受人发函解除合同并将房屋另行销售,导致买受人提出解除权期间已过解除行为无效的异议,并向开发商主张损失赔偿。

上述司法解释规定表面上似乎解决了解除权行使期间的问题,但是实践中却争议极大,主要是涉及三个问题:(1)该“一年期间”是应当仅仅适用于法定解除情形还是同时适用于法定解除和约定解除;(2)除了解释规定的逾期交房和逾期付款之外,其他违约情形下的合同解除是否同样适用“一年期间”;(3)除商品房买卖合同范围之外,其他合同纠纷是否可类推适用该“一年期间”。

(一)关于“一年期间”是否适用约定解除权情形的问题

《最高人民法院关于审理商品房买卖合同纠纷案件适用法律若干问题的解释》第15条第1款“根据《合同法》第九十四条的规定”界定了没有约定情形下的解除权条件,第2款进而规定了解除权行使期间。《合同法》第94条规定:“有下列情形之一的,当事人可以解除合同:(一)因不可抗力致使不能实现合同目的;(二)在履行期限届满之前,当事人一方明确表示或者以自己的行为表明不履行主要债务;(三)当事人一方迟延履行主要债务,经催告后在合理期限内仍未履行;(四)当事人一方迟延履行债务或者有其他违约行为致使不能实现合同目的;(五)法律规定的其他情形。”该条规定的是法定解除权情形。因此单从条文上不难理解,《最高人民法院关于审理商品房买卖合同纠纷案件适用法律若干问题的解释》第15条第2款所规定的其实是在法定解除条件下,一方当事人行使解除权的期间为1年,按理说,约定解除条件下的解除权行使期间并不适用该“一年期间”。但是,司法实践中对此问题的认知争议很大,不同法院会作出截然相反的认定。

案例47：吴某、杨某与中富置业公司商品房买卖合同纠纷案

基本案情

2011年6月4日，原告吴某、杨某与被告中富置业公司签订一份《商品房买卖合同》，原告向被告购买由被告开发的“中富小区”1幢10层1001号商品房。合同第9条约定交付期限及条件，出卖人应当在2013年6月30日前，将符合下列条件的商品房交付买受人使用：(1)建设工程经竣工验收合格，并取得建设工程竣工验收备案证明；(2)取得法律、行政法规规定应当由规划、公安消防、环保等部门出具的认可文件或准许使用文件等。合同第10条约定出卖人逾期交房的违约责任，逾期超过90日后，买受人有权解除合同。

之后，被告未能按约在2013年6月30日前交房。双方因是否继续履行合同或逾期交付赔偿问题协商不成，原告于2014年10月23日起诉，要求解除《商品房买卖合同》，并按约定支付违约金。

裁判观点

法院认为，第一，在没有法定或约定解除权行使期限的前提下，《合同法》并没有对未经对方催告的解除权之行使期限作出限制规定。《合同法》第95条第2款规定：“法律没有规定或者当事人没有约定解除权行使期限，经对方催告后在合理期限内不行使的，该权利消灭。”但是，该条并没有规定若对方未行使催告权，解除权亦会在一定期限内消灭。故按照现行法律并无法定事由限制原告解除权的行使。第二，本案并不适用《最高人民法院关于审理商品房买卖合同纠纷案件适用法律若干问题的解释》。该司法解释第15条第2款虽然规定：“法律没有规定或者当事人没有约定……对方当事人没有催告的，解除权应当在解除权发生之日起一年内行使；逾期不行使，解除权消灭。”但该条第1款已明确说明本条款系“根据《合同法》第九十四条的规定”，故该司法解释系针对《合同法》第94条中规定的法定解除权在商品买卖中的适用所作的相关解释，而非针对双方约定解除权的情形。因此被告主张原告的合同解除权已消灭，于法不符，不予支持，本案原告仍可行使合同约定解除权。

裁判结果

法院判决解除原告吴某、杨某与被告中富置业公司于2011年6月4日签订的《商品房买卖合同》。

案例48：陈某与一统实业公司商品房预售合同纠纷案

基本案情

2010年11月29日，一统实业公司（出卖人，以下简称一统公司）与陈某（买受人）签订了《商品房买卖合同》一份，约定：买受人购买航空大厦1幢2011室房屋，总价款2,654,457元。出卖人应当在2012年12月30日前，将符合约定条件的商品房交付买受人使用。出卖人承诺于2012年12月30日前，取得土地、房屋权属证书，交付给买受人，买受人自行办理该商品房转移登记；约定日期起90日内，出卖人交付权属证书或者登记证明的，按已付房价款0.5%承担违约责任；约定日期起90日以后，出卖人仍不能交付权属证书或者登记证明的，买受人退房，出卖人在买受人提出退房要求之日起至已办理完成退房手续后30日内将买受人已付房价款退还给买受人，并自约定日期至实际退款日止，按日向买受人支付已交付房价款万分之二的违约金。2013年9月3日，一统公司向陈某发出房屋交付通知书，通知其于2013年9月12日办理交房手续。因一统公司并未按约向陈某交付房屋和土地、房屋权属证书，陈某于2014年5月19日向法院起诉，请求判令解除《商品房买卖合同》及相关补充协议并退还房款。

裁判观点

法院认为，解除权系形成权，具有基于单方的意思表示即可产生合同解除后果的效力。《合同法》第95条规定："法律规定或者当事人约定解除权行使期限，期限届满当事人不行使的，该权利消灭……"因此，解除权须在合理的期限内行使，以保持法律秩序的安定。对于解除权行使的期限，有约定的从约定，无约定的从法律规定，法律没有明确规定的，应按照同样情况同样处理的原则合理确定。《最高人民法院关于审理商品房买卖合同纠纷案件适用法律若干问题的解释》第15条第2款规定，法律没有规定，或者当事人没有约定，经对方当事人催告后,解除权的行使合理期限为3个月。对方当事人没有催告的,解除权应当在解除权发生之日起1年内行使。该条虽系基于《合同法》第94条规定的法定解除权,但法定解除权与约定解除权在效力上并无差别,而交付土地、房屋权属证书以协助陈某办理案涉房屋的转移登记,与支付房款、交付房屋同样为商品房买卖合同约定的合同义务,故双方在商品房买卖合同中约定的因逾期交付房屋、土地权属证书所产生的解除权,应参照该司法解释的规定,在1年内行使。本案中,双方当事人约定的交付房屋及土地、房屋权属证书的时间为2012年12月30日前,故按照合同约定,至2013年3月30日的次日,陈某即享有合同约定的解除权,陈某直至2014年5月19日才向法院提出起诉,已经超过合理的期限。

裁判结果

法院判决驳回陈某的诉讼请求。

律师分析

以上两案可知,各地法院对于"一年期间"是否适用于约定解除情形的裁判观点有着重大分歧,并没有形成统一的裁判规则。追本溯源,《合同法》第95条第1款规定:"法律规定或者当事人约定解除权行使期限,期限届满当事人不行使的,该权利消灭。"第2款规定:"法律没有规定或者当事人没有约定解除权行使期限,经对方催告后在合理期限内不行使的,该权利消灭。"法律上对于当事人享有法定解除权或者约定解除权的,为了避免合同长期处于不确定状态,维护交易稳定,也为了防止当事人怠于行使权利,给予了行使期限的限制。第2款规定,在无约定情况下,解除权经对方当事人催告后在合理期限内不行使的予以消灭。但是若对方当事人未催告情形下解除权是否仍需在"合理期限内"行使,否则也产生解除权消灭的后果呢?条文没有规定。则可以理解为,法律并没有对未经催告情形下的解除权行使期限进行限制。按此逻辑,《最高人民法院关于审理商品房买卖合同纠纷案件适用法律若干问题的解释》第15条中规定的未经催告情形下1年的行使期限,事实上已经是对法律进行的扩大解释,既然是扩大解释,就应该严格适用条文本身所规定的特殊情形而不能再扩大适用,否则就有司法解释代替立法之嫌,即"一年期限"应当仅限于当事人一方依据《合同法》第94条行使法定解除权的情形,而不应当适用约定解除权情形。

（二）关于商品房买卖纠纷除了迟延交付、逾期付款之外的其他情形是否适用“一年期间”的问题

前文陈某与一统实业公司案的裁判结果就已代表一类裁判观点，即商品房买卖合同的其他纠纷事项，也应当适用1年的解除权行使期限。事实上，对于此问题司法实践中仍然存在重大分歧。

案例49：中慧房地产公司与邹某商品房预售合同纠纷申请再审案

基本案情

申请人中慧房地产公司与被申请人邹某因商品房销售合同纠纷案，不服一审、二审法院判决，向某高级人民法院申请再审。申请再审称：被申请人邹某行使法定解除权已超过除斥期间。邹某于2011年5月接房并装修，同年6月发现房屋存在返潮等问题，于2016年才提起本案诉讼，已经超过法定解除权1年的行使期间。

裁判观点

再审法院认为，虽然邹某就案涉房屋存在的质量问题于2011年6月装修时就已发现，但中慧房地产公司进行了多次整改、维修，直到本案二审终结前，仍然未能解决案涉房屋长期存在的严重返潮、结露等问题。中慧房地产公司未举示证据证明其曾经催告邹某行使法定解除权，亦未举示其他证据证明邹某在一审起诉前就知道或应当知道案涉房屋存在的质量问题必然导致《商品房买卖合同》的目的不能实现，加之我国法律亦未规定因房屋质量问题而产生的解除房屋买卖合同的权利行使期间为1年，故邹某通过诉讼方式请求解除《商品房买卖合同》符合法律规定，一审判决解除《商品房买卖合同》、二审判决予以维持并无不当。

裁判结果

再审法院裁定驳回中慧房地产公司的再审申请。

案例50：方某与金色家园开发公司商品房预售合同纠纷申请再审案

基本案情

再审申请人方某因与被申请人金色家园开发公司商品房预售合同纠纷案，不服一审、二审民事判决，向某高级人民法院申请再审。方某申请再审称：方某依照合同约定享有验收房屋权利，提出存在质量问题和房屋层高与约定不符，有权要求解除合同。原审以金色家园开发公司延迟履行债务，方某未行使解除权，适用解除权期限规定，适用法律错误。

裁判观点

再审法院认为，案涉房屋层高不符合案涉合同的约定导致合同目的无法实现，方某有权解除案涉《商品房买卖合同》，并无不当。对于方某行使解除权是否超过解除权的行使期间问题，金色家园开发公司提交的收楼通知回执单显示方某已于2011年11月12日签收，方某亦确认落款时间为2011年11月25日的房屋验收交接表，且本案一审2014年1月16日第一次开庭笔录显示，方某的特别授权代理人表示："第二次是2012年5月31日去看楼，当时我们提出来楼高有问题，但被告没有记录下，所以当时原告拒绝收楼。"据此，二审法院根据《最高人民法院关于审理商品房买卖合同纠纷案件适用法律若干问题的解释》第15条第2款规定，认定即便按照方某主张的其在2012年5月31日验房时发现层高有问题开始起算，方某于2013年10月10日起诉要求解除合同，已经超过1年的解除权行使期间，方某的解除权消灭，并无不当。

裁判结果

再审法院裁定驳回方某的再审申请。

律师分析

《广东省高级人民法院关于审理商品房买卖合同纠纷案件若干问题的指导意见》第1条规定："人民法院在审理《城市房地产管理法》施行后订立的商品房

买卖合同发生的一审、二审纠纷案件时，对于当事人请求解除合同的，均应适用《最高人民法院关于审理商品房买卖合同纠纷案件适用法律若干问题的解释》第十五条第二款关于合同解除权行使期限的规定。但对方当事人确实已无法履行合同主要义务的情形除外……”而其他各省、直辖市高级人民法院的相关指导意见对此问题又未作规定，以至于各地亦未形成统一裁判规则。以上两案，均因解除权行使期限问题由当事人向当地高级人民法院申请再审，而两地高级人民法院关于“一年期限”是否适用于商品房买卖合同除延期交付、逾期付款之外的情形的问题，各持己见，产生大相径庭的裁判结果。对此笔者仍然认为，《最高人民法院关于审理商品房买卖合同纠纷案件适用法律若干问题的解释》第15条已经采取明确列举方式规定“出卖人迟延交付房屋或者买受人迟延支付购房款”这两种情形，并没有使用“其他情形”或者“等”这类兜底性表述，因此不应当随意扩大或者参照适用于其他违约情形。如前文所述，《合同法》本身并没有规定在未催告情形下合同解除权丧失的问题，该司法解释已经是进行了扩大解释，其应当严格适用于条款所规定的具体情形，即延期交付、逾期付款，若随意扩大，则有违立法本意。

（三）关于非商品房买卖合同解除是否类推适用“一年期间”的问题

除《最高人民法院关于审理商品房买卖合同纠纷案件适用法律若干问题的解释》外，最高人民法院并没有在其他司法解释中对解除权行使期间作出过规定，因此个别法院在审理非商品房买卖合同案件涉及解除权期限问题上，参照适用“一年期限”进行判决。但是这种裁判观点相对属于少数派，从最高人民法院的裁判观点来看，其在申请人天津市天益工贸有限公司与被申请人天津市滨海商贸大世界有限公司、王某锋财产权属纠纷案[（2012）民再申字第310号]中表达了明确的观点。

案例51：天津市天益工贸有限公司与天津市滨海商贸大世界有限公司、王某锋财产权属纠纷申请再审案

基本案情

2004年3月8日，天津市滨海商贸大世界有限公司（以下简称滨海公司）与

天津市天益工贸有限公司(以下简称天益公司)签订《滨海商贸大世界B座商业楼转让协议》(以下简称《转让协议》),将案涉房屋转让给天益公司。2005年7月11日,滨海公司与天益公司及王某锋签订《补充协议》,三方约定改由以王某锋的名义办理购房、贷款及产权过户手续,天益公司、王某锋负责自行办理按揭贷款,并应当于协议签订之后30日内支付剩余房款5100万元,但天益公司、王某锋未能依约履行。2005年12月18日,天益公司法定代表人王某向滨海公司发出《通报函》,声明天益公司不同意将首付款3400万元转为王某锋个人的付款,亦不能在约定期限内办理贷款,并提议解除合同。2006年6月28日,滨海公司提起诉讼,请求解除《转让协议》及《补充协议》,一审、二审、再审判决均予以支持。天益公司申请再审称,参照《最高人民法院关于审理商品房买卖合同纠纷案件适用法律若干问题的解释》第15条第2款的规定,滨海公司未在天益公司《通报函》发出后3个月内行使解除权,其解除权在起诉前已失效。

裁判观点

最高人民法院认为:(1)《最高人民法院关于审理商品房买卖合同纠纷案件适用法律若干问题的解释》第1条明确规定:"本解释所称的商品房买卖合同,是指房地产开发企业将尚未建成或者已竣工的房屋向社会销售并转移房屋所有权于买受人,买受人支付价款的合同。"滨海公司并非房地产开发企业,其系向特定的对象天益公司及王某锋出售房屋,而非向社会销售,故案涉协议并非该司法解释所称的商品房买卖合同,本案不适用上述司法解释。

(2)解除权行使期限属于除斥期间,超过权利行使期限,解除权消灭,故该期限的确定对当事人的权利义务具有重大影响,在法无明文规定的情况下,天益公司请求参照适用上述司法解释就商品房买卖合同所规定的解除权行使期限,缺乏事实与法律依据。

(3)根据《合同法》第95条的规定,法律没有规定或者当事人没有约定解除权行使期限,经对方催告后在合理期限内不行使的,该权利消灭。对房屋买卖合同的解除权行使期限,法律没有规定,本案当事人在合同中亦未约定,何为"合理期限",应当由人民法院结合具体案情予以认定。综合本案情况,滨海公司收到《通报函》后,于2006年6月28日提起诉讼,并未超出合理期限。

裁判结果

最高人民法院裁定驳回天益公司的再审申请。

律师分析

综上,司法实践中针对“一年期间”是否适用于约定解除权情形以及是否适用于商品房买卖合同其他违约情形下的解除权行使期间的问题,由于存在法律适用较大争议使司法审判结果难以预测,为防止解除权丧失的法律风险,开发商应当在制作销售文本的时候就要考虑在合同中拟定解除权行使期限的约定条款,比如将解除权行使期限约定为2年或者3年,给自己留下足够的回款管理空间。但从某种意义上来说,约定解除权是一柄“双刃剑”。因为一旦约定该期限,则对于出卖人和买受人都应是对等的(若合同中针对出卖人和买受人解除权行使约定不同的期限可能会因格式条款而被认定无效),若约定期限过长,则可能在开发商违约情形下,买受人有较长的期间考虑解除合同,使合同具有不稳定性,尤其是受到市场影响,买受人行使解除权时遭遇房价下跌,原价出售已无可能,将给开发商带来较大损失。若约定期限过短(有的开发商将解除权行使期限约定为3个月),则又可能因自身的回款管理不到位、未及时采取措施导致解除权丧失,在买受人无能力偿付房款的情况下,开发商也会遭受交易机会损失。总而言之,约定解除权行使期限应当根据开发商内部销售管理、客户投诉和纠纷解决机制等予以衡量,只有建立在具有完善回款控制流程制度并严格执行的基础上,才能真正防范由此带来的困境。

三、销售回款法律风险控制流程

1. 回款统计

销售部门应当每周对合同回款情况进行统计,并对客户延期付款情况形成统计表。统计表应注明逾期原因,有特殊情况的,应当详细写明。

2. 签署申请书

买受人申请延期付款且经公司审批同意的,应当由买受人签署《延期付款申请书》。

3. 延期付款的处理

（1）一次性付款或者分期付款延期：对于未经公司审批同意延期付款的情形，逾期7日以上14日以内的，以公司名义发送《付款催告函》或者委托律师发送《律师函》。

（2）按揭贷款（含公积金贷款）延期：

①因买受人个人原因如资料不齐、个人征信问题等导致未获贷款机构审查通过，但通过补足资料或者提高首付等方式可以获得贷款的，公司应当向买受人发出《贷款催办函》；

②因买受人个人原因导致贷款机构直接退件（拒贷）的，公司应向买受人发出《一次性付款通知书》，告知其被贷款机构拒贷，并要求其按照买卖合同约定改为一次性付款（合同中应有对应约定条款）。

③若非因买受人原因，系贷款机构流程办理和其他原因导致延期的，由公司决定是否给予一定宽限期，若逾期期限已经超过买卖合同约定最后回款期限或者宽限期的，应当向买受人发出《一次性付款通知书》，要求买受人采取一次性付款方式付款。

（3）一次性付款或者分期付款延期达14日以上，按揭贷款超过合同约定最后回款期限或者宽限期的，选择如下之一方式处理：

①解除买卖合同，向买受人发出《解除商品房买卖合同通知书》，扣留违约金；

②要求买受人继续履行合同，委托律师发出《律师函》，告知买受人应当履约且应承担违约责任等。买受人仍然不履行义务的，通过诉讼或者仲裁方式追究其付款和违约责任。

4. 解除买卖合同

（1）因买受人违约公司决定解除买卖合同的，应当发出《解除商品房买卖合同通知书》。未发出通知书的，不得另行销售该房源。

（2）解约通知书发出后，查明通知书已送达的情况下，可将该房源另行销售；若无法查明送达或者被退件的，自发出通知书7日后方可销售该房源（合同中应有对应送达条款）。

（3）若买卖合同已办理备案或者网签，买受人拒绝配合办理撤销备案手续的，应当提起诉讼，在法院判决后办理备案撤销、网签注销和预告登记等手续，再行销售该房源。

(4)解除买卖合同后,买受人要求退款的,应当扣除违约金之后再行退还。所退还款项由买受人现金收取的,应当要求买受人出具收款收条;如采取转账或者汇款方式退款的,直接付至买受人本人账户,并注明用途“退还房款”。买受人未主动要求退款的,可不主动退款,有特殊情况的,采取公证提存方式退款。

(5)买受人对解除买卖合同有异议的,告知其按照诉讼或者仲裁方式解决。

5. 通知和送达

(1)按照本流程规定须以公司名义向买受人发送相关函件的,采取特快专递方式邮寄。邮寄地址为合同载明的通讯地址或者身份证地址,“文件名”栏应注明为该函件名称。

(2)应当留存邮件邮寄回执,已送达的,应在邮局网站上打印送达信息,同时留存。

(3)函件发出后被退件的,查明退件原因,若因地址不明的,查明其他有效地址再行邮寄,或者以短信、微信等方式再行通知。退件应当予以留存。

(4)合同履行过程中涉及其他重要事项须告知买受人的,参照本条方式执行。

6. 风险防范

(1)因买受人违约达到解除买卖合同条件的,原则上应当最迟在违约行为发生之日起 1 年内行使,否则将可能导致丧失解除权。相关部门应当对于该部分客户及时进行清理并决定处理方式(合同约定解除权行使期限的,按照该期限执行)。

(2)买受人逾期付款情况下,要求买受人履行合同付款义务的,应当最迟在逾期之日起或者发函之日起三年内提起诉讼,否则将可能导致无法追究买受人法律责任。相关部门应当及时清理逾期客户并决定处理方式。

(3)在合同履行过程中,若涉及合同签约错误情况,应当立即报主管负责人,并与法务部门(或者顾问律师)商量解决方案。若涉及规划设计变更事项,工程设计部门应当在变更前告知销售部门,并会同法务部门(或者顾问律师)讨论是否需要告知买受人以及处理方式。涉及其他可能对买受人构成违约的事项,应当及时会同相关部门商量应对措施。

(4)买受人自行发函、委托律师发送律师函或者提起诉讼、仲裁的,应当第一时间交由法务部门(或者顾问律师)处理,相关部门应当提供有关具体情况介绍和资料,必要时会同相关部门共同讨论应对方案。买受人发函或者委托律师发函明确解除合同的,应当在3个月内提起诉讼。

附件1:延期付款统计周报
附件2:延期付款申请书
附件3:客户延期付款申请审批表
附件4:付款催告函
附件5:贷款催办函
附件6:一次性付款通知书
附件7:解除《商品房买卖合同》通知书

附件1:

延期付款统计周报

项目	房号	业态	客户	付款方式	合同约定付款日期	合同约定付款金额	已逾期天数	申请延期付款日期	是否已审批

附件2:

延期付款申请书

____________________公司:

本人于________年____月____日签订了编号为NO. ______的《商品房买卖合同》及附件、补充协议及相关法律文书(以下简称商品房买卖合同),购买了贵公司开发的________项目________栋________单元________号房屋,合同约定的付款方式为________________。

现由于个人原因,本人无法在约定期限内履行付款义务,特向贵司提出延期付款申请。本人现承诺于________年____月____日前至所购项目售楼处财务部门付清应付款项________元(大写:______)。延期付款的申请得到批准后,若在本次批准期限到期日前,本人仍未付清应付款项的,视为本人违约,本人将按照合同约定支付逾期付款违约金;超过批准期限________日后仍未付款的,贵公司可以解除与本人的合同,本人愿意承担________的违约金,违约金可以从本人已经缴纳的房款中扣除。本人会配合贵公司注销所购房屋的备案手续(若有)以及相关签约信息。

特此申请。

申 请 人:________________　　身份证号:________________

申请日期:________________

附件3:

客户延期付款申请审批表

<table>
<tr><td colspan="4">[客户基本资料]</td></tr>
<tr><td>客户姓名</td><td></td><td>项目</td><td></td></tr>
<tr><td>所购房屋</td><td colspan="3">□住宅　______栋______单元______楼______号
□写字楼　______栋______单元______楼______号
□商铺　______栋______单元______楼______号
□车位　__________号</td></tr>
<tr><td>合同签署时间</td><td colspan="3">______年______月______日</td></tr>
<tr><td>合同约定付款方式</td><td colspan="3">□一次性付款　□分期付款　□按揭贷款付款　□其他</td></tr>
<tr><td>申请延期金额</td><td colspan="3">_______元(大写:______________)</td></tr>
<tr><td colspan="4">[延期周期]</td></tr>
<tr><td>申请延期时间</td><td colspan="3">延期______日,即延至______年______月______日前付款</td></tr>
<tr><td colspan="4">[客户延期说明]</td></tr>
<tr><td>延期说明</td><td colspan="3"></td></tr>
</table>

续表

[审批]	
销售助理 (审核)审批	确认【客户基本资料】信息正确无误
销售经理 (审核)审批	
项目客服经理 (审核)审批	
销售总监 (审核)审批	

置业顾问: 填表日期:

客户延期付款申请书,须作为本审批表附件一并附上

附件4:

付款催告函

__________先生/女士:

您于______年____月____日与我司签订了《商品房买卖合同》、《补充协议》及相关附件(以下简称合同),以一次性/分期付款方式购买了我司开发的【______】项目______【幢】______单元______层______号商品房一套,合同编号为________。根据合同约定,您应于______年____月____日向我司支付房屋价款人民币______元整(大写:______整)。

根据合同对逾期付款的约定:逾期在______日之内,自约定的应付款期限届满之次日起至实际交付应付款之日止,买受人按日计算向出卖人支付逾期应付款万分之______的违约金,并于实际支付应付款之日起______日内向出卖人支付违约金,合同继续履行。逾期超过______日后,出卖人有权解除合同。出卖人解除合同的,买受人应当自解除合同通知送达之日起______日内按照合同约定购房总价款的____%向出卖人支付违约金,并由出卖人退还买受人全部已付款。出卖人愿意继续履行合同的,合同继续履行,自约定的应付款期限届满之次日起至实际支付应付款之日止,买受人按日计算向出卖人支付逾期应付款万分之______的违约金,并于实际支付应付款之日起______日内向

出卖人支付违约金。

对于您拖欠上述款项的行为，我司已多次向您进行催收要求您履行上述付款义务，但您至今仍未付清所欠购房款，您的行为已构成违约。我公司特告知如下：

截止________年____月____日您剩余房款________元已逾期________天，产生的违约金为：人民币________元整（大写：________元整）。请您于本通知书发出之日起五日内立即向我司支付剩余房款，同时我公司将根据合同约定收取您逾期付款的违约金。

特此通知！

__________________公司

________年____月____日

附件5：

贷款催办函

____________________先生/女士：

您于________年____月____日与我司签订编号为________的《商品房买卖合同》、《补充协议》以及相关附件（以下简称合同），购买我司开发建设的________项目______幢______单元______号商品房。合同总价为________元人民币，合同约定的支付方式为按揭付款，您应于买卖合同生效后办理完毕所有按揭贷款手续，但您迄今仍未办理。

根据合同约定：若因您未按期签署按揭合同、未按期提供按揭所需要资料、信用情况不符合银行要求等个人原因导致在约定的期限内未获得银行贷款，您应将付款方式变更为________，并于________年____月____日之前付清全部房款。若您逾期付款则按照合同约定，每逾期一日，您应按上述拟贷款金额的________向我司支付违约金，逾期达________日以上，我司有权解除合同；若我司解除合同，则您须承担________的违约金。

请您在收到本函________日内办理完毕所有按揭贷款手续，或变更付款方式，按变更后的付款方式支付房款。

专此通告，请您慎思并妥善对待！

__________________公司

________年____月____日

附件6：

一次性付款通知书

____________________先生/女士：

您于________年____月____日与我司签订《商品房买卖合同》以及相关协议（以下简称合同），购买我司开发的________项目________幢______号房。

根据合同约定，由您以支付首期购房款人民币________元和向银行申请人民币________元的按揭贷款方式支付全部购房款。同时，您应在合同签订当日内完成按揭合同签署并办理完毕所有按揭贷款手续，并在签署按揭贷款合同时按照按揭贷款银行的要求提供办理按揭所需的全部资料以及取得按揭银行发放按揭贷款。

现接按揭银行通知，因您个人原因不符合按揭银行发放贷款的条件，按揭银行不予批准您的按揭贷款申请。根据您与我司签署的合同约定，您应于________日内一次性向我公司支付申请按揭贷款的款项。

现通知如下：请您自收到本通知书之日起________日内全额向我司支付按揭银行不予批准的按揭贷款金额人民币________元。

若您未在本通知约定的时间内支付上述房款的，视为您违约，您应向我司支付合同约定的违约金；若您的逾期付款达到合同约定的解除条件的，我司还有权单方面解除合同并按约定追究您的违约责任。

特此通知。

__________________公司

________年____月____日

附件7:

解除《商品房买卖合同》通知书

________先生/女士:

您于________年____月____日与我公司签订了________份《商品房买卖合同》及《商品房买卖合同附件及补充协议》(以下简称合同),合同编号为:________,约定由您购买我公司开发的________项目________号商品房(以下简称房屋)。根据合同约定,您应在合同签订当日缴纳首付款合计________元(人民币大写:________元整),其余购房款________元(人民币大写:________元整)由您以银行按揭方式支付。您应当在合同订立后________个工作日内办理完毕按揭贷款手续,在合同签订后________个工作日内未成功办理完毕按揭贷款手续的,视为买受人逾期付款……合同签订后________日届满,出卖人仍未收到买受人购房全款的,出卖人有权解除合同并收取________的违约金。但您至今未办理完毕银行按揭贷款手续,致使我公司一直未能收到全部购房款。截止本通知出具之日,您已经逾期________天,依据合同约定,我公司有权解除合同,同时,您应当向我公司支付违约金共计:________元整(人民币大写:________元整)。

为维护我公司的合法权益,现我公司致函郑重通知您:

1. 自您收到本通知书之日起,您与我公司于________年____月____日签订的《商品房买卖合同》及《商品房买卖合同附件及补充协议》解除;我公司有权将您拟购买的房屋另行销售。

2. 我公司将在您收到本通知书后的________个工作日内,在您已支付的购房款中扣除违约金。如您已支付的购房款不足以支付该违约金,我公司有权继续追偿。

3. 请您在收到本通知书后________个工作日内,向我公司提供您的退款账号,并携带合同、首付款收据、发票等资料来我公司售楼部办理退款手续。否则,由于延期办理退款手续造成的任何损失由您自行承担,与我公司无关。

特此通知。

________公司

________年____月____日

第二节
规划和设计变更的责任界定

规划、设计形态是商品房的基本状况的组成部分,对商品房的价格及买受人对商品房的选择等都具有很大的影响。实践中,常有开发商在预售商品房以后发生变更规划、设计的行为,由此引发一系列法律问题,尤其是买卖双方之间的合同纠纷和开发商由此承担的民事责任。在商品房项目建设过程中,规划变更一般是对建筑面积、容积率、绿化率、公共配套、层高、楼栋布局等进行的变更,规划主管部门对此监管严格,除审查变更的必要性和合理性之外,还需要通过公告征求项目业主或者买受人的意见、召开听证会等流程方能批准。而设计变更较为常见,设计单位依据开发商要求调整,对原设计内容进行修改、完善、优化,设计变更一般以图纸或设计变更通知单的形式发出。《商品房销售管理办法》第24条规定:"房地产开发企业应当按照批准的规划、设计建设商品房。商品房销售后,房地产开发企业不得擅自变更规划、设计。经规划部门批准的规划变更、设计单位同意的设计变更导致商品房的结构型式、户型、空间尺寸、朝向变化,以及出现合同当事人约定的其他影响商品房质量或者使用功能情形的,房地产开发企业应当在变更确立之日起10日内,书面通知买受人。买受人有权在通知到达之日起15日内做出是否退房的书面答复。买受人在通知到达之日起15日内未作书面答复的,视同接受规划、设计变更以及由此引起的房价款的变更。房地产开发企业未在规定时限内通知买受人的,买受人有权退房;买受人退房的,由房地产开发企业承担违约责任。"可见,即使是经过合法批准或者合法程序实施的规划和设计变更,开发商也不能因此而可以免责,需要承担的合同解除、房价调整等违约责任。实践中存在的问题和争议是,是否一旦发生规划或者设计变更,买受人就有权解除合同?开发商承担违约责任的范围如何界定?

一、规划和设计变更并不必然导致买受人可解除合同

事实上，由于房产主管部门实施商品房预售合同网签备案管理制度，而网签预售合同中都设置有规划设计变更的处理条款。以住房和城乡建设部、工商总局2014年4月印发的《商品房买卖合同(预售)示范文本》为例：

“第十四条　规划变更

“(一)出卖人应当按照城乡规划主管部门核发的建设工程规划许可证规定的条件建设商品房，不得擅自变更。双方签订合同后，涉及该商品房规划用途、面积、容积率、绿地率、基础设施、公共服务及其他配套设施等规划许可内容经城乡规划主管部门批准变更的，出卖人应当在变更确立之日起10日内将书面通知送达买受人。出卖人未在规定期限内通知买受人的，买受人有权解除合同。

“(二)买受人应当在通知送达之日起15日内做出是否解除合同的书面答复。买受人逾期未予以书面答复的，视同接受变更……”

“第十五条　设计变更

“(一)双方签订合同后，出卖人按照法定程序变更建筑工程施工图设计文件，涉及下列可能影响买受人所购商品房质量或使用功能情形的，出卖人应当在变更确立之日起10日内将书面通知送达买受人。出卖人未在规定期限内通知买受人的，买受人有权解除合同。

1. 该商品房结构形式、户型、空间尺寸、朝向；

2. 供热、采暖方式……

“(二)买受人应当在通知送达之日起15日内做出是否解除合同的书面答复。买受人逾期未予以书面答复的，视同接受变更……”

与《商品房销售管理办法》第24条的规定相比，可以发现二者之间对于规划设计变更的处理方式和法律后果既有相同，也有不同。不同的是，按照该管理办法，规划变更“导致商品房的结构型式、户型、空间尺寸、朝向变化，以及出现合同当事人约定的其他影响商品房质量或者使用功能情形的”，开发商应当书面通知买受人且买受人有权选择退房，也即解除合同；反言之，若不存在这个情形的，开发商无须通知买受人，且买受人也无权解除合同。但是《商品房买卖合同(预售)示范文本》第14条规定，规划变更“涉及该商品房规划用途、面积、容

积率、绿地率、基础设施、公共服务及其他配套设施等规划许可内容经城乡规划主管部门批准变更的”，开发商均应书面通知买受人且买受人有权选择解除合同。相同的是，在设计变更情形下，均须出现“导致商品房的结构型式、户型、空间尺寸、朝向变化，以及出现合同当事人约定的其他影响商品房质量或者使用功能情形的”，买受人才有权解除合同。

各地房产主管部门在本地区范围内推行适用的网签文本存在并不完全与上述示范文本相应条款约定内容一致的情况，其中涉及规划设计变更的示范条款往往会有两种情况：一种情况是完全与《商品房销售管理办法》第24条的规定一致，全部照抄；另一种情况是与示范文本一致，或者略有修改，对于规划变更罗列出变更的具体情形，如容积率、绿化率变更，并以空格形式提示当事人可自行约定其他情形。但不论哪种情况，依据管理办法的规定也好，适用网签文本的约定也好，都存在一个往往容易被忽略的问题，也就是并非所有规划和设计变更情形下，开发商都应当书面通知买受人，且买受人有权解除合同，而是需要在符合合同所约定的情形下才产生如此法律后果。

案例52：张某与金实房产公司商品房预售合同纠纷案

基本案情

2009年10月11日，张某与金实房产公司签订《商品房预售合同》及《补充协议》，约定张某购买金实房产公司开发的“春和景明”小区住宅1套。主合同第8条约定，金实房产公司不得擅自变更小区平面布局，确需变更的应当征得张某书面同意，否则张某有权要求金实房产公司恢复，如不能恢复的金实房产公司应当向张某支付总房价款的0.5%违约金。《补充协议》第3条对主合同第8条、第9条规划、设计变更进行了如下补充约定：(1)经规划部门批准的规划、设计单位同意的设计变更导致影响到张某所购商品房结构型式、户型、空间尺寸等，金实公司应当在有关部门批准同意之日起15日内，书面通知张某。张某有权在通知到达之日起15日内作出是否退房的书面答复。张某在通知到达之日起15日内未作出书面答复的，视同接受变更后的现状，继续履行合同。非金实房产公司原因导致小区及商品房规划设计变更，金实房产公司不承担责任。张某不退房的，应当与金实房产公司另行签订补充协议，补充协议按设计变更后的现状为基础协商签订,如张某在接到金实房产公司通知15日内不退房也未及时与金实房产公司签订补充协议,则视为双方同意按设计变更后的现状继续履行合同。(2)规划、设计方案的变更未改变本合同项下商品房结构型式、户型、空间尺寸、朝向等方面的,即视为未影响到张某所购商品房的质量或使用功能。

2012年6月6日,金实房产公司向规划局申请景观设计规划变更许可。2012年6月11日,规划局作出《建设工程规划变更审查意见书》,原则同意金实房产公司补办申报的室外环境设计变更手续。规划变更后,小区用地面积、总建筑面积、地上建筑面积、住宅面积、公建面积、地下建筑面积、容积率、规划户数、建筑密度等主要经济技术指标没有变化,停车位由变更前的1113辆(地上398辆、地下717辆)调整为变更后的894辆(地上177辆、地下717辆),绿地率由变更前的30.1%调整为变更后31%。

张某以金实房产公司规划变更为由起诉要求解除《商品房预售合同》。

裁判观点

法院认为,金实房产公司所作的景观设计规划变更改变了小区的停车位数量和绿地率,应视为改变了小区的平面布局,但是,该项改变未改变张某所购商品房的结构型式、户型、空间尺寸、朝向,未影响到该房的质量或使用功能,因此无须征得张某书面同意。张某关于金实房产公司此项规划变更应征得其书面同意和解除合同的主张不成立,不予支持。

裁判结果

法院判决驳回张某的诉讼请求。

案例53:徐某诉华成置业公司商品房预售合同纠纷案

基本案情

2007年12月8日,徐某与华成置业公司签订了《商品房买卖合同》,合同约定:徐某购买华城置业公司开发的商品房小区3幢2单元6楼603号住宅。《商品房买卖合同》第8条约定:经规划行政主管部门批准的规划变更、设计单位同意的建筑工程施工图设计文件的设计变更，影响到买受人所购商品房结构型式、户型、空间尺寸、朝向、用途的质量或使用功能，出卖人应当在设计审查单位批准变更之日起10日内，书面通知买受人。出卖人未在规定时限内通知买受人的，买受人有权退房；买受人应当在通知送达之日起15日内作出是否退房的书面回复。买受人逾期未予以书面回复的，视同接受变更；买受人退房的，出卖人应当自退房通知送达之日起30日内退还买受人已付房款，并按照银行同期活期存款利率付给利息。买受人不退房的，应当与出卖人另行签订补充协议。同时《商品房买卖合同》第17条第1款约定："该商品房为住宅的，应当符合国家有关建筑节能的规定和本省建设厅、省技术监督局发布的《夏热冬冷地区居住建筑节能设计标准》的要求。未达到标准的，出卖人应当按照《夏热冬冷地区居住建筑节能设计标准》的要求补做节能措施，并承担全部费用；因此给买受人造成损失的，出卖人应当承担赔偿责任。"另，华成置业公司售楼部楼盘的图片及模型显示该商品房的外墙保温系统为外墙外保温系统。

2008年7月16日华成置业公司向设计单位申请要求调整外墙保温系统，由无机保温砂浆外保温修改为无机保温砂浆内保温。2008年12月19日众合建设工程咨询有限公司审查华成置业公司的修改设计保温系统合格，同时该修改设计通过了市建设委员会审查登记备案。

徐某认为，华成置业公司未经其同意擅自变更规划设计，且未对买受人进行通知，起诉要求解除《商品房买卖合同》。

裁判观点

法院认为，合同约定了商品房须达到《夏热冬冷地区居住建筑节能设计标准》的要求，虽未约定保温层是外墙外保温还是外墙内保温，但从售楼部的图片及模型能证实所售商品房外墙保温系统属于无机保温砂浆外保温。在房屋建设中，华成置业公司将无机保温砂浆外保温修改为无机保温砂浆内保温，经相关部门审查备案，程序合法，未违反国家的相关规定。本案中，华成置业公司对外墙保温系统的修改设计符合《夏热冬冷地区居住建筑节能设计标准》规定的节能设计强制性标准。无机保温砂浆是一种置于墙体用于内外墙保温节能材料，华成置业公司将无机保温砂浆外保温修改为无机保温砂浆内保温，不影响商品房的结构型式、户型、空间尺寸、朝向、用途的质量和使用功能，该修改设计不属

《商品房买卖合同》第 8 条约定的出卖人在设计变更批准之日起 10 日内书面通知买受人的范围,华成置业公司修改设计,未违反《商品房买卖合同》的约定。徐某主张华成置业公司违约要求承担违约责任没有事实依据,亦无证据证明变更设计给其造成了实际损失,故徐某要求解除合同的请求不予支持。

裁判结果

法院判决驳回徐某的诉讼请求。

二、规划和设计变更的责任承担

毫无疑问,商品房在销售之后进行规划或者设计变更,涉及所有购房者的利益,不论是否应当对购房者进行通知或者购房者是否享有解除合同的权利,多数购房者都会认为影响其利益并提出投诉,甚至引发群体诉讼。不少开发商并不清楚因规划或者设计变更除导致解除合同的情形外,是否应当承担违约赔偿责任,以及可能承担责任的范围和方式。《商品房销售管理办法》并没有规定在合同不解除情形下开发商作为出卖人是否应当承担违约责任,仅规定买受人应当接受由此引起的房价款的变化,即如果因规划或者设计变更导致房屋面积发生变化的,在房屋交付进行面积结算时,双方按照实测面积进行房价款的结算,此时房价款出现调整。示范文本对此问题未有条款给予示范,而开发商拟定的合同补充条款一般也不会就规划或者设计变更的责任承担范围及方式进行具体约定。因此实践中有必要厘清在此情况下的法律后果和责任承担。

规划变更和设计变更并不属于同一概念,二者之间不能混淆。规划变更主要是对经规划批准的总平规划图及其方案进行的调整,常见的如楼栋布局、建筑层高、容积率、绿化率、配套设施的变更。《城乡规划法》第 50 条第 2 款规定:“经依法审定的修建性详细规划、建设工程设计方案的总平面图不得随意修改;确需修改的,城乡规划主管部门应当采取听证会等形式,听取利害关系人的意见;因修改给利害关系人合法权益造成损失的,应当依法给予补偿。”我国对于规划变更采取严格监管方式,商品房开发项目若需进行规划变更,应当报送规划主管部门通过听证程序后予以批准才能变更。规划主管部门决定是否批准规划变更申请的前提条件是“符合公共利益”。例如《四川省城乡规划实施条例》第

69条第2款规定:“经依法审定的修建性详细规划、建设工程设计方案的总平面图不得随意修改。为了公共利益需要,确需修改的,城乡规划主管部门应当采取公示、组织听证会等形式征求利害关系人的意见;因修改规划给利害关系人合法权益造成损失的,应当委托具备相应资质的评估机构对损失作出评估,并依法给予补偿。”实践中,若规划变更方案属于对项目规划的优化调整、不违反规划控制性技术要求及相关规划强制性规范的,亦可认为“符合公共利益。”

按照《城乡规划法》第50条之规定,对于规划变更行为,开发商应当承担的责任,应仅限于对“造成损失”的购房者给予“补偿”。也即赔偿对象应当只是由此遭受损失的购房者(业主),未受到损失的其他购房者不应当予以赔偿。同时,对于该损失的赔偿责任应为“补偿”性质,而不应当是充分赔偿或者惩罚性赔偿。

案例54:徐某诉成都某置业公司商品房预售合同纠纷案

基本案情

徐某与成都某置业公司(以下简称某置业公司)于2014年8月19日签订了一份《商品房买卖合同》及《补充协议》,约定徐某购买某置业公司开发的郫某国际中心项目20幢2单元18层02号商品房,该商品房的用途为住宅,测绘建筑面积102.1平方米,房屋总价款422,266元。《商品房买卖合同》第7条关于规划变更的约定:“出卖人应当按照规划行政主管部门核发的建设工程规划许可证规定的条件建设商品房,不得擅自变更。出卖人确需变更建设工程规划许可规定条件的,应当书面征得受影响的买受人同意,并取得规划行政主管部门的批注。因规划变更给买受人的权益造成损失的,出卖人应当给予相应的补偿。”《补充协议》第4条对《商品房买卖合同》第8条关于设计变更约定:“……若买受人在收到出卖人上述变更的书面通知之日起十五日内未能书面通知出卖人解除本买卖合同的,视为买受人认可该修改方案并同意继续履行买卖合同。2.在不影响买受人所购商品房质量或使用功能的前提下,经规划部门批准或设计单位同意,出卖人对原规划及建筑设计方案作出细部的调整,买受人对此予以接受,出卖人无须通知买受人。”某置业公司销售宣传单内容为:百米间距、270度观景面,唯此一栋,双中庭全景楼王,宣传单背面例举了该栋涉及的三种户型。

2014年12月19日，某置业公司在市政府信息公开网上发布公告，陈述因为地块规划建设需要，对项目进行调整，内容为："1号地块住宅用地内的21号楼由29层局部26层调整为27层局部25层及2层商业裙房，16号楼由29层一个单元调整为两个单元及2层商业裙房，新增1栋28层住宅及2层商业裙房。1号地块住宅用地二期方案调整后，1号地块住宅用地总建筑面积244,187.31平方米调整为278,914.47平方米……第二项表格对调整前后内容作了具体公式，即规划总建筑面积增加，住宅容积率由2.6调整为3.2。5号地块新增一栋33层住宅，1栋2层商业建筑。"该公告并附建筑总平面图两张，即调整前后的平面图。后某置业公司按约向徐某交付了该商品房，原告通过首付及贷款支付了全部房款。双方对案涉房屋本身无异议，争议仅存在于房屋所在楼栋周围所涉规划变更，对变更事实某置业公司予以认可，徐某认为某置业公司违约，且造成其损失，故起诉要求某置业公司按照总房款的20%支付赔偿金。

其中，案涉楼栋业主于2015年5月4日在市长信箱反映某置业公司规划变更对20栋造成的影响，着重强调新增23栋。对此，住建局答复："23号楼与20号楼之间最近点距离为52.01米，两栋楼之间间距满足《成都市规划管理技术规定》规定的高层主要朝向对高层主要朝向最小间距为27米的要求……调整方案进行公告，公证处对该公告进行了公证。现状建设情况若与项目前期宣传不一致的地方，请与房地产开发公司协商，或通过法律途径进行合理维权。"

裁判观点

法院认为，首先，某置业公司宣传单所载明"双中庭楼王""百米间距""仅此一栋"，通过规划及现场查看系徐某购买的20栋，徐某依据该宣传单介绍并购买了其中的D2户型，与商品房买卖合同户型图相印证，按照常理，小区中庭在居住环境安静及舒适度方面较优，价格高于非中庭楼栋，加之某置业公司宣传介绍的百米间距、270度视野等，虽然未明确说明系哪一楼栋，但某置业公司也未举证说明其他符合该情况的楼栋，应当就其"百米间距"所载明内容，按照诚实信用原则，履行相应承诺，否则承担相应违约责任。其次，对规划设计的变更结果问题，就21号楼具体层数发生的变更，16号楼单元的变更，属于双方《补充协议》第4条"在不影响买受人所购商品房质量或使用功能的前提下"某置业公司作出的"细部的调整"及《补充协议》第9条第9款某置业公司"有可能变更该小区部分区划的规划”，且某置业公司变更行为经过了公示及规划批准，符合合同约定，徐某对此知晓且无异议。但某置业公司在20号楼旁边新增23栋2个单元问题，首先导致了间距不符合约定，对原告居住采光、视野等方面造成了影响，不属于以上可直接予以变更而无须告知的范畴，虽然某置业公司将变更进行了公示，不违反行政法规的相关要求，但与双方《商品房买卖合同》第7条“应当书面征得受影响的买受人同意”不符，故某置业公司行为从程序及结果方面均构成了违约，应当承担相应违约责任。徐某主张按照20%房款计算，缺乏合同依据。徐某所购20号楼旁新增23号楼，导致了间距减少，生活采光、视野受影响，对此，在无明确约定情况下，应结合该栋房屋所在层数、朝向、价格等，以损失作为某置业公司承担责任的基础。

裁判结果

法院兼顾合同履行情况、当事人的过错程度，根据公平原则和诚实信用原则，考虑到徐某购房价格、层数及视野朝向等，对损失酌情支持7646.06元。

案例55：张某、王某与徐州某置业有限公司商品房销售合同纠纷案

基本案情

2015年2月4日，徐州某置业有限公司与张某、王某签订《商品房买卖合同》，张某、王某以914，970元的价格购买徐州某置业有限公司开发的位于×路南侧某项目A栋b单元302室房屋，面积140.71平方米。在签订合同时，根据建设规划以及徐州某置业有限公司销售人员说明、沙盘标示，张某、王某选购的涉案房产6号楼北侧系水榭景观，7号楼北侧是配电室。2015年12月14日，徐州某置业有限公司对项目设计方案进行局部变更，将原A4－01地块7号楼北侧配电室改至6号楼北侧。张某、王某认为该行为严重违反合同约定，影响其购房选择，徐州某置业有限公司未尽到如实告知义务，导致房价受损，应作出相应赔偿。徐州某置业有限公司拒绝赔偿，双方产生纠纷并诉至法院。

裁判观点

法院认为,《最高人民法院关于审理商品房买卖合同纠纷案件适用法律若干问题的解释》第3条规定:“商品房的销售广告和宣传资料为要约邀请,但是出卖人就商品房开发规划范围内的房屋及相关设施所作的说明和允诺具体确定,并对商品房买卖合同的订立以及房屋价格的确定有重大影响的,应视为要约。该说明和允诺即使未载入商品房买卖合同,亦应当视为合同内容,当事人违反的,应当承担违约责任。”徐州某置业有限公司与张某、王某签订的涉案《商品房买卖合同》及《补充协议》中,虽未将水榭景观及配电室的位置变更作为合同内容载入其中,但在双方就涉案商品房买卖达成合意前,徐州某置业有限公司的宣传推广、沙盘展示均显示张某、王某购买的6号楼北侧规划的是水榭景观,后期因规划变更将该位置改为配电室,此变更对购房者即张某、王某虽未造成实际损失,但因变更事关居住环境及居住感受,对张某、王某是否订立合同以及是否选择该栋楼均有重大影响。如张某、王某将涉案房屋另行出售或出租,价格也会受到影响。至于双方在《补充协议》第14.3条约定的“因建设需要,有关公共事业单位必须设置的设备和经政府有关部门批准的设计(包括小区道路……设备机房等配套设施……)不影响本合同的履行,小区内的园林景观最终以竣工交付为准”,系指依规划对相关配套设施的设置以及园林景观的具体方案,并非对小区景观位置变更的约定。

裁判结果

法院结合具体案情,酌定徐州某置业有限公司按每平方米100元赔偿张某、王某。

律师分析

设计变更,主要是对设计文件和施工图等实施的调整,无须规划主管部门批准,但需经设计单位同意,且符合相应的设计强制性规范。设计变更可能涉及公共部分、共有设施的变更,如绿化设施、配套设施、公共活动区域、单元入户大堂、消防楼梯、走廊、内外墙面、停车位,也可能涉及专有部分内如户型布局、入户门、管线、装饰装修。房产开发项目在建设过程中发生设计变更是较为常见的事情,有的设计变更对房屋配套和房屋本身的使用及质量并不会造成实质性影响，因此，开发商并不是对所有设计变更行为都要承担责任。若某项设计变更确实造成实质性影响的，所需承担的责任亦应是根据实际损失酌情赔偿。

案例56：蔡某、吴某与珠海市某房产开发有限公司商品房预售合同纠纷案

基本案情

2010年2月14日，蔡某、吴某与珠海市某房产开发有限公司（以下简称珠海公司）签订《商品房买卖合同》及附件，合同约定蔡某、吴某向珠海公司购买房屋，房屋建筑面积为153.1平方米，总房价为2,070,892元。《商品房买卖合同》附件二装饰设备标准《珠海某小区1~5栋交楼标准》第2条住宅单位交楼标准的窗户交付标准载明："选用铝合金玻璃，配双层中空玻璃。"附件三《商品房买卖合同、住宅质量保证书和使用说明书中载明的内容》第3条载明：门窗性能，传热系数（$42W/m^2 \cdot K$），遮阳系数为（78%）。房屋交付时，蔡某、吴某发现"双层中空玻璃"被改为"夹胶玻璃"，拒绝收房，并以材料存在变更，要求珠海公司更换为原约定玻璃，诉至法院。

裁判观点

法院认为，蔡某、吴某与珠海公司签订《商品房买卖合同》，约定窗户配双层中空玻璃，但实际交付的部分窗户玻璃为夹胶玻璃，蔡某、吴某诉请将现有夹胶玻璃更换为中空玻璃，引发本案纠纷。根据查明的事实，案涉玻璃在施工图设计时即为夹胶玻璃，并通过了珠海市建筑设计院的复核。珠海公司在本案审理时提交了由深圳市某玻璃工程有限公司制作的《关于珠海某小区玻璃使用的说明》，证明"夹胶玻璃抗撞性能要高于中空玻璃且破碎后的安全性要优于中空玻璃，规范中对夹胶玻璃的使用要求要高于中空玻璃。因此，结合玻璃安全性能，珠海某小区5号楼部分面积较大的玻璃采用钢化夹胶玻璃能满足安全及使用要求"。珠海市某设计院在审核单位上加盖公章，注明"同意深化设计单位意见"。一方面使用夹胶玻璃符合施工设计图的要求，若更换为中空玻璃，将造成案涉房

屋的规划、设计变更；另一方面夹胶玻璃在安全性上优于中空玻璃，能满足安全及使用要求，并无不妥。法院认为蔡某、吴某主张案涉玻璃应更换为夹胶中空玻璃，依据不足。

裁判结果

法院判决驳回蔡某、吴某的诉讼请求。

案例57：刘某诉成都某房地产开发公司商品房预售合同纠纷案

基本案情

2009年7月30日，刘某等与成都某房地产开发公司签订《商品房买卖合同》，关于商品房设计变更，《商品房买卖合同》第8条约定："经规划行政主管部门批准的规划变更，设计单位同意的建筑工程施工图设计文件的下列设计变更影响到买受人所购商品房质量或使用功能的，出卖人应当在设计审查单位批准变更之日起10日内，书面通知买受人：该商品房结构型式、户型、空间尺寸、朝向、用途。"《补充协议》第9条约定："在工程建设过程中，经政府部门批准，出卖人有权对小区总平规划和设计进行优化调整和合理变动，出卖人无须通知买受人，买受人不得由此要求解除《买卖合同》或要求赔偿。"《商品房买卖合同》附件一《房屋平面图及在整个楼栋中的位置图》标明：6幢4单元1楼5号入户门开门位置原位于单元门入口南面墙，开门方向为南北向。成都某房地产开发公司建设过程中，于2010年5月经某设计事务所《修改设计通知单》变更设计，将该入户门位置修改为单元入口尽头右转弯道西侧墙，开门方向为东西向，与邻居入户门相对。2011年6月2日，双方于收房时刘某等当即提出异议，并于《房屋交接表》中记载"入户门与购房图不符"，遂提起诉讼，要求成都某房地产开发公司承担违约责任4万元并履行入户门整改义务。

裁判观点

法院认为，成都某房地产开发公司并无证据证明其对于入户门位置的变动是对于房屋的优化及合理变动，故其根据《补充协议》中第9条的约定，认为自身更改入户门位置的行为是依据设计单位的更改要求而为，且是设计的优化调整及合理变动的答辩理由不成立。而依据《商品房买卖合同》第 8 条的约定，成都某房地产开发公司应当向刘某等书面告知，以便其决定是否继续购买房屋，但成都某房地产开发公司并未履行告知义务，其行为违反了合同约定，应当承担违约责任。

虽然《商品房买卖合同》第 8 条并未对违约责任进行约定，但依据《合同法》第 107 条"当事人一方不履行合同义务或者履行合同义务不符合约定的，应当承担继续履行、采取补救措施或者赔偿损失等违约责任"的规定，违约责任的承担方式可以由守约方依法选择。庭审中，刘某等明确其要求违约责任的内容是赔偿损失 4 万元，其选择符合法律规定。因为成都某房地产开发公司对入户门位置的更改后未履行告知义务，其行为影响了刘某等是否购买房屋的选择权；且对于刘某等房屋的使用功能亦存有一定程度的影响，故损失的事实是客观存在。法院认为，虽然刘某等在审理中并无证据证明其受到损失的具体数额，但依据案情并结合双方当事人的履行情况、过错程度等综合因素，酌情确定本案中受到的损失为 2 万元。

裁判结果

法院判决成都某房地产开发公司承担赔偿损失 2 万元的违约责任。

第三节
客户断供后代偿损失的追回

在商品房销售中，按揭是目前买受人普遍选择的一种购房款支付方式，买受人通过与贷款银行签订《个人购房借款合同》获得银行贷款，以所购商品房提供抵押担保，完成支付行为，同时由开发商为该笔贷款债务的偿还承担连带保证责任。因此，按揭购房完成后，当中主要存在三种法律关系：其一是买受人与开发商之间的商品房买卖合同关系；其二是买受人与贷款银行之间的借款合同关系；

其三是开发商为买受人的贷款债务向贷款银行所提供的阶段性保证担保关系。事实上,其中还有买受人以所购商品房为其贷款提供抵押担保的法律关系,但是商品房预售情形下,房屋因尚未取得权属证书因而无法办理抵押权登记,在此之前所办理的是"抵押预告登记"。

近年来,受经济环境影响,买受人逾期归还按揭贷款的"断供"情形已是屡见不鲜,甚至出现大面积爆发的趋势,在银行信贷风险加大的同时,开发商也面临着需要代偿越来越多的贷款欠款的严重局面。事实上,多数开发商并没有做好心理准备,也缺乏有效的应对措施。

一、开发商面临的断供代偿困境

我国《物权法》设置了预告登记制度,抵押权预告登记通常称为"预抵押"。多年以来,"预抵押"权利被很多人误读,将其理解为等同于抵押权登记的优先受偿权。然而,抵押权预告登记的法律性质是在抵押物具备抵押权登记的条件下,"预抵押"权利人享有优先办理抵押权登记的权利,其法律意义是排除该抵押物在预告登记期间被处分和设置其他抵押权,而并非保障权利人就该抵押物处置后的所得价款具有优先受偿权。

《最高人民法院公报》2014 年第 9 期所载《中国光大银行股份有限公司上海青浦支行诉上海东鹤房地产有限公司、陈某绮保证合同纠纷案》即明确表明了该观点。2007 年 8 月 29 日,原告光大银行与两被告陈某绮、上海东鹤房地产有限公司(以下简称东鹤公司)签订《个人贷款合同(抵押、保证)》一份,约定:陈某绮向光大银行借款人民币 37 万元,用于购买东鹤公司房屋,被告东鹤公司承担阶段性连带保证责任。陈某绮以该房屋作为抵押物提供担保,后光大银行和陈某绮办理了抵押物预告登记手续。合同签订后,原告按约发放贷款。后两被告之间的房屋买卖合同被(2011)青民三(民)初字第 79 号民事判决确认无效。根据该判决陈某绮应偿还光大银行本金 354,852.26 元。光大银行向上海市青浦区人民法院起诉,请求判令:被告陈某绮偿付利息;被告东鹤公司连带清偿借款本金及利息和逾期利息;两被告偿付原告律师代理费 15,000 元;原告在抵押物处分时享有优先受偿权。

上海市青浦区人民法院一审判决:陈某绮偿付光大银行律师代理费 5000

元;光大银行在借款本金及5000元律师费的范围内对抵押物享有优先受偿权;东鹤公司对不足部分债务承担连带清偿责任。一审判决作出后,光大银行、东鹤公司均不服,上诉至上海市第三中级人民法院。上海市第三中级人民法院二审改判:陈某绮偿付光大银行律师代理费5000元;陈某绮偿付借款本息;东鹤公司就借款本金、利息及律师费承担连带清偿责任。但驳回了光大银行关于对抵押物享有优先受偿权的诉请。二审法院认为,系争房产上设定的抵押预告登记,与抵押权设立登记具有不同的法律性质和法律效力。根据《物权法》等相关法律法规的规定,预告登记后,未经预告登记的权利人同意,处分该不动产的,不发生物权效力。预告登记后,债权消灭或者自能够进行不动产登记之日起3个月内未申请登记的,预告登记失效。即抵押权预告登记所登记的并非现实的抵押权,而是将来发生抵押权变动的请求权,该请求权具有排他效力。因此,上诉人光大银行作为系争房屋抵押权预告登记的权利人,在未办理房屋抵押权设立登记之前,其享有的是当抵押登记条件成就或约定期限届满对系争房屋办理抵押权登记的请求权,并可排他性地对抗他人针对系争房屋的处分,但并非对系争房屋享有现实抵押权,一审判决对光大银行有权行使抵押权的认定有误,应予纠正。故改判驳回光大银行要求对系争房屋行使优先受偿权的诉请。

在其他各地法院处理的类似案件中,银行依据"预抵押"主张对房屋处置后的所得价款享有优先受偿权的,裁判观点和上述基本一致。

正是因为"预抵押"权对银行在追偿逾期贷款时并无实质意义,为避免贷款风险并实现债权的尽快回收,银行通常会直接要求开发商履行保证担保责任,承担代偿义务。如开发商在贷款银行设有保证金账户且存有保证金的,贷款银行可直接按照约定扣划保证金账户中的款项,用以清偿买受人欠付的贷款本金、利息、罚息等。履行代偿义务后,开发商必然会向买受人追偿以期挽回损失,但是多数逾期还款买受人并非仅仅只是拖欠银行按揭款,还负有其他债务不能支付,其所购商品房也往往同时被其他债权人申请查封。在此情形下,开发商与其他债权人都属于一般债权人,并不能享有优先于其他债权人对该商品房行使权利或者就该商品房处置所得价款享有优先受偿权,而只能参与分配,代偿款项无法得到全额追偿,"房财两失"。

实践中,有的开发商试图与银行达成债权转让和"预抵押权"转让协议,通过受让银行全部贷款债权从而获得其对该房屋享有的"预抵押权"。但如前分析,开发商即使取得"预抵押权",也不能就该房屋处置后所得享有优先受偿权利，此举仍不能达到排除其他债权人获得优先足额受偿的目的。

二、不承担或者减少担保责任的抗辩之道

贷款银行通过与开发商签署的《个人按揭贷款合作协议》中约定"阶段性连带保证担保责任"，要求在买受人办理所购房屋抵押权登记之前，开发商对买受人在放贷后至此期间的还本付息义务承担连带保证担保责任。也有的银行在与个人、开发商签署的贷款协议中约定连带担保责任。通常情形下，开发商在协助买受人办理完毕房屋产权后，将产权证书交付给银行，并协助银行办理抵押登记，至此其保证责任免除。若在此期间，买受人未按照约定归还月供的，开发商应当予以代偿；买受人连续三期或者累计六期逾期的，银行有权提前收回贷款，开发商承担对未归还本息、罚息及其他费用的代偿义务。

在上述保证责任条款约定清楚的情况下，开发商承担保证责任似无可逃避。但是在某些具体情形下，并非完全束手无策，无从抗辩。以笔者代理的两个案件为例：

案例58：某行成都分行与胡某、余某、成都某置业公司金融借款合同纠纷上诉案

基本案情

2010年12月，某行成都分行（以下简称成都分行）与胡某、余某签订《个人购房借款合同（抵押加阶段性保证借款）》，合同约定：胡某、余某向成都分行借款190万元用于购房；利率按照贷款发放当日中国人民银行公布的同期同档次贷款基准利率即月利率5.116‰执行，合同履行期间，如遇中国人民银行调整贷款利率，于次年1月1日起按照中国人民银行和成都分行有关规定调整合同贷款利率；贷款期限为360个月，自2010年12月1日起至2040年12月1日止；还款方式为等额本息，还款日为每月2日，每期还款本息为11,563.04元；逾期贷款罚息利率为合同利率的150%；胡某、余某将其贷款所购买的房屋作为抵押物。该合同第9.1条约定：本合同项下的贷款担保为抵押加阶段性保证，指胡某、

余某同意将以本合同项下贷款资金所购房屋抵押给成都分行，以作为偿还本合同项下贷款的担保，对胡某、余某取得该房屋的所有权证并办妥抵押登记之前所产生的所有应付款项，成都某置业公司提供阶段性连带责任保证。第9.3条约定：担保范围为本合同项下的贷款本金、利息（含复利）、罚息、违约金、赔偿金、补偿金、为实现债权和担保权而发生的费用（包括但不限于律师费、评估费、拍卖费、诉讼费、保全费、差旅费等）。第10.3条约定：胡某、余某取得所购房屋的所有权证之日起，成都分行与胡某、余某双方必须依照法律规定办理抵押物的登记手续。第11.1条约定：成都某置业公司对自本合同生效之日起至胡某、余某就本合同项下所购房屋取得房屋所有权证、办妥抵押登记和其他相关手续，并将《房屋他项权证》及其他有关资料交成都分行持有之日止（担保阶段）胡某、余某的所有应付款项承担连带保证责任。如胡某、余某在担保阶段内未能依照本合同约定按时偿还贷款本息和/或相关费用的，在保证期间内，成都分行有权直接要求成都某置业公司承担保证责任并有权从成都某置业公司在该银行任何营业机构开立的账户中直接扣划。第11.2条约定：保证期间为担保阶段内胡某、余某每期应付款项逾期之日起至担保阶段届满后两年。

上述合同签订后，2010年12月1日，成都分行向胡某、余某发放了190万元购房贷款，该款直接划入了成都某置业公司账户内。胡某、余某自2014年10月2日起即未按期归还贷款，现剩余的借款本金共1,814,838.82元。

2012年5月29日，案涉房屋的产权被登记至胡某、余某名下。2012年8月10日，成都某置业公司将该房屋的产权证交给成都分行。2012年11月7日，余某将该产权证从成都分行处借走。2013年3月26日，该房屋被四川省某县人民法院采取诉讼保全措施予以查封，涉案金额为330万元。2014年2月24日，该房屋被成都市某区人民法院采取执行措施予以查封，涉案金额为250万元。该房屋一直未办理抵押登记。

2015年12月，成都分行对胡某、余某和成都某置业公司提起诉讼，诉请胡某、余某立即归还剩余贷款本息、罚金、律师费和其他费用，成都某置业公司承担连带偿还责任。

裁判观点

一审法院认为，成都某置业公司将案涉房屋产权证交给成都分行以后，成都分行实际已经在相当程度上掌握了办理抵押登记的主动权，成都分行称由于工作流程及胡某、余某不予配合的原因未能在该房屋被查封之前办妥抵押登记。然而，成都分行并未举证证明其通知或催告了胡某、余某前去办理抵押登记或提交必要材料，且被告余某在2012年11月7日向成都分行借走该房屋的产权证时，成都分行亦可以要求胡某、余某在办妥抵押登记后才能取走产权证。成都分行的上述不作为，对于案涉房屋在2013年3月26日被人民法院查封前未能办妥抵押登记且在此之后不能办理抵押登记，具有一定的过错。对此，一审法院酌情认定胡某、余某应承担70%的责任，成都分行应承担30%的责任。由于成都某置业公司因此不能免除保证责任，故应在成都分行承担过错责任的范围内，适当减轻保证责任，因此，成都某置业公司对胡某、余某的案涉债务的70%承担连带保证责任。成都某置业公司在向成都分行实际清偿相关债务后，有权依法向胡某、余某追偿。

一审判决后，成都分行不服提起上诉，要求改判成都某置业公司承担全部保证责任。

二审法院认为，根据成都分行、胡某及余某、成都某置业公司三方签订的《个人购房借款合同（抵押加阶段性保证借款）》，办理涉案房屋抵押登记的责任应由成都分行与胡某、余某承担。成都某置业公司将房屋所有权证移交至成都分行后，成都分行与胡某、余某在长达7个月的时间里未就涉案房屋办理抵押登记，且房屋所有权证在成都分行的保管下被余某借走，成都分行作为金融机构，应当有能力预见不办理抵押登记及借走房产证可能发生的风险，因其怠于行使权利和履行义务，并疏忽大意致使抵押权未能实现，其自身存在一定过错。涉案房屋又因胡某涉及其他案件被多家法院查封，客观上导致房屋无法办理抵押登记，在未办理抵押登记的事项中，胡某、余某的过错程度远大于成都分行。因涉案房屋未办妥抵押登记，成都某置业公司作为保证人不能解除保证责任，二者存在因果联系。因成都分行存在一定过错，未履行办理抵押登记的义务，直接导致成都某置业公司作为保证人的保证责任不能免除，客观上造成了成都某置业公司须承担连带保证责任，但因成都某置业公司承担连带保证责任的对象即为成都分行，根据过失相抵的原则，原审法院认定应适当减轻成都某置业公司的连带保证责任（承担70%）的判决并无不当。

裁判结果

二审法院对成都分行要求改判成都某置业公司对胡某、余某的全部债务承担连带保证责任的上诉请求不予支持，判决驳回其上诉请求，维持原判。

律师分析

笔者在本案中代理被告成都某置业公司提出不承担担保责任的抗辩。《担保法》第28条规定："同一债权既有保证又有物的担保的，保证人对物的担保以外的债权承担保证责任。债权人放弃物的担保的，保证人在债权人放弃权利的范围内免除保证责任。"《最高人民法院关于适用〈中华人民共和国担保法〉若干问题的解释》第38条第3款规定："债权人在主合同履行期届满后怠于行使担保物权，致使担保物的价值减少或者毁损、灭失的，视为债权人放弃部分或者全部物的担保。保证人在债权人放弃权利的范围内减轻或者免除保证责任。"成都分行在成都某置业公司移交房屋产权证长达7个月未办理抵押登记，甚至允许余某自行借走产权证原件，该行为显然表明银行放任无法办理抵押登记的结果发生，其实质则是放弃抵押权。因此成都某置业公司作为保证担保人，应当在其放弃抵押权的范围内免责，而银行放弃抵押权的是贷款全额范围，因此成都某置业公司不应当承担代偿责任。法院经过一审、二审判决，最终部分采纳了代理律师的观点，判决成都某置业公司承担70%的代偿责任。

案例59：某银行锦江支行诉贺某、成都某房地产公司金融借款合同纠纷上诉案

基本案情

2006年12月5日，贺某作为借款人，贺某作为抵押人，成都某房地产公司（以下简称房地产公司）作为保证人，与贷款人某银行锦江支行（以下简称锦江支行）签订《个人购房担保借款合同》，约定：贷款人向借款人发放购房借款480,000元，借款期限自2006年12月5日起至2026年12月4日止；借款年利率为6.84%，逾期年利率为8.892%；还款方式为等额本息，分240期还款，每月的借款对应日为还款日；对应付未付利息贷款人依据中国人民银行规定计收复

利;抵押人贺某、熊某以所购的房屋为借款提供抵押担保;保证人房地产公司作为房屋出卖人为借款提供阶段性保证担保,自合同签订之日起,至借款人取得房产证书,办妥正式的抵押登记并将有关抵押登记文件交贷款人收执之日止,为借款人的债务承担连带保证责任;借款人连续三期未足额偿还借款本息的,贷款人有权提前收回已发放贷款。同日,锦江支行向贺某发放借款480,000元。借款后至2015年8月,贺某已连续3个月以上未按合同约定向锦江支行履行还款义务,尚欠借款本金400,624.36元。此外,2004年12月8日,锦江支行与房地产公司签订《个人购房贷款项目合作协议》,约定:锦江支行同意为购买房地产公司开发的项目的自然人提供购房贷款,每笔购房贷款的金额、期限、利率、担保方式、违约责任以及其他相关事项,按借款合同的约定办理;房地产公司就合作项目为购房人依借款合同所产生的债务提供连带责任保证,有关保证责任的具体内容以双方与购房人签订的借款合同为准,购房人未按借款合同约定按期还本付息的,由房地产公司代为偿还,锦江支行有权直接从房地产公司的保证金账户中划收相关款项。同日,锦江支行与房地产公司签订《个人购房按揭贷款补充合作协议》,就保证金收付约定如下:房地产公司在锦江支行开立项目按揭保证金专用账户,账户按总额500,000元保留存款余额;房地产公司保证责任解除后,其在锦江支行开立的专用账户上留存的保证金予以解冻;在保证期内当借款人不能按期还本付息时,房地产公司不用保证金代为偿还,在借款人连续3个月或任何一期超过3个月或累计6个月未偿还贷款本息时,房地产公司直接承担回购保证责任;有关房地产公司保证责任的具体内容,如本协议与《个人购房担保借款合同》相冲突的,以本协议约定为准。房地产公司在为贺某办理上述房屋的所有权登记后,于2007年6月29日将该房屋所有权证移交锦江支行。法院查明,锦江支行起诉时,房地产公司在锦江支行开立的保证金账户已销户。

2015年5月,锦江支行起诉贺某、房地产公司,要求贺某一次性清偿剩余贷款本息和实现债权的全部费用,房地产公司承担连带偿还责任。

裁判观点

一审法院认为,《个人购房按揭贷款补充合作协议》约定"房地产公司在锦江支行开立项目按揭保证金专用账户,按总额500,000元保留存款余额;房地产公司保证责任解除后,其在锦江支行开立的专用账户上留存的保证金予以解冻”。现房地产公司在锦江支行的保证金账户已由锦江支行解冻并销户，应视为锦江支行就购房人在该行的借款解除了房地产公司的保证责任。虽《个人购房担保借款合同》中约定“保证人作为房屋出卖人为借款提供阶段性保证担保，自合同签订之日起，至借款人取得房产证书，办妥正式的抵押登记并将有关抵押登记文件交贷款人收执之日止，为借款人的债务承担连带保证责任”，但《个人购房按揭贷款补充合作协议》约定“有关房地产公司保证责任的具体内容，如本协议与《个人购房担保借款合同》相冲突的，以本协议约定为准”。故根据上述约定，应适用锦江支行解冻房地产公司的保证金账户后，即解除了其保证责任。且即使适用《个人购房担保借款合同》的约定，在抵押人已向锦江支行出具办理抵押登记的委托书，房地产公司亦将案涉房屋的所有权证移交锦江支行的情况下，房地产公司协助锦江支行办理案涉房屋抵押登记的义务已经履行完毕，案涉房屋办理抵押登记的条件已经成就。在案涉房屋已具备办理抵押登记的条件下，锦江支行未按时向登记机关提交办理抵押登记的相关资料，怠于办理案涉房屋的抵押权登记，应认定为其不正当地阻止房地产公司解除保证责任条件的成就，亦应视为其保证责任已经解除。综上，锦江支行要求房地产公司对借款人的债务承担连带保证责任，不符合双方约定和法律规定，不予支持。

一审宣判后，锦江支行不服，提出上诉，请求改判房地产公司保证责任并未解除，应承担连带保证责任。

二审法院认为，依据《个人购房担保借款合同》的约定，房地产公司是借款的阶段性保证人，自合同签订之日起，至借款人取得房产证书，办妥正式的抵押登记并将有关抵押登记文件交贷款人收执之日止，为借款人的债务承担连带保证责任。另依据该合同以及《个人购房按揭贷款补充合作协议》约定，案涉房屋抵押登记是由贺某委托锦江支行办理，房地产公司提供协助并委托锦江支行管理他项权证等登记文件。在贺某已向锦江支行出具办理抵押登记的委托书，房地产公司亦将案涉房屋的所有权证移交锦江支行的情况下，贺某及房地产公司办理抵押登记的义务已经履行完毕。锦江支行在办理抵押登记过程中，其不作为导致案涉房屋从 2006 年至今也未能办理抵押权登记，系不正当地阻止房地产公司解除保证责任条件的成就，应当视为保证责任解除条件已成就。

裁判结果

二审法院认为锦江支行上诉理由不成立，判决驳回上诉，维持原判。

律师分析

本案笔者代理房地产公司提出不承担担保责任的抗辩，理由为：其一，锦江支行已与房地产公司就按揭担保事项已清结，保证金账户予以销户即表明银行对房地产公司保证责任的解除；其二，在房地产公司协助办理完毕贺某房屋产权证并移交给银行已长达八年多的时间，锦江支行迟迟没有办理抵押登记，严重怠于行使权利，属于不正当阻止房地产公司担保责任解除的行为，应当视为房地产公司担保责任解除条件已成就而不应对案涉债务承担连带偿还责任。后法院一审、二审均采纳代理观点。

三、关于"阶段性担保"所涉保证期间问题

这里还有一个值得注意的问题，即"阶段性保证担保"涉及的保证期间的问题。多数情况下，贷款合作协议或者个人借贷合同中对于阶段性担保的表述为"阶段性担保的保证期间为银行向借款人发放贷款之日起至办理完毕房产抵押登记手续之日为止"。该表述的本意应是担保人仅对抵押登记之前的借款承担保证责任，但却使用了"保证期间"的法律概念，导致产生争议。

《最高人民法院关于适用〈中华人民共和国担保法〉若干问题的解释》第32条规定："保证合同约定的保证期间早于或者等于主债务履行期限的，视为没有约定，保证期间为主债务履行期届满之日起六个月。保证合同约定保证人承担保证责任直至主债务本息还清时为止等类似内容的，视为约定不明，保证期间为主债务履行期届满之日起二年。"按揭购房的借款本息为主债务，借款期限通常为5～20年，若将银行放贷至抵押登记阶段界定为"保证期间"话，则该约定期限必然少于主债务履行期限，按该司法解释规定，应视为没有约定，保证期间须至借款期限届满之后6个月，开发商即使在银行办妥了抵押登记之后仍然无法免责。

其实从真实意思表示来看，开发商向银行所作阶段性连带责任保证，该保证

的“阶段性”并非对保证期间的约定,而是开发商保证责任解除期间,故“阶段性保证”实为附解除条件的保证合同。依据《合同法》第45条的规定,附解除条件的合同,自条件成就时失效。买受人欠贷时,若尚未取得所购房屋产权证及办妥抵押登记,保证合同所附解除条件并没有成就,此时开发商应当承担保证责任;反之,若房屋抵押登记办理完毕,达到保证责任解除的条件。前述某银行锦江支行诉贺某、成都某房地产公司金融借款合同纠纷案中,法院即认为该阶段性担保是附条件解除的保证合同,而因银行怠于登记而认定其属于不正当阻止解除条件成就,故按照《合同法》第45条“当事人为自己的利益不正当地阻止条件成就的,视为条件已成就”而判定房地产公司免责。

当然,对于是否为附条件解除的性质,法院也有不同的看法。如最高人民法院公报案例《招商银行股份有限公司大连分行与大连一方地产有限公司保证合同纠纷案》(《最高人民法院公报》2018年第5期),则认为阶段性保证期间的约定有效。

案例60:招商银行股份有限公司大连分行与大连一方地产有限公司保证合同纠纷再审审查与审判监督案

基本案情

2011年2月10日,招商银行股份有限公司大连分行(以下简称招商银行)与大连一方地产有限公司(以下简称一方公司)签订《担保协议》,该协议第1条约定:甲乙(招商银行为甲方,一方公司为乙方)双方自2011年2月10日起至2021年2月10日止,就乙方依法开发的一方公馆项目的商品房进行个人住房贷款合作。该协议所覆盖额度为3亿元人民币。第5条约定:乙方保证对每笔贷款承担阶段性担保,担保范围包括但不限于贷款的本金、利息、罚息及甲方收回债权的相关费用;担保期限为每笔贷款放款之日起至预抵押登记完成之日止。双方后因一方公司承担保证担保责任事宜产生诉讼。一审、二审法院均判决一方公司不承担保证责任,招商银行向最高人民法院申请再审。

裁判观点

最高人民法院认为：(1)关于本案保证期间的确定。招商银行与一方公司在《担保协议》第5条约定，一方公司承担的是阶段性担保，保证期间是每笔贷款放款之日起至预告抵押登记完成之日止。双方签订《担保协议》的目的是一方公司在90个工作日内办妥高某所购房屋预告抵押登记手续交给招商银行，招商银行办理完预告抵押登记后，一方公司的担保责任即可免除，招商银行通过抵押权来保障债权实现。从字面理解，双方当事人对保证期间进行了约定，以办妥预告抵押登记为时间节点，保证期间可以延长，也可以缩短。该约定是双方当事人的真实意思表示，但不能与《担保法》的规定相悖，不能无限延长保证期间，也是阶段性担保的应有之义。因此，本案的保证期间应确定为从2012年10月9日招商银行放款之日起，至2014年1月17日一方公司向招商银行交付商品房预告抵押登记手续后，招商银行在合理期限内办理完预告抵押登记止。《担保协议》第7条约定，如出现非因招商银行原因未能在90个工作日内办妥借款人所购房屋预告抵押登记手续，招商银行自贷款发放之日起，至预告抵押登记完之日止之前，其有权要求一方公司履行担保责任。同理，一方公司将购房合同的登记备案手续交给招商银行后，招商银行亦应在合理期限内办理预告抵押登记，而合理期限应以上述双方约定的90个工作日作为参照。

(2)关于一方公司应否承担保证责任。本案中，招商银行是办理预告抵押登记的义务主体，在一方公司未在约定的90个工作日内交付办理预告抵押登记手续情况下，招商银行收到一方公司迟延交付的预告抵押登记手续后，应当在合理期限内及时办理预告抵押登记，防止案涉房屋被法院查封而无法办理。但是招商银行收到一方公司迟延交付预告抵押登记手续后，不但没有提出异议，反而一年多时间不去办理预告抵押登记，且无合理解释，应视为一方公司阶段性担保的保证责任免除条件成就。根据《担保法》第26条第2款“有合同约定的保证期间和前款规定的保证期间，债权人未要求保证人承担保证责任的，保证人免除保证责任”的规定，招商银行未在保证期间内向一方公司主张权利，一方公司的保证责任免除。另外，《合同法》第119条第1款规定：“当事人一方违约后，对方应当采取适当措施防止损失的扩大；没有采取适当措施致使损失扩大的，不得就扩大的损失要求赔偿。”因此，招商银行因怠于履行办理预告抵押登记义务所造成抵押物被法院查封的责任，应当由其自行承担，招商银行申请再审的理由不成立。

裁判结果

法院裁定驳回招商银行的再审申请。

律师分析

该案中，最高人民法院并没有认为阶段性担保约定属于附条件解除的合同，而是直接认定应当适用双方所约定的保证期间。尽管裁判文书中没有对《最高人民法院关于适用〈中华人民共和国担保法〉若干问题的解释》第32条的规定予以正面回答，但既然该案被登载为公报案例，带有广泛指导意义，那么也可以代表最高人民法院的法律适用观点，即认可阶段性担保的保证期间约定有效，不作为约定不明或者没有约定进行处理。

四、开发商代偿后如何实现有效追偿

（一）直接追偿

《最高人民法院关于适用〈中华人民共和国担保法〉若干问题的解释》第42条规定："人民法院判决保证人承担保证责任或者赔偿责任的，应当在判决书主文中明确保证人享有担保法第三十一条规定的权利。判决书中未予明确追偿权的，保证人只能按照承担责任的事实，另行提起诉讼。保证人对债务人行使追偿权的诉讼时效，自保证人向债权人承担责任之日起开始计算。"显然，这是实际操作中尤其应当注意的问题，在银行提起的偿还借款和承担保证责任的诉讼中，开发商应当提请法院在判决其承担担保责任的同时，应同时明确开发商在承担保证责任之后有权向债务人（买受人）追偿，据此判决书则可以直接申请强制执行，要求债务人（买受人）偿还代偿全部款项，避免讼累并及时追偿。

（二）解除商品房买卖合同

即使代偿后开发商可根据判决直接申请执行，但多数情况下买受人此时已有多个债权人，且对其所购房屋已申请查封，开发商以普通债权人的身份即使能够参与分配,往往也难以获得足额受偿。此时问题自然也就提出:开发商能否依据约定的解除权条件要求解除商品房买卖合同?

一般而言,多数开发商与买受人所签署的《商品房买卖合同》附件或者补充协议中会有专门条款进行约定,若买受人逾期归还按揭导致银行提前收贷且开发商承担了代偿责任的,开发商有权解除商品房买卖合同。

问题之一:商品房买卖合同所约定的解除权条款是否有效?

《合同法》规定当事人可以约定一方解除合同的条件,那么,若当事人双方之间存在多个合同关系,而双方约定因一方当事人违反某个合同而另一方当事人有权解除其他合同,此约定是否有效?如前分析,开发商与买受人之间既有买卖合同关系,也有基于银行贷款的借款担保合同关系,买受人逾期还贷导致开发商承担担保责任,是违反担保合同的行为,但对于买卖合同并不存在违约行为(事实上买受人通过按揭已经履行了支付全部房款的主要合同义务),此时开发商可否依据买卖合同中存在的解除条件行使解除权?

笔者认为,《合同法》赋予合同当事人约定解除权的权利,也就是允许当事人在意思自治情形下自行约定解除权的行使条件,只要该约定不违反法律和行政法规的强制性规定,不损害社会公序良俗,则应是有效的。买受人违反担保合同的行为尽管并不直接涉及商品房买卖合同,但是只要有明确约定,开发商有权按照约定行使解除权。

此外,对于合同解除条款,有观点认为其属于开发商制作的格式条款,属于加重买受人责任、排除其主要权利的无效条款。对此笔者不敢苟同。开发商通过出卖房屋收取交易对价,而银行按揭贷款则是开发商获得购房款的重要形式,为此开发商付出的条件是为买受人的还款责任承担阶段性保证担保责任,而一旦买受人逾期还款或者因逾期而被银行提前收贷,开发商作为保证人不得不承担代偿责任,甚至遭受巨大损失,其出售商品房的目的也无从实现,因而约定在此情况下享有对商品房买卖合同的解除权,也是保护其自身不再遭受更大损失的合理安排,不存在加重买受人责任、排除其主要权利的情形,不应仅因此就认定为无效格式条款。当然,就开发商角度而言,有必要对此条款字体按照足够引起买受人注意的方式体现在合同中,并对买受人做出合理说明,从而避免解除条款被认定无效的风险。

问题之二:未办产权的商品房在被查封情形下能否解除商品房买卖合同?

若买受人所购房屋尚未办理产权转移登记,但是已被人民法院采取查封措施的情况下，开发商能否依据合同约定解除商品房买卖合同或者与买受人协商一致解除合同？对此有观点认为，人民法院依法进行的查封具有排他的法律效力，任何权利都不能对抗这种司法公权，故双方当事人约定的解除条款或者协商解除的行为均不能对抗法院的依法查封行为。

但笔者认为，根据《最高人民法院、国土资源部、建设部关于依法规范人民法院执行和国土资源房地产管理部门协助执行若干问题的通知》第15条规定："下列房屋虽未进行房屋所有权登记，人民法院也可以进行预查封……（三）被执行人购买的办理了商品房预售合同登记备案手续或者商品房预告登记的房屋。"由此可见，预查封是人民法院对被执行人尚未进行权属登记，但将来可能会进行登记的不动产进行的一种预先限制性登记。预查封只有在登记机关核准登记产权时，才转为正式的查封，在此之前，预查封的效力在于保持标的物的现状及价值，限制债务人对于预查封标的物的处分权，借以实现债权人的债权。同时，商品房买卖合同是开发商与买受人意思自治的结果，预查封虽然具有排除债务人处分标的物的效力，却并不能限制商品房预售合同不能履行时，基于双方合同约定合理行使的解除权。

案例61：某房地产开发有限公司与蔡某、胡某商品房预售合同纠纷上诉案

基本案情

2010年11月17日，某房地产开发有限公司（以下简称房地产公司）与蔡某、胡某签订《商品房买卖合同》，约定蔡某、胡某购买其开发的房屋，蔡某、胡某以按揭贷款的方式支付房屋价款。蔡某、胡某于2013年1月30日接收涉诉房屋，因债务纠纷涉诉房屋被法院查封。后因蔡某、胡某未按期归还银行贷款本息，房地产公司代偿了蔡某、胡某的欠付款项。房地产公司遂提起诉讼，请求解除双方签订的《商品房买卖合同》，蔡某、胡某交还房屋并协助办理解除《商品房买卖合同》备案登记及房屋预告登记，同时还请求蔡某、胡某偿还房地产公司代偿的金额，并支付违约金及房屋占用费。

裁判观点

一审法院认为,因本案预售的商品房已被法院查封,根据《最高人民法院关于人民法院民事执行中查封、扣押、冻结财产的规定》第26条第1款“被执行人就已经查封、扣押、冻结的财产所作的移转、设定权利负担或者其他有碍执行的行为,不得对抗申请执行人”的规定,该查封具有排他的法律效力,任何权利都不能对抗这种司法公权,故双方当事人的约定解除条款不能对抗法院的依法查封行为,故驳回房地产公司的诉讼请求。

二审法院认为,因涉诉商品房在查封时尚未办理房屋所有权登记,故原审法院对该房实施的系预查封行为。涉诉商品房在预查封时并不为蔡某、胡某所有,但蔡某、胡某享有将来可能取得该房屋所有权之期待权,该期待权利属于债权,其实现以双方当事人对《商品房买卖合同》及其附件的正常履行为前提。原审法院正是基于蔡某、胡某享有的物权期待权而对涉诉商品房进行预查封。但当《商品房买卖合同》解除,蔡某、胡某取得物权的期待权丧失,预查封的目的不能实现,亦应当依法解除。因此,法院进行的预查封并不能导致房地产公司约定解除权的丧失。

裁判结果

二审法院判决撤销一审判决,改判解除房地产公司与蔡某、胡某签订的《商品房买卖合同》及补充协议。

律师分析

(三)合同解除后开发商可提出执行异议及执行异议之诉

在开发商依法解除买卖合同后收回房屋的过程中,最大的难题在于,若该商品房已被多个债权人申请法院采取查封措施,在法院未解除查封的情形下,开发商无法单方面申请注销商品房买卖合同备案,也无法向第三方出售,甚至面临该房屋被司法拍卖的局面。因此,开发商此时应以自身拥有该房屋所有权为由向法院提出执行异议,请求中止执行,解除查封;若被执行法院驳回执行异议的,开发商可依照《民事诉讼法》的相关规定提起案外人执行异议之诉。

进一步而言，根据《物权法》的规定，不动产物权的设立经依法登记发生效力，而预售合同的备案登记仅仅为行政部门对商品房买卖合同的行政管理措施，并非产权确认。因此，“预查封”阶段，买受人对房屋不享有产权，所有权归开发商。同时，“预查封”的查封对象亦不是针对房屋本身，而是买受人基于买卖合同享有的要求开发商办理产权登记的债权。如前文所述，预查封的效力仅旨在限制债务人对于标的物的处分权，但并不能限制买卖合同的合理解除。

《最高人民法院关于人民法院民事执行中查封、扣押、冻结财产的规定》第18条规定：“被执行人购买第三人的财产，已经支付部分价款并实际占有该财产，但第三人依合同约定保留所有权，申请执行人已向第三人支付剩余价款或者第三人书面同意剩余价款从该财产变价款中优先支付的，人民法院可以查封、扣押、冻结。第三人依法解除合同的，人民法院应当准许，已经采取的查封、扣押、冻结措施应当解除，但人民法院可以依据申请执行人的申请，执行被执行人因支付价款而形成的对该第三人的债权。”

据此，随着买受人对开发商享有的债权消灭，“预查封”的查封对象已不存在，相应的预查封及执行应当撤销、中止。

案例62：某房地产公司与毛某执行异议纠纷案

基本案情

2009年12月29日，某房地产公司与孙某签订《预售商品房买卖合同》，首付款108万元，余款400万元由孙某贷款支付。后因孙某未按约还款，银行提前收贷，某房地产公司承担了连带清偿责任。在某房地产公司诉孙某房屋买卖合同纠纷中，法院于2013年9月17日作出民事调解书，解除双方签订的《商品房买卖合同》。另，在毛某与孙某等民间借贷纠纷案中，某法院查封了孙某购买的上述房屋，并判决要求孙某对偿还毛某1000万元承担连带清偿责任，后该案经申请立案执行。

执行法院在执行过程中，某房地产公司依据民事调解书提出执行异议，认为因商品房买卖合同已解除，房屋归某房地产公司所有，请求中止执行措施。

裁判观点

法院经审查后认为，根据《最高人民法院关于人民法院民事执行中查封、扣押、冻结财产的规定》第 18 条“被执行人购买第三人的财产……人民法院可以查封、扣押、冻结。第三人依法解除合同的，人民法院应当准许，已经采取的查封、扣押、冻结措施应当解除，但人民法院可以依据申请执行人的申请，执行被执行人因支付价款而形成的对该第三人的债权”之规定，法院预查封不影响预售商品房合同当事人行使约定解除权。预售商品房合同经裁判解除后，法院应当中止对预查封房屋的执行，但有权执行被执行人在开发商处的到期债权。

裁判结果

执行法院认为某房地产公司异议成立，裁定中止执行，并解除对房屋的查封措施。

案例 63：某房地产公司与某小额贷款股份有限公司、徐某案外人执行异议之诉案

基本案情

某房地产公司与徐某签订《商品房买卖合同》及补充协议后，徐某未办理案涉房屋的产权登记事宜。后因徐某拖欠银行贷款，导致某房地产公司向银行承担相应担保责任。某房地产公司向人民法院起诉徐某，请求判决解除《商品房买卖合同》。法院经审理后判决解除了某房地产公司与徐某签订的《商品房买卖合同》，且该判决生效。另，因某小额贷款股份有限公司与徐某的借款纠纷案，经某小额贷款股份有限公司申请，法院对案涉房屋采取了保全查封。

某房地产公司对查封法院提出执行异议，被该法院裁定驳回，遂向法院提起案外人执行异议之诉，请求判令解除对系争房屋的保全措施及执行措施。

裁判观点

法院认为，买受人（债务人）所购房屋仅办理预售合同备案登记，未办理不

动产物权登记的，债务人对该房屋仅享有债权而非所有权。开发商在债务人房屋被预查封后，仍有权根据商品房买卖合同约定在承担阶段性担保责任后解除合同。开发商办理房屋初始登记的行为，并不构成对执行行为的规避。《商品房买卖合同》被解除后，针对房屋的执行行为应停止，合同解除后的退房款可作为执行标的。

裁判结果

法院判决停止对案涉房屋的执行，解除保全措施。

律师分析

（四）关于对《最高人民法院关于人民法院办理执行异议和复议案件若干问题的规定》第26条第2款的理解和适用问题

《最高人民法院关于人民法院办理执行异议和复议案件若干问题的规定》第26条第2款规定："金钱债权执行中，案外人依据执行标的被查封、扣押、冻结后作出的另案生效法律文书提出排除执行异议的，人民法院不予支持。"据此则有观点认为，开发商根据合同解除的判决书或者调解书向已对房屋采取保全措施的执行法院提出执行异议时，不应当得到支持。笔者认为，这是对司法解释条款的曲解。

《最高人民法院关于人民法院办理执行异议和复议案件若干问题的规定》第25条规定："对案外人的异议，人民法院应当按照下列标准判断其是否系权利人：（一）已登记的不动产，按照不动产登记簿判断；未登记的建筑物、构筑物及其附属设施，按照土地使用权登记簿、建设工程规划许可、施工许可等相关证据判断；（二）已登记的机动车、船舶、航空器等特定动产，按照相关管理部门的登记判断；未登记的特定动产和其他动产，按照实际占有情况判断；（三）银行存款和存管在金融机构的有价证券，按照金融机构和登记结算机构登记的账户名称判断；有价证券由具备合法经营资质的托管机构名义持有的，按照该机构登记的实际投资人账户名称判断；（四）股权按照工商行政管理机关的登记和企业信用信息公示系统公示的信息判断；（五）其他财产和权利，有登记的，按照登记机构的登记判断；无登记的，按照合同等证明财产权属或者权利人的证据判断。

“案外人依据另案生效法律文书提出排除执行异议，该法律文书认定的执行标的权利人与依照前款规定得出的判断不一致的，依照本规定第二十六条规定处理。”

第26条规定：“金钱债权执行中，案外人依据执行标的被查封、扣押、冻结前作出的另案生效法律文书提出排除执行异议，人民法院应当按照下列情形，分别处理：（一）该法律文书系就案外人与被执行人之间的权属纠纷以及租赁、借用、保管等不以转移财产权属为目的的合同纠纷，判决、裁决执行标的归属于案外人或者向其返还执行标的且其权利能够排除执行的，应予支持；（二）该法律文书系就案外人与被执行人之间除前项所列合同之外的债权纠纷，判决、裁决执行标的归属于案外人或者向其交付、返还执行标的的，不予支持。（三）该法律文书系案外人受让执行标的的拍卖、变卖成交裁定或者以物抵债裁定且其权利能够排除执行的，应予支持。

“金钱债权执行中，案外人依据执行标的被查封、扣押、冻结后作出的另案生效法律文书提出排除执行异议的，人民法院不予支持。

“非金钱债权执行中，案外人依据另案生效法律文书提出排除执行异议，该法律文书对执行标的权属作出不同认定的，人民法院应当告知案外人依法申请再审或者通过其他程序解决。

“申请执行人或者案外人不服人民法院依照本条第一、二款规定作出的裁定，可以依照民事诉讼法第二百二十七条规定提起执行异议之诉。”

首先，执行异议应根据第25条的规定对被执行财产权利人进行判断，尤其是涉及未经登记的不动产的，应按照土地权属证书、规划许可、施工许可等予以判断，当该判断与生效法律文书确定权利人不一致时，才按照第26条规定的方式处理。商品房买卖合同中，房屋尚未办理产权登记的，其所有权归属开发商所有本就是无可争议的事实，对此也很容易进行判断，通过土地使用权证书、建设工程规划许可证、施工许可证、商品房预售许可证等，均能容易判断开发商为房屋的所有权人，该商品房即使在房管部门予以备案公开，买受人所享有的也只是物权期待权而不是房屋本身的所有权，开发商据以提出执行异议的生效法律文书认定房屋归开发商所有且买受人应当予以返还本就是与前述判断一致，此时本就不应当适用第26条。

其次，第26条第2款规定案外人依据在查封之后生效的法律文书提出执行异议的不予支持，其目的是为防止被执行人与案外人串通转移财产以逃避债务，维持查封的司法效力。加之在法院采取查封措施时，执行标的一般情形下没有发生交付占有或者转移登记（否则法院也无法查封），按照《物权法》的规定，财产所有权转移应在交付占有或者转移登记后发生效力，查封后所有权转移也不可能再进行，仅凭另案生效法律文书来提出排除执行标的的异议显然存在问题。但是商品房买卖尚未办理产权转移登记前，房屋所有权本就归属于开发商，解除合同是消灭合同关系从而回到合同签订前的财产状态，其并非转移财产所有权后来排除执行，显然也不应当适用第26条第2款之规定。

最后，执行程序中对于异议审查主要是形式审查，并不对实体权利进行处理，第26条虽然规定了多种不予支持的情形，但是并没有简单剥夺案外人的权利，因此其第4款规定对于执行异议裁定不服的，当事人有权提起异议诉讼，旨在通过执行异议诉讼全面审查权利实体争议，避免错误执行。

总之，笔者认为，不论是否应当适用前述规定第26条第2款，只要开发商解除商品房买卖合同不是不正当地协助债务人逃避执行，或者实现非法目的，均应当支持该执行异议。现以笔者代理的鸿汇公司与赖某、蒋某执行异议诉讼再审案进一步说明本观点。

案例64：鸿汇公司与赖某、蒋某案外人执行异议之诉再审案

基本案情

鸿汇公司于2015年9月17日为其购房人蒋某代偿其所拖欠银行借款本息及相关费用合计1,950,936.22元，依据买卖合同约定向某仲裁委员会申请仲裁，2016年1月25日，仲裁委员会裁决确认鸿汇公司与蒋某签订的《商品房买卖合同》及《商品房买卖合同补充协议》于裁决生效之日解除，蒋某应协助鸿汇公司办理撤销《商品房买卖合同》备案的有关手续。某区法院因债权人赖某诉蒋某民间借贷纠纷案，于2014年7月31日查封蒋某所购房屋。2015年11月26日，鸿汇公司向某区法院提出异议，请求解除对该房屋的查封并停止对该房屋的执行。某区法院裁定驳回该执行异议。2015年12月30日，鸿汇公司对该裁定不服，以赖某为被告、蒋某为第三人向某区法院提起执行异议诉讼。

裁判观点

一审、二审法院均认为，对于蒋某购买的已由鸿汇公司办理了房屋权属初始登记及登记备案的房屋，一审法院可以进行预查封，预查封的效力等同于正式查封。按照《最高人民法院关于适用〈中华人民共和国民事诉讼法〉的解释》第479条第1款“在执行中，被执行人通过仲裁程序将人民法院查封、扣押、冻结的财产确权或者分割给案外人的，不影响人民法院执行程序的进行”之规定，预查封的效力等同于正式查封，因此，一旦被查封人的某项权利被预查封，被查封人就应维持其该项权利的效力，而不得通过仲裁程序等处置被预查封的权利，即便有此行为，也不影响人民法院执行程序的进行。但在一审法院预查封以后，鸿汇公司向仲裁委员会申请解除《商品房买卖合同》，该仲裁裁决的直接后果就是致使蒋某丧失取得房屋所有权的可能，其实质是在未经执行法院审查同意的情形下，借由仲裁裁决达到解除《商品房买卖合同》，从而处分被预查封财产的目的，客观上导致了人民法院采取的预查封措施因失去查封对象而落空，使预查封措施形同虚设，执行该财产不再成为可能。故鸿汇公司申请仲裁的行为实为借仲裁裁决对抗人民法院实施的预查封及房屋转移登记后将进行的执行措施而为，该仲裁裁决妨碍了人民法院的执行行为，其效力不应得到人民法院的认可，即鸿汇公司在房屋预查封期间无权解除与蒋某签订的《商品房买卖合同》，该商品房买卖合同应继续履行，预查封措施也应予维持。因此，鸿汇公司请求停止执行的理由不能成立。一审、二审法院均判决驳回鸿汇公司的诉请。

鸿汇公司依法向四川省高级人民法院申请再审，2017年10月16日，四川省高级人民法院裁定对本案再审。2018年11月27日，该院下达再审判决。

再审法院认为，其一，鸿汇公司行使解除权符合法律规定和合同约定。其二，《最高人民法院关于人民法院民事执行中查封、扣押、冻结财产的规定》第26条规定：“被执行人就已经查封、扣押、冻结的财产所作的转移、设定权利负担或者其他有碍执行的行为，不得对抗申请执行人。第三人未经人民法院准许占有查封、扣押、冻结的财产或者实施其他有碍执行的行为的，人民法院可以依据申请执行人的申请或者依职权解除其占有或者排除其妨害。人民法院的查封、扣押、冻结没有公示的，其效力不得对抗善意第三人”。《最高人民法院关于适用〈中华人民共和国民事诉讼法〉的解释》第479条第1款规定：“在执行中，被执行人通过仲裁程序将人民法院查封、扣押、冻结的财产确权或者分割给案外人的,不影响人民法院执行程序的进行。”上述针对查封财产的规定仅限制了被执行人、第三人在查封标的上以规避执行为目的而再次设定权利负担、改变权属及占有现状的行为,但并未禁止当事人不以规避执行行为目的而对被查封财产上原有基础法律关系依法变更的权利。案涉房屋初始登记在鸿汇公司名下,所有权人为鸿汇公司,未交付给蒋某使用,也未转移登记给蒋某,因此,蒋某未取得房屋的所有权,也未实际占有该房屋,仅享有《商品房买卖合同》上的相关债权。因蒋某违反合同约定,鸿汇公司依法解除双方签订《商品房买卖合同》,并不是通过仲裁程序将蒋某拥有产权的房屋确权给鸿汇公司,而是依法对鸿汇公司与蒋某之间预售商品房买卖合同关系的变更,不属于规避人民法院执行的行为。且赖某没有提供证据证明鸿汇公司与蒋某之间系恶意串通解除合同,以达到规避执行的目的。因此,原审法院适用上述条文,认为不应停止对房屋的执行,系适用法律错误,法院予以纠正。合同解除后,人民法院的执行行为已没有法律基础和事实基础,应依法停止对房屋的执行,解除预查封,但人民法院可就鸿汇公司应退还给蒋某的购房款继续查封、扣押。

裁判结果

再审法院判决撤销一审、二审判决,房屋归鸿汇公司所有,停止对该房屋的执行并解除其预查封。

律师分析

本案笔者代理鸿汇公司提出执行异议和执行异议之诉,案件历经一审、二审和再审,通过长达 3 年的时间最终鸿汇公司获得了理想的诉讼结果。一审、二审法院的判决内容,可以明显看出近乎“本能”地竭力维护其采取的司法查封的效力,因其认为鸿汇公司解除买卖合同的后果是直接导致其执行无法进行,故不认可鸿汇公司有权解除买卖合同的主张,甚至对于该房屋已取得初始产权证书、所有权应归鸿汇公司的基本观点也不予认可。四川省高级人民法院之所以裁定再审,正是依据《最高人民法院关于人民法院民事执行中查封、扣押、冻结财产的规定》第 18 条“第三人依法解除合同的,人民法院应当准许,已经采取的查封、扣押、冻结措施应当解除”的规定。而其在再审判决书中也旗帜鲜明地阐明了该解除行为并不以规避执行为目的应当予以支持的观点,令人信服。

第四章　交付篇

第一节
商品房交付条件的合同约定和法律界定

商品房交付，是商品房出卖人即房地产开发商履行《商品房买卖合同》的重要义务之一。在商品房交付中，房地产开发商与购房者之间对于商品房交付条件的争议是最大的。对于商品房（建筑工程）的交付条件，我国多部法律、法规以及地方性法规都有所涉及并先后作了相应的规定，同时全国各地房地产主管部门出台的商品房买卖合同示范文本中也都对商品房的交付条件作了相应的指引性要求，而之所以实际交付产生争议的重要原因，在于开发商及购房者对于有关商品房交付条件的法律、法规的理解不一致，以及各地实行的商品房买卖合同示范文本条款设计存在不严谨、不明确之外，从而导致此类商品房交付纠纷不断出现并呈愈演愈烈之势。交付纠纷损害交易双方的利益，同样影响经济秩序和交易安全，所以厘清、化解商品房交付环节存在的各种问题就显得尤为重要。

一、关于"竣工验收合格"与"竣工验收备案"的交付条件辨析

《建筑法》第61条规定："交付竣工验收的建筑工程，必须符合规定的建筑工程质量标准，有完整的工程技术经济资料和经签署的工程保修书，并具备国家规定的其他竣工条件。建筑工程竣工经验收合格后，方可交付使用；未经验收或

者验收不合格的，不得交付使用。”《城市房地产管理法》第 27 条规定：“房地产开发项目的设计、施工，必须符合国家的有关标准和规范。房地产开发项目竣工，经验收合格后，方可交付使用。”《建设工程质量管理条例》第 16 条规定：“建设单位收到建设工程竣工报告后，应当组织设计、施工、工程监理等有关单位进行竣工验收。建设工程竣工验收应当具备下列条件：（一）完成建设工程设计和合同约定的各项内容；（二）有完整的技术档案和施工管理资料；（三）有工程使用的主要建筑材料、建筑构配件和设备的进场试验报告；（四）有勘察、设计、施工、工程监理等单位分别签署的质量合格文件；（五）有施工单位签署的工程保修书。建设工程经验收合格的，方可交付使用。”《城市房地产开发经营管理条例》第 17 条规定：“房地产开发项目竣工，依照《建设工程质量管理条例》的规定验收合格后，方可交付使用。”

基于上述规定，商品房项目在建设完成之后实现“竣工验收合格”方可交付使用，这属于强制性交付条件。同时，《建设工程质量管理条例》第 49 条第 1 款规定：“建设单位应当自建设工程竣工验收合格之日起 15 日内，将建设工程竣工验收报告和规划、公安消防、环保等部门出具的认可文件或者准许使用文件报建设行政主管部门或者其他有关部门备案。”《房屋建筑和市政基础设施工程竣工验收备案管理办法》第 4 条规定：“建设单位应当自工程竣工验收合格之日起 15 日内，依照本办法规定，向工程所在地的县级以上地方人民政府建设主管部门（以下简称备案机关）备案。”第 5 条规定：“建设单位办理工程竣工验收备案应当提交下列文件：（一）工程竣工验收备案表；（二）工程竣工验收报告。竣工验收报告应当包括工程报建日期，施工许可证号，施工图设计文件审查意见，勘察、设计、施工、工程监理等单位分别签署的质量合格文件及验收人员签署的竣工验收原始文件，市政基础设施的有关质量检测和功能性试验资料以及备案机关认为需要提供的有关资料；（三）法律、行政法规规定应当由规划、环保等部门出具的认可文件或者准许使用文件；（四）法律规定应当由公安消防部门出具的对大型的人员密集场所和其他特殊建设工程验收合格的证明文件；（五）施工单位签署的工程质量保修书；（六）法规、规章规定必须提供的其他文件。住宅工程还应当提交《住宅质量保证书》和《住宅使用说明书》。”据此有观点认为，商品房实现“竣工验收合格”的交付条件，应当还包括完成“竣工验收备案”，或者说，“竣工验收备案”属于法定强制性交付条件。

实际上，从《建设工程质量管理条例》第 49 条本身的规定来看，“建设单位应当自建设工程竣工验收合格之日起15日内,将建设工程竣工验收报告和规划、公安消防、环保等部门出具的认可文件或者准许使用文件报建设行政主管部门或者其他有关部门备案”,可见“竣工验收合格”与“竣工验收备案”属于两个不同的流程,不能混为一谈。开发商在完成商品房建设之后,组织施工、设计、勘察、监理依法进行竣工验收并形成《竣工验收报告》(俗称“五方验收报告”)即为完成“竣工验收”的主要标志,而后在完成其他环节验收程序后,将相关资料送交主管部门进行竣工验收备案是按照行政管理要求实施的行为,也是之后进行不动产首次登记的必备条件之一,但该备案行为不属于“竣工验收合格”的内容,也即《商品房买卖合同》若约定“竣工验收合格”为交付条件的,“竣工验收备案表(证)”不是交付条件的内容,也不属于“竣工验收合格”的证明文件。

案例65:石某与大连某置业公司商品房销售合同纠纷申请再审案

基本案情

2013年8月14日,石某与大连某置业公司签订《商品房买卖合同》,约定石某购买大连某置业公司开发的商品房一套。《商品房买卖合同》第8条约定:“出卖人应当在2014年10月30日前,依照国家和地方人民政府的有关规定,将具备下列第___种条件,并符合本合同约定的商品房交付买受人使用……5.经建设单位组织建筑工程验收合格并由勘查、设计、监理、施工、建设单位出具验收报告。”《商品房买卖合同》第9条约定,“除本合同第八条规定的特殊情况外,出卖人如未按本合同规定的期限将该商品房交付买受人使用,逾期不超过90日,自本合同第八条规定的最后交付期限的第二天起至实际交付之日止,出卖人按日向买受人支付已交付房价款万分之一的违约金;合同继续履行;逾期超过90日后,买受人有权解除合同,买受人解除合同的,出卖人应当自买受人解除合同通知到达之日起60天内退还全部已付款,并按买受人累计已付款的3%向买受人支付违约金;买受人要求继续履行合同的,合同继续履行,自本合同第八条规定的最后交付期限的第二天起至实际交付之日止,出卖人按日向买受人支付已交付房价款万分之三的违约金。”同日,石某、大连某置业公司签订《补充协议》,第6条第1款约定:“鉴于政府部门只在项目小区整体竣工验收后方接受出卖人办理《竣工验收备案表》,为此,买受人已知悉《商品房买卖合同》第八条约定的交房时间到来时出卖人尚未取得《竣工验收备案表》，买受人同意按《商品房买卖合同》第八条约定的交房条件接收房屋，买受人不要求以出卖人取得《竣工验收备案表》作为房屋的交付条件。”合同订立后，石某交纳了房款1,410,662元。2014年9月20日，大连某置业公司向石某交付了案涉房屋。2014年8月30日，大连某建设集团有限公司、大连某监理公司、辽宁某勘察院、浙江某设计公司、大连某置业有限公司就案涉工程分别出具了《工程竣工报告》《工程质量评估报告》《勘查文件质量检查报告》《设计文件质量检查报告》《工程竣工验收报告》。2014年9月25日，大连市公安消防局出具了案涉工程的《建设工程竣工验收消防备案凭证》。石某认为大连某置业公司未将符合法定交付标准的房屋交付给原告，案涉房屋未通过消防验收、未办理竣工验收备案，大连某置业公司明显违反法定及约定义务，应按照合同约定向石某承担违约责任。故原告诉至法院，请求法院判决大连某置业公司支付逾期交房违约金117,226元。

该案经一审、二审判决后，石某向某高级人民法院申请再审。

裁判观点

一审法院认为：商品房交付应符合合同约定及法律、行政法规的强制性规定。本案的争议焦点在于，石某、大连某置业公司于《商品房买卖合同》第8条中约定的商品房交付条件是否符合法律及行政法规的强制性规定，是否合法有效。《城市房地产管理法》第27条第2款规定：“房地产开发项目竣工，经验收合格后，方可交付使用。”《建筑法》第61条第2款规定：“建筑工程竣工经验收合格后，方可交付使用；未经验收或者验收不合格的，不得交付使用。”《建设工程质量管理条例》第16条规定：“建设单位收到建设工程竣工报告后，应当组织设计、施工、工程监理等有关单位进行竣工验收……建设工程经验收合格的，方可交付使用。”本案中，石某、大连某置业公司签订的《商品房买卖合同》中关于房屋交付约定为“大连某置业公司应当在2014年10月30日前，依照国家和地方人民政府的有关规定，将经建设单位组织建筑工程验收合格并由勘查、设计、监理、施工、建设单位出具验收报告，并符合本合同约定的商品房交付买受人使用”。上述约定的交付条件符合法律及行政法规的强制性规定，不存在免除大连某置业公司责任、加重石某审核义务的问题，合法有效。《建筑工程质量管理条例》第49条第1款规定：“建设单位应当自建设工程竣工验收合格之日起15

日内，将建设工程竣工验收报告和规划、公安消防、环保等部门出具的认可文件或者准许使用文件报建设行政主管部门或者其他有关部门备案。”上述规定是备案制度的法律依据，备案是告知性的，无须行政机关批准、回复；备案是竣工验收合格后进行的，备案与否不影响竣工验收合格的效力。验收合格是交付的法定条件，而备案不是法律、行政法规规定的交付条件和标准。在双方当事人签订的《商品房买卖合同》未将备案约定为交付条件的情况下，亦不能以未将验收文件备案为由认定大连某置业公司违约。本案中，2014 年 9 月 20 日，大连某置业公司向石某交付房屋时，大连某建设集团有限公司、大连某监理公司、辽宁某勘察院、浙江某设计公司、大连某置业有限公司五家单位已就案涉工程出具了五方验收报告，案涉房屋验收合格，符合双方《商品房买卖合同》约定的交付条件，亦符合法律、行政法规关于商品房交付条件的强制性规定，大连某置业公司交付案涉房屋不构成违约。据此，法院认定案涉《商品房买卖合同》合法有效，大连某置业公司已履行交付符合交房条件的房屋之合同义务。

二审法院认为：关于石某提出案涉房屋不符合约定的交付条件一节，从已查明的事实可知，案涉商品房买卖合同约定，大连某置业公司应当在 2014 年 10 月 30 日前，依照国家和地方人民政府的有关规定，将具备下列第 5 种条件（经建设单位组织建筑工程验收合格并由勘查、设计、监理、施工、建设单位出具验收报告），并符合本合同约定的商品房交付买受人使用。根据相关规定，建设单位是工程竣工验收的组织者，勘察、设计、施工、监理等相关单位是工程竣工验收的实施者，故“经建设单位组织建筑工程验收合格”应指建设单位组织案涉工程的勘察、设计、监理、施工单位对案涉工程验收合格后作出的结论。且我国自 2013 年始实行工程竣工验收制度改革，将政府负责工程质量验收的制度划分为企业验收、政府备案两个阶段，将竣工验收作为建设单位的企业责任。2013 年住房和城乡建设部发布实施的《房屋建筑和市政基础设施工程竣工验收规定》将 2000 年《房屋建筑工程和市政基础设施工程竣工验收暂行规定》中要求在工程竣工验收前需由城乡规划行政主管部门对工程是否符合规划设计要求出具认可文件及由公安消防、环保等部门出具认可文件或者准许使用文件的规定取消。因此，在大连某置业公司已经提交了案涉工程勘察、设计、施工、监理、建设单位出具的工程符合要求、质量合格报告的情况下，应认定案涉房屋已经建设单位组织建筑工程验收合格。

关于合同约定的交付条件中“依照国家和地方人民政府的有关规定”“符合本合同约定”如何理解，二审法院认为，商品房交付应符合合同约定及法律、行政法规的强制性规定。首先,关于房屋的交付是否符合合同约定,案涉商品房买卖合同除合同条款外,还附有相关附件,如上阐述,案涉房屋已经建设单位组织建筑工程验收合格,符合合同条款的约定,且石某现未提供证据证明案涉房屋存在不符合合同及附件中关于房屋交付标准或装修标准约定的情形,故应认定案涉房屋符合合同约定的交付条件。其次,关于是否符合法律、行政法规的强制性规定。《城市房地产管理法》第 27 条第 2 款规定:"房地产开发项目竣工,经验收合格后,方可交付使用。"《建筑法》第 61 条第 2 款规定:"建筑工程竣工经验收合格后,方可交付使用;未经验收或者验收不合格的,不得交付使用。"《建设工程质量管理条例》第 16 条规定:"建设单位收到建设工程竣工报告后,应当组织设计、施工、工程监理等有关单位进行竣工验收。……建设工程经验收合格的,方可交付使用。"本案中,石某与大连某置业公司签订的《商品房买卖合同》是由住房和城乡建设部、国家工商总局制发的《商品房买卖合同示范文本》(GF-2000-0171)。其中关于房屋交付,约定为"经建设单位组织建筑工程验收合格并由勘查、设计、监理、施工、建设单位出具验收报告。"上述约定的交付条件,符合法律及行政法规的强制性规定,不存在免除大连某置业公司责任、加重石某审核义务的问题,合法有效。综上分析,案涉房屋的交付符合合同约定及法律、行政法规的强制性规定。

关于石某提出案涉房屋在公安消防部门的消防备案抽查中被确认为不合格,不符合交付使用条件一节,案涉合同中有关房屋交付条件系双方当事人自愿协商确定的,根据《合同法》第 52 条第 5 项的规定,只有违反法律和行政法规的强制性规定,才能确认合同无效。强制性规定包括管理性规范和效力性规范,管理性规范旨在管理和处罚违反规定的行为,但并不否认该行为在民商法上的效力;只有违反了效力性的强制性规范,才应当认定合同条款无效。本案中,石某提及的《消防法》属于管理性的强制性规定,违反上述法律条款将依法承担相应的法律责任,但不能致使合同条款无效。双方在合同中已明确约定"经建设单位组织建筑工程验收合格"为案涉房屋的交付条件,消防验收备案登记并不是合同约定的交付条件,现大连某置业公司提供的证据已经证明案涉房屋经建设单位组织验收合格且不存在不符合合同约定或法律、法规强制性规定交付条件的情形,即应认定案涉房屋符合合同约定的交付条件。所以,即使存在违反《消防法》的情形,亦不影响双方在合同中对房屋交付条件约定的有效性。至于消防备案抽查是否合格,属于公安消防部门行政管理的范畴,不能以相关职能部门的管理行为认定案涉合同约定的交付条件无效或房屋不符合合同约定的交付条件。故购房人此项主张不能得到支持。

关于购房人提出大连某置业公司在房屋不具备交付条件情况向石某交付房屋,其应以房屋符合交付条件之日作为交付日期并应承担逾期交房违约责任一节,二审法院认为,从已查明的事实可以确定,案涉合同约定的交付条件仅是“经建设单位组织建筑工程验收合格并由勘查、设计、监理、施工、建设单位出具验收报告”,并未约定竣工验收备案作为房屋的交付条件。且《补充协议》第6条第1款约定:“鉴于政府部门只在项目小区整体竣工验收后方接受出卖人办理《竣工验收备案表》,为此,买受人已知悉《商品房买卖合同》第八条约定的交房时间到来时出卖人尚未取得《竣工验收备案表》,买受人同意按《商品房买卖合同》第八条约定的交房条件接收房屋,买受人不要求以出卖人取得《竣工验收备案表》作为房屋的交付条件。”又因《建筑工程质量管理条例》第49条第1款规定:“建设单位应当自建设工程竣工验收合格之日起15日内,将建设工程竣工验收报告和规划、公安消防、环保等部门出具的认可文件或者准许使用文件报建设行政主管部门或者其他有关部门备案。”上述行政法规是备案制度的法律依据,备案是竣工验收合格后进行的,备案与否不影响竣工验收合格的效力。验收合格是交付的法定条件,而备案不是法律、行政法规规定的交付条件和标准。在案涉合同并未将备案约定为交付条件,而大连某置业公司已经提交了案涉工程的勘察、设计、施工、监理、建设单位分别出具的工程符合要求、质量合格的报告的情况下,大连某置业公司向石某交付的房屋符合合同约定的交房条件。

再审申请法院认为:商品房交付应符合合同约定及法律、行政法规的强制性规定。本案中,石某与大连某置业公司签订的《商品房买卖合同》中关于房屋交付约定的条件,符合法律及行政法规的强制性规定,不存在免除大连某置业公司责任、加重石某审核义务的问题,合法有效。大连某置业公司向石某交付房屋时,大连某监理公司等五单位已就案涉工程出具了五方验收报告,案涉房屋验收合格,符合双方《商品房买卖合同》约定的交付条件,大连某置业公司交付案涉房屋不构成违约。

关于石某主张案涉房屋不符合法定交付条件的问题,因双方当事人在合同中已明确约定“经建设单位组织建筑工程验收合格”为案涉房屋的交付条件,消防验收备案登记并不是合同约定的交付条件,现大连某置业公司提供的证据已经证明案涉房屋经建设单位组织验收合格且不存在不符合合同约定或法律、法规强制性规定交付条件的情形，至于消防备案抽查是否合格，属于公安消防部门行政管理的范畴，不能以相关职能部门的管理行为认定案涉合同约定的交付条件无效或房屋不符合合同约定的交付条件。

关于石某主张商品房经验收合格唯一有效法定的证明文件是《建筑工程竣工验收备案证》的问题，因备案是竣工验收合格后进行的，备案与否不影响竣工验收合格的效力。验收合格是交付的法定条件，而备案不是法律、行政法规规定的交付条件和标准，在案涉合同并未将备案约定为交付条件，而大连某置业公司已经提交了案涉工程的质量合格的报告的情况下，大连某置业公司向石某交付的房屋符合合同约定的交房条件。

裁判结果

一审法院对于石某要求大连某置业公司支付逾期交房违约金的诉讼请求不予支持，判决驳回；二审法院判决维持原判。再审申请法院认为石某再审申请理由不成立，裁定驳回其再审申请。

律师分析

2014 年 4 月住房和城乡建设部、国家工商行政管理总局联合制定的《商品房买卖合同（预售）示范文本》（GF－2014－0171）、《商品房买卖合同（现售）示范文本》（GF－2014－0172）中，关于商品房交付条件的约定均相同，均是“该商品房交付时应当符合：1. 该商品房已取得建设工程竣工验收备案证明文件；2. 该商品房已取得房屋测绘报告；3. ________；4. ________。该商品房为住宅的，出卖人还需提供《住宅使用说明书》和《住宅质量保证书》”，这也是导致“竣工验收备案”是否为强制性交付条件在开发商及购房者之间一直争议不断的原因之一。但是，示范文本并非强制性条款，其制定目的是便于交易双方对合同内容的确定，起到直接适用或者参考的作用，双方可以使用合同示范文本订立合同，也可以参照合同示范文本订立合同，这并不代表示范文本所列的“竣工验收备案”为强制性交付条件。示范文本“说明”部分亦写到，各地可在有关法律法规、规定的范围内，结合实际情况调整合同相应的内容。事实上，较多省、市主管部门所制定的示范文本针对商品房的交付条件均提供了选择项，即罗列了竣工验收合格证明文件、竣工验收备案证明文件，合同签署时可勾选其一。

本案中，一审、二审、再审法院的观点均认为“竣工验收备案”不是法律、行政法规规定的强制性交付条件，因此满足双方签订的合同约定的“经建设单位组织建筑工程验收合格”即可交付。目前多数法院认可该观点。例如，《江苏省高级人民法院民一庭商品房买卖合同案件审判疑难问题研究》第 33 项规定：“商品房交付标准如何确定？如果地方政府对于商品房交付有相关规定的，应当按照地方政府的规定执行。如果地方政府对此没有规定，当事人选择了经竣工验收合格，该交付标准只需设计、建设、监理、施工四方验收合格即可，无须经过验收备案。”从现行有效的涉及“竣工验收备案”的行政法规——《建设工程质量管理条例》来看，也仅规定建设单位应当在一定期限内办理竣工验收备案，并未将是否完成竣工验收备案作为商品房交付的强制性规定，因此不能将行政主管部门的备案管理要求作为认定是否满足交付条件的依据。如果建设单位违反相应规定的应受到行政处罚，但不能以此否定交付的效力。

二、关于约定“竣工验收合格”为交付条件的效力辨析

房地产开发是受到行政监管最为严格、所涉监管环节最多的行业之一，在商品房交付环节，除竣工验收之外，项目还需要依法完成一系列相关验收。

《城乡规划法》第 45 条规定：“县级以上地方人民政府城乡规划主管部门按照国务院规定对建设工程是否符合规划条件予以核实。未经核实或者经核实不符合规划条件的，建设单位不得组织竣工验收。建设单位应当在竣工验收后六个月内向城乡规划主管部门报送有关竣工验收资料。”

《消防法》第 13 条规定：“国务院住房和城乡建设主管部门规定应当申请消防验收的建设工程竣工，建设单位应当向住房和城乡建设主管部门申请消防验收。前款规定以外的其他建设工程，建设单位在验收后应当报住房和城乡建设主管部门备案，住房和城乡建设主管部门应当进行抽查。依法应当进行消防验收的建设工程，未经消防验收或者消防验收不合格的，禁止投入使用；其他建设工程经依法抽查不合格的，应当停止使用。”

《节约能源法》第 35 条第 2 款规定：“不符合建筑节能标准的建筑工程，建设主管部门不得批准开工建设；已经开工建设的，应当责令停止施工、限期改正；已经建成的，不得销售或者使用。”

《环境噪声污染防治法》第14条规定:"建设项目的环境噪声污染防治设施必须与主体工程同时设计、同时施工、同时投产使用。建设项目在投入生产或者使用之前,其环境噪声污染防治设施必须按照国家规定的标准和程序进行验收;达不到国家规定要求的,该建设项目不得投入生产或者使用。"

《建设项目环境保护管理条例》第19条第1款规定:"编制环境影响报告书、环境影响报告表的建设项目,其配套建设的环境保护设施经验收合格,方可投入生产或者使用;未经验收或者验收不合格的,不得投入生产或者使用。"

显然,基于上述法律和行政法规之规定,商品发项目建设完成之后未通过相应验收的,不得投入使用。于是问题产生:若商品房交付时,开发商虽然达到"竣工验收合格"条件,但是未通过其他如规划、消防、环保等其中一项或者多项验收的,是否应当承担逾期交付的违约责任?或者说,买卖合同当中仅约定"竣工验收合格"为交付条件,是否有效?

(一)厘清以"综合验收"为交付条件的认知

笔者认为有必要先厘清所谓应以"综合验收"为交付条件的认知。该认知产生的来源是国务院《城市房地产开发经营管理条例》的相关规定。《城市房地产开发经营管理条例》于1998年7月20日施行,历经1次修订、2次修正,分别为2011年修订、2018年和2019年修正。2018年修正前的《城市房地产开发经营管理条例》第17条规定:"房地产开发项目竣工,经验收合格后,方可交付使用;未经验收或者验收不合格的,不得交付使用。房地产开发项目竣工后,房地产开发企业应当向项目所在地的县级以上地方人民政府房地产开发主管部门提出竣工验收申请。房地产开发主管部门应当自收到竣工验收申请之日起30日内,对涉及公共安全的内容,组织工程质量监督、规划、消防、人防等有关部门或者单位进行验收。"第18条规定:"住宅小区等群体房地产开发项目竣工,应当依照本条例第十七条的规定和下列要求进行综合验收:(一)城市规划设计条件的落实情况;(二)城市规划要求配套的基础设施和公共设施的建设情况;(三)单项工程的工程质量验收情况;(四)拆迁安置方案的落实情况;(五)物业管理的落实情况。住宅小区等群体房地产开发项目实行分期开发的,可以分期验收。"此外,住房和城乡建设部于2000年发布的《商品房买卖合同示范文本》(GF-2000-0171)约定的商品房交付条件为"1.该商品房经验收合格。2.该商品房经综合验收合格。3.该商品房经分期综合验收合格。4.该商品房取得商品住宅交付使用批准文件。5. ________。”该示范文本亦将“综合验收”作为交付条件约定的选择指引。由此,“综合验收”应为商品房交付条件成为不少人根深蒂固的观念。

然而,实际上关于“综合验收”的条件早就发生了重大变化。自2000年1月30日实施的国务院《建设工程质量管理条例》第16条规定:“建设单位收到建设工程竣工报告后,应当组织设计、施工、工程监理等有关单位进行竣工验收。建设工程竣工验收应当具备下列条件:(一)完成建设工程设计和合同约定的各项内容;(二)有完整的技术档案和施工管理资料;(三)有工程使用的主要建筑材料、建筑构配件和设备的进场试验报告;(四)有勘察、设计、施工、工程监理等单位分别签署的质量合格文件;(五)有施工单位签署的工程保修书。建设工程经验收合格的,方可交付使用。”其不同于当时适用的《城市房地产开发经营管理条例》的规定,未规定建设单位需要向主管部门提出验收申请,由主管部门组织质监、规划、消防、人防等部门进行综合验收,而仅仅规定由建设单位组织设计、施工、监理等单位进行竣工验收。事实上《建设工程质量管理条例》已经取消了“综合验收”这一流程。其实,早在2002年《国务院关于取消第一批行政审批项目的决定》(国发〔2002〕24号)中就包括了依据原《城市房地产开发经营管理条例》所设立的“房地产开发项目竣工验收”,其中也自然包括“综合验收”。由于行政法规修订的滞后性原因,直到2018年3月19日,《城市房地产经营开发管理条例》修正时才删除了竣工验收申请和综合验收的规定,改为“依照《建设工程质量管理条例》的规定验收合格后,方可交付使用”。至此,两个条例关于竣工验收的规定达到统一。但由此造成的后果就是在此之前仍然有不少观点认为“综合验收”应为商品房交付强制条件。如《山东省高级人民法院2011年民事审判工作会议纪要》第6项关于房屋交付条件中验收合格的理解与适用问题,认为:“依据《城市房地产管理法》第27条和国务院《城市房地产开发经营管理条例》第17条的规定,房地产开发项目竣工,经验收合格后,方可交付使用。根据上述规定,验收合格是房屋出卖人将房屋交付给买受人的法定条件,但对验收合格的标准,司法实践中认识不尽相同。根据我国现行房地产法律、行政法规的规定,房地产开发项目竣工后,房地产开发企业应当向当地行政主管部门提出竣工验收申请,由房地产开发主管部门对涉及公共安全的内容,组织工程质量监督、规划、消防、环保等有关单位进行验收,因此,商品房交付时的验收合格应以有关行政主管部门完成综合验收为标准。因为,房屋的验收合格,除要求房屋的质量符合国家规定的强制性安全标准或者合同约定的标准外，还需要满足买受人或者房屋使用人正常的居住和生活需要，因此，出卖人交付的房屋应是完成了工程竣工验收、消防、配套设施、绿化、环保等综合验收。”

因此，目前商品房项目竣工之后申请相关主管部门对规划、消防、环保、绿化等进行的核实或者验收已不是“综合验收”的流程，“综合验收”亦不再是买卖合同应当约定的交付条件。

（二）关于仅约定“竣工验收合格”为交付条件的效力问题

实际上，关于商品房交付除“竣工验收合格”之外，是否还必须达到其他法律法规所规定的强制性交付条件的争议，归根结底还是对买卖合同中仅约定“竣工验收合格”为交付条件的条款是否有效的问题。

《最高人民法院关于适用〈中华人民共和国合同法〉若干问题的解释（二）》第 14 条规定：“《合同法》第五十二条第五项规定的‘强制性规定’，是指效力性强制性规定。”《最高人民法院关于当前形势下审理民商事合同纠纷案件若干问题的指导意见》第 15 条明确规定：“……注意区分效力性强制规定和管理性强制规定。违反效力性强制规定的，人民法院应当认定合同无效；违反管理性强制规定的，人民法院应当根据具体情形认定其效力。”第 16 条规定：“人民法院应当综合法律法规的意旨，权衡相互冲突的权益，诸如权益的种类、交易安全以及其所规制的对象等，综合认定强制性规定的类型。如果强制性规范规制的是合同行为本身即只要该合同行为发生即绝对地损害国家利益或者社会公共利益的，人民法院应当认定合同无效。如果强制性规定规制的是当事人的‘市场准入’资格而非某种类型的合同行为，或者规制的是某种合同的履行行为而非某类合同行为，人民法院对于此类合同效力的认定，应当慎重把握。……”《最高人民法院关于印发〈全国法院民商事审判工作会议纪要〉的通知》（法〔2019〕254 号）第 30 条规定：“人民法院在审理合同纠纷案件时，要……慎重判断‘强制性规定’的性质，特别是要在考量强制性规定所保护的法益类型、违法行为的法律后果以及交易安全保护等因素的基础上认定其性质……”

笔者认为，竣工验收是否合格属于对商品房本身的质量检验，关乎民生安全，直接关系到公众的人身、财产安全，一旦违反将必然损害国家或社会公共利益，因此，建设单位组织的五方主体的竣工验收属于效力性强制性规定。而《消防法》等法律和行政法规相关验收要求及未经验收不得投入使用的规定，均属于相关主管部门基于管理要求所制定的，属于管理性规范，而非效力性强制规定，相关主管部门在管理、监督过程中，发现开发企业存在违法规定的情况的可以进行处罚，但该处罚属于行政管理的范畴，不能以行政违法而断定交付行为及约定无效。

案例 65 中，石某除认为案涉房屋没有办理竣工验收备案不符合法定交付标准外，还提出案涉房屋未通过消防验收亦不符合法定交付标准。石某提出该观点依据是《消防法》第 13 条，即“依法应当进行消防验收的建设工程，未经消防验收或者消防验收不合格的，禁止投入使用；其他建设工程经依法抽查不合格的，应当停止使用”。石某的该观点与很多购房者相同，认为法律规定未经过消防验收或者消防验收不合格的工程禁止使用、停止使用，此为法律对交付条件的强制性规定，如果商品房未经消防验收或消防验收不合格的则不能交付，即使交付了也因违反法律的强制性规定而无效。二审和再审法院都认为，《消防法》的规定属于管理性的强制性规定，不能以相关职能部门的管理行为认定案涉合同约定的交付条件无效或房屋不符合合同约定的交付条件。

案例 66：杨某、程某与四川某房地产公司商品房销售合同纠纷申请再审案

基本案情

2010 年 9 月 14 日，杨某、程某与四川某房地产公司签订了《商品房买卖合同》，约定杨某、程某购买四川某房地产公司开发的“××花园二期”×栋×楼×号商业用房一套，合同载明：“第十条　交付条件　（一）出卖人应当在 2012 年 6 月 30 日前向买受人交付该商品房。（二）该商品房交付时应当符合下列第 1、2、4、6 项所列条件：1. 该商品房已取得规划验收合格证；2. 有资质的房产测绘机构出具的该商品房面积实测报告书……4. 满足第十一条中出卖人承诺的市政基础设施达到的条件……6. 该商品房取得单体竣工验收合格报告。第十一条　市政基础设施和其他设施的承诺　1：市政基础设施：（1）上水、下水：2012 - 06 - 30 达到可开通条件……第十二条　逾期交房责任　除不可抗力外，出卖人未按照第十条约定的期限和条件将该商品房交付买受人的：（1）逾期在 60 日之内，自第十条约定的交付期限届满之次日起至实际交付之日止，出卖人按日计算向买

受人支付已交付房价款万分之三的违约金……(2)逾期超过60日后,买受人有权退房,买受人退房的,出卖人应当自退房通知送达之日起90日内退还全部已付款,并按照买受人全部已付款的3%向买受人支付违约金……第二十六条 本合同自双方签字(盖章)之日起生效。双方可以根据具体情况对本合同中未约定、约定不明或不适用的内容签订书面补充协议进行变更或补充,但补充协议中含有不合理地减轻或免除本合同中约定应当由出卖人承担的责任或不合理地加重买受人责任、排除买受人主要权利内容的,仍以本合同为准……”双方签订《商品房买卖合同》当日,又签订了《补充协议》一份,载明:“第五条　对《买卖合同》第十条的约定:该商品房达到五大责任主体(开发公司、建筑公司、设计单位、监理公司、地勘公司)验收合格即可交付……”《商品房买卖合同》及《补充协议》签订后,杨某、程某按约支付了购房款170,659元。案涉楼房于2012年5月经竣工验收合格并取得了竣工验收合格证。2012年8月16日,杨某、程某接收了房屋。2013年4月25日,四川某房地产公司取得了案涉楼房的建设工程规划合格证。商品房面积实测报告书未取得。四川某房地产公司根据部分业主的要求为全部购房人加装了上下水。2013年4月23日,杨某、程某向法院提起诉讼,请求判令四川某房地产公司向杨某、程某支付违约金13,958.24元。

本案经一审、二审法院判决后,杨某、程某向某高级人民法院申请再审。

裁判观点

一审法院认为:本案杨某、程某与四川某房地产公司签订的《商品房买卖合同》是双方之间的真实意思表示,内容不违反法律规定,应为有效。杨某、程某与四川某房地产公司在此后签订补充协议作为商品房买卖合同的补充,并对《商品房买卖合同》中第10条关于交房条件的约定进行了变更,根据《合同法》第77条“当事人协商一致,可以变更合同”的规定,该变更应认定为双方当事人的真实意思表示。双方变更后的房屋交付条件为:“该商品房达到五大责任主体(开发公司、建筑公司、设计单位、监理公司、地勘公司)验收合格即可交付。”该约定不违反《建筑法》第61条“建设工程竣工经验收合格后,方可交付使用;未经验收或者验收不合格的,不得交付使用”的规定,因此该变更约定未违反法律规定亦属有效,对双方具有约束力。杨某、程某提出变更后的合同内容,存在不合理地减轻或免除应当由四川某房地产公司承担的责任或不合理地加重买受人责任、排除杨某、程某主要权利的情形,因而无效的主张,没有法律根据,不能成立。四川某房地产公司于合同约定交房之日前取得了竣工验收合格报告,房屋交付的法定条件及双方约定的交房条件均已经满足,杨某、程某并接收了房屋。因此,杨某、程某依据变更前的约定主张四川某房地产公司构成违约不能成立。

二审法院认为:关于案涉补充协议中房屋经五大责任主体验收合格即可交付的约定是否违反国家法律和行政法规强制性规定而无效的问题,根据《合同法》第52条的规定,违反法律、行政法规的强制性规定的合同无效。强制性规范分为效力性规范和管理性规范,管理性强制性规范旨在管理和处罚违反规定的行为,但并不否认该行为在民商法上的效力。而效力性强制性规范不仅旨在处罚违反之行为,而且意在否定其在民商法上的效力。杨某、程某所主张的《城乡规划法》《建筑法》《消防法》《城市房地产开发经营管理条例》《房屋建筑和市政基础设施工程竣工验收备案管理办法》中关于房屋验收、交付的相关规定,均属管理性强制性规范,对平等主体之间商事合同并不产生否定效力。因此,本案中双方在补充协议约定:商品房达到五大责任主体(开发公司、建筑公司、设计单位、监理公司、地勘公司)验收合格即可交付,并未违反法律和行政法规的效力性强制性规定,该约定合法有效。关于案涉补充协议中房屋经五大责任主体验收合格即可交付的约定是否因免除了四川某房地产公司房屋验收的法定义务而应认定为无效的问题。二审法院认为,根据《合同法》第40条"格式条款具有本法第五十二条和第五十三条规定情形的,或者提供格式条款一方免除其责任、加重对方责任、排除对方主要权利的,该条款无效"之规定,双方补充协议中房屋经五大责任主体验收合格即可交付的约定仅变更了双方约定的交房条件,并未免除四川某房地产公司需要完成的消防、规划、环保等专项验收和工程质量验收的法定义务,也未加重杨某、程某的责任,更未排除杨某、程某的权利。

综上,四川某房地产公司与杨某、程某在补充协议中关于交房条件的约定没有违反法律和行政法规的强制性规定,也没有免除一方当事人的责任或加重另一方当事人的责任,该约定应属合法有效。根据该项约定,当事人双方对此前签订的商品房买卖合同所约定的交房条件进行了变更,双方应当按照补充协议约定交房条件履行交房义务。

再审申请法院认为:关于《补充协议》第5条约定房屋经五大责任主体验收合格即可交付的内容是否违反国家法律和行政法规强制性规定而无效的问题。依据《合同法》第52条之规定,违反法律、行政法规的强制性规定的合同无效,强制性规范分为效力性规范和管理性规范。杨某、程某主张的《建筑法》《城乡规划法》《消防法》《城市房地产开发经营管理条例》《建设项目环境保护管理条例》中关于房屋验收和交付的相关规定,均属管理性规范。因此《补充协议》第5条的内容并未违反法律和行政法规效力性强制规定。《补充协议》第5条约定变更的是双方约定的交房条件,只要房屋达到约定交房条件购房者即可收房。而本案中杨某、程某也正是按此约定接收了所购房屋。虽然房屋验收程序延迟至交房之后,并经房屋管理部门和其他相关部门验收合格,可见该约定并未免除四川某房地产公司对工程质量验收和相关专项验收等义务,也未加重申请人的责任、排除其权利。

裁判结果

一审法院判决驳回杨某、程某的诉讼请求;二审法院判决驳回杨某、程某的上诉请求,维持原判。再审申请法院认定再审申请理由不成立,驳回再审申请。

律师分析

本案中,一审法院认为双方签订的《商品房买卖合同》及《补充协议》约定的五大责任主体(开发公司、建筑公司、设计单位、监理公司、地勘公司)验收合格,即可交付的合同条款有效。二审、再审申请法院同样认可该观点,并分析认为《建筑法》《城乡规划法》《消防法》《城市房地产开发经营管理条例》《建设项目环境保护管理条例》中关于房屋验收和交付的相关规定均属管理性规定,《补充协议》约定房屋经五方主体验收合格即可交付的内容未违反法律、行政法规效力性规定,且未免除开发商的验收责任、加重买受人责任、排除买受人主要权利,因此约定有效。在这个案例中,三级法院均肯定了合同约定五方主体验收合格的效力,经建设、监理、施工、勘察、设计五方主体竣工验收合格的房屋满足了强制性的交付条件,因此该约定合法有效。

需要说明的是,"竣工验收合格"约定交付条件的有效并不能排除开发商在交付时未通过其他分项验收的法律责任。一方面,未通过其他验收即交付房屋,相关行政主管部门可根据法律和行政法规的规定予以行政处罚;另一方面,开发商在交付时未通过其他验收虽不承担逾期交房的违约责任,但由此给购房者造成损失的,应当依法承担赔偿责任。

第二节
房屋质量问题引发的逾期交付争议

预售房屋的交房阶段是购房者第一次真正意义上查验所购房屋，查验过程中，不可避免会发生购房者以该房屋存在质量问题如主体质量、地面、墙面局部裂缝、空鼓、渗漏水或入户门及窗户刮伤、损坏等为由拒绝收房或要求开发商整改后再收房的情形，这就导致开发商无法在买卖合同约定的期限内完成交房及相关手续。《合同法》第148条规定："因标的物质量不符合质量要求，致使不能实现合同目的的，买受人可以拒绝接受标的物或者解除合同……"《商品房销售管理办法》第35条规定："商品房交付使用后，买受人认为主体结构质量不合格的，可以依照有关规定委托工程质量检测机构重新核验。经核验，确属主体结构质量不合格的，买受人有权退房；给买受人造成损失的，房地产开发企业应当依法承担赔偿责任。"

实务中发生的质量问题，按照其严重程度区分，可以分为两类：一类为一般性质量瑕疵，如局部裂缝、渗水、空鼓；另一类为严重影响正常居住使用、影响合同目的的实现的质量瑕疵，如结构性裂缝，大面积漏水等或者主体结构质量问题。《最高人民法院关于审理商品房买卖合同纠纷案件适用法律若干问题的解释》第12条规定："因房屋主体结构质量不合格不能交付使用，或者房屋交付使用后，房屋主体结构质量经核验确属不合格，买受人请求解除合同和赔偿损失的，应予支持。"第13条第1款规定："因房屋质量问题严重影响正常居住使用，买受人请求解除合同和赔偿损失的，应予支持。"另外，部分省高级人民法院[1]、市中

---

〔1〕 如《北京市高级人民法院关于审理房屋买卖合同纠纷案件若干疑难问题的会议纪要》（京高法发〔2014〕489号）第13条规定："买受人拒绝接收商品房的处理　出卖人交付的房屋符合商品房买卖合同约定及法定的强制性交付条件和质量标准，买受人以房屋质量存在表面瑕疵为由拒绝接收房屋，并要求出卖人承担逾期交房违约责任的，一般不予支持，但买受人确有证据证明房屋在交付时存在功能性质量瑕疵以致严重影响正常居住使用的除外。买受人接收房屋不影响出卖人对房屋的质量瑕疵承担保修义务。"

级人民法院[1]出台的关于购房者以房屋质量问题要求开发商承担逾期交房违约责任的指导意见,基本上均采用《最高人民法院关于审理商品房买卖合同纠纷案件适用法律若干问题的解释》第12条、第13条的规定。换言之,各地法院对购房者以房屋质量问题要求开发商承担逾期交房违约责任的裁判观点较为统一,争议较小,即从法律法规的角度出发,购房者可以房屋主体结构不合格或房屋存在质量问题严重影响正常居住使用等情形拒绝收房,并要求开发商承担逾期交房的违约责任。

一、一般性质量瑕疵不构成逾期交付

商品房并非精密产品,房屋交付时存在质量瑕疵在所难免。实践中存在的较大争议是,当房屋存在质量问题时,购房者会要求开发商进行修复整改,并拒绝接房,开发商修复整改完成后,购房者办理交接手续,此时往往会提出要求开发商承担逾期交付责任的诉求,并拒绝缴纳修复整改期间的物业服务费用。而开发商认为,修复整改是其依照法律规定和合同约定的保修义务,不影响房屋交付,更不应当承担逾期交付的违约责任。此类纠纷,在涉及商品房交付的诉讼案件中占据较大比例。

案例67:沈某、韩某与浙江某置业公司商品房销售合同纠纷上诉案

基本案情

沈某、韩某与浙江某置业公司(以下简称置业公司)于2013年7月23日签订《商品房买卖合同》一份,约定沈某、韩某购买置业公司所开发的商品住宅一套,建筑面积95.83平方米,商品房单价为12,031元/平方米,总价款为1,152,931元。合同约定出卖人应当在2015年12月31日前将符合下列各项条

〔1〕如《成都市中级人民法院商品房买卖合同案件的审理指南(试行)》(成中法发〔2017〕129号)第11条规定:"买受人拒绝接收商品房的处理　出卖人交付的商品房符合约定或法定的交付条件和质量标准,买受人以商品房存在质量瑕疵为由拒绝接收房屋并要求出卖人承担逾期交房违约责任的,一般不予支持,但买受人确有证据证明交付的商品房存在严重影响正常居住使用功能的质量问题除外。买受人接收房屋不免除出卖人对商品房质量问题所应承担的维修保养义务。"

件的商品房交付买受人:建设工程经竣工验收合格,并取得建设工程竣工验收备案证明;取得法律、行政法规规定应当由规划、公安消防、环保等部门出具的认可文件或准许使用文件;用水、用电、用气、道路、电梯、绿化、排污等具有商品房正常使用的基本条件;除本合同第9条规定的特殊情况以外,出卖人如未按本合同规定的期限将该商品房交付买受人使用,按下列第一种方式处理:(1)逾期时间不超过90日,自本合同第9条规定的最后期限的第二天起至实际交付之日止,出卖人按日向买受人支付已交付房价款万分之一的违约金,合同继续履行;(2)逾期超过90日后,买受人有权解除合同。买受人解除合同的,出卖人应当自买受人解除合同通知到达之日起30日内退还全部已付购房款,并按买受人累计已付购房款的1%向买受人支付违约金;买受人要求继续履行合同的,合同继续履行,自本合同第9条规定的最后交付期限的第二天起至实际交付之日止,出卖人按日向买受人支付已交付房价款万分之一(该比率应不小于第1项中的比率)的违约金。

2015年12月25日,项目所在地住房和城乡建设局经审查,同意工程竣工验收备案。同月28日,出具房地产开发项目交付使用条件备案证明书。2015年12月19日,置业公司向沈某、韩某邮寄房屋交付通知书:通知其于同年12月30日前集中办理房屋交付手续等内容。置业公司于2016年1月7日15点6分在交房现场通过电子屏幕向业主公示建设工程备案证明、交付使用条件备案证明等文件。

沈某、韩某以房屋交付时存在质量问题拒绝收房,后向一审法院起诉,要求置业公司支付因延迟交付而产生的违约金、诉讼费。

裁判观点

一审法院认为,合同约定置业公司应在2015年12月31日前将符合约定的商品房交付沈某、韩某使用。置业公司已举证证明在2015年12月18日向沈某、韩某送达房屋交付通知,通知沈某、韩某在12月30日前办理交付房屋的手续。且举证证明案涉商品房已在2015年12月25日经竣工验收合格并于同月28日取得竣工验收备案证明。综上,置业公司需交付的商品房已符合合同约定的交付条件,置业公司并不存在延迟交付商品房的行为。沈某、韩某认为置业公司交付的商品房存在施工地面不平整、墙面平整度不平、空鼓较多、通风口不对、住宅装修材料也均未达到该小区对应层级的质量以及安全要求的主张，均属于商品房的质量问题，如存在商品房质量问题亦属于商品房的质量保修范围。沈某、韩某以此认为置业公司延迟交付商品房的主张均不能成立。故法院对沈某、韩某要求置业公司支付延迟交房违约金的诉讼请求不予支持。

二审法院认为，本案争议焦点是置业公司是否存在逾期交房的违约行为。沈某、韩某主张因案涉房产交付时存在房屋燃气未开通以及施工地面不平整、墙面平整度不平、空鼓较多、通风口不对等问题，故置业公司构成逾期交房。法院认为，首先，置业公司已在约定交房日 2015 年 12 月 31 日前向沈某、韩某送达房屋交付通知，沈某、韩某对该事实亦予以承认，故置业公司并不存在因其逾期通知造成逾期交房的违约行为。其次，案涉商品房已于 2015 年 12 月 25 日经竣工验收合格并于同月 28 日取得竣工验收备案证明，案涉商品房的燃气管道工程已于 2015 年 12 月 24 日经验收合格，故案涉商品房在约定交房日已符合双方合同约定的交付条件。沈某、韩某主张交房时燃气无法开通，但并未对燃气无法开通系置业公司原因所致进行充分举证，故无法认定置业公司存在相应违约行为。最后，施工地面不平整、墙面平整度不平、空鼓较多、通风口不对等问题并不属于不符合交付条件的商品房质量问题，置业公司对此应当承担的是维修义务，沈某、韩某无权以此为由拒绝收房。

裁判结果

二审法院判决驳回沈某、韩某的上诉，维持原判。

案例 68：刘某与成都某房地产公司商品房预售合同纠纷上诉案

基本案情

2014 年 5 月 29 日，刘某与成都某房地产公司签订《商品房买卖合同》，约定购买其公司开发的住宅房屋一套，测绘建筑面积 85.12 平方米，总价款 608,970 元，付款方式为一次性付款。《商品房买卖合同》第 10 条关于交付条件约定：出卖人应在 2015 年 12 月 30 日前交付商品房，商品房交付条件为：该商品房已取得规划验收合格证和有资质的房产测绘机构出具的该商品房面积实测报告书。

第15条关于商品房质量、装饰、设备标准中约定：交付该商品房时，若该商品房不存在主体结构质量问题或房屋质量问题不会严重影响正常居住使用的，买受人不得拒绝接房，否则视为出卖人已按约定交付该商品房；由出卖人按照国家和本省关于工程质量的规范和标准，在与买受人约定的期限内对该商品房进行整改，并承担整改费用，但买受人应在本合同约定的时间内办理完毕房屋交付手续，不得拒绝收房，否则视为房屋已交付；整改完毕后，买受人应进行确认，买受人未在出卖人通知的期限内进行确认的，视为买受人对整改无异议。如发现的问题属《商品房质量保修书》中的保修项目，买受人接房后，由出卖人按保修的规定进行保修，出卖人应在合理时间内完成保修义务。

《商品房买卖合同》签订后，刘某向成都某房地产公司支付了全部购房款。2015年12月4日，成都某房地产公司向刘某发出交房通知书，刘某于2015年12月前往交房现场，在验房过程中发现房屋的保温、防水、抹灰等存在问题，保温层施工厚度不符合设计标准，冷垫桥部位、分户墙部位未做保温层，该楼栋保温体系存在严重的设计缺陷，失去建筑保温功效；卫生间、厨房防水层厚度不够，高度不达标，应施工部位未完全施工；成都某房地产公司在交房时未提供《住宅工程质量分户验收表》，未取得该商品房楼栋的房屋权属证明，未提供保温工程实施后套内面积实测报告书。刘某陈述将上述问题向成都某房地产公司反映后，成都某房地产公司未作出任何处理。2016年4月15日，刘某和开发商或委托的物业部门的工作人员钟某在对现场进行查看后，形成了一份《房屋交接验收表》，该验收表上载明存在问题：保温厚度不够，加筋凝视不达标；防水厚度不够，阴角未做R角；厨房门打不开；卫生间顶板有空鼓、空调动力线大小暂不确定等。

刘某遂以房屋不符合合同约定的交房条件为由拒绝接收房屋并提起诉讼，诉请成都某房地产公司将案涉商品房的保温、防水、抹灰等质量不合格处按国家相关标准和设计要求进行整改达到合格，并向刘某赔偿房屋延期使用的经济损失，支付逾期交房违约金等。

裁判观点

一审法院认为，刘某主张成都某房地产公司交付的房屋存在保温、防水、抹灰等不符合国家标准和设计要求的质量问题，刘某虽当庭出示了从案涉房屋现场提取的保温和防水材料的样品,但保温和防水施工以及建筑材料的质量等均属于专业性问题,刘某提交的实物样品的质量是否符合国家相关标准,成都某房地产公司的施工是否符合设计要求等,均无法通过实物展示的方式进行判断,刘某提交的《房屋交接验收表》,仅是开发商或委托的物业部门在案涉房屋现场对房屋现状进行查看后,对刘某提出的问题进行描述所作的记载,亦无法证明案涉房屋存在质量问题。故刘某所举证据尚不足以证明成都某房地产公司交付的房屋存在保温、防水等质量问题,刘某主张成都某房地产公司对案涉房屋保温、防水等质量不合格处按国家标准和设计要求进行整改的诉讼请求,法院不予支持。成都某房地产公司在合同约定的交房期限向刘某交付了房屋,即便存在刘某起诉中所称的保温、防水等质量问题,按照案涉《商品房买卖合同》约定亦属于保修和整改的范围,不属于房屋主体结构质量问题,而且刘某亦未举证证明案涉房屋存在的问题严重影响其正常居住,刘某可依据双方约定要求成都某房地产公司履行维修和整改的义务,但不能以此拒绝接收案涉商品房。故刘某以成都某房地产公司交付的房屋存在质量问题拒绝收房的理由不成立,刘某据此要求成都某房地产公司赔偿其延期使用房屋的损失、逾期交房违约金及误工费、交通费等损失的诉讼请求,事实和法律依据不足,一审法院不予支持。

一审宣判后,刘某不服,上诉请求成都某房地产公司赔偿延期交房的经济损失。

二审法院认为,本案主要争议焦点在于成都某房地产公司是否应向刘某赔偿逾期交房损失。从查明的事实来看,成都某房地产公司向刘某发出了交房通知,刘某亦前往交房现场办理交房手续,双方未能完成房屋交付系因刘某认为案涉房屋存在质量问题而拒绝收房。刘某与成都某房地产公司形成的《房屋交接验收表》表明案涉房屋确实存在一定的质量问题,主要是保温和防水厚度不够,但上述质量问题不属于房屋主体结构范围,刘某亦仅证明案涉房屋存在一定质量问题,但未举证证明上述质量问题“严重”影响正常居住使用,根据《商品房买卖合同》第15条“若该商品房不存在主体结构质量问题或房屋质量问题不会严重影响正常居住使用的,买受人不得拒绝接房”的约定,案涉房屋存在的质量问题不足以成为刘某拒收房屋的理由,故不能认定成都某房地产公司逾期交付房屋,一审驳回刘某关于逾期交房损失的诉请并无不当。刘某上诉主张《商品房买卖合同》第15条的约定系格式条款且限制其权利,法院认为,该条款虽系格式条款,但成都某房地产公司已通过加黑、划线的方式提请注意有关内容,且从

《最高人民法院关于审理商品房买卖合同纠纷案件适用法律若干问题的解释》第 12 条“因房屋主体结构质量不合格不能交付使用,或者房屋交付使用后,房屋主体结构质量经核验确属不合格,买受人请求解除合同和赔偿损失的,应予支持”和第 13 条“因房屋质量问题严重影响正常居住使用,买受人请求解除合同和赔偿损失,应予支持。交付使用的房屋存在质量问题,在保修期内,出卖人应当承担修复责任”的规定来看,如房屋质量问题不属于主体结构问题或严重影响正常居住使用的情形时,只应由出卖人承担修复责任,故《商品房买卖合同》第 15 条的约定并非无效。

裁判结果

二审法院判决驳回刘某上诉,维持原判。

律师分析

房屋交付是开发商在商品房买卖关系中的主要义务,而一旦其行为构成“逾期交付”,则属于根本性违约行为,并可能导致合同目的难以实现。显然,一般性质量瑕疵不属于根本性违约,也不会造成合同目的无法实现,因此,对于一般性质量瑕疵而言,开发商负有修复整改义务,这也是其保修责任的体现,但其不应当承担逾期交付的违约责任。案例 67 中,合同约定置业公司的交付时间、交付条件。置业公司已举证证明案涉商品房在约定交房日已符合约定的交付条件,故不存在延迟交付商品房的违约行为。沈某、韩某主张因案涉施工地面不平整、墙面平整度不平、空鼓较多、通风口不对等问题属于一般性质量瑕疵,置业公司对此应当承担的是维修义务而非逾期交付责任。

多数情况下,商品房买卖合同关于商品房质量问题均有约定条款,例如:“交付该商品房时,若该商品房不存在主体结构质量问题或房屋质量问题不会严重影响正常居住使用的,买受人不得拒绝接房,否则视为出卖人已按约定交付该商品房;由出卖人承担质量维保义务。”该约定虽系格式条款,但并非无效条款,因内容上未限制买受人权利,与《最高人民法院关于审理商品房买卖合同纠纷案件适用法律若干问题的解释》第 12 条和第 13 条的规定一致。案例 68 中,刘某的举证不充分,其举证案涉房屋存在的质量问题(主要是保温和防水厚度不够)既不属于房屋主体结构范围,也未证明严重到影响正常居住使用,不足以成为拒收房屋的理由，故不能认定成都某房地产公司构成逾期交付房屋违约行为并赔偿逾期交房损失。

二、对主体结构质量是否合格的认定

一般情况下，若房屋主体结构质量未在约定交付期限达到合格条件的，依据买卖合同约定及《最高人民法院关于审理商品房买卖合同纠纷案件适用法律若干问题的解释》第12条之规定，开发商需承担逾期交付违约责任，严重的将导致买卖合同被解除。司法实践中，若商品房项目已经取得建设、勘察、设计、施工、工程监理等相关单位验收合格证明，或者已经取得竣工验收备案证明的，法院则通常以此判定房屋主体结构质量合格，除非购房者提供其他相反证据或委托专业鉴定机构鉴定房屋主体结构质量确属不合格。

案例69：张某与某房产开发公司商品房预售合同纠纷上诉案

基本案情

张某与某房产开发公司于2007年签订了《商品房买卖合同》及《补充协议》，约定由张某购买某房产开发公司所开发的住宅房屋一套，《商品房买卖合同》第10条约定："交付条件：（一）出卖人应当在2009-08-31日前向买受人交付该商品房。（二）该商品房交付条件：该商品房为住宅的，出卖人还应当提供《住宅质量保证书》和《住宅使用说明书》；1.该商品房已取得规划验收合格证；2.有资质的房产测绘机构出具的该商品房面积实测报告书……（二）出卖人和买受人约定如下：1.该商品房地基基础和主体结构质量经检测不合格的，买受人有权退房。买受人退房的，出卖人应当自退房通知送达之日起15日内退还全部已付款，并按照银行同期贷款利率付给利息……买受人要求继续履行合同的，应当与出卖人另行签订补充协议。"《补充协议》第11条约定："关于买卖合同第十五条的补充约定：1.若造成买卖合同第十五条第二款第（一）~（二）项约定的该商品房地基基础、主体结构、室内空气质量经检测不符合国家标准的原因是由买受人（如装饰装修）或其他第三方（如邻近的项目建设）造成的，则出卖人不承担任何责任。若该商品房质量问题归责于出卖人，买受人可退房的情况也限于因上述质量不合格直接导致买受人根本无法正常继续使用该商品房的情况……3.交付该商品房时，该商品房已经由建设、勘察、设计、施工、工程监理等单位验收合格，出卖人应当与买受人共同查验收房，发现除买卖合同第十五条第二款第(一)项约定的地基基础和主体结构质量问题外的其他质量问题，则由双方在该商品房交接文件上记录并由出卖人根据国家和本市有关工程质量的规范和标准在商品房交付之日起六十日内负责整改。在出卖人承诺整改的前提下，买受人不得以此要求退房或拒绝办理该商品房交接手续……5.双方委托有资质的建设工程质量检测机构进行检测得出鉴定结论的，若鉴定结论认为该商品房的工程质量及装饰、设备标准没有达到买卖合同约定的标准或国家及本市标准，则鉴定费由出卖人承担，反之则由买受人承担。”

2009年7月1日，某房产开发公司取得该小区的《房产测绘技术报告》及经勘察、设计、施工、监理及建设单位竣工验收合格并报区规划建设局竣工验收备案。2009年8月20日，某房产开发公司向张某送达了《房屋交付使用通知书》，交房当日，张某以某房产开发公司交付的房屋主体结构存在质量问题等为由拒绝接房，后向当地法院起诉，要求某房产开发公司承担逾期交房的违约责任，包括解除《商品房买卖合同》及《补充协议》。

裁判观点

一审法院认为，关于张某是否有权以房屋主体结构存在质量问题主张解除合同的问题。张某称讼争房屋客厅对中庭外立面的承重墙垂直误差大于17毫米，因某房产开发公司提交该小区的《竣工验收报告》载明“地基与基础工程”“主体结构工程”等分部工程质量评定为“合格”并经该区规划建设局竣工验收备案，且张某并未提交足以反驳证明讼争房屋存在主体结构质量问题的相应证据，对张某主张讼争房屋存在房屋主体结构质量问题之事实不予采信，对其以此主张解除《商品房买卖合同》及《补充协议》的诉讼请求不予支持。

二审法院认为，本案争议焦点是张某与某房产开发公司签订的《商品房买卖合同》是否应当解除。张某提出的质量问题有房屋渗水、墙面空鼓和墙外立面差、构造柱垂直误差等。法院认为解除合同的理由均不成立，分析如下：关于房屋渗水、墙面空鼓和墙外立面差、构造柱垂直误差等，开发商交付给张某的房屋已经竣工验收合格，张某提出房屋主体结构不合格，并未提交相应的证据证明,其主张不予采纳。关于房屋渗水、空鼓等,属于可修复的质量问题,开发公司也已整改完成,张某应及时验收收房,若问题仍未解决,张某可要求开发公司赔偿损失。

裁判结果

二审法院判决驳回张某的上诉请求,维持原判。

律师分析

该案中,开发商交付给购房者的房屋已经取得竣工验收合格证明并进行竣工验收备案,达到约定和法定交房条件。对此,购房者以房屋主体结构质量不合格为由,主张解除买卖合同,但未提交相应的证据证明,应承担举证不能的法律后果,故法院对其诉讼请求不予支持。实践中,法院对于商品房主体结构是否存在质量问题的认定,基本上依赖于所委托的专业鉴定机构出具的鉴定结论,鉴定结论表明确有主体结构质量问题的,可根据购房者诉请判决解除合同或者判决开发商承担整改和损失赔偿责任。

三、"对严重影响正常居住使用"的认定

《最高人民法院关于审理商品房买卖合同纠纷案件适用法律若干问题的解释》第 13 条第 1 款规定:"因房屋质量问题严重影响正常居住使用,买受人请求解除合同和赔偿损失的,应予支持。"对于"房屋质量问题严重影响正常居住使用"的情形,我国现行法律法规及司法解释暂无较为明确的规定,但少数省市法院结合前述司法解释给予指导性意见,如《福建省高级人民法院关于审理商品房买卖合同纠纷案件疑难问题的解答》第 8 问中认为:"应当结合是否对买受人的生命和财产安全、身体健康造成重大影响、是否严重干扰和影响了买受人的正常生活、可否修复等,予以综合判断。"司法实践中,认定方式有申请司法鉴定机构鉴定和法官自由心证,且后者不在少数。但法官自由裁量权亦会导致法院针对同一或类似的房屋质量问题是否构成逾期交房作出不同的判决结果。

案例70：岳某、杨某与四川省某建筑公司、某安居工程公司、王某商品房销售合同纠纷案

基本案情

2008年1月21日，被告某安居工程公司与被告四川省某建筑公司签订《建设工程施工承包合同》，约定某安居工程公司将某商住楼项目承包给四川省某建筑公司修建，实际投资人是王某。2010年10月29日，被告某安居工程公司与原告岳某、杨某签订《商品房买卖合同》，约定被告某安居工程公司将由被告四川省某建筑公司修建的商住楼项目一套住房出卖给原告岳某、杨某夫妇。

案涉房屋所在楼幢的竣工验收报告载明的竣工验收时间是2010年8月28日，项目所在地建设工程质量安全监督管理站2010年8月30日出具的案涉房屋所在楼幢的工程质量监督报告载明"6+1层修为7层违反了工程建设强制性标准，相关部门已作处理"。当地住房和城乡规划建设局2011年4月28日出具的规划验收合格证载明案涉房屋所在的第五幢建筑总层数为七层。案涉房屋所在楼幢有层高为2.5米的架空层。案涉房屋所在小区于2011年4月29日通过验收，且于2011年4月20日取得竣工验收备案。交房后产权于2013年1月31日登记为岳某、杨某所有。2012年9月初，杨某与某安居工程公司达成协议，室内外部分墙体开裂由杨某自行维修，某安居工程公司支付5000元的维修费。

岳某、杨某认为修建出售的房屋规划设计为六层，实际修建了七层，违反规划、属于违法建筑，所以房屋质量不合格，严重影响正常居住使用，故请求判令解除案涉的《商品房买卖合同》，某安居工程公司、四川省某建筑公司、王某连带赔偿购房款、资金利息等。

案件审理过程中，经法院组织委托某建设工程质量检测公司鉴定，司法鉴定事项中包括房屋的主体结构质量问题和墙体、房顶面裂缝是否影响居住等内容。该公司对案涉房屋所在的5幢地基基础、主体结构、围护系统的现状进行了现场调查、检测、鉴定，出具的鉴定报告载明"未发现因地基基础不均匀沉降引起上部主体结构明显变形、墙体开裂和歪闪现象……地基基础可评定为无严重静载缺陷"以及"其主体结构尚处于安全稳定状态"。鉴定报告认为案涉房屋的相关部位裂缝不是结构性裂缝，存在渗漏情况，影响业主正常使用。

裁判观点

法院认为,建设工程质量检测公司是在法院组织下,双方平等协商选择的鉴定机构,对该公司作出的鉴定意见予以采信。根据《最高人民法院关于审理商品房买卖合同纠纷案件适用法律若干问题的解释》第 12 条和第 13 条第 1 款之规定,鉴定报告认为案涉房屋的相关裂缝均不是结构性裂缝,存在渗漏情况,影响居住使用,案涉房屋目前存在的质量问题并未达到"严重影响正常居住"的程度,可以通过维修予以解决,故依据前述法律规定,解除案涉房屋买卖合同的请求无事实和法律依据,不予支持。此外,原告未能提供有该损失的证据,依法承担举证不能的不利后果。

裁判结果

法院判决驳回原告全部诉讼请求。

案例 71:成都某开发公司与刘某、陈某商品房预售合同纠纷上诉案

基本案情

2015 年 7 月 31 日,刘某、陈某与成都某开发公司签订《商品房买卖合同(预售)》及《补充协议》,购买该公司开发的别墅房一套。《商品房买卖合同(预售)》第 18 条对交房时间、交接手续、交接程序、修复责任等作了明确约定:"(一)该公司在 2015 年 10 月 9 日前向刘某、陈某交付房屋……(三)该公司向刘某、陈某交付该房屋时,该公司应向刘某、陈某出示满足本合同第十五条约定的证明文件即建设工程竣工验收合格证明、该商品房已取得的房屋面积实测报告书等。(四)交接程序:1. 核实买受人身份,2. 查验房屋状况,3. 确认房屋建筑面积及相关费用结算……该公司的修复义务:刘某、陈某查验房屋存在除地基基础和主体结构以外的其他质量问题的,由该公司按照有关工程和产品质量规范、标准自查验次日起按约定时间负责修复,并承担修复费用,修复后再行交付。"《补充协议》第 11 条第 9 款约定:"(1)买卖双方一致确认因房屋出现合同第十八条第五款约定的质量问题,且该质量问题致使买受人合同目的不能实现的,买受人可以要求修复后再行交付,修复期间的物业服务费等由出卖人承担。

(2)除上述导致买受人合同根本目的无法实现的质量问题外,房屋交付时,买受人认为交付商品房需要整修的,应以书面方式向出卖人提出,出卖人核实后应按照合同约定承担保修责任,但交房时间不顺延,并且买受人应在约定的时间内办理完毕房屋交付手续的,视为房屋已交付,出卖人不承担逾期交付的责任。修复期间的物业服务费等由买受人承担。"

2015年8月3日,成都某开发公司聘请的前期物业公司通知刘某、陈某收房,验收过程中,刘某、陈某以房屋门前香樟树坏死,厨房、卫生间漏水,房屋墙面空壳等质量问题为由拒绝收房,要求成都某开发公司修复后再行交房。此后,成都某开发公司于2015年12月4日至2016年5月15日前后经3次维修,予以修复。修复完成后,物业公司与刘某、陈某于2016年5月15日办理了房屋交付手续并签署《客户/物品签收单》。后刘某、陈某以成都某开发公司逾期交房为由提起诉讼,请求法院判决成都某开发公司承担整改期间的逾期交付违约责任。

裁判观点

一审法院认为,根据《商品房买卖合同(预售)》第18条的约定,成都某开发公司应当在合同约定的期限内按合同约定的交付方式提供无质量问题的房屋,刘某、陈某有权拒收有质量问题的房屋,既是法律的规定,也是合同应有之义。成都某开发公司应按约定处理房屋质量问题并在修复后再行交房。按照《合同法》第118条、第148条、第153条规定及预《商品房买卖合同(预售)》第18条第5款约定,刘某、陈某有权拒收该公司有质量问题的房屋,该公司具有负责修复并在修复后再行交付刘某、陈某的义务。因此,在房屋因质量问题未得到修复之前,根据《商品房买卖合同(预售)》第18条的规定,刘某、陈某有权拒绝收房,并有权据此向该公司主张逾期交房违约责任。

二审法院认为,关于房屋存在的质量问题是否属于影响交付的主要质量问题,该公司提出房屋存在的问题不属于导致合同目的无法实现的情况,且无其他买受人有权拒绝接收的情形,应驳回刘某、陈某要求支付逾期交付违约金的诉讼请求。对于刘某、陈某认为的因房屋存在渗水等质量问题,导致自己不能实现按期收房和按时入住的合同目的,应当由该公司承担逾期交房的违约责任的观点,法院认为,案涉房屋存在的厨房、卫生间漏水,房屋墙面空壳等问题,虽对正常居住和生活有一定影响,但尚未达到严重影响的程度,故不属于《补充协议》约定的除地基和主体结构以外的、致使合同目的无法实现的问题。故本案中成都某开发公司的交房行为未违反双方约定,刘某、陈某要求其支付逾期交付违约金的诉讼请求不能成立,不应予以支持。

裁判结果

二审法院判决撤销一审判决,改判驳回刘某、陈某主张支付逾期交付违约金的诉讼请求。

案例72：唐某与成都某实业公司商品房预售合同纠纷上诉案

基本案情

2012年6月30日,唐某与成都某实业公司(以下简称公司)签订《商品房买卖合同》及《补充协议》,约定唐某购买公司开发的一套住宅商品房,合同约定:"交付条件:(一)出卖人应当在2013年3月31日前向买受人交付该商品房。(二)该商品房交付时应当符合下列第1~2项所列条件;该商品房为住宅的,出卖人还应当提供《住宅质量保证书》和《住宅使用说明书》。1.该商品房已经取得规划验收合格证;2.有资质的房产测绘机构出具的该商品房的面积实测报告。"《补充协议》约定:"出卖人于合同约定的交付时间前,必须达到合同第十条约定的交付条件,否则,出卖人应当根据合同第十二条的约定承担逾期交房的违约责任。除合同第十条约定的交付条件外,买受人不得以其他任何理由主张出卖人承担逾期交房的违约责任……3.买受人应在本条第一款约定时间内办理完毕房屋交付手续,否则视同为出卖人已经按期交付。4.房屋交付时,买受人认为交付的商品房需要维修的,应以书面方式向出卖人提出,交房时间不顺延,并且买受人应在约定的时间内办理完毕房屋交付手续,否则视为房屋已交付。"2013年1月10日,公司拿到《房产测绘成果报告》及《建设工程规划合格证》后通知唐某前来办理交房手续。

房屋交付当日,唐某发现房屋的入户门钥匙无法开门,但对房屋进行了验收并提出了验收整改意见。同日,唐某向物业服务中心出具了《钥匙代管委托书》及《重要邮件代收发委托书》。2013年5月,因暴雨导致案涉房屋进水,唐某多次与公司物管协商解决房屋花园进水情况。同年6月26日，公司通过电子邮件向唐某回复现场踏勘后分析的阳台内积水和阳台周围积水原因和处理意见，包括“1.设置挡水：石材线脚形成的平台上设置120mm挡水条，挡水条贴一台内边设置；2.疏通地漏……阳台周围增设一圈室外排水沟，并设置足量的雨水篦子”。2013年7月11日，公司向唐某出具了情况说明，对于房屋进水，公司提出解决方案：“1.修补石材内破损的雨水管道。2.疏通阳台空调地漏，同时修补地漏周边确保地漏低于地面以利于排水。3.安排人员清理室内积水。”2014年1月27日公司向唐某发函，说明已经整改完毕，交房通知已经邮寄。2014年5月1日，唐某与公司物管在房屋验收表上签字，唐某注明防盗门打不开，公司物管人员注明铝芯与钥匙不匹配。为此，唐某向法院提起诉求：要求公司向唐某支付逾期交房违约金及其他相关费用。

裁判观点

一审法院认为，《商品房买卖合同》及《补充协议》系双方真实意思表示，合法有效。关于是否逾期交房，按照《商品房买卖合同》第10条约定的交房条件，公司于2013年3月31日前取得规划验收合格证、有资质的房产测绘机构出具的该商品房的面积实测报告，并提供了《住宅质量保证书》和《住宅使用说明书》，即具备了交房的条件，按照《补充协议》第4条第4项的约定，只要具备上述条件，买受人不得以其他任何理由主张出卖人承担逾期交房的违约责任。唐某在2013年3月30日前去办理交房相关手续，按照《补充协议》第7条第3～4项的约定，只要符合交房条件，即使双方未办理完毕房屋交付手续，也应视同已经交付房屋，商品房需要维修的，交房时间不顺延，包括防盗门钥匙无法开锁的情况，也应属于房屋需要公司整改内容。因此，即使该商品房存在需要整改事项，房屋应视为已经交付，不存在逾期交房，故唐某请求公司支付逾期交房违约金及其他费用，不予支持。

二审法院认为，2013年3月30日，公司通知唐某交房，唐某亦到现场验房，查验的结果之一是房屋的入户门钥匙无法开门。该问题至2014年5月1日唐某再次验房时仍未解决，公司物业管理工作人员注明防盗门打不开的原因为铝芯与钥匙不匹配。另外，从2013年5月起，唐某因涉案房屋进水的问题与公司协商，要求公司整改，虽然公司称房屋进水问题已于2013年7月31日维修完毕,但从2013年8月10日《客户服务信息记录表》及唐某提交的照片来看,房屋进水问题并未彻底解决,因房屋进水产生的新问题如被淹墙面防碱处理、被淹地面除苔藓处理等均未解决,且该新问题至今尚未解决完毕。一方面,公司向唐某交付的钥匙无法打开房屋的入户门,导致唐某无法实现对房屋的转移占有,不能视为公司已经交付房屋;另一方面,公司欲向唐某交付的房屋因进水以及进水后产生的新问题严重影响唐某的正常使用,导致装修无法正常进行,唐某拒绝收房的理由正当合理,应视为公司未按期交房。综上,虽然公司在2013年3月30日交付房屋时已经具备了合同约定的交付条件,但房屋的交付应当以房屋的转移占有作为是否交付的标准,交付的房屋亦不能严重影响购房人的正常使用。

裁判结果

二审法院判决撤销一审判决,改判公司向唐某支付从2013年3月31日至2014年5月1日的逾期违约金。

案例73:杨某与杭州某房地产公司房屋买卖合同纠纷案

基本案情

2009年6月26日,杨某与杭州某房地产公司(以下简称公司)签订《商品房买卖合同》及其附件,约定杨某(买受人)向公司(出卖人)购买住宅房屋一套,该商品房位于第1~3层;建筑面积282.62平方米,总价为7,549,125元。《商品房买卖合同》第9条约定:"交付期限及条件:出卖人应当在2011年4月30日前,将符合下列各项条件的商品房交付买受人使用:1.建设工程经竣工验收合格,并取得建设工程竣工验收备案证明;2.取得法律、行政法规规定应当由规划、公安消防、环保等部门出具的认可文件或准许使用文件;3.用水、用电、用气、道路、排污等,具备商品房正常使用基本条件。"第10条约定:"出卖人逾期交房的违约责任:除本合同第九条规定的特殊情况以外,出卖人如未按本合同规定的期限将该商品房交付买受人使用,按逾期时间,分别处理:1.逾期不超过60日,自本合同第九条规定的最后期限的第二天起至实际交付之日止,出卖人按日向买受人支付已交付房价款万分之二的违约金,合同继续履行;2.逾期超过60日后,买受人有权解除合同……买受人要求继续履行合同的,合同继续履行,自本合同第九条规定的最后交付期限的第二天起至实际交付之日止,出卖人按日向买受人支付已交付房价款万分之四的违约金。”

2011 年 4 月 30 日,杨某在验房过程中发现案涉房屋存在漏水点,遂拒绝收房,要求公司维修。公司维修后于 2011 年 7 月 1 日发函杨某要求其收房,杨某经验房后认为漏水问题仍未解决,再次拒绝收房。2012 年 10 月,公司委托专业单位对案涉房屋进行维修,2013 年 6 月,案涉房屋维修完成。公司将案涉房屋的钥匙托管给金地物业,但未再通知杨某收房。

杨某主张案涉房屋因存在重大质量问题并不符合交付条件,向一审法院诉请公司支付逾期交付违约行为的违约金 100 万元并承担诉讼费。

裁判观点

法院认为,公司提供的证据能证明案涉房屋经竣工验收合格,且杨某未提供证据证明案涉房屋存在主体结构质量不合格或存在其他双方约定的构成根本性违约的质量瑕疵,故法院主要审查的内容为案涉房屋是否存在足以影响杨某正常居住使用的质量瑕疵,导致杨某购房目的不达。通常情形下,购房者签订商品房买卖合同并支付对价的目的在于取得能在预计时间内入住的房屋。杨某于 2011 年 4 月 30 日第一次验房时,发现案涉房屋屋顶存在多处水渍,故拒绝收房,公司维修后于 2011 年 7 月 1 日发函杨某要求其收房,杨某经验房后认为漏水问题仍未解决,再次拒绝收房。2012 年 10 月,公司委托专业单位对案涉房屋进行维修,2013 年 6 月,案涉房屋维修完成。表明:案涉房屋确实存在屋顶渗水的情况;案涉房屋至 2013 年 6 月才完成维修。第一,从一般生活常理判断,房屋渗水可能导致无法装修,或者即使能装修但装修过程将加重渗水等后果。一旦发生房屋经装修后加重渗水的情形,势必增加对渗水原因及责任认定的判断难度。故杨某要求杭州某房地产公司先完成维修,此后再进行装修入住,以避免更大损失,是完全有理由的。第二,约定交付时间为 2011 年 4 月 30 日前,杨某在支付全部的购房款后,案涉房屋直至 2013 年 6 月才完成维修。在 2011 年 4 月 30 日至 2013 年 6 月长达两年的时间内,杨某无法装修、入住,已经符合“案涉房屋质量瑕疵影响杨某正常居住使用”这一条件。因此,公司的行为构成违约,应支付违约金。

裁判结果

法院认为，由于公司主张该违约金标准过高，考虑到公司已实际履行了维修义务，参照《最高人民法院关于审理商品房买卖合同纠纷案件适用法律若干问题的解释》第17条的规定，并兼顾合同的履行情况、当事人的过错程度等因素，根据公平原则和诚实信用原则予以衡量，判决公司支付杨某违约金50万元。

律师分析

案例70中，法院通过委托鉴定公司对房屋存在的质量问题进行鉴定，结论为既非主体结构质量问题，也未达到严重影响正常居住的情况，因此未支持原告诉讼请求。但多数情况下，对于质量问题是否达到“严重影响正常居住使用”的程度依靠的是法院的自行认定。案例71中，一审法院认为开发商对于有质量的房屋要在整改之后才能实现交付，就应当承担逾期交付责任，而二审法院则认为应当结合质量问题本身来判断其是否达到“严重影响正常居住使用”的情形，最后认为案涉质量问题并未达到“严重影响”这一程度，故改判开发商不承担逾期交付责任。显然，二审法院的判断和认定更加符合司法裁判规则和客观事实。

实践中也发现一个问题，开发商在对质量问题进行修复整改后，并没有及时通知购房者或者虽然通知但未能保留有效证据，加之购房者拒绝收房情况下也未接受房屋钥匙，房屋的转移占有并未实现，导致开发商因此而承担逾期交付责任。案例72中，一审法院本已认为相关质量问题本不构成“严重影响正常居住使用”的程度从而驳回原告的诉讼请求，但是二审法院却关注的是购房者在首次验房时开发商交付的钥匙无法打开入户门，导致购房者无法实现对房屋的转移占有，不能视为开发商已交付房屋，同时由于房屋进水问题久拖未决，由此而生的墙面防碱等新问题会严重影响房屋的正常使用，从而认定开发商应当承担逾期交付责任。案例73中法院判决开发商承担逾期交付责任的理由，同样是认为开发商对于质量问题长期不能解决，导致购房者在长达两年的时间里都不能进场装修，已属于严重影响使用的情形。因此，从预防法律风险和控制违约成本角度考虑，开发商应重视并及时完成房屋质量问题的修复整改工作，并及时通知、督促购房者办理房屋验收和交接手续，避免因房屋维修不及时造成损失进一步扩大或拖延通知验收造成购房者不能及时收房从而可能被法院判定承担逾期交付法律责任的后果。

第三节
“装修房”差价退赔纠纷的困局突围

改革开放政策下,房地产市场经历了一系列变化,其中包括住房分配制度的改革,个人可以拥有住房资产,房屋需求量随之增加,此背景下,“毛坯房”模式得到快速发展。所谓“毛坯房”,是指购房者从开发商手上接收的不能直接使用,需要自行装修后才能入住的商品房,“毛坯房”模式刺激了购房者自行参与住宅装修的欲望。但同时,购房者的自行装修存在各种问题,如私拆乱改、环境污染、影响小区其他人正常生活。随着社会经济发展及人民生活水平的提高,当今世界,绿色发展、可持续发展理念成为一种趋势,“毛坯房”模式已经不能适应世界发展理念和人民改善居住水平的需求。1999 年,《国务院办公厅关于推进住宅产业现代化提高住宅质量的若干意见》出台,明确要积极推广一次性装修或菜单式装修模式,避免二次装修造成的破坏结构、浪费和扰民等现象。在社会环境和政策引导下,“装修房”模式应运而生。

所谓“装修房”,最初被称为“装修一次到位”,2002 年建设部在颁布的《商品住宅装修一次到位实施细则》中,将“装修一次到位”解释为:房屋交钥匙前,所有功能空间的固定面全部铺装或粉刷完成,厨房和卫生间的基本设备全部安装完成,简称“全装修住宅”。后来,“装修一次到位”在各地方政策文件中也被称为“成品住宅”。2008 年《住房和城乡建设部关于进一步加强住宅装饰装修管理的通知》出台,要求各地制定出台相关扶持政策,引导和鼓励新建商品住宅一次装修到位或菜单式装修模式,逐步达到取消“毛坯房”,直接向消费者提供全装修成品房的目标,随后,地方各级政府相继出台有关政策文件,如 2011 年,江苏省《关于加快推进成品住房开发建设的实施意见》出台,明确“成品住房”是指“套内所有功能空间的固定面铺装或涂饰、管线及终端安装、厨房和卫生间基本设施配备等全部完成,已具备基本使用功能的住房”;河南省在 2015 年、2017 年先后发布《河南省住房和城乡建设厅关于加快发展成品住宅的通知》《河南省住房和城乡建设厅、河南省国土资源厅、河南省财政厅、河南省科学技术厅、河南省国家税务局、河南省地方税务局、中国人民银行郑州中心支行关于加快发展成品住宅的指导意见》，并将"成品住宅"定义为"套内所有功能空间的固定面铺装或涂饰、管线及终端安装、门窗、厨房和卫生间等基本设施配备，具备使用功能的住宅"；四川省成都市在 2017 年发布《成都市人民政府办公厅关于进一步加快推进我市成品住宅发展的实施意见》及《成都市成品住宅年度建设规划》，该实施意见中将"成品住宅"解释为"在房屋竣工验收前所有功能空间的固定面铺装或涂饰完成，套内管线及开关插座、厨房和卫生间设备全部安装到位，基本达到入住条件的住宅"。本书为行文方便，统一将"装修一次到位""全装修住宅""全装修成品房""成品住宅"等称为"装修房"。

从国家及地方各级政策鼓励、推进程度来看，开发商供应"装修房"已成房地产行业发展新趋势，"装修房"将成为城市房产消费的主流，一些大开发商将只提供装修住宅。但是，"装修房"模式在促进建筑节能减排、带动房地产业转型升级发展的同时，也产生了不少新问题。早期装修施工质量参差不齐，导致众多装修房存在质量问题；装修细节无法满足购房者的需求，装修设计个性不足、改造不便，诸如此类问题已成为装修房模式的发展困局。近几年，购房者集中"维权"事件屡屡发生且影响较大，相关诉讼案件数量激增，各地政府为有效缓解装修纠纷的冲突，也陆续采取了一定的调控措施，但收效甚微。而关于装修纠纷诉讼案件，因目前并未出台相关法律规定适用于全国，加之各地方具体情况、政策不同，且司法审判者观点迥异，实难统一裁判标准。笔者基于处理装修纠纷实务案件的经验，结合其他相关案例和各地方政府相关政策文件，从法律角度对装修房差价退赔纠纷进行分析总结，期望为其他法律工笔者处理类似问题开辟突围之路。

一、对于"装修房"差价退赔案件的认知分析

"装修房"差价纠纷源于房地产限价政策的推行和成品房政策的推进，前者使装修价格与房屋清水价格分离，后者要求将两类价格归束在同一个商品房买卖合同中，同时也被纳入相关部门对商品房市场管控的范围，房屋价格也趋于透明和公开。而随着房市的波动，要求退赔"装修差价"的纠纷纷至沓来。究其原因，一方面，购房者买房需求强烈，导致现在房地产市场属于卖方市场，加之部分

地区实行限购、摇号的政策，购房者在购房签约时并不占据优势地位；另一方面，预售制度导致购房者在购房时存在严重信息不对称，大部分购房者在购买房屋这类大宗资产时对即将购买的房屋、项目的最终呈现情况等并没有准确认识，甚至对房屋预估值过高。种种因素致使购房者在作出购买决定时并没有太多主动权，面临“要么买，要么不买”的极端选择，这是导致“装修差价”纠纷的直接原因。

笔者认为，要寻找“装修差价”纠纷的解决路径，需要先解决以下两个问题：第一是退还“装修差价”是否存在事实基础；第二则是装修差价的计算是否符合市场交易价格规则。换一个角度看，即首先需要厘清装修价格的性质，装修价格是否可以从房屋价款中分离出来？购房者要求按实际装修价值进行退赔是否具有法律依据？

（一）相关典型案例分析

案例74：姜某与南京某地产开发有限公司商品房预售合同纠纷再审案

基本案情

2013年8月，姜某（乙方）与南京某地产开发有限公司（甲方，以下简称某地产公司）签订《南京市商品房预售合同》一份。约定由姜某认购某地产公司开发建设的涉案房屋一套，建筑面积131.98平方米，单价为20,424.01元/平方米，总价款为2,695,565元，交付日期为2014年11月30日前。一审查明，2013年6月，某地产公司就涉案房屋向南京市住房和城乡建设委员会申报《商品房预售方案》，其中载明装修类型为装修房，装修单价为4500元/平方米。同年7月，南京市物价局出具商品住房明码标价联系单，其中载明建筑面积131.98平方米，销售单价21,476元，总价2,834,414元，装修状况为精装，2017年，案涉项目另一业主单位委托江苏某咨询公司对其房屋进行鉴定并出具《工程造价鉴定报告书》和《司法鉴定报告补充说明》，鉴定结果为：××号房房屋室内装修鉴定金额273,136.50元，其中规费4553.27元，税金6300.06元，利润5468.34元。套内建筑面积108.13平方米，每平方米造价鉴定金额为2526.00元。《司法鉴定报告补充说明》对于如果按照每平方米4500元装修造价计算，装修公司应缴纳税费和利润各是多少，作出如下说明：由于原、被告均未提供4500元/平方米的装修预算书，按照4500元/平方米的标准结合××号房套内建筑面积108.13平方米，得出对应总造价为486,585元，按照清单计价规范及江苏省费用定额相关规定标准计算得出税金为16,363.70元，规费为11,826.58元。根据"江苏省建设工程费用定额"和"工程量清单计价规范(GB 50500—2008)"的要求，装修工程利润的计算基数为人工费与机械费的总和，费率为15%，安装工程利润的计算基数为人工费，费率为14%，因未提供4500元/平方米造价的预算书明细，无法得出准确结论。

一审法院驳回姜某要求退赔装修差价的诉讼请求；二审法院判决维持原判，姜某不服二审判决，申请再审。南京市中级人民法院对本案立案再审。

裁判观点

再审法院认为，该案争议焦点为：(1)《商品房预售方案》中4500元/平方米装修单价，能否视为双方合同内容；(2)姜某是否有权利要求按照4500元/平方米装修单价赔偿装修损失，具体的赔偿数额应如何确定。

关于第一个争议焦点，法院认为，根据《江苏省城市房地产交易管理条例》(以下简称《管理条例》)第13条第2款的规定，及双方当事人签署的《补充协议》第13条的约定，申报商品房预售许可证的材料属应批准文件，且《商品房预售方案》载明4500元/平方米装修的单价信息已在"南京市网上房地产"网向全社会进行公示，按照《补充协议》的约定，《商品房预售方案》中明示的装修单价信息应作为双方合同权利义务的内容；《管理条例》第15条第1款规定，"房地产开发企业销售商品房，应当向购房者明示计价方式和计价依据"。《商品房预售方案》载明的4500元/平方米信息应视为某地产公司向购房者明示的精装修计价方式，某地产公司主张该单价仅是销售单价，不是装修标准，该主张与上述行政法规的规定不符，法院不予采信。再审认定，《商品房预售方案》载明的装修单价信息对被申请人具有法律约束力。

关于第二个争议焦点，法院认为，某地产公司在与姜某签订的《补充协议》中约定的"展示样板间所示内容，不是买卖双方合同的组成部分，不作为确定双方权利义务的依据"等免除己方义务的格式条款因违反了《管理条例》的规定，依照《合同法》第40条的规定，应当认定无效。姜某有权要求某地产公司提供与样板房一致的精装修房，鉴于现样板房已不存在，缺乏参照依据，姜某要求按照《商品房预售方案》中明示的4500元/平方米的精装修单价，赔偿装修损失，符合行政法规的规定，亦有合同依据。根据双方所签订《补充协议》二所附《装饰装修和设备标准》的约定，精装修单价应当包含约定的公共部分和住宅部分，姜某所购66幢502室房屋建筑面积为131.98平方米，套内建筑面积109.39平方米，姜某对套内建筑面积109.39平方米部分享有独立产权，其余分摊的共有建筑面积部分为共有产权，姜某虽系该部分分摊共有建筑面积的产权人，亦支付了该部分的精装修费用，但因分摊的共有建筑面积部分无特定指向，姜某不能单独就分摊共有建筑面积部分行使权利，且现有鉴定意见无法确定分摊共有建筑面积部分的精装修是否达标，故根据现有证据，姜某仅能就套内建筑面积部分的装修主张权利。

关于赔偿装修差价的计算标准问题，经鉴定所确定的装修造价中，税金和规费是装修企业应上缴的费用，利润属于装修企业应得部分，该三项费用不属于直接用于业主房屋装修的费用，应当从实际交付业主的装修总价中扣除，扣除后的实际装修总价为259，801.25元；根据补充意见，按照每平方米4500元装修造价计算，税金为16，363.70元，规费为11，826.58元，鉴定机构无法得出准确利润，经对按照4500元/平方米装修造价和实际装修造价的规费和税金对比计算，按照每平方米4500元装修造价计算的规费和税金均是鉴定得出的实际装修造价规费和税金的2.6倍，参照该数据，法院酌情确定按照4500元/平方米装修造价计算的利润为14，217.68元，折算每平方米装修单价2375元，参照计算得出，实际用于姜某所购房屋套内建筑面积装修造价为25，9801.25元；根据补充意见，按照每平方米4500元装修造价计算，税金为16，363.70元，规费为11，826.58元，鉴定机构无法得出准确利润，经对按照4500元/平方米装修造价和实际装修造价的规费和税金对比计算，按照每平方米4500元装修造价计算的规费和税金均是鉴定得出的实际装修造价规费和税金的2.6倍，参照该数据，法院酌情确定按照4500元/平方米装修造价计算的利润为14，217.68元，据此，按照4500元/平方米装修单价计算，实际应用于姜某所购房屋套内建筑面积装修造价为444，177.04元，折算每平方米装修单价为4107.8元，按照姜某房屋套内面积计算，实际应用于姜某所购房屋套内建筑面积装修造价为449，352.24元，合同约定的装修价格与实际装修差价为189，550.99元（449，352.24元－259，801.25元）。

裁判结果

再审法院判决某地产开发公司向姜某赔偿189,550.99元。

案例75：高某、章某与浙江某公司商品房预售合同纠纷上诉案

基本案情

原告高某、章某与浙江某公司签订《商品房买卖合同》，约定高某、章某向浙江某公司购买一套精装修房屋。合同约定该商品房建筑面积为168.89平方米，单价为24,685.91元/平方米，总价款4,169,204元，其中包括全装修款1,013,340元。合同附件四对装修主要材料和设备的品牌等规格等进行了约定。合同签订后，高某、章某按约支付了房款。2011年浙江某公司就涉案房屋的销售价格向杭州市物价局审批备案，装修单价为6000元每平方米。2013年11月，高某、章某收房后，因对房屋装修质量有异议，故委托某咨询公司对涉案商品房装修造价进行了评估，并出具了《工程造价咨询报告书》，载明涉案房屋装修工程造价为530,076.92元。高某、章某遂起诉至原审法院，要求浙江某公司退还装修差价及支付违约补偿金。

裁判观点

一审法院认为，高某、章某与浙江某公司签订的《商品房买卖合同》合法有效，对双方均具有拘束力。合同中对房屋及装修价格进行的约定，应视为系原告与浙江某公司在综合考虑各项市场因素后而形成的交易价格。商品的交易价格是商品的持有者和购买者在商品交易市场中买卖时拟供的商品成交价格，其形成受市场供求关系、产品质量、外界配套、产品宣传、包装、购买者心理、合理利润、品牌价值等多种因素的影响，是一个包含多种价值因素在内的综合价格，而不仅仅是产品本身的造价。精装修房不仅仅要求房屋室内的装修，同时也要求相应的室外环境及配套设施的优化。即使仅造价这一项，亦不能限于套内装修，而应包含整体配套工程造价。高某、章某委托咨询公司的评估报告仅是对单套房屋套内装修造价所进行的评估，未考虑建筑及景观等外围造价，也未包含交易价的其他内容，故两者缺乏比较的基础。同时，作为商品的精装修房屋是一个房

屋与精装修有机结合的整体，其价值是就整体而言的，虽然合同中对于装修价格单独进行了约定，但房屋本身与装修不能简单地进行割裂，两者的价格也不应单纯割裂来看。因此，驳回了高某、章某的诉讼请求。

宣判后，高某、章某不服，提起上诉。

二审法院认为，根据双方签订的《商品房买卖合同》第5条计价方式与价款的约定，该房屋按建筑面积计算房屋总价，房屋总价中包含了全装修总价。该约定表明，双方买卖的标的物是全装修房屋，而非双方买卖毛坯房之外，开发商另行提供装修服务。案涉合同第5条约定的全装修总价，亦是双方基于合同附件四《装饰、设备标准》的约定，就全装修总价达成的一致的意思表示，而非基于合同附件四约定的标准所计算的造价的总和。高某、章某单方委托浙江立信工程投资咨询有限公司出具的《工程造价咨询报告书》，系针对案涉房屋装修的工程造价所作的评估，与双方约定的全装修价格缺乏关联性，其基于此主张浙江某公司违约的理由不能成立。故本案中，高某、章某以案涉房屋的精装修系增值服务为由要求对精装修的价款单独复核结算，缺乏相应的依据，进而其以价格比对为由主张浙江某公司应返还差价、支付违约金的依据不足，原审法院不予支持，并无不当。高某、章某所提交的证据不能充分证明浙江某公司对案涉精装修使用的设备及材料不符合双方的约定，原审法院对其该项主张未予采信，亦无不当。高某、章某主张的质量问题即使成立，亦应通过要求浙江某公司按照合同约定及《合同法》第110条的规定承担修理、更换或者修理、更换不能的情况下的损害赔偿等违约责任的方式解决，而非在已经支付价款之后要求浙江某公司返还。高某、章某主张浙江某公司应提供附件四中材料和设备的出厂合格证、产地证明、进口报关单及精装修结算单，缺乏依据，原审法院不予支持，亦无不当。

裁判结果

二审法院判决驳回上诉，维持原判。

律师分析

以上两案案情相似，但判决结果截然相反。

案例74中，再审法院以某地产公司关于“4500元/平方米的装修单价信息仅是销售单价，不是装修标准”的主张违反了《江苏省城市房地产交易管理条例》第15条第1款的规定为由不予采信，即房地产开发企业销售商品房，应当向购房者明示计价方式和计价依据的规定。笔者认为，再审法院未完全认识清楚房屋价款的性质，该装修单价信息显示房屋装修的计算方式是以房屋面积为依据，按4500元/平方米为标准计算合同价格，且合同中关于房屋总价的约定是以建筑面积乘以房屋单价的方式计算房屋总价，房屋单价明显包括了4500元/平方米的装修单价，该合同约定已明示计价方式和计价依据，并不违反相关地方性法规的规定。最为重要的是，依据该计算方式，装修价格已包含在房价之中，其属于商品房成交价范围，其性质并不是工程造价，再审法院根据工程造价鉴定结果认定差价，实属以司法权干涉市场交易规则的行为，违背《合同法》第8条"依法成立的合同，对当事人具有法律约束力。当事人应当按照约定履行自己的义务，不得擅自变更或者解除合同"之规定。装修价本身就属于商品房交易价格的一部分，而商品房交易价格并非属于政府指导价项目，定价本身属于出卖人的自主行为，最终价格系买卖双方合意的结果，司法权不应加以干涉。若合同某一方存在违约，应按《合同法》第107条要求违约方以继续履行、采取补救措施、赔偿损失或合同约定的方式来承担违约责任，而非以判决形式要求出卖人返还房款，变更合同内容。

案例75中，一审、二审法院均认为买卖合同中关于房屋及装修价格的约定，系合同双方在经协商一致后形成的交易价格，不应为装修工程的造价及利润的简单相加。装修价格包含于房屋价格之中，房屋本身与装修不能简单地进行割裂，两者的价格也不应单纯地割裂来看。即使浙江某公司就房屋交付存在违约，也应当根据《合同法》和《民法总则》的相关规定承担继续履行、采取补救措施（如修理、重作、更换）或者赔偿损失、支付违约金等责任而非返还差价。笔者认为，该裁判观点才真正符合市场交易原则和法律规定。合同所约定的装修价格和装修工程的造价本身便是两个不同的概念，前者是开发商作为出卖人将带装修的商品房销售给买受人的成交价，后者是装修施工单位实施装修的工程造价，也可理解为开发商提供装修的成本价。就具体的交易行为而言，出卖人基于供求关系、区位因素、品牌价值等要素制定价格，形成要约，而买受人结合价格和其他因素认可该交易价格并最终与出卖人签约，合同约定的价格反映的是交易本身而并非出卖人的成本构成，商品价格是买卖合同双方博弈的结果，不是出卖人的成本和一定比例的利润的简单相加，市场等影响因素的作用其实作用于交易双方，形成于双方的内心，是其他第三人无法鉴定评估的，自然也不能进行比较。

所以，就装修价格及单价信息的性质，从合同总价来说，装修总价包含于房屋总价之中，包括装修总价的房屋总价才是买卖合同标的物全装修房屋的对价，合同的标的物系带装修的房屋，而并非清水房加装修；而从价格的构成上来看，买卖合同中关于价格的约定考虑的不再只是装修工程造价、税费和利润，作为商品房的一部分，装修价格既属于房屋定价的一部分，同房屋价格一样，系买卖合同双方受到供求关系、产品质量、合理利润、品牌价值、买受人主观需求等各项因素的影响，而不仅仅是造价，就连造价部分也不应只包括套内装修，还应包括项目整体配套的造价，两者无法相提并论。

至于关于交易价款的退还是否存在相应法律依据的问题，《合同法》第111条规定："质量不符合约定的，应当按照当事人的约定承担违约责任。对违约责任没有约定或者约定不明确，依照本法第六十一条的规定仍不能确定的，受损害方根据标的的性质以及损失的大小，可以合理选择要求对方承担修理、更换、重作、退货、减少价款或者报酬等违约责任。"有观点认为此处"减少价款"即可以理解为"差价退赔"。但由该条款可知其适用的条件：其一，标的物存在质量不符合约定的情况；其二，合同中并未约定质量问题发生时违约方的违约责任；其三，守约方可以合理选择要求违约方承担修理、更换、重作、退货、减少价款或者报酬等违约责任。结合立法目的和司法实践，当交易标的存在质量问题时，应首先采取修理、更换、重作的措施，在前述措施无法有效的解决质量问题的情况下，可以采用退货、减少价款或者报酬的方式。在前述两个案例中，买受人提出的退赔差价的理由并非是装修部分存在质量问题，也没有举证证明房屋交付中存在其他质量问题，而是认为交付的商品房装修标准不符合合同约定，是对交易价格提出异议而非针对交易标的的质量，不应适用《合同法》第111条之规定。且前述两例案件的买卖合同附件中有明确约定装修装饰标准及具体配置内容，合同中也均有当质量不符合合同约定的情况下出卖人违约责任的具体约定，购房者诉讼要求退还差价显然既不符合合同约定也缺乏法律依据。

（二）处理差价退赔纠纷的两个立论基础

1．"装修房"的交易标的为包含装修在内的商品房，装修部分与商品房不可割裂，装修价款为商品房总价的组成部分，不可单独计价

商品房买卖合同毋庸置疑属于《合同法》第九章规定的有名合同。根据《合同法》第130条规定，"买卖合同是出卖人转移标的物的所有权于买受人，买受

人支付价款的合同”，商品房买卖合同中的标的物是带装修的商品房，装修是附着在清水房屋上的附加属性，装修同清水房屋一起构成了买卖合同一个标的。从交易标的产品属性来看，装修房是一种独立、完整的产品，房屋本身与装修均为交易标的一部分，装修部分同房屋主体一起不可拆分，正如汽车不等于车架加内饰一般，装修房不简单地等于清水房产品加单独的装修服务，不具有可拆分性。从交易价格来看，买卖合同关于房屋价格的条款约定了装修房的建筑面积(或套内建筑面积)单价和总价，其已包含了装修价款在内，装修价款不可从房屋总价中分割出来单独计价。且从行政管理的角度来看，房屋修建之初，开发商向主管部门申报建设方案时，已经将装修纳入其中，装修是成品房的基本属性之一，成品房作为一件商品入市以来便带有装修属性，是一件完整的商品，不得进行拆分。从施工流程来看，成品房屋的装修工程依次按装修房屋设计、按装修房屋报建、申请装修施工许可证、按装修宣传销售、统一组织和安排施工(含穿插施工)、按照装修房屋统一进行验收和备案、按装修房屋交付七大流程进行，如此，即使在施工层面，房屋主体结构建设同装修工程建设也是无法分开的，不得进行拆分。因此，若将其强行拆分不仅违反了合同订立时买卖双方的真实意思表示，违反了合同自由的原则及市场自由交易的基本原则。

2. 装修价款为交易成交价而非工程造价，也不是工程造价和利润的简单相加

买受人购房需要支付商品房购买对价即商品价格(价款)，价格是价值的货币表现，合同约定的装修价格系在充分尊重出卖人的自主定价权和买受人的自由选择权基础上双方对合同附件约定装修标准达成的共识，是出卖人与买受人双方意思表示达成一致的结果。既然行政主管部门备案或者合同约定的“装修标准”单价信息已实际计入商品房总价款之中，那么不难理解该“装修标准”实际为交易价格(价款)，合同签署后即为交易成交价。

在装修房差价退赔案件中，买受人主张存在差价损失是以装修造价标准来进行衡量并据此计算相应“差价”金额。但是装修工程造价是工程的建设成本，是指为完成一个工程的建设，预期或实际所需的全部费用总和，反映开发商与供应商或施工方之间的关系，在工程施工合同中，预先测算的工程造价是影响施工价格最终确定的重要因素。而成交价顾名思义，系商品经买卖双方协商一致达成的价格，装修房归根结底是一个在自由交易市场上进行销售的商品，其价格的产生受到了包括但不限于产品成本、市场供求、楼盘定位、项目配套、开发商品牌

价值、物业服务企业品牌价值、施工单位的品牌价值、景观设计、装修设计、成本、税金及利润等因素的影响，并非成本和利润的简单相加，反映的是开发商与购房者之间的关系，与供应商和施工方无关。

二、“装修房”差价退赔纠纷的突围之路

在房地产行业逐渐告别清水进入精装修的成品房时代，由装修质量问题引发的购房者维权事件已呈高发状态。笔者通过检索发现从 2012 年至 2019 年，与“装修差价”相关的诉讼纠纷共 860 多件，其中 2018 年案件数量呈突飞猛涨之势（从 2017 年的 110 多件增至 300 多件），江苏、福建、四川的案件数量分列前三。此类诉讼多为群体诉讼，牵涉范围广，涉及人数众多，加之众多购房者在诉讼前以及诉讼过程中又不断向行政主管部门投诉，甚至采取围堵、冲击办公场所、拉举横幅、游行等过激方式“维权”，给开发商造成了巨大的压力，在一些地方已成为整个房地产开发行业所面临的公共事件。

归纳购房者的诉讼请求，其中主要包括要求公示装修材料的价格、型号、规格等明细信息；要求解除合同中的装修条款；要求返还公摊部分装修价款；要求退还装修价款差额等。笔者结合自身代理的案件和其他地方法院的相关案件判决，主要针对购房者的诉求探讨与装修房纠纷相关的问题进行分析，以期能为实务中解决同类型案件提供突围之策。

（一）开发商公示装修材料和价格的范围界定

案例 76：张某诉成都某地产公司商品房预售合同纠纷案

基本案情

2017 年 11 月，原告张某与被告成都某地产公司签订了《房屋买卖合同》及《补充协议》，约定原告购买被告开发的住宅商品房一套，建筑面积 98.14 平方米，套内建筑面积 80.71 平方米，按套内建筑面积计价，房屋价款合计 1,166,342 元。《房屋买卖合同》第 4 条第 6 款约定装修标准为 3000 元/平方米，装修水平为简装。第 20 条、第 40 条、附件六对装饰装修材料和设备的品牌、产地、规格、

数量均有约定,合同中注明“开发商有权以同标准之建筑材料及设备代替上述所列各项”。合同签订后被告公布了房屋所涉装修材料名称、品牌及型号。原告认为被告公布的装修材料品牌、品种和型号没有固定下来,被告在合同中注明的“开发商有权以同标准之建筑材料及设备代替上述所列各项”的内容,则仅有品牌而无具体型号种类,未公布价格,无法判断是否为相同标准的建材,作为消费者有权知道自己所购商品的权利,且没有报价明细会导致原告无法参照具体报价明细验收房屋,被告以报价明细属于商业秘密为由不公布,侵犯了原告的知情权。故,原告诉至法院要求被告提供合同的约定的房屋装修标准3000元/平方米的具体装修、装饰明细报价以及固定装饰材料规格、品种、型号等作为交房验收标准。

裁判观点

法院认为,双方签订的合同附件六中注明了“开发商有权以同标准之建筑材料及设备代替上述所列各项”,依此约定,被告有权在实际施工过程中,根据实际情况对合同约定的材料品牌、型号等进行更换,原告主张固定合同中约定的装饰材料种类作为交房标准的诉求,不符合合同约定。双方签订的合同约定装修价格为每平方米3000元,被告是否应提供上述明细报价,不属于合同法中格式合同的免责条款,不属于《合同法》第52条和第53条中规定的情形。根据法律规定,当事人在订立合同过程中知悉的商业秘密,不论合同是否成立,不得泄露或不正当地使用,因原告在合同签订过程中并未获取装修明细报价,其主张被告可以提供商业秘密,无法律依据。《消费者权益保护法》规定,消费者有权根据商品或者服务的不同情况,要求经营者提供商品的价格等有关情况,上述规定不应该扩大解释为经营者应提供除商品价格外,还需提供该商品各组成部分单独价格及相关利润、税费等价格明细。原告已在合同中签字确认知晓并认购所购商品房的装修水平、设施设备档次和装修标准。

裁判结果

法院认为张某的主张无事实和法律依据,予以驳回。

律师分析

本案中,购房者以合同约定的装修价格没有明细为由,要求开发商公示装修价格的构成明细并固定装修材料。除本案外,其他诉讼案件中还有购房者要求开发商公示装修材料和设施设备的具体品牌、规格、型号,或要求提供装修材料和设备的出厂合格证、产地证明、进口报关单及精装修的工程结算单,也有购房者在维权活动中要求开发商提供装修评估报告。购房者之所以要求开发商公示相关信息,甚至走上诉讼维权道路,从事实层面上看,主要是因为房屋买卖双方在合同中未对装修单价构成明细进行详细约定,仅约定了装修单价和装修标准,而有的装修标准中又没有明确约定装修材料型号、规格,购房者才主张合同约定不明侵犯其知情权;从法律角度来看,购房者主张依据《消费者权益保护法》规定的消费者知情权,以及开发商提供的合同格式条款存在免除其责任的情形等理由课以开发商公示装修价格明细的义务。

笔者认为,在一定限度范围内,开发商应该公示装修材料和设施设备的具体品牌、规格、型号等信息。装修房作为一种商品,购房者作为消费者,享有知悉其购买、使用的商品或者接受的服务的真实情况的权利,开发商应该向购房者提供有关商品或者服务的质量、性能、用途、有效期限等信息,如买卖合同约定的装修标准对于装修材料、设施设备的约定过于模糊,购房者要求开发商提供具体品牌、规格、型号等信息并无不当,属于知情权的合理范畴。但保障购房者知情权的同时,也应维护开发商的合法权益,所以明确开发商公示装修材料和价格的边界在哪里,是平衡购房者和开发商之间的利益,解决纠纷的关键。

明确开发商公示装修材料和价格的边界,需要结合购房者的具体诉请分析。

关于开发商是否应该公示合同约定的装修价格构成明细问题,有的购房者认为,《消费者权益保护法》第20条第3款要求经营者提供商品或者服务应当明码标价,所以开发商有公示装修价格明细的义务。但实际上,买卖合同的交易标的是装修房整体,房屋总价和单价(包括装修单价)、交付的装修标准已在合同及补充协议中明确约定,明码标价在买卖合同中已得到了具体的体现,购房者的知情权已得到了充分的保障,购房者再要求公示的装修价格明细已经超出了知情权的合理范畴。再者,因装修房交易系及于房屋整体,并非对清水房、装修材料的交易,装修价格的明细清单,体现的是开发商与供应商及施工单位之间的交易关系,属于开发商的商业秘密,若要求开发商公布装修材料采购价格、建筑安装成本等明细清单或者提供装修材料和设备的结算清单、报关单等资料，就像要求手机制造商向消费者公布与显示屏供应商之间的零件采购定价清单一样，明显加重开发商公示义务，也超出了购房者享有的知情权的合理范畴。

关于购房者主张开发商提供的合同格式条款存在免除自身责任的情形，如在买卖合同装修单价和装修交付标准条款中，仅有简单的价格和品牌表述，或在其他条款中注明“购房者已明确知悉装修单价及装修交付标准”的内容，则直接免除了开发商公示价格明细等信息的义务。对此，笔者认为，《最高人民法院关于适用〈中华人民共和国合同法〉若干问题的解释（二）》第 10 条规定：“提供格式条款的一方当事人违反合同法第三十九条第一款的规定，并具有合同法第四十条规定的情形之一的，人民法院应当认定该格式条款无效。”也就是说，格式条款无效必须同时符合两个条件：(1)提供格式条款一方违反《合同法》第 39 条规定的合理提示及说明义务；(2)格式条款具有《合同法》第 52 条和第 53 条规定情形，或者提供格式条款一方免除其责任、加重对方责任、排除对方主要权利。在装修房交易纠纷层出不穷的背景下，开发商为提示购房者注意交易房屋装修现状，一般会在合同中对装修水平、装修价格、装修材料及设施设备、装修交付标准等重要条款以加黑、加粗、加下划线的方式提醒购房者注意，在形式上已尽到了合理提示、说明的义务；在开发商销售装修房已经明码标价、一房一价的情况下，对于合同中的装修条款，实际是开发商与消费者对交易标的详细内容进行约定的行为，内容具有合理性且符合意思自治原则，不存在免除开发商责任、加重购房者责任和排除购房者主要权利的情形，更不属于《合同法》第 52 条和第 53 条规定的无效情形。所以，该理由实际与开发商是否应该公示装修价格明细没有必然联系。如案例 76 中，法院就明确认定开发商是否应提供装修明细报价不属于格式合同中的免责条款。

（二）对装修条款的撤销和解除之诉

为限制房地产过热势头、抑制房价过快上涨，各地区近年陆续实施房地产限价政策，开发商不能自主涨价享受市场带来的利好，为突破价格管制的困境，房屋交易中出现了几种签约模式，用以应对不同行政管制的要求。现存的主要签约模式有两种：“单合同模式”和“双合同模式”。“单合同模式”即在商品房买卖合同中直接约定装修标准及装修配置清单，买卖合同主合同中的“装修标准”最开始划叉或者填写为“0”，后因政府管制加强，填写为具体的价格。“双合同模式”即购房者除了和开发商签订商品房买卖合同外，还和第三方（一般为施工单位）签订《委托装修协议》，但《委托装修协议》基本上不约定装修价格或者费用，相关装修配置标准和清单作为《委托装修协议》附件予以体现。在装修纠纷的司法审判实践中，购房者针对两种签约模式，提出了不同的诉求，表现为在“单合同模式”下，要求法院撤销商品房买卖合同中的装修条款（装修单价、装修标准等条款），开发商退还全部装修价款，房屋按清水交付；在“双合同模式”下，要求解除委托装修协议，变更为清水交付。

1. “单合同模式”下撤销装修条款之诉

“单合同模式”下，购房者要求撤销买卖合同中的装修条款，主要理由是买卖合同中约定的装修单价过分高于合理价格、装修标准约定模糊不明确，装修条款内容显失公平，或者购房者对装修条款产生了重大误解，诉诸法院要求撤销并变更房屋为清水交付。

案例77：青某诉成都某置业有限公司商品房预售合同纠纷案

基本案情

2018年6月，原告青某与被告成都某置业有限公司签订《商品房买卖合同》，约定原告购买被告开发的商品房一套，房屋建筑面积为123平方米，套内建筑面积97.66平方米，商品房为成品住宅，双方约定装修标准为3006.84元/平方米，该商品房单价为每平方米17,848.51元，房屋总价按套内建筑面积计价为1,743,085元，合同附件六对房屋公共部分、全屋等装饰装修及相关设备标准进行了专门约定。合同约定交付时间为2019年9月30日。双方签约前已经签订认购书和《确认书》，《确认书》主要内容为原告对房屋装修内容的确认。原告诉前自行委托第三方机构对案涉房屋精装修工程造价评估为每平方米造价1347.10元。原告认为，合同为被告单方拟定的格式条款，签约过程被告拒绝更改；且参照同户型已经交付的房屋看，装修房屋明显质价不符，故合同内容显失公平。在与被告协商过程中，被告对装修价款的解释与原告理解不一致，双方对质价不符认知不同，使原告产生重大误解。故原告诉之法院要求判令撤销双方签订的房屋买卖合同中的装修条款，将案涉房屋变更为清水交付。

裁判观点

法院认为，关于是否应当撤销双方签订的房屋买卖合同中的装修条款问题，首先，根据案涉合同关于装修单价及附件六中对商品房的装饰装修及相关设备标准的详细约定，并结合合同中关于计价方式的约定（按照套内建筑面积计算），案涉房屋的装修交付标准为合同附件六所约定标准，非 3006.84 元/平方米的定价标准。其次，案涉合同第八条明确约定以套内建筑面积计算价款，《楼宇认购书》《确认书》等也明确约定交易标的为带装饰装修的房屋，房屋总价款按套内面积计算，故案涉房屋系成品住宅，被告系将装修价包含在房屋总价中一并计价。合同约定的 3006.84 元/平方米的装修款并非指房屋装修的造价或成本，亦非仅指装修材料价格、人工价格之和，而是房屋装修的销售价。按照包括商品房在内的所有的商品交易惯例，交易价格除商品成本之外，至少还应包括税金、规费、管理成本、利润等应予合理考虑的计价因素。最后，即便原告委托第三方出具的建设工程造价咨询报告书所载明的装修造价与合同载明的装修价格有差距，案涉房屋的最终交易价格，也是在双方平等自愿的前提下，经邀约、承诺依法达成。原告也未提交证据证明所支付的房屋总价款与当时同类房屋价格存在较大差距。故不存在因约定过高的装修价格，导致房屋总体价格畸高而显失公平的情形。原告作为完全民事行为能力人，其在购房时对《确认书》的签字认可，也应认定为真实意思表示。同时，案涉房屋尚未到双方合同约定的交房时间，原告参照同户型实际已交付房屋，认为被告房屋装修明显质价不符缺乏事实依据。本案中，原告请求撤销案涉房屋买卖合同中的装修条款的理由还包括合同因重大误解订立、订立合同时显失公平、被告以欺诈、胁迫的手段使原告违背真实意思的情况下订立合同，但对上述主张，原告并未提供充分证据予以证明。

裁判结果

法院认为原告的诉求缺乏事实和法律依据，不予支持，驳回其诉讼请求。

律师分析

该案中，购房者主张撤销装修条款的主要依据是合同订立时显失公平、存在重大误解，主要事实理由为装修条款的设置不符合权利义务对等的原则，开发商利用自身优势及购房者没有经验，使装修条款下的权利义务违反了公平、等价有偿的民法原则；按购房者正常认知，交付的装修价值应当符合合同约定的装修价值标准，但开发商在纠纷解决沟通中明确表示不需质价相符，与购房者的理解相悖，导致购房者的重大误解。购房者诉求的主要法律依据为《合同法》第54条的规定，即订立合同时显失公平、因重大误解订立的合同均可主张撤销。针对购房者的观点，法院则从对装修条款的理解及意思自治、举证责任的角度论述驳回。笔者认为，认定装修房屋交易过程中是否存在重大误解、显失公平等可撤销合同的情形，应该结合具体的案件事实和法律规定加以分析。

(1)针对购房者主张的装修条款约定存在显失公平的情形，《民法总则》第151条规定："一方利用对方处于危困状态、缺乏判断能力等情形，致使民事法律行为成立时显失公平的，受损害方有权请求人民法院或者仲裁机构予以撤销。"《最高人民法院关于贯彻执行〈中华人民共和国民法通则〉若干问题的意见(试行)》第72条规定："一方当事人利用优势或者利用对方没有经验，致使双方的权利与义务明显违反公平、等价有偿原则的，可以认定为显失公平。"简言之，显失公平的构成要件应当包括以下两方面：

其一，客观上要求当事人之间利益失衡，主观上要求获利一方利用对方无经验或者因为其他紧迫情况而接受了条件。就撤销装修条款之诉而言，从客观上考虑，合同中约定的装修条款不存在导致购房者和开发商利益失衡之情形。首先是房屋买卖合同在订立过程中不存在对购房者明显不公平的情形。以房屋买卖合同约定的商品房价款的计算方式为例，双方交易标的为包含装修装饰部分在内的商品房整体，房屋价款系开发商在受到多种因素(市场供求关系、企业品牌价值、管理及利润等)影响下确定，符合公平、等价有偿的交易原则，开发商只是在自主定价时将装修作为房屋整体交易的一部分考量，不存在要求购房者承担更多义务或者使其在经济上遭受重大损失，而开发商则以较少的代价获得较大利益的情形(开发商在开发建设装修房屋时投入了建设安装、管理、设计、营销等费用成本，所获得的利润在合理范围内)。其次是开发商获得的利益未超过法律所允许的限度。开发商对外公开发售房屋前，价款均需在房屋管理部门核准备案，通过后才能取得预售许可证销售，故其销售定价在法律所允许的限度范围内。

其二，从主观上考量，合同中对房屋单价、交易总价、装修价格、交付标准等已有明确约定，尤其是房屋主管部门要求对价格信息、装修配置标准、交付样板间等必须在销售现场予以展示，对购房者来说，购买房屋这种特殊的标的物，定会提前了解房屋基本信息，对合同的价格等内容进行审查和判断，此时的房屋交易并不存在一方有经验而另一方无经验的情况，购房者完全可以自主选择是否订约，开发商在房屋交易过程中的优势地位，不足以对购房者的重大利益产生影响。

(2)关于购房者主张的合同订立过程中是否存在重大误解的问题，《最高人民法院关于贯彻执行〈中华人民共和国民法通则〉若干问题的意见(试行)》第71条规定："行为人因对行为的性质、对方当事人、标的物的品种、质量、规格和数量等的错误认识，使行为的后果与自己的意思相悖，并造成较大损失的，可以认定为重大误解。"在司法实践中，重大误解要求表意人对合同主要条款存在错误认识，并且"误解"是由表意人自己的一般过失造成，如果表意人具有故意或者重大过失，则无权请求撤销或者变更合同。案例77中，在订立买卖合同过程中，开发商已采取合理的方式告知提示，青某作为完全民事行为能力人，不可能对作为合同主要条款之一的装修条款选择性地产生错误认识，从《确认书》到买卖合同中的装修价格条款、再到合同附件六约定的装修交付标准(包括装修部件名称、品牌、配置标准)，双方反复确认交易标的为包含装修装饰部分在内的商品房整体交易，未单独就清水房屋和装饰装修分别定价销售。如果购房者在进行房屋买卖这种价值较大、关乎自身重大利益的交易时，未清楚知悉并理解房屋买卖合同中的装修条款就签字按手印，则应认为未尽到充分注意义务，自身存在重大过失，而不能认定为其意思表示构成重大误解。

所以，从维护房产交易安全的角度考虑，不应轻易以显失公平、重大误解为由撤销装修条款。在房屋交易频繁的当下，不适当地否定房屋买卖合同条款效力，不仅会导致交易成本的增加，而且会使合同当事人之间的权利义务陷入不确定的状态，不利于促进社会经济交往和稳定。

2."双合同模式"下解除委托装修协议之诉

"双合同模式"下，在房屋买卖合同之外存在另一个《委托装修协议》，对该协议性质的认定直接决定房屋交易双方是否有权解除。司法实务中，对委托装修协议的性质认定存在一定理解上的分歧。

案例78：武汉某地产公司诉童某房屋买卖合同、装饰装修合同纠纷案

基本案情

2017年12月23日，原告武汉某地产公司与被告童某签订了《武汉市商品房买卖合同》《房屋委托装修协议》，约定原告将其所开发的住宅商品房一套出售给被告，被告委托原告对该房屋进行装修设计施工。《武汉市商品房买卖合同》约定房屋（清水）总价款989,652元，装修总价为230,500元，被告应于2018年1月23日前付清；《房屋委托装修协议》另约定，如果被告逾期付款累计达10天，原告有权解除《房屋委托装修协议》和《武汉市商品房买卖合同》。合同签订后，被告付清了购房款项，但未按约支付装修款项。原告多次催收未果，诉至法院要求判令解除双方签订的《武汉市商品房买卖合同》及《房屋委托装修协议》，并支付违约金等。

裁判观点

法院认为，关于双方所签订的合同，被告已经履行了支付全部购房款的义务，不构成违约，原告不能单方要求解除合同。关于《房屋委托装修协议》，被告未在约定期限内给付装修款，依据《房屋委托装修协议》的约定，原告有权单方面解除本协议，并要求被告支付总装修款10%的违约金。关于原告主张双方在签订《房屋委托装修协议》中明确约定“无论任何原因导致《房屋委托装修协议》解除或失效的，房屋买卖合同一并解除”。法院认为，双方所签订的《武汉市商品房买卖合同》与《房屋委托装修协议》系两个相对独立的合同，被告在《武汉市商品房买卖合同》中已经履行了全部义务；同时，双方在《武汉市商品房买卖合同》中明确约定了单方解除合同的条件及相关事项，原告主张因《房屋委托装修协议》的解除，就直接导致《武汉市商品房买卖合同》的解除，显然缺乏事实与法律依据。

裁判结果

法院判决解除原告与被告签订的《房屋委托装修协议》，被告支付违约金，驳回原告其他诉讼请求。

案例79：孙某诉某建设集团西南分公司、成都某光华置业有限公司装饰装修合同纠纷案

基本案情

2012年4月22日，原告孙某与被告成都某光华置业有限公司签订《商品房买卖合同》及《补充协议》，约定原告购买被告建造的一套商品房(建筑面积85.04平方米，单价为10,423.29元，总价款702,738元)，装修水平为清水。《补充协议》第4条第2款约定："经买受人与出卖人协商一致，出卖人仅同意买受人委托一家装修单位在房屋交付之前进场对房屋进行装修改造。出卖人应根据工程进度通知装修单位进场，装修改造费用由出卖人承担。"2012年4月22日，原告与某建设集团西南分公司签订了《委托装修协议》，约定原告委托某建设集团西南分公司按照约定的装修方案和装修标准，对房屋内部进行装修改造；原告已与项目开发商(被告)达成一致，某建设集团西南分公司即为涉案房屋的装修单位。此外，被告于2011年11月在某都市报上刊登广告，明确载明案涉项目所售房屋为"一体化精装"。被告与买受人签订的合同文本包括《委托装修协议》，且所有买受人签订的委托装修协议的合同相对方均为某建设集团西南分公司。现原告基于其对某建设集团西南分公司的不信任、不了解，且《委托装修协议》性质为委托合同，原告认为其依法享有任意解除权，有权单方解除与某建设集团西南分公司签订的《委托装修协议》，另请装修单位，遂诉至法院要求解除《委托装修协议》，被告返还装修费等。

裁判观点

法院认为，(1)关于原告与被告签订的买卖合同标的是"清水房"还是"精装房"的问题。双方虽在合同中约定房屋装修水平为"清水"，但双方在《补充协议》中明确约定装修改造费用由被告承担，且被告对该项目进行广告宣传时即已明确声明该项目系精装房，参照《最高人民法院关于审理商品房买卖合同纠纷案件适用法律若干问题的解释》第3条之规定，被告的销售广告中明确载明所售房屋为"一体化精装"，且该说明对房屋的价格有重大影响，应当视为合同内

容,故案涉房屋为精装房。(2)关于原告与某建设集团西南分公司签订的委托装修协议的性质问题。从协议内容来看,某建设集团西南分公司的合同义务主要是对原告的房屋进行装饰装修,而非受其委托处理事务,故《委托装修协议》的性质为装饰装修合同,原告不享有《合同法》第410条规定的任意解除权,涉案委托装修协议也不存在法定解除和约定解除的情形。

裁判结果

法院判决驳回原告的诉讼请求。

律师分析

上述两案反映了审判实践中关于委托装修协议性质的理解分歧:一种观点认为《委托装修协议》属于合同法中委托合同的范畴,独立于房屋买卖合同存在,二者分属两个不同的法律关系;协议的委托人与受托人都有单方的任意解除权;开发商如非签约主体,不对装修行为承担任何责任。案例78中,法院认为两个合同有各自的内容与解除条件,《委托装修协议》的效力并不影响房屋买卖合同的效力,武汉某地产公司可依据委托装修协议的约定诉请单方解除协议并主张违约责任,但是不能据此解除房屋买卖合同。另一种观点则认为《委托装修协议》名为委托装修实为装饰装修合同,属于商品房买卖合同的一部分。该买卖合同关系实际由商品房买卖合同、补充协议和《委托装修协议》等多个书面合同组成,当事人不享有任意解除的权利,开发商应对装修事项承担交付、质量保证等责任。案例79中,法院则认为购房者虽与第三方装修单位签订了《委托装修协议》,但该协议的内容没有要求第三方装修单位受托处理事务的意思表示,其性质应为装饰装修合同,属于房屋买卖合同的一部分,孙某不能任意解除。

笔者认为,在探讨性质问题之前应首先剖析实务中《委托装修协议》的特点。以《委托装修协议》命名的文本各式各样,而本书所述的《委托装修协议》是购房者在签订买卖合同时与开发商或者开发商推荐的第三方装修单位签订的协议。多数协议中并不单独约定装修费用明细、交付时间、装修材料等详细内容。而案例78中的《委托装修协议》与多数情况不同,正是因为明确约定了装修价款、解除条件等因素,可独立履行,才被法院认定为委托合同,而实践中多数开发商采用的《委托装修协议》仅对装修主体、主要装修内容作简单约定,有的则是将装修配置标准作为该协议附件。

判断《委托装修协议》的性质,不妨先考量其是否具有委托合同的特征。委托合同的订立以委托人和受托人之间的相互信任为前提,是典型的提供劳务的合同,合同标的是受托人处理委托人事务的行为,受托人无须对能否达到预期结果承担责任,受托人一般是以委托人名义开展委托事项,并须及时向委托人汇报委托事项进展情况,且委托合同多为有偿合同。而就《委托装修协议》而言,事实上,签约前购房者可能对委托哪家装修公司进行装修、具体工期安排、装修费用具体是多少、如何构成等事项并不清楚,并没有相互信任的前提。从内容上看,购房者与装修单位约定的是装修行为,没有达成委托劳务的合意,装修单位不需向购房者提供劳务。实务中,装修单位依据与开发商签订的装修施工总包合同进行装修施工,也不会向购房者汇报,开发商需就装修成果和装修质量向购房者负责,承担装修成果的保修责任,并没有委托合同的特征。此外,《委托装修协议》中并不约定任何报酬,不管是开发商还是装修单位,均为盈利企业,如果不收取报酬受托处理购房者委托事项显然有悖常理。经分析不难发现,《委托装修协议》并不符合委托合同的特征。

再进一步考量,《委托装修协议》是否属于建设工程合同范畴?根据《合同法》第269条、第275条规定,建设工程合同主要条款包括工程范围、建设工期、开工和竣工时间、工程质量、工程造价、技术资料交付时间、拨款和结算、竣工验收等,因建设工程具有投资大、周期长、质量和技术要求高等特点,故合同中内容详细具体、权责清晰。而《委托装修协议》在内容上仅约定了装修主体、装修标准、保修责任等,规范程度与建设工程施工合同相去甚远,但其条款均属于明确装饰装修中双方权利义务的内容,所以就内容而言更接近于装饰装修合同。

欲究其性质,还需考虑市场交易双方的交易本意。在房屋买卖交易中,购房者关心的是最终获得符合其意向的房屋,对商品房开发、建设的具体过程并不关心,也并不具备这方面的知识。虽然购房者与装修单位就装修事宜达成"委托协议",但此时购房者的本意是将清水房和装修作为一个整体的交易标的,并且仅在房屋买卖合同中约定房屋的整体售价(其中包含精装修费用),而不单独列明装修费用明细。如果将《委托装修协议》的性质认定为委托合同,签约主体是第三方装修单位,则作为清水房屋买卖合同相对方的开发商不具有向购房者交付装修的义务,随时会导致购房者目的落空,与房屋买卖合同的本意及相关法律法规的立法目的背道而驰。所以《委托装修协议》本质上是对商品房买卖合同中装饰装修条款的补充约定，与买卖合同共同构成了一个合同关系，是房屋买卖合同的一部分，不具备任意解除的前提。

（三）关于要求退还公摊部分装修款的问题

公摊即“公摊建筑面积”的简称，“公摊建筑面积”源于“共有建筑面积分摊”，2000年8月1日实施的《房产测量规范》首次在规范中解释“共有建筑面积分摊”的概念，分摊后的共有建筑面积就是“公摊建筑面积”，这一概念已在房屋交易和确权的实践中被广泛使用。所以，公摊是指整栋楼的产权人共同所有的公用部分的建筑面积，包括楼梯间、电梯井、楼道等部位，它与套内建筑面积之和构成了一套商品房的建筑面积。

因公摊面积引发的问题层出不穷，如分摊测绘细则的法律制度规范问题，“谁使用、谁分摊”的计算原则权威性和公信力问题，以及公摊面积缩水侵犯消费者权益、公摊系数无上限所暴露的监管和法规漏洞等问题。在推进成品住宅的时代，公摊纠纷以新的形式出现，表现为购房者要求开发商退还公摊部分重复计算的装修款，并诉诸法院。

案例80：詹某诉贵州某地产公司商品房预售合同纠纷案

基本案情

原告詹某于2007年10月与被告贵州某地产公司签订《商品房预售合同》及其补充协议，约定由原告购买被告开发的位于贵阳市南明区某项目房屋一套，房屋建筑面积113.74m^2，套内面积93.27m^2，公摊20.47m^2，《商品房预售合同》第4条约定，房屋单价按建筑面积计算为4592.0784元/m^2，房屋总价款为522,303元。合同中约定房屋装饰标准为装修交付，但未约定任何装修价格。被告在宣传和销售过程中口头承诺装修标准为1500元/m^2。2012年4月，原告收房。原告认为，房屋系按照总建筑面积进行销售的，故公摊部分面积应是按照毛坯房的价位计算价格，双方合同未约定公摊面积装修，被告不应当收取公摊面积的装修费用，应返还公摊面积22.02平方米的装修款费用，故向法院起诉请求判令被告返还公摊面积装修款33,030元。

裁判观点

法院认为，原、被告签订的《商品房预售合同》中，双方已就诉争房屋的建筑面积、套内建筑面积、公摊面积以及计价方式等进行明确约定，故在双方签订《商品房预售合同》时，原告明知其购买的房屋系装修房，房屋建筑面积中包含有公摊面积，且房屋总价按建筑面积计算，每平方米4592.0784元。双方所购房屋系已装修的房屋，但双方在合同中未对套内、公摊部分的装修予以约定，故原告主张被告在公摊面积部分收取装修费属于不当得利的理由不能成立。原告要求被告退还其公摊部分的装修款，无事实和法律依据，不予支持。

裁判结果

法院判决驳回原告的诉讼请求。

案例81：李某诉成都某房地产开发公司、第三人重庆某装饰工程公司成都分公司商品房预售合同纠纷案

基本案情

2018年2月，原告李某与被告成都某房地产开发公司签订《商品房买卖合同》及《补充协议》，约定原告购买被告开发的一套商品房（建筑面积116.24平方米，套内建筑面积93.66平方米，分摊共有建筑面积22.58平方米），合同约定按照建筑面积计算商品房价款，单价为10,606.99元，总价款1,232,957元，装修水平为简装。原告认为被告在签订合同时将房屋装修水平由宣传时的精装修水平修改为简装水平，属于欺诈行为。同时，合同中约定的包含公摊面积在内的每平方米2439元的装修费明显过高。据此，原告向法院提起诉请，要求被告退还收取的房屋公摊面积装修款56,291.9元。

裁判观点

法院认为，案涉房屋属于成品住宅，装修标准属于房屋总价的一部分，具有不可拆分性，双方在签订《商品房买卖合同》时对房屋面积、装修价格即房屋总

价构成均有明确认识，原告在签约时视为已经知晓房屋的价款构成，其并未提供有效的证据证明被告存在欺诈行为，故对其认为被告存在欺诈行为而要求返还已支付的房屋公摊面积装修款的主张不予支持。被告向原告出具一份《回函》，其中载明的“装修费用”系开发商委托专业造价咨询服务企业对商品房装修价格进行核定，计算出室内装修的各种费用加上合理利润后的室内装修总价，再平均到建筑面积得出的装修费用，以便于对房屋价格和装修价格进行分别表达来满足相关行政政策要求，该装修费用并未包含公摊部分的装修费用，而是依据相关政策核定的室内装修总价。被告在《回函》中关于装修费用不包含公摊部分的表述与买卖合同约定房屋总价款中包含装修费用的内容两者并不矛盾。

裁判结果

法院对原告要求成都某房地产开发公司返还已支付的房屋公摊面积装修款的主张不予支持，判决驳回其诉讼请求。

律师分析

从前述两案不难看出，购房者诉求退还公摊部分重复计算的装修款的逻辑路径为：房屋建筑面积包含公摊部分面积，公摊部分的装修本身属于公共部分装修内容，公共部分的装修属于毛坯房（清水房）交易中开发商本就应该承担的义务，以此推论，公摊部分装修自然包含在毛坯房（清水房）交易价款中。如果以建筑面积乘以装修单价的方式计算装修总价款，则会重复计算公摊部分的装修价款，所以开发商收取的公摊部分装修款没有合法依据，应该退还。

从法律角度来看，购房者的诉求本质是要求出卖人返还不当得利，如案例80中，詹某认为贵州某地产公司在公摊面积部分收取装修费属于不当得利；案例81中李某要求成都某房地产开发公司退还公摊面积装修款的请求权基础同样源自法律规定中的不当得利条款。从两案的裁判观点来看，法院均从商品房买卖合同约定的房价款计价方式角度认可了开发商收取装修款的合法依据，否认了不当得利之债存在的前提基础，驳回了原告的诉讼请求。

根据《民法总则》的规定，不当得利是指没有合法根据，使他人受到损失而自己获得了利益，因其没有合法根据，虽为既成事实也不受法律保护，不当利益应返还给受损失的人，这种权利义务关系即不当得利之债，不当得利引起的债完全是基于法律的规定,而不是基于当事人的意思。不当得利的要件有四:一是一方获得利益,二是获得利益没有合法根据,三是他方受到损失,四是获得利益和受到损失之间存在因果关系。笔者认为,装修房交易中,开发商是否存在重复收取公摊部分装修款以获得不当得利,应该具体分析其行为是否符合不当得利的构成要件。事实上,购房者诉称的理由并不能证明开发商获得了不当得利,理由如下:

1. 开发商没有重复计取公摊部分装修款的事实行为,未使购房者受到损失

就房屋计价方式而言,开发商对装修房的定价仍然是法律意义上的市场自主定价行为,其定价是整体定价。在房屋总价恒定的前提下,房屋单价可按照建筑面积单价或套内建筑面积单价进行表现;同样,当房屋总价中包含装修价款,以同样的计算逻辑,装修单价可按照建筑面积单价或者套内建筑面积单价表现,无论装修单价表现为建筑面积单价还是套内建筑面积单价,只不过是计价方式不同的外在表现,均不改变房屋总价恒定的大前提。认为开发商重复收取公摊部分装修款的观点,实际是认定房屋单价恒定不变,推论出房屋总价为房屋单价乘建筑面积,同理,装修总价为装修单价乘建筑面积,表面上看计算方式没有问题,实际上是因果倒置。再者,购房者认定公摊部分装修款应该算在清水房价款中,才得出开发商重复计算公摊部分装修款的结论,始生愤愤不平之意,诉诸法院。事实上,房屋总价恒定是商品房交易双方协商达成一致的,在房屋装修交付标准不变的情况下,装修单价无论按建筑面积反算还是套内建筑面积反算,均未损害购房者的实际利益。

2. 开发商未因整体定价的计价方式获得不当利益

深究其因,购房者要求返还公摊部分装修款的诉求只是装修差价退赔纠纷的另类表达,开发商收取的包含装修费用在内的房屋总价款本身是合理的,如案例 81 中,法院就阐明房屋价款中的“装修费用”系对商品房装修价格核定后计算出的室内装修的各种费用加上合理利润后的室内装修总价,再平均到建筑面积得出的装修费用,以便于对房屋价格和装修价格进行分别表达来满足相关行政政策要求,该装修费用并未包含公摊部分的装修费用,而是依据相关政策核定的室内装修总价。可见,不管是房屋总价款还是装修总价款,均是开发商在遵循市场交易规则及相关行政政策要求的前提下确认的合理款项,属于合法利益。

3. 开发商收取的装修价款有合法的根据

实务中,购房者和开发商会就房屋的建筑面积、套内建筑面积、公摊面积以

及计价方式等在合同中明确约定。购房者在签订合同时,应明知其购买的房屋系装修房,房屋建筑面积中包含有公摊面积,且房屋总价按建筑面积计算,例如,案例80中,法院认定购房者明知房屋价款及计算方式,且明知合同中未分别约定套内、公摊部分的装修而签约的行为视为同意合同中的计价方式。根据法律规定,依法成立的合同,对当事人具有法律约束力,当事人应当按照约定履行自己的义务,不得擅自变更或者解除合同,开发商收取的装修价款系基于合同约定,于法有据。相反,在购房者明知购买的房屋系装修房,房屋建筑面积中包含有公摊面积,且按照建筑面积计算房屋总价的情况下,再主张开发商退还其公摊部分的装修款,系单方面要求变更房屋价款,属于合同反悔行为,有悖诚实信用原则。

（四）关于要求退还装修差价的问题

笔者通过梳理实践中的诉讼案件发现,案件数量较多、购房者主张较频繁的是装修差价的退还问题(或装修损失赔偿),此类案件中购房者的诉求集中表达为要求开发商退还装修差价(实际装修价值与合同约定装修价值之差),或为赔偿装修损失(装修差价实际是开发商装修标准违约造成的损失),其诉求的本质是基于合同违约产生的债权请求权。

案例82：解某与青岛某置业有限公司商品房预售合同纠纷上诉案

基本案情

2013年6月,上诉人解某与被上诉人青岛某置业有限公司签订《青岛市商品房预售合同》,约定解某购买青岛某置业有限公司开发建设的青岛市市北区商品房一套,建筑面积148.94m^2,不包含装修价款的房屋总价款为2,751,369元,该房屋全装修总价为3,272,659元。合同约定了装修及设备标准。并约定如该房屋的装修、设备标准达不到附件三约定的标准,买受人有权要求出卖人按实际的装修、设备与约定的装修、设备差价10倍给予补偿。房屋交付时,解某认为青岛某置业有限公司交付的房屋并未达到合同约定的装修标准,故诉至法院,要求青岛某置业有限公司支付装修补偿款10,000元。

裁判观点

一审法院认为，解某接受了房屋并入住，说明对所购买的涉案房屋是满意的。其作为普通消费者也应当了解涉案房屋内装修设施显现的品牌。由于青岛某置业有限公司交付的房屋装修价值并非仅是装修材料及施工工程款项相加的价值，其中允许包含可得利润。解某根据自行委托评估的报告，认为涉案房屋装修价值低于合同约定的装修价值不具有合理性。解某无证据证明青岛某置业有限公司交付的房屋的装饰、设备标准不符合合同条款和约定标准，故驳回其诉讼请求。

二审法院认为，双方争议焦点主要集中在精装房的装修标准和装修价值的认定上。根据合同约定，被上诉人青岛某置业有限公司交付房屋的装修标准应达到合同附件三约定的标准，二审中，上诉人解某认可被上诉人用于装修的品牌大部分与合同约定的品牌一致，可以认定被上诉人系按照合同约定的装修标准对涉案房屋进行的装修。第三方评估值虽然低于合同约定的装修价值，但商品房本身就属于交易商品，其在出售过程中必然包含开发商的可得利润，合同约定的装修价值是开发商综合了交易市场的供求关系、价值规律、利润空间等各种因素，在双方当事人自愿、平等、协商的基础上形成的，并非对房屋装修中各单项项目用材及施工价值的简单累加，该评估对本案不具有参考意义，本案也无须对房屋装修进行评估。

裁判结果

二审法院判决驳回解某的上诉，维持原判。

律师分析

与此类似，前述案例 75 中，法院认为根据双方签订的《商品房买卖合同》中关于计价方式与价款的约定，该房屋按建筑面积计算房屋总价，房屋总价中包含了全装修总价，可知双方买卖的标的物是全装修房屋，而非交易的毛坯房之外，开发商另行提供的装修服务。合同约定的全装修总价，亦是双方基于合同附件四的约定，就全装修总价达成的一致的意思表示，而非基于合同附件四约定的标准所计算的造价的总和。第三方出具的造价报告，系针对案涉房屋装修的工程造价所作的评估，与双方约定的全装修价格缺乏关联性，故不予支持购房者的诉讼请求。

实践中同类型案件较多，且多以群体诉讼的形式出现。从上述两案来看，装修差价之诉存在以下特征：一是购房者要求开发商退还装修差价款或赔偿损失的理由是开发商交付的精装修产品的实际价值与合同约定的装修标准的市场价值或合理价格不符，也就是“质价不符”的问题。二是购房者要么通过在诉讼中申请法院鉴定，要么自行委托第三方评估后取得评估结果，作为提起给付之诉的依据。此类评估报告得出的房屋装修单价和总价明显低于合同约定的装修单价，如案例 77 中，购房者委托第三方评估装修单价为 1288. 4 元/平方米，低于合同约定的装修标准 3006 元/平方米；案例 75 中，购房者委托第三方评估房屋装修价格只有 530, 077 元，与合同约定的精装修价格相差 483, 263 元。购房者用评估结果直接证明实际交付的装修房屋质价不符，主张开发商按评估装修价与合同约定的装修价之差退还装修款或提升装修标准至约定的装修水平。从两案的裁判结果来看，法院均驳回了购房者的诉讼请求，从合同意思自治角度和房屋价格定价方式上分析了装修房交易的本质，即装修房屋是一个房屋与装修有机结合的整体，其价值是就整体而言的，虽然合同中对于装修价格单独进行了约定，但房屋本身与装修不能简单地进行割裂，两者的价格也不应单纯割裂来看。

笔者总结装修房交易过程中的法律问题发现，在成品住宅销售过程中，装修纠纷之所以愈演愈烈，交付投诉比例成倍增长、矛盾激烈，甚至演化为诉讼，归根结底是交易双方对商品房买卖合同中的装修计价方式及其他装修条款的理解存在偏差，也是对质价是否应该相符的不同认知产生的矛盾。以《四川省商品房买卖合同》（CH－2015－01）示范文本为例，该文本中装修条款内容约定见表 1：

表 1　四川省商品房买卖合同范例

第四条第（六）款	装修水平是【清水】【简装】【精装】，装修标准是××元/平方米
第八条	出卖人与买受人按照下列第×种方式计算该商品房价款：（一）按照套内建筑面积计算，该商品房单价为每平方米人民币××元，总价款为人民币××元。 按照建筑面积计算，该商品房单价为每平方米人民币××元，总价款为人民币××元。 ……

续表

第二十条第(三)款	(三)装饰装修及设备标准： 1. 该商品房使用合格的建筑材料、构配件和设备,装置、装修、装饰所用材料的产品质量等符合国家的强制性标准及双方约定的标准。 2. 不符合前项标准的,买受人有权要求出卖人按照下列第(1)方式处理:及时更换、修理…… 关于装饰装修及相关设备标准的约定,见附件六
附件六	关于装饰装修及相关设备标准的约定(开发商会将装修交付标准以清单形式补充列在附件六)
补充协议	各开发商会根据自身实际情况对装修交付标准等在补充协议中做详细补充说明

在文本第4条中,装修标准被以“××元/平方米”的形式展示,是购房者提出赔偿装修差价诉请最重要的合同依据,将该条约定的装修单价与附件六“关于装饰装修及相关设备标准的约定”(实际装修交付标准)相结合,购房者得出质价不符的结论,认为装修房的交易应该质价相符,质价不符有违公平正义和市场交易规则。而从开发商角度来看,装修房从定价到交付不需要达到质价相符的程度,质价相符本身是个悖论,质价不符是正常的市场交易现象。

笔者认为,装修房交易中要求标的房屋质价相符的说法本身就不合理。首先,合同约定的装修单价“××元/平方米”是价格条款,而非质量条款,也非购房者认为的房屋装修应达到的成本标准。“质”即质量,国际标准化组织(ISO)颁布的《质量管理体系基础和术语》中对质量的定义是“一组固有特性满足要求的程度”,也就是产品满足需要的程度,其本质是主观感受,存在有形和无形多种标准叠加,质量所体现的是产品的使用价值;“价”即价格,随价值上下波动,是交换价值在交易中的体现,价格在交易中还会受到供求关系等因素影响,可以由交易双方协商确定。从两者关系来看,使用价值是交换价值的充分条件而非必要条件,即质量不等于价格,质量高可以推出价格高,价格高不能得出质量高。所以,质量和价值在法律上无法进行客观的实证对比,也不具备逻辑上的关联性。放到装修房屋交易中看,购房者认为交付的装修房质价不符不合理,实际是将质量和价格对等,将合同约定的装修价格作为装修房质量的衡量标准,以此为由主张开发商退还装修差价,实际有悖常识,不符合交易习惯。在装修差价索赔诉讼中,“质价不符”不能作为判定开发商承担违约责任的理由。

其次,从合同约定的房屋总价计价方式来看,购房者提出质价不符的另一不合理之处在于,装修房屋总价款的计价方式并非按合同约定的单价乘以建筑面积(或套内建筑面积)计算得出。实践中,装修房屋交易一般采用整体定价模式,即在房屋总价中包含了装修总价,双方买卖的标的物则是带装修的房屋,而非毛坯房之外开发商另行提供的装修服务。合同中对房屋及装修价格的约定,实际是买卖双方在综合考虑各项市场因素后形成的交易价格,所谓"交易价格",是商品的出卖人和买受人在商品交易市场中达成一致的商品成交价格,其形成受市场供求关系、产品质量、配套、宣传、合理利润、品牌价值等多种因素的影响,是一个包含多种价值因素在内的综合价格。案例75中法院就认为,合同约定的精装修价格实际是装修房的交易价格,不仅仅包含房屋室内的装修部分,而是从项目整体定位出发,包含设计、市场环境、利润等因素在内的一个结合体,据此而言,房屋和装修本身是一个结合体,并不能割裂分开来看。即使该装修成交价与装修实际价值不相符,也是购房者在自愿基础上接受的交易价格,并不构成开发商违约,购房者主张装修实际价值必须要达到装修成交价标准,无异于否定装修作为商品房交易的构成部分本身存在的除造价成本之外的其他费用和合法利润,与市场公平交易的基本原则不符,也缺乏依据。

最后,诉讼中购房者提出鉴定申请或自行委托评估实无必要。一方面,如前所述,因买卖合同约定的装修房屋的装修部分未单独计价,也未区分销售,若对装修部分进行评估鉴定,实质上是将装修部分的价格单独核定而强行将商品房价格予以拆分,不符合房屋买卖合同约定的交易计价方式,更不符合市场公平交易原则。案例75、案例82中法院均未采纳购房者提交的评估报告,其他类似案件中也有法院直接驳回购房者的鉴定申请。另一方面,购房者自行委托第三方出具评估报告的评估方式不合理。这类评估报告书仅是对单套房屋套内装修工程造价的评估,工程造价是建筑工程的建造价格,即建造性活动的生产价格,相当于产品的出厂价,其价格构成不包括建造性生产活动以外的营销等其他非建造性生产活动的因素,它体现的是建造性生产活动的特征,并作为建筑产品价格的基础和起点。而房屋交易价格则是房屋建筑工程成本、项目开发管理费用、财务费用、相应的税金、其他合理利润、品牌效应等综合因素的总和。若要在房屋交易价格中对装修价格进行评价,则其余成本费用及合理利润应当予以分摊,即除了装修工程造价之外,还应包含开办费用、管理费用、税费及合理利润等,但管理费用及利润等并不具备市场衡量标准,又因价格是围绕价值定价的,且价值的认定还包括其他会影响群众购买的市场因素（如项目房屋的设计是否符合目标人群审美、区位条件），本身无法鉴定得出。所以，第三方对房屋装修价格的评估仅能得出该区域的装修工程造价，而不能评价整个房屋的装修价值，购房者在诉讼中申请鉴定实无必要，若法院依据购房者自行委托第三方出具的评估造价结果认定开发商应该退还装修差价，则与事实不符，有违自愿、平等、公平、诚实信用的交易原则。

第四节
突发公共事件下逾期交付的“不可抗力”认定

2016 年 1 月 8 日国务院发布的《国家突发公共事件总体应急预案》第 1 条第 3 款定义“突发公共事件”是指突然发生，造成或者可能造成重大人员伤亡、财产损失、生态环境破坏和严重社会危害，危及公共安全的紧急事件，包括自然灾害、事故灾难、公共卫生事件和社会安全事件。2007 年 11 月 1 日实施的《突发公共事件应对法》第 3 条第 1 款规定：“本法所称突发事件，是指突然发生，造成或者可能造成社会严重危害，需要采取应急处置措施予以应对的自然灾害、事故灾难、公共卫生事件和社会安全事件。”

2020 年 1 月 20 日，国家卫生健康委员会发布公告将新型冠状病毒感染的肺炎纳入《传染病防治法》规定的乙类传染病，并采取甲类传染病的预防、控制措施。2020 年 1 月 23 日，武汉市全城实施交通管制，随后湖北省各地陆续“封城”。2020 年 1 月 23 日，广东、浙江、湖南启动重大公共突发卫生事件一级响应，截至 1 月 25 日，全国 30 个省市自启动突发公共卫生事件一级响应机制。由此，全国进入“疫情”时期。2020 年 1 月 26 日，国务院办公厅发布《关于延长 2020 年春节假期的通知》（国办发明电〔2020〕1 号），延长 2020 年春节假期至 2 月 2 日。随后，各地相继发布了迟延复工及复工审批的通知，小区逐步实行封闭式管理。

在新型冠状病毒肺炎疫情（以下简称“新冠肺炎”疫情）的客观环境和政府管制下，房地产建设项目短期内无法正常复工，工期的延长也将导致房屋交付受到影响,以至于部分商品房项目不能如期交付。在此情况下,开发商是否能够以“不可抗力”为由免除逾期交付期间的违约责任?

一、突发公共事件是否属于“不可抗力”的认定

《民法总则》第180条规定:“因不可抗力不能履行民事义务的,不承担民事责任。法律另有规定的,依照其规定。不可抗力是指不能预见、不能避免且不能克服的客观情况。”《合同法》第117条规定:“因不可抗力不能履行合同的,根据不可抗力的影响,部分或者全部免除责任,但法律另有规定的除外。当事人迟延履行后发生不可抗力的,不能免除责任。本法所称不可抗力,是指不能预见、不能避免并不能克服的客观情况。”“新冠肺炎”疫情暴发前,开发商与购房者在签订《商品房买卖合同》时均不可能预见将发生疫情,也不可能采取任何措施避免和克服疫情的发生,并且疫情发生后国家及地方要求迟延复工的决定和相关措施也是开发商在签约时不能预见、避免和克服的。从构成要素上看,“新冠肺炎”疫情应构成不可抗力。

此外,《最高人民法院关于在防治传染性非典型肺炎期间依法做好人民法院相关审判、执行工作的通知》(法〔2003〕72号,2003年6月11日生效,2013年4月8日失效)中关于“非典”疫情的不可抗力认定有重要的借鉴意义。该通知第3条第2款规定,“因政府及有关部门为防治‘非典’疫情而采取行政措施直接导致合同不能履行,或者由于‘非典’疫情的影响致使合同当事人根本不能履行而引起的纠纷,按照《中华人民共和国合同法》第一百一十七条和第一百一十八条的规定妥善处理。”《合同法》第117条和第118条则是对不可抗力的定义、免责、通知与证明的规定。虽然该通知被废止了,但废止原因是“非典”疫情已过去10年,客观情况不再需要适用该通知。对比“非典”疫情,“新冠肺炎”疫情有过之而无不及:病毒本身的传播性更强,因交通便利使传播范围更广、波及人数更多,各地政府采取不同形式的交通管制、迟延复工等行政措施防止病毒传播。参考对“非典”疫情的认定,笔者认为“新冠肺炎”疫情应认定为不可抗力。此外,2020年2月10日,全国人大常委会法工委发言人、研究室主任臧铁伟10日表示,当前我国发生“新冠肺炎”疫情,为了保护公众健康,政府也采取了相应疫情防控措施。对于因此不能履行合同的当事人来说,属于不能预见、不能避免

并不能克服的不可抗力。

在最高人民法院出台该通知后，大多数法院按照这个思路将“非典”疫情认定为不可抗力。从构成要件及最高人民法院对“非典”疫情的认定，“新冠肺炎”疫情原则上应构成不可抗力。但是，需要注意的是，若是在“新冠肺炎”疫情发生之前已经发生的逾期交付行为不能以不可抗力为由免责。若是在“新冠肺炎”疫情发生之后才签订的《商品房买卖合同》，双方均已知晓疫情的发生及能够预判疫情可能对合同履行的影响，此时已不满足不可抗力的构成要件，则这种情况下也不能以不可抗力为由免责。

案例 83：韩某与沈阳某房产公司房屋买卖合同纠纷上诉案

基本案情

韩某与沈阳某房产公司于 2003 年 6 月 19 日签订《协议书》，约定由韩某购买沈阳某房产公司开发的住宅商品房一套，房款为 276,000 元。2003 年 6 ~7 月韩某分三次向沈阳某房产公司交付了全部房款。2003 年 9 月 19 日，双方签订《商品房买卖合同》约定：交房日期为 2003 年 9 月 30 日前，如遭遇不可抗力，且沈阳某房产公司在该情况发生后告知韩某的，沈阳某房产公司可据实予以延期。逾期交房不超过 60 日，最后交房日期的第二天起至实际交付之日止，按已付房款每日万分之五支付违约金，合同继续履行。

后沈阳某房产公司迟延于 2003 年 11 月 4 日向韩某交付商品房。2004 年 7 月 22 日，韩某向法院起诉，要求沈阳某房产公司给付逾期交房的违约金 4830 元及逾期提供相关手续造成韩某无法办理产权证的违约金 2760 元。

裁判观点

一审法院认为，韩某、沈阳某房产公司签订协议书（预期合同）时，工程刚进入施工期，不能要求沈阳某房产公司对未来发生的不可能预知的事件产生预见，虽然本市不是“非典”疫区，但全国统一实施的关于防治“非典”的措施确实影响了我市正常的生产、生活和工作秩序，实施防治“非典”措施的期间正是工程的主施工期。虽然沈阳某房产公司未向韩某说明因“非典”可能要造成延期交房，但这一事件不仅为沈阳某房产公司一方所知，韩某对此也是知情的，而且韩某的知情不需要通过沈阳某房产公司的告知行为来实现。鉴于本市严格执行防治“非典”的措施近两个月，沈阳某房产公司延期交房35天仍属合理时限内。根据《最高人民法院关于在防治非典型肺炎期间依法做好人民法院相关审判、执行工作的通知》“由于‘非典’疫情原因，按原合同履行对一方当事人的权益有重大影响的合同纠纷案件，可以根据具体情况，适用公平原则处理”的规定，按照公平原则由韩某、沈阳某房产公司各自负担50%的损失，判决沈阳某房产公司给付韩某逾期交房的违约金2415元。

二审法院认为，韩某的合同义务是按照约定交付购房款，沈阳某房产公司的合同义务是按照约定期限交付商品房。韩某已按照有效的《协议书》和《商品房买卖合同》的约定按时将购房款全部交付给了沈阳某房产公司，沈阳某房产公司亦应当按照《协议书》和《商品房买卖合同》约定的期限将商品房交付给韩某。现沈阳某房产公司逾期交房35天，表明其在交付房屋方面存在违约行为，其应按照合同约定的违约责任向韩某给付违约金4830元。至于沈阳某房产公司提出的“非典”疫情属于不可抗力，应免除沈阳某房产公司违约责任的问题，虽然2003年春夏之间我国爆发“非典”疫情，但沈阳某房产公司在与韩某签订《协议书》时(2003年6月19日)应当预见“非典”疫情可能对其正常施工造成影响，但其仍然在《协议书》中约定在2003年9月底将商品房交付韩某，且沈阳某房产公司自认“2003年9月初，工程基本完工，只差验收”，其在2003年9月19日与韩某签订的《商品房买卖合同》亦约定“交房日期为2003年9月30日前”，表明“非典”疫情并未对其交付房屋造成影响，故在本案中不能免除沈阳某房产公司承担全部逾期交房的违约责任。

裁判结果

二审法院判决变更一审判决，改判沈阳某房产公司给付韩某逾期交房的违约金4830元。

律师分析

“非典”疫情于2003年年初爆发，本案中双方签订的《协议书》(2003年6月19日)和《商品房买卖合同》(2003年9月19日)均在“非典”疫情发生后，此时国家及地方政府已经出台了相应的控制“非典”疫情传播的措施,沈阳某房产公司在签约时应当知悉,且应当能够预见相应措施可能对其履行交付义务产生的影响。在此情况下,沈阳某房产公司仍然约定2003年9月30日交付,此时签约的协议因不符合不可抗力“不能预见”的构成要件,不能免除沈阳某房产公司逾期交付的责任,应当按照合同约定承担违约责任。

所以,针对不可抗力的认定还是应当回归不可抗力的构成要件进行分析,需要满足“不能预见、不能避免、不能克服”的构成要件。某一重大突发公共事件原则上可以认定为不可抗力,但是仍需要在个案中具体分析双方签订合同时是否能够对该突发公共事件预见、避免和克服,事件发生后政府采取的行政措施是否能够避免、克服,如果其他自然灾害、事故灾难、公共卫生事件和社会安全事件等突发公共事件满足不可抗力的构成要件的,亦应认定为不可抗力。

二、突发公共事件构成“不可抗力”下的免责条件

根据《民法总则》第180条、《合同法》第117条和第118条“当事人一方因不可抗力不能履行合同的,应当及时通知对方,以减轻可能给对方造成的损失,并应当在合理期限内提供证明”的规定,不可抗力的免责需要满足以下几个条件。

1. 只有在不可抗力实质性影响到当事人履行合同义务时,才能根据情况全部或者部分免责

作为开发企业,要援引不可抗力对逾期交付进行抗辩的,需要证明不可抗力事件导致其客观上不能按照合同约定履行交付房屋的义务,这就需要证明因果关系。因此,界定“新冠肺炎”疫情是否影响到开发商履行交付义务,需要结合各地采取的不同措施进行因果关系的证明分析。

《最高人民法院关于在防治传染性非典型肺炎期间依法做好人民法院相关审判、执行工作的通知》中规定的可以援引不可抗力处理的具体情形为“政府及有关部门为防治‘非典’疫情而采取行政措施直接导致合同不能履行”,该通知强调的是行政措施需直接导致合同不能履行才能免责。对于开发商交付房屋来说,通常情况下直接导致其不能交付的情形较少且发生概率较低,比如约定需要政府相关部门验收、备案或者颁发许可证等方能交付的,房屋被政府征收、征用

的，房屋毁损、灭失的。更多的情况是停工所导致的工期延误，进而影响到房屋的交付，如施工单位延期复工、施工人员分期复工或者特定建筑物资的采购受限导致无法施工，这些情况都没有直接导致开发商不能交付，在这些情况下是否可以免责就会存在争议。

笔者认为，针对开发商交付房屋这一义务区分直接影响或者间接影响不妥。因为开发企业并非商品房这一商品的直接生产者（施工者），建设工程的停工、工期延误必然会使房屋的建成时间延后，而疫情的发生及疫情的严重程度、政府的管控措施是开发商在预售房屋时不能预见的，不能因开发商作为房地产企业就苛责其有更高的预见能力。例如，湖北省作为病毒源头，湖北省各地已经采取了封城等严格的管控措施，短期内无法复工；其他省市均通知企业延期复工；各地针对住建领域开发、勘察、设计、施工、监理等从业单位实施复工、复产备案制度，达到规定的相应条件后向住建主管部门申请备案，经主管部门同意后方可复工、复产。这种情况下，何时复工无法判断。因此，笔者认为疫情或政府措施导致开发商不能交付房屋的可以免责，导致工程停工是否可以免责需要根据对施工的影响及该影响是否难以克服进行综合判断。

2. 因不可抗力不能履行义务的当事人需要履行通知及证明义务

有观点认为如果疫情发生属于全国性的，属于公知范畴，双方当事人不必经对方通知都应当知晓，因此即使未通知也可免责。如案例 83 中，一审法院认为沈阳某房产公司可以免除逾期交付责任的理由之一即是“虽然沈阳某房产公司未向韩某说明因‘非典’可能要造成延期交房，但这一事件不仅为沈阳某房产公司一方所知，韩某对此是知情的，而且韩某的知情不需要通过沈阳某房产公司的告知行为来实现”。笔者认为该观点并不全面。诚然，爆发全国性疫情的时候，不需要开发商的通知，购房者也可以通过其他公开的渠道了解到，不告知疫情本身不妨碍购房者对此事的知悉。但是，购房者并不清楚疫情对房屋建设是否产生影响，是否导致开发商不能按期向购房者交付房屋，交付时间延期至多久等。这些情况都是作为开发商的一方需要提前告知购房者的，特别是在临近交付时间发生疫情的情况下，购房者可提早作出相应的准备或止损措施，以减轻逾期交付发生时购房者的损失。因此，在疫情发生后，开发商应就疫情及政府采取的具体管控措施或者其他客观情形导致不能交付房屋或者可能延期交付房屋的情况及时通知购房者。

3. 当事人迟延履行后发生不可抗力的，不能免除责任

如果开发商已经存在逾期交付的，此时再发生疫情，即使在疫情发生期间开发商无法完成交付的义务，开发商亦不能免责。

案例84：蔡某与温州某建设公司商品房销售合同纠纷案

基本案情

2002年7月23日，蔡某与温州某建设公司签订《商品房买卖合同》，约定：蔡某购买温州某建设公司开发的商铺一间。建筑面积为64.81平方米，单价为每平方米39,800元，总金额为2,579,438元。付款方式为分期付款，即蔡某在签订合同时，首付总房款的30%，工程基础完工时，支付总房款的35%，主体结顶时，支付总房款的25%，房屋竣工、交付使用时结清余款。温州某建设公司应当在2005年3月30日前，依照国家和地方人民政府的有关规定，将经验收合格，并符合合同约定的商品房交付蔡某使用。如遇下列特殊原因，温州某建设公司可据实予以延期：(1)遭遇不可抗力，且温州某建设公司在发生之日起30日内告知蔡某的；(2)施工中遇到异常困难及重大技术问题，不能及时解决的允许顺延工期3个月，但必须经市有关基建主管部门出具的证明文件为依据。除前述规定的特殊情况外，温州某建设公司如未按合同规定的期限将商品房交付蔡某使用的需要按照合同约定支付违约金。2005年5月26日，温州某建设公司发函通知蔡某于2005年6月30日前到温州某建设公司处办理财务结算及接收商品房手续。蔡某在通知规定的期间内前往办理交接手续，但温州某建设公司未向蔡某出示合同第8条规定的证明文件，并要求蔡某在附加“出卖人应付买受人违约金1022.86元，双方已达成协议一次性结算房款及违约金 无其他争议”免责条件的商品房结算清单上签字，蔡某因此拒绝接受。2006年2月24日，蔡某向温州某建设公司支付房款250,000元。2006年9月29日，蔡某将涉案营业房出租给温州丹璐管理有限公司。2007年7月31日，蔡某向温州某建设公司支付剩余房款87,021.14元。2007年8月28日蔡某提起诉讼，要求判令温州某建设公司支付自2005年3月31日起至2005年10月31日止延期交房违约金399,005.6元及延期办理产权登记违约金。

裁判观点

法院认为,根据合同约定,温州某建设公司应于2005年3月30日前将涉案营业房交付蔡某使用。虽然温州某建设公司提供《接收商品房结算通知书》和《收寄挂号函件登记清单》以证明曾发函通知蔡某于6月30日前办理接收商品房手续,但房屋移交是一个出卖人提供房屋和买受人接受房屋的过程,温州某建设公司未能在交付时出示合同第8条规定的证明文件,且附加单方确定的免责条件,蔡某拒绝接受,则此时不应视为已经交付。蔡某于2006年9月29日将涉案营业房出租他人使用,即此时蔡某已实际占有和使用该房,故应将该时间认定为涉案营业房交付时间。温州某建设公司辩称涉案工程在施工过程中因"非典"事件、环保噪声限制、台风以及老人亭迟延拆迁等事项造成停工,故逾期交房温州某建设公司可以免责。但是温州某建设公司提交的温州市建设局出具的三份文件,其内容主要是关于建筑工地和施工现场如何加强"非典"防范,并不能直接证明温州某建设公司曾因"非典"事件存在停工并造成工期延误的事实;五部门联合通告虽然明确在各考点附近、会造成噪声污染的建筑施工工地必须停止施工,但亦无法证明涉案工程因此发生过停工,也无法证明具体的停工时间;温州市气象台出具的证明也只能证明期间发生的10次台风曾对生产经营造成影响,因而认为证据与本案无直接关联,依法不予认定。温州某建设公司所主张的事由均不属于合同约定的"不可抗力"或"施工遇到异常困难及重大技术问题"情形,且温州某建设公司既不能提供证据证明其在上述事项发生时已根据合同约定向蔡某发出延期通知……故温州某建设公司的上述免责主张本院不予采信。综上,温州某建设公司于2006年9月29日交付涉案营业房,明显超过合同约定的时间,应自合同规定的最后交付期限的第二天起至实际交付之日止,按日向蔡某支付已交付房价款万分之八的违约金。

裁判结果

法院判决温州某建设公司向蔡某支付自2005年3月31日至2005年10月31日止的违约金399,005.6元(2,319,800元×0.0008×215天)。

律师分析

在本案中,温州等沿海城市就普通台风的发生,以及中考、高考这种历年会发生的事件所采取的管制措施以及"非典"对施工的影响虽然属于不可抗力,但在温州某建设公司提交的证据中,没有证据证明相关事件(包括"非典")的发生导致了其不能履行或者需要延期履行交付房屋的义务,即没有证据证明存在因果关系。并且,在各次事件发生后,温州某建设公司也未将事件的发生、事件对交付房屋的影响及时告知蔡某。因此,法院认为不能免除温州某建设公司逾期交房的违约责任。

由此可知,在疫情发生后,开发商的证据收集及保存、及时通知是非常重要的措施。开发商应及时收集和保留因事件发生导致影响合同履行的证据,如政府延期复工的通知、政府要求停工的通知、同意或者不同意复工的审批文件、施工现场的停工状态等。另外,开发商应及时通知购房者,通知的内容应包括疫情的发生以及因疫情不能履行的具体合同义务和原因,如因人员管制需延期交付、因验收受影响导致延期交付、因工期拖延导致延期交付,必要时可以将政府部门发出的通知、采取的措施等作为附件提供。由于《合同法》第 118 条仅规定"及时通知对方……并应当在合理期限内提供证明",并未规定具体的时间,而通常合同条款约定为"应于不可抗力发生后 × × 日内通知",为避免延期通知可能造成无法免责的风险,开发商应在合同约定的期限内进行通知,并保留可能视情况再行变动的表述,以在具体影响方式和后果发生时持续通知。若合同对通知期限没有约定的,一般认为应在"合理期限"内予以通知,笔者认为该"合理期限"应以 30 日为宜。

此外,还涉及对于不可抗力情形是否可以约定的问题。我国《涉外经济合同法》(1993 年实施,1999 年失效)第 24 条第 4 款规定"不可抗力事件的范围,可以在合同中约定",但是《民法总则》和《合同法》的规定仅保留了"法律另有规定的,依照其规定",并未规定不可抗力可由双方进行约定。通说认为,不可抗力不可以约定。因不可抗力必须符合"不能预见、不能避免、不能克服"的法定特征,在不符合该法定特征下当事人自行约定的情形不应当认定为不可抗力,换言之,若属于不可抗力的认定特征,无须当事人约定。那么是否就意味着针对突发公共事件的条款的设置没有意义呢?其实不然。虽然不可抗力属于法律规定,不能由当事人双方进行约定,但是合同条款的约定并非完全没有意义。比如,针对传染性疾病的“法定传染病或其他重大流行性传染病流行导致工程延期或逾期交房的,出卖人可据实延期且不承担违约责任”类似约定,即使不构成不可抗力,也可以作为约定的免责事由。鉴于突发公共事件涉及种类繁多、严重程度不同,是否构成不可抗力的需要针对事件本身是否满足不可抗力的全部构成要件以及免责条件是否全部达成进行一一对比,这种认定非常严格。因此,针对突发公共事件可以在合同条款中进行单独的约定,在无法援引法定的不可抗力免责事由的情况下,可以援引合同的约定实现免责。

第五章　权证篇

第一节
房屋权属证书办理中开发商的“协助义务”

在商品房买卖过程中，房屋权属证书的办理是一项重要的内容，也是购房者最终获得房屋所有权的关键程序。在目前的商品房买卖合同纠纷中，购房者追究开发逾期办证违约责任的情形越来越多，这当中固然有不少是由于开发商因自身原因不能在约定时间内完成相关义务而造成，但是也大量存在因对开发商在办理权属登记过程中到底应当承担何种责任认识不清而产生的纠纷乃至诉讼。《最高人民法院关于审理商品房买卖合同纠纷案件适用法律若干问题的解释》第 18 条第 1 款规定：“由于出卖人的原因，买受人在下列期限届满未能取得房屋权属证书的，除当事人有特殊约定外，出卖人应当承担违约责任：(一)商品房买卖合同约定的办理房屋所有权登记的期限；(二)商品房买卖合同的标的物为尚未建成房屋的，自房屋交付使用之日起 90 日；(三)商品房买卖合同的标的物为已竣工房屋的，自合同订立之日起 90 日。”据此，由于出卖人的原因，买受人未能在合同约定期限或者法定期限内取得房屋权属证书的，出卖人应当承担违约责任。也即在办理商品房不动产权转移登记至商品房买受人过程中，只有当因出卖人的原因导致逾期办证，出卖人才承担违约责任。在不动产统一登记制度实施之前，各地基于行政主管机构的设置和本地登记管理制度原因，所颁发之房屋权属证书既有“一房两证”(一套房屋办理《房屋所有权证》和《国有土地使用证书》),也有“一房一证”(一套房屋办理《房地产权证》),自2015年3月《不动产登记暂行条例》实施后,房屋权属证书统一为《不动产权证》。在出现超过合同约定办证期限的情形下,如何界定是否为出卖人的原因,则需要准确界定在办理不动产权转移登记过程中出卖人承担的是何种义务,义务表现形式有哪些。

一、开发商在办证过程中承担的是“协助义务”

《城市房地产开发经营管理条例》第33条规定:“预售商品房的购买人应当自商品房交付使用之日起90日内,办理土地使用权变更和房屋所有权登记手续;现售商品房的购买人应当自销售合同签订之日起90日内,办理土地使用权变更和房屋所有权登记手续。房地产开发企业应当协助商品房购买人办理土地使用权变更和房屋所有权登记手续,并提供必要的证明文件。”《商品房销售管理办法》第34条第3款规定:“房地产开发商应当协助商品房买受人办理土地使用权变更和房屋所有权登记手续。”

根据上述规定,在办理商品房不动产转移登记手续中,房地产开发商“应当协助”商品房购买人办理房屋权属登记手续,可见其承担的是“协助义务”。实际上,不动产转移登记的义务主体依法应为购房者本人,而并非开发商,因此,并非一旦出现超过买卖合同约定期限办理转移登记的情形就应当由开发商承担违约责任。根据《最高人民法院关于审理商品房买卖合同纠纷案件适用法律若干问题的解释》第18条的规定,若开发商未履行其“协助义务”导致逾期办证,即可认定为“因出卖人原因”导致的逾期办证,开发商应承当相应的违约责任。这在司法实践中也得到普遍认可,例如,《成都市中级人民法院商品房买卖合同案件的审理指南(试行)》第13条规定:“商品房买卖合同约定由买受人委托出卖人代为办理房屋权属证书的,出卖人负有将办理权属证书所需资料、费用以及代买受人将应由买受人缴纳的税、费及相关资料提交给办证机关,协助办理权属变更登记的义务以及代为领取权属证书或权属证书颁发后及时通知买受人领取的义务。商品房买卖合同约定由买受人与出卖人共同办理房屋权属证书的,出卖人负有将办理权属证书所需应由出卖人提交的资料及费用交由办证机关,协助办理权属变更登记并告知买受人的义务。”

同时需要注意的是,《城市房地产经营开发管理条例》第32条中对于买受人应当在房屋交付后或者合同签订后“90 日”内办理房屋权属登记的规定，为管理型规范，旨在引导买卖合同双方尤其是买受人及时办理房产证并完成房屋所有权转移，并非效力性强制规范，买卖合同双方当事人可自行约定权证办理期限，故司法解释中也是规定“除当事人有特殊约定外”，才按照“90 日”期限来界定双方权利义务。

案例85：王某与山东某房地产开发有限公司商品房销售合同纠纷再审案

基本案情

2009 年 4 月，王某与山东某房地产开发有限公司（以下简称房地产公司）签订某项目团购预订协议，约定：王某认购该房地产公司开发的某项目房屋多套（其中 20 号商用公寓一栋，复式住宅 1 套……），交房时间为 2011 年 8 月，王某应在房地产公司办完预售许可证后 5 日内签订正式的商品房买卖合同，认购书中相关条款转入正式的商品房买卖合同继续执行。2010 年 10 月，房地产公司取得王某所购房屋商品房预售许可证。2011 年 3 月，王某与房地产公司签订某项目团购预订协议补充协议，约定王某增加认购房屋，并调整相应款项。

2011 年 9 月，在该项目的 20 号商用公寓工程尚未竣工验收的情况下，王某经房地产公司同意进场对该栋楼进行装修，装修过程中发现一些质量问题，房地产公司于 2012 年 10 月进行了修缮，王某在修缮单上签字但注明该房屋至今未能办理交接手续。2013 年 5 月，该房屋所在楼栋经过消防审核合格。2015 年 6 月，该项目 20 号商用公寓楼取得建设工程竣工规划验收合格证，五方竣工验收合格，2015 年 8 月在建设行政主管部门完成竣工备案。房地产公司与王某未签订《商品房买卖合同》，也未办理楼房交接验收手续，王某也未取得 20 号楼房屋权属证书。王某后起诉至法院要求房地产公司承担逾期交房及逾期办证的违约责任。

本案一审、二审法院均认为因双方未签订商品房买卖合同导致逾期办证，房地产公司应当承担主要责任，判决房地产公司承担违约责任。房地产公司向最高人民法院申请再审。

裁判观点

最高人民法院认为，王某有关房地产公司应承担逾期办证违约责任的请求不能获得支持，理由如下：首先，从房屋权属证书的办理义务主体看，根据《城市房地产开发经营管理条例》第32条的规定，办理土地使用权变更和房屋所有权登记手续的主体为预售商品房的购买人即王某。而房地产公司负有的仅是协助义务，即房地产公司负有协助王某办理房屋所有权登记手续，并提供必要的证明文件的义务，并非办理房屋权属证书登记的主要义务。诉讼中，王某并未提供相应的证据证明其办理房屋所有权登记手续过程中房地产公司未履行协助义务的事实。其次，王某未能按照约定履行付款义务，对未能签订正式《商品房买卖合同》存有过错。而签订正式《商品房买卖合同》是办理房屋所有权证的前提条件，房地产公司对此不存在过错。最后，从房屋权属办理的具体要求看，申请办理不动产登记，应符合法定的登记程序要求，并需提交相应的证明材料。而相关的不动产权属来源证明材料、登记原因证明文件则是进行登记的必要材料。本案中，王某与房地产公司并未签订正式的《商品房买卖合同》，无法按照要求提供不动产权属来源证明材料，自然也无法办理房屋权属登记。由此，本案不能办理房屋权属登记的原因在于王某。

裁判结果

再审判决撤销原审判决，驳回王某的诉讼请求。

二、开发商履行"协助义务"的表现形式

(一)开发商办理不动产首次登记的协助义务

1. 开发商应于办理商品房不动产权转移登记前完成商品房不动产首次登记相关手续

根据《不动产登记暂行条例实施细则》第24条、第35条规定，未办理不动产首次登记的，不得办理不动产其他类型登记。"首次登记"即为原相关法律法规所规定的"初始登记"，或者"初始产权登记"，俗称"大产权"。而商品房国有建设用地使用权及房屋所有权首次登记应由开发商完成，只有当开发商完成商品

房不动产权首次登记后,才能将商品房的不动产权转移登记至商品房购买人名下。因此,无论买受人是否委托开发商代为办理商品房不动产转移登记,开发商均需履行办理不动产首次登记的有关手续的义务,这是开发商履行"协助义务"的首要表现形式。若在不动产权转移登记法定时间或合同约定时间届满之前开发商未履行办理不动产首次登记的有关手续的义务,将可能被认定为"因出卖人原因"导致逾期办证,从而认定开发商承担逾期办证的违约责任。这在司法实践中得到普遍认可,例如《温州市中级人民法院民四庭审理商品房买卖合同纠纷案件中遇到的疑难问题》中第 17 条指出:"……出卖人在履行商品房买卖合同权属交付前应承担的有关办理权属登记的义务,主要包括商品房建设完工以后应当履行的初始产权登记的有关手续……"

2. 开发商应在约定的时间内履行完成该协助义务

若商品房买卖合同约定了开发商完成首次登记的时间,即使买受人为自行办理转移登记,开发商无法控制其办理转移登记时间,开发商亦可能对买受人逾期取得不动产权证书承担违约的责任。例如,案例 85 中法院即认为开发商存在逾期完成初始登记行为,而无证据证明该逾期登记行为对买受人逾期办理转移登记无影响,因此开发商应该承担买受人逾期取得权属证书的违约责任。

案例 86:张某诉北京某置业公司商品房预售合同纠纷案

基本案情

2010 年 12 月 23 日,原告张某与被告北京某置业公司签订了《北京市商品房预售合同》,约定原告购买被告开发建设的房屋一套,被告应在 2012 年 10 月 31 日前向原告交付该商品房,原告应在接收该商品房的同时将下述税费交给出卖人:(1)专项维修资金;(2)契税;(3)物业服务费用;(4)供暖费;(5)办理产权手续需交纳的印花税、工本费、测绘费,以及国家规定需要买受人交纳的其他税费;(6)买受人未将上述费用全额交给出卖人的,出卖人有权顺延交付该商品房直至买受人交齐上述费用。《北京市商品房预售合同》第 21 条第 1 款关于初始登记的约定为:出卖人应当在 2013 年 10 月 31 日前,取得该商品房所在楼栋的权属证明。因出卖人的责任未能在本款约定期限内取得该商品房所在楼栋的权属证明,如未因此影响买受人在该商品房交付之日起 730 日内取得房屋所有权证书的，出卖人不承担责任；如因此致使买受人未能在商品房交付之日起730日内取得房屋所有权证书的，出卖人按本条第2款第2项第2目承担责任。第21条第2款关于产权转移登记的约定为："1. 商品房交付使用后，双方同意按照下列第(2)种方式处理：(1)双方共同向权属登记机关申请办理房屋权属转移登记；(2)买受人同意委托出卖人或其指定的机构向权属登记机关申请办理房屋权属转移登记，委托费用800元。2. 如因出卖人的责任，买受人未能在商品房交付之日起730日内取得房屋所有权证书的，双方按照下列违约责任条款处理……"合同签订后，被告于2012年10月25日向原告交付了房屋。被告称其于2014年8月21日取得涉案房屋所在楼栋的权属证明。原告未向被告交纳办理房屋权属转移登记的委托费用。2015年1月7日，原告向地税部门交纳了契税。2015年2月6日，原告购买的该套房屋办理了产权转移登记。

本案审理中，被告称原告系自行办理房产证，契税、公共维修基金由其自行申报，因其申报延迟，应自行承担办理房屋所有权证逾期的责任。对此，原告称，被告取得涉案房屋所在楼栋的初始登记已经存在迟延，且被告在取得初始登记后未履行通知义务、未及时提供转移登记表，故逾期取得房屋所有权证的责任在于被告。经询问，原、被告均表示办证方式变更为原告自行办证的情况下仍适用《北京市商品房预售合同》第21条关于办证期限及违约责任承担方式的约定。

裁判观点

法院认为，在合同履行过程中，原、被告双方事实上变更了合同中关于委托办理过户登记的约定，原告应自行申请办理涉诉房屋的过户登记。在此情形下，被告仍负有协助义务，即完成初始登记并将协助办证所需的必要证明材料备齐提交房屋登记机关，且以合理方式告知原告可以自行申请房屋过户登记。根据合同约定，原告应在房屋交付之日起730日内，即2014年10月24日前取得房屋所有权证。被告应当在2013年10月31日前办理完初始登记，但被告于2014年8月才取得初始登记，被告未提供证据证明未因此影响原告取得房屋所有权证书。且被告未能提供证据证明其取得初始登记后及时尽到了通知和协助的义务，故被告应当承担逾期办证的违约责任。在审理中，双方均确认违约责任的承担方式适用《北京市商品房预售合同》第21条第2款之约定。关于被告所述原告申报房屋契税等迟延导致办证迟延的抗辩意见，理由不当，不予采纳。

裁判结果

法院判决被告向原告给付逾期取得房屋所有权证书违约金 7561.89 元。

律师分析

3. 未明确约定情形下首次登记期限的认定

若商品房买卖合同仅约定了办理转移登记的时间，未约定办理首次登记时间，则开发商应于法定或约定的转移登记期限之前办理完毕首次登记相关手续，并且预留合理的转移登记办理时间。此时该“合理时间”应该如何界定？

原《城市房屋权属登记管理办法》（2008 年 7 月 1 日因《房屋登记办法》实施而废止）第 27 条规定：“登记机关应当对权利人（申请人）的申请进行审查。凡权属清楚、产权来源资料齐全的，初始登记、转移登记、变更登记、他项权利登记应当在受理登记后的 30 日内核准登记，并颁发房屋权属证书；注销登记应当在受理登记后的 15 日内核准注销，并注销房屋权属证书。”原《房屋登记办法》（2019 年 9 月 6 日废止）第 23 条规定：“自受理登记申请之日起，房屋登记机构应当于下列时限内，将申请登记事项记载于房屋登记簿或者作出不予登记的决定：（一）国有土地范围内房屋所有权登记，30 个工作日，集体土地范围内房屋所有权登记，60 个工作日……”《不动产登记暂行条例》第 20 条规定：“不动产登记机构应当自受理登记申请之日起 30 个工作日内办结不动产登记手续，法律另有规定的除外。”可见，开发商办理完成不动产首次登记最迟应当在法定或者约定的转移登记期限届满前 30 个工作日，否则不论是开发商代办转移登记，还是买受人自行办理，都有可能导致无法在法定或者约定期限内完成转移登记。因此，该“30 个工作日”可界定为上述“合理时间”，也可作为判定开发商是否完全履行首次登记这一协助义务的依据。如《北京市高级人民法院关于审理房屋买卖合同纠纷案件若干疑难问题的会议纪要》第 14 条就认为，出卖人应当在合同约定或法定办证期限届满的 30 日前，完成房屋初始登记并将协助办证所需的必要证明材料备齐提交房屋登记机关。尽管该意见并未适用“30 个工作日”，但明显是参照上述登记管理相关规定所适用的履行期限认定规则。

需要说明的是，若《商品房买卖合同》中对于出卖人应办理完毕首次登记（初始登记）有明确约定的，开发商未在该约定期限内完成则应承担违约责任。若合同中并没有约定的，原则上开发商并无须单就此承担责任，但若因首次登记未能在上述合理期限内完成且导致转移登记逾期的,开发商则应承担逾期办证违约责任。换言之,若房屋权属转移登记超过合同约定期限的,而开发商又未在合理期限内完成首次登记的,可以认定为“由于出卖人的原因”导致。本处讨论“合理期限”的意义也在于此。

(二)开发商在办理不动产转移登记中的协助义务

根据《不动产登记暂行条例》第14条的规定,因买卖、设定抵押权等申请不动产登记的,应当由当事人双方共同申请。因此,当商品房不动产权首次登记完成后,要将商品房不动产权转移登记至买受人名下,领取房屋权属证书,需要开发商与买受人共同申请,开发商无法单方面申请商品房不动产权转移登记。实务中长期形成的习惯,多数购房者均委托开发商代办产权,尤其是开发商对于按揭购房的客户,要求必须由其代办,目的是便于统一安排在既定时间内完成办证并移交按揭银行办理抵押登记,尽早解除开发商对按揭贷款所承担的阶段性担保责任。对于一次性付款或者分期付款的购房者,开发商一般不作强行要求,部分购房者也愿意自行办理。两种不同办证方式,开发商履行“协助义务”所包含的内容也就有所差别。

1. 买受人自行办证过程中开发商的协助义务

首先,若买受人未委托开发商代为办理转移登记相关手续,买受人无法获知商品房不动产首次登记情况,开发商在完成商品房不动产权首次登记后,应当通知买受人可办理转移登记相关手续。例如,《广东省高级人民法院关于审理房屋买卖合同纠纷案件的指引》第34条规定,商品房买卖合同未明确约定出卖人代为办理所有权登记的,出卖人仍然负有协助义务。出卖人应当在合理期限内办理初始登记,并将办理所有权转移登记所需要的材料提交登记机关,依照合同约定或者其他合理方式告知买受人可以自行申请办理房屋所有权转移登记。出卖人未履行上述义务的,应当承担逾期办证的违约责任。

案例87:黄某诉深圳某房产公司商品房预售合同纠纷案

基本案情

原告黄某与被告深圳某房产公司签订《深圳市房地产买卖合同(预售)》,约定原告向被告购买其开发的房产。合同签订后,原告按约付清了购房款。房屋交付后,被告深圳某房产公司于2012年9月7日取得涉案楼盘的初始产权登记,并在《深圳商报》发布办理房地产证公告,通知案涉楼盘业主见报后带齐办理房地产证所需资料前往被告处办理相关登记手续,但未以其他方式通知原告提交办证资料。

原告认为按照合同约定,被告为原告办理房地产权证书的期限应至2012年9月3日届满,但被告未能在约定的期限内办妥涉案房产的房地产证书,已构成违约,诉请法院判决被告深圳某房产公司承担违约责任。

裁判观点

法院认为,逾期办证的部分原因为涉案楼盘因第三人侵权事由直至2012年5月31日方通过规划验收,因此法院根据《城乡规划法》中规划验收系房产交付和办理初始登记的前提条件之一的规定,认定因第三人侵权事由所导致的迟延办证并非被告过错所致,被告不须对该段时间的办证迟延承担违约责任,被告为原告办理房地产权证书履约期限的起点应自2012年6月1日起算,至2013年1月26日届满。被告于2012年9月7日取得涉案楼盘的初始登记后并未以通知方式通知原告提交办证资料,其在报纸上进行的公告不能视为有效的送达方式,被告仍对其未在约定期限内履行完毕办证义务对原告承担违约责任。

裁判结果

法院判决被告向原告承担2013年1月26日至原告实际办出房地产权证书之日期间的延期办证违约责任。

律师分析

根据《不动产登记暂行条例》第14条及《不动产登记暂行条例实施细则》第9条、第38条规定,申请国有建设用地使用权及房屋所有权转移登记的,开发商及买受人应填写登记申请书、提交身份证明材料、初始产权证、商品房买卖合同、契税完税凭证、维修资金缴存证明等其他必要资料。若买受人未委托开发商代办转移登记手续的,开发商应将由其提交的必要证明材料提交给不动产登记机构,或是提供给买受人备齐资料后提交登记机关。只有开发商完成了提供必要证明材料的义务之后,买受人才能办理转移登记相关手续。同时需强调的是,买卖合同中一般不会约定开发商提交证明材料的期限,在没有约定的情况下,开发商提交必要证明材料的时间亦应是在"合理期限"内完成,如前文阐述的无约定情形下的首次登记期限,该"合理期限"亦应至迟在法定或者约定的转移登记期限届满前30个工作日。

至此,开发商的"协助义务"即告履行完毕。与代办产权登记最大的不同,开发商并不负责领取权属证书,且不论由于买受人自己的原因未如期提交资料或者缴纳税费还是由于登记机关原因延迟办理登记,均不是开发商可控制的事由,非因开发商迟延办理不动产首次登记或迟延提交必要证明材料的,由此导致的逾期办证责任不应由开发商承担。

2. 买受人委托代办产权中开发商的协助义务

买受人委托开发商代办产权的,一般在房屋交付时就需将其应当签署或者提供的必要资料交与开发商,如房屋面积结算协议、代办产权委托书、身份证明资料等,开发商同时代收契税和维修资金等费用(目前部分地区已不再接受开发商代缴契税和维修资金,需买受人自行缴纳),因此,正常情况下,大部分代办产权均可如期办理完毕。但实践中也经常会发生诸如主管部门因政策调整或者监管方式变化要求补充缴纳资料、税务核定后需补交契税等原因导致不能顺利办证的情形,此时则需告知买受人给予相应配合。若因开发商未及时通知买受人导致办证逾期的,则将承担违约责任。

案例88：邱某诉重庆某实业有限公司商品房预售合同纠纷案

基本案情

2009年11月,原告邱某与被告重庆某实业有限公司签订《重庆市商品房买卖合同》,约定原告购买被告开发建设的住宅房屋一套。合同约定:"第七条:交房期限及交付条件　本商品房交房期限……2. 属预售商品房的,甲方应当在2010年10月31日前,依照国家和地方的有关规定,将已进行建设工程竣工验收备案登记的商品房交付乙方使用……第十三条:关于办理产权登记的约定……2. 预售商品房的,在本商品房交付使用之日起60日内,由甲乙双方向房屋所在地土地房屋登记机构提出办理本商品房《房地产权证》的申请，提交土地房屋登记机构规定的相关资料，并取得土地房屋登记机构出具的登记受理单。”被告向原告出具的置业预算表中显示代收费为契税1696元、合同印花税85元、抵押登记费80元、按揭印花税51元、保险费1010元、大修基金3393元，原告于签订合同当日支付了首付款68,626元及契税、合同印花税、抵押登记费、按揭印花税、保险费、大修基金合计6315元，被告向原告出具了销售不动产统一发票和收据。2013年12月31日，被告将原告购买的房屋交付给原告使用。被告未通知原告补缴契税等事宜。后原告以重庆某实业公司未在约定期限内办理房地产权证书为由提起诉讼，要求该公司承担逾期办证违约责任。该房屋至原告起诉时未取得土地房屋登记机构出具的登记受理单。

裁判观点

法院认为，原告于2013年12月31日接房，根据合同的约定，被告应该在2014年3月1日前向土地房屋登记机构提交办理房地产权证的申请，提交土地房屋登记机构规定的相关资料，并取得土地房屋登记机构出具的登记受理单。被告至今未能为原告所购房屋办理土地房屋权属登记，其辩称是因原告未提交办理房屋产权登记的资料以及足额缴纳契税和大修基金，但是被告并未提供证据证明原告欠缴费用。虽然被告承担的是代收、代缴、代办证的义务，但是如果原告缴纳的契税、大修基金低于国家规定标准或提交的资料不齐备的情形下，其应该及时通知原告补缴、补交，否则应该承担不利的法律后果，被告在庭审中也明确表示未通知原告补缴税费等事宜。因此，其辩称的理由不成立，根据《合同法》第107条“当事人一方不履行合同义务或者履行合同义务不符合约定的，应当承担继续履行、采取补救措施或者赔偿损失等违约责任”之规定，被告仍应继续履行合同约定的义务即向土地房屋登记机构提交办理房地产权证的申请，提交土地房屋登记机构规定的相关资料，并取得土地房屋登记机构出具的登记受理单。原告应积极配合提交或补交土地房屋登记机构规定的相关资料。被告未如约按期将办理权属登记需由出卖人提供的资料报产权登记机关备案的行为构成违约，应该承担违约责任。

裁判结果

法院判决重庆某实业有限公司承担逾期办证违约责任至其实际办理完毕之日止。

律师分析

显然，开发商存在代办转移登记过程中，对于买受人需补缴相关费用或是其他资料的，应当及时通知买受人，这也是开发商“协助义务”履行表现形式之一。且开发商的通知应符合法律规定和合同约定的通知方式，并收集证据，若在诉讼中不能提供有效证据予以证明，将可能被法院认定未履行通知义务，从而承担违约责任。

此外，存在一个容易被忽略的问题，买受人委托开发商办理转移登记手续的，权证由开发商领取，此时开发商应当将权证原件交付给买受人，才真正履行完毕“协助义务”，否则依然可能被要求承担逾期办证的责任，除非买卖合同另有特殊约定。

案例89：廖某诉成都某置业公司商品房预售合同纠纷案

基本案情

2009年8月17日，原告廖某、被告成都某置业公司签订《商品房买卖合同》，约定原告购买被告开发的某房屋。《商品房买卖合同》第10条第1款约定出卖人应于2009年9月17日前向买受人交付房屋；第19条第2款约定：“1.商品房交付使用后，双方同意按照下列第2种方式处理……(2)买受人同意委托出卖人向权属登记机关申请办理房屋权属转移登记，委托费用×元人民币。2.如因出卖人的责任，买受人未能在商品房交付之日起365日内取得房屋所有权证书的，双方同意按照下列第1种方式处理：(1)买受人有权退房。买受人退房的，出卖人应当自退房通知送达之日起30日内退还买受人全部已付款，并按照银行同期活期存款利率付给利息。买受人不退房的，自买受人应当取得房屋所有权证书的期限届满之次日起至实际取得房屋所有权证书之日止，出卖人按日计算向买受人支付全部已付款万分之三的违约金，并于买受人实际取得房屋所有权证书之日起30日内由出卖人支付……”合同中未约定国有土地使用权证书办理时间。

另外，原告已取得涉案房屋所有权证，登记时间为2014年8月12日。涉案房屋国有土地使用权的(颁证)登记时间为2015年12月7日，该国有土地使用权证书现由被告持有。庭审中，双方均认可原告委托被告办理国有土地使用权证的事实。

原告以成都某置业公司逾期办证为由提起诉讼，要求判令被告承担违约责任。

裁判观点

法院认为，原、被告双方在合同中约定原告委托被告向权属登记机关申请办理案涉房屋权属转移登记，被告已代原告办理完毕并领取了案涉房屋的国有土地使用证，但未及时交付原告，已构成迟延交付。《商品房买卖合同》第19条第2款约定：“……如因出卖人的责任，买受人未能在商品房交付之日起365日内取得房屋所有权证书的，双方同意按照下列第1种方式处理……”该条系对被告迟延交付房屋所有权证的违约责任的约定，并未包括迟延交付国有土地使用权证的情形，故原告主张被告依照《商品房买卖合同》第19条的约定支付违约金的请求不成立。但根据《最高人民法院关于审理商品房买卖合同纠纷案件适用法律若干问题的解释》第18条第1款“由于出卖人的原因，买受人在下列期限届满未能取得房屋权属证书的，除当事人有特殊约定外，出卖人应承担违约责任：……(三)商品房买卖合同的标的物为已竣工房屋的，自合同订立之日起90日”之规定，被告应承担违约责任。被告主张原告的诉讼请求已经超出诉讼时效，法院认为被告作为受托人完成委托事项后通知委托人并交付相关证件资料是其应尽的法律义务，其未履行通知义务是原告自2015年12月7日案涉房屋国有土地使用权证颁发后长时间未取得该证的主要原因。关于违约金数额，应当根据《最高人民法院关于审理商品房买卖合同纠纷案件适用法律若干问题的解释》第18条第2款“合同没有约定违约金或损失数额难以确定的，可以按照已付购房款总额，参照中国人民银行规定的金融机构计收逾期贷款利息的标准计算”的规定确定。

裁判结果

法院判决被告成都某置业公司承担自2014年11月10日起(2014年8月12日房屋所有权证登记之日起90日后)至实际交付涉案房屋国有土地使用权证给原告之日止期间的违约金。

律师分析

本案中,法院根据《最高人民法院关于审理商品房买卖合同纠纷案件适用法律若干问题的解释》第18条的规定,认为买受人取得权属证书的,开发商的办证义务才予以完成,其在取证后未及时交付给原告,导致原告不能在合同约定期限内取得权证,应当承担违约责任。本章开篇所引述的《成都市中级人民法院商品房买卖合同案件的审理指南(试行)》第13条就认为,开发商负有通知买受人领取证书的义务。当然,若开发商需将按揭买受人的权证送交贷款银行办理抵押的,则应当在买卖合同中进行特殊约定,在已有明确约定的情况下,开发商无须就此承担违约责任。

第二节
逾期办证的违约责任界定

商品房买卖过程中,房屋交付与协助完成房屋所有权转移登记共同组成开发商的主要合同义务,只有在完成房屋交付和产权转移登记,才视为完成商品房的交易。在司法实践中,买受人以逾期办证为由追究开发商违约责任的案件不在少数,以2019年为例,房屋买卖合同纠纷案由下,中国裁判文书网收录案例共计573,920件,其中涉及逾期办证的案例多达58,941件,超过1/10。本章第一节已对开发商在房屋权证办理过程中的义务和履行方式等进行了阐述,但实务中还存在对具体履行行为是否适当、履行期限如何界定以及违约责任计算期间等问题的争议,本章将继续就这些具体问题进行分析。

一、关于办证期限的计算

办证期限的认定与计算是判断开发商是否存在逾期办证违约行为的前提，也是该类型案件胜败之关键。各类《商品房买卖合同》示范文本中均有关于逾期办理房屋权属转移登记的约定条款，办证期限多是以房屋交付之日为起始点开始计算。但实际上房屋转移登记的办理需要买受人自行提供多种资料和履行相关配合义务，在办证资料齐全的情况下，政府相关部门才会受理。因此，各开发商在《商品房买卖合同》补充协议里便会对办证起始时间进行补充说明与约定，如约定买受人提交完毕办证所需全部资料及缴纳完毕全部税费之后才开始起算办证期限；约定因政策调整或者主管部门行政管理方式变化而导致的迟延应相应顺延办证期限等。而在有此类约定情形下，法院审理时仍然会首先考察当出现办证障碍时，开发商是否向买受人履行了通知义务，否则即使办证延迟的原因并非开发商所致，该延迟时间亦应由开发商自行承担，而不能从办证期限中予以相应扣除。

案例90：卢某、黄某与成都某房地产开发公司商品房预售合同纠纷上诉案

基本案情

2012年9月25日，卢某、黄某与成都某房地产开发公司签订《商品房买卖合同》及《补充协议》，约定卢某、黄某共同购买成都某房地产开发公司开发的商品房一套。《商品房买卖合同》第19条第2项关于转移登记约定："买受人同意委托出卖人向权属登记机关申请办理房屋权属转移登记，如因出卖人的责任，买受人未能在商品房交付之日起720日内取得房屋所有权证书的，合同继续履行，出卖人按10元/日向买受人支付逾期办证违约金，直至买受人房屋所有权证书办理完毕。"《补充协议》第6条对《商品房买卖合同》第19条"产权登记"的补充约定："合同第十条约定的房屋交付期限截止日晚于实际交房日期的，则以合同约定的交房期限届满日之次日（2014年11月1日）为出卖人办理房屋产权转移登记的起始日期，且卢某、黄某在接房前应向出卖人提交办理房屋产权、国土分割及他项权利证书的资料，交纳办理产权的税费和专项房屋维修资金（由出卖

人代收)，若未按时交纳，出卖人有权暂缓交房。”《商品房买卖合同》第19条第2款第2项中约定，“取得房屋所有权证的日期以卢某、黄某办理完毕房屋验收手续并向出卖人交清全部代收税费、维修资金及全部所需办证的申请资料之日起开始计算，在本补充协议第六条第三款约定的期限内办讫，并以产权证书载明的出证日期为合同约定的证书取得日期。如卢某、黄某未及时提供资料和缴纳费用而导致房屋无法在约定时限内办理产权证书，出卖人不承担责任(出卖人在合同及其附件、补充协议约定期限内将办理权属证书的相关资料、凭据等递交权属登记部门即履行了合同的第十九条项下义务)”。

合同签订后，卢某、黄某按约向成都某房地产开发公司支付了购房款，并于2014年9月5日交纳了办证所需税费，成都某房地产开发公司在约定的期限内向卢某、黄某交付了房屋，但其在2017年4月12日才向房屋权属登记部门递交了案涉房屋的办证资料，最终房屋不动产权登记时间为2017年5月18日。对此，卢某、黄某认为，按照合同约定，成都某房地产开发公司应当于合同约定交房之次日2014年11月1日起的720日届满之次日2016年10月22日为其办妥房屋权属证书，成都某房地产开发公司存在逾期办证的违约行为，应当承担违约金。

另，2016年2月22日起执行《关于调整房地产交易环节契税营业税优惠政策的通知》(财税〔2016〕23号)，对商品房买卖关系中相关契税进行调整。该通知第1条第3款明确要求被上诉人提供家庭住房情况书面查询结果和诚信保证书。2016年11月14日，成都市国土资源局发布《关于实施不动产统一登记的通告》，通告自2016年11月23日起，成都市主城区范围内实行不动产统一登记，不再分别办理房屋所有权证及国土使用证，且市国土局、市房管局自2016年11月17日17:00起暂停受理主城区土地登记、房屋交易登记各类业务。

裁判观点

一审、二审法院均认为，关于成都某房地产开发公司是否存在逾期办证的违约情形，该公司主张卢某、黄某在合同约定的交房之日并未提交完整的产权办理资料，并提交向卢某、黄某邮寄的EMS邮单和公司的OA截图，以证明通知卢某、黄某补交家庭成员查房证明、婚姻承诺书等资料，并且，卢某、黄某于2016年5月以后才补齐，办证时间应当从该时间点开始计算720日。对此，法院认为，成都某房地产开发公司仅提交了邮单及其内部系统的截图，而卢某、黄某称并未收到补充资料的通知，故前述证据不足以证明事实上成都某房地产开发公司通知了卢某、黄某。并且，关于卢某、黄某补齐资料的实际时间成都某房地产开发公司亦无相应证据予以佐证。反之，根据合同约定，成都某房地产开发公司交房时，卢某、黄某即应向成都某房地产开发公司缴纳契税及提交办理房屋产权证的资料，否则，成都某房地产开发公司有权暂缓交房。然而，现房屋已经按时完成交付，卢某、黄某也缴纳了相应税费，由此可推断，卢某、黄某在收房时也一并提交了办证所需的资料。即使在后来出台了新的财税政策，但该政策出台的时间距离成都某房地产开发公司办证期限间隔时间较长，成都某房地产开发公司有足够的时间完成办证的相关工作，成都某房地产开发公司所出示的现有证据不足以证明卢某、黄某迟延补交办证资料导致办证逾期，因此，成都某房地产开发公司应当承担逾期办证违约责任。

裁判结果

二审法院判决驳回成都某房地产开发公司的上诉请求，维持原判。

律师分析

该案中，即使房地产公司以邮寄送达的方式通知，但是其保存的证据只有EMS邮单，并未提交业主已经收悉的物流记录，无法形成完整的证据链，达不到其已经将相关事项告知过买受人的证明目的，最终被法院认定存在逾期办证的违约行为。这便是由于证据保存不完整所致。所以开发商应当及时以可见可固定的方式履行其应有的提示和告知义务。所谓“可见”的方式，则是指能够反应通知内容、通知事项的形式，例如，若以电话形式告知，虽通话记录可查询也记载了通话对象，但并不能说明通话内容，此时该通话记录无法证明开发商通知了买受人补足资料或者配合其他事项这一事实；所谓“可固定”，则是指通过某种方式，可以明显看到或判断该行为曾在过去的时间段已经发生，例如，若以口头形式告知，虽然告知行为已经发生，但在未来的时间点无法确定该行为是否曾经存在。因此，邮寄送达是通常所使用的“可固定可见”的通知方式。同时在使用邮寄送达方式时，还应当注意邮递单、邮寄内容和物流记录的保存，三者缺一不可，这样才能完整记录整个邮寄和签收过程。在必要时候，开发商还应当采取公证的形式进行邮寄送达，采取该种方式的，公证处将会把邮寄资料一并附着在《公证书》中，如此不仅对邮寄行为进行了证据保全，对邮寄行为所对应的邮寄内容也进行了证据保全，是效力更强也是更全面的取证方式。

二、不动产统一登记实施后办证期限的计算问题

2015 年 3 月 1 日《不动产登记暂行条例》实施，标志着不动产统一登记制度的开始。各地自此大力推行不动产统一登记政策，各省市也陆续设立不动产登记中心，部分地方长期以来实施的房屋与土地分别登记的方式逐渐过渡至将二者捆绑式的一次性登记。由此对于一些商品房交易而言，前期实行的是房产证和土地使用权证的分别登记政策，体现在《商品房买卖合同》也是将前述两证办理事宜分别约定，这就导致在不动产统一登记政策实施后，《不动产权证》办理事项缺乏履约依据，例如，办证期限应当以房产证还是土地使用权证期限为准？开发商存在逾期办理房产证的违约行为时，不动产权登记政策的实施是否会阻断违约金的计算期限？

其一，《不动产登记暂行条例》实施之时，《商品房买卖合同》约定的房屋所有权证或国有土地使用权证办理期限尚未届满的，不动产权转移登记期限应当确定为约定的国有土地使用权证办理期限。

基于不动产统一登记制度的要求，房屋所有权与土地使用权两者一次性登记完毕，在房屋《不动产权证》上权利类型一栏清晰载明“国有建设用地使用权/房屋（构筑物）所有权”，也即只要完成不动产权登记就表明房屋所有权和土地使用权登记均办理完毕。因此，在《商品房买卖合同》对不动产二证合一登记时间未作明确约定的情况下，开发商只要在合同约定的房屋所有权和土地使用权办理期限两者最晚截止时间的期间内协助办妥《不动产权证》就应当视为履行完毕合同约定的办证义务，不应承担逾期办证的违约责任。由于二证合一的不动产统一登记制度实施后，单独办理房产证和国土证已经丧失事实基础，法律不要求履行客观上无法实现的行为，现开发商履行办证义务只能是协助或者代买受人办理《不动产权证》，由于房产所有权证和国有建设用地使用权证为捆绑式登记，若顺利办理《不动产权证》，必须要同时满足两项权证的办理条件，故如果要求开发商在合同约定的办理房屋所有权证的期限内协助办妥国有土地使用权

的登记，无疑加重了开发商的责任，也违背了合同约定的“意思自治”原则。因此基于公平考虑，《不动产权证》的办理即使超过合同约定的房屋所有权证办理时限，而未超出国有土地使用权证办理期间的，也应认定为开发商不存在违约行为。

案例 91：张某诉华东置业有限公司商品房预售合同纠纷案

基本案情

原告张某（买受人）与被告华东置业有限公司（出卖人）于 2013 年 1 月 31 日签订《商品房买卖合同》及《商品房买卖合同补充协议》。《商品房买卖合同》，第 10 条第 1 款约定：出卖人应当在 2015 年 4 月 30 日前向买受人交付该商品房。第 19 条第 2 款约定：“……2. 如因出卖人的责任，买受人未能在商品房交付之日起 365 个工作日内取得房屋所有权证书的，双方同意按照下列第 1 种方式处理：(1) 买受人有权退房。买受人退房的，出卖人应当自退房通知送达之日起 30 日内退还买受人全部已付款，并按照中国人民银行公布的同期活期存款利率付给利息。买受人不退房的，自买受人应当取得房屋所有权证书的期限届满之次日起至实际取得房屋所有权证书之日止，出卖人按日计算向买受人支付全部已付款万分之三的违约金，并于买受人实际取得房屋所有权证书之日起 30 日内由出卖人支付。”《商品房买卖合同补充协议》第 10 条第 3 款约定：“出卖人应在买受人缴齐全部资料及费用，并办理完委托手续后的 365 个工作日内，代买受人向相关部门缴纳相关费用和办理房屋所有权证，如买受人未完整提供全部资料和费用的，出卖人有权相应推迟该房屋产权证的办理时间而无须承担延迟办证的责任。”第 10 条第 4 款约定：“买受人同意委托出卖人代为办理分户国有土地使用证……出卖人应在买受人缴齐全部资料及费用，并办理完委托手续之日起的 5 年内，代买受人向相关部门缴纳上述相关费用并取得分户国有土地使用证。如买受人未完整提供全部资料和费用的，出卖人有权相应推迟该分户国有土地使用证的办理时间而无须承担延迟办证的责任。前述涉及资料及费用为出卖人代收代缴，最终所需的资料及费用由政府相关部门规定要求为准。”

合同签订后，原告依约向被告支付了全部购房款，并于 2015 年 4 月 27 日办理了房屋交付手续，同时，原告向被告缴纳产权契税 6314 元、印花税 5 元、产权登记费80元、国土证工本费20元,共计6419元,并交纳电费、水费、预收物业服务费1200.07元。按照约定,被告应在商品房交付之日起365个工作日内(2016年10月12日前)协助原告办理房屋所有权证书,但实际上,原告于2017年3月20日才取得案涉房屋的不动产权证书。故原告认为被告逾期办理房产证,向法院提出诉讼请求:(1)判令被告支付逾期办理房产证的违约金30,118.02元并按中国人民银行同期贷款利率支付自2017年4月20日起至付清之日止的利息损失;(2)律师费由被告承担。

另查明,《不动产登记暂行条例》于2015年3月1日施行,案涉房屋所在行政辖区的国土资源和房产管理局于2016年8月12日发布了关于实施不动产统一登记的通告,自2016年8月19日起在该辖区实施不动产统一登记。

裁判观点

法院认为,按照双方签订的《商品房买卖合同》及其补充协议的约定,被告华东置业有限公司应在商品房交付之日起365个工作日内协助原告办理房屋所有权证书,原、被告双方均认可交房时间为2015年4月27日,也就是说,被告应在2016年10月12日前协助原告办理完毕房屋所有权证书。但因政策原因,案涉房屋所在行政辖区自2016年8月19日起实施不动产统一登记。故在2016年8月19日之后,被告在事实上和法律上已不可能按照合同约定为原告办理房屋所有权证书,而双方合同并未约定关于办理统一不动产权证书的相关内容,且合同约定被告协助原告办理分户国有土地使用证的时间应当在买受人缴齐全部资料及费用,并办理完委托手续之日起的5年内。不动产权证书实质上系房屋所有权证书及国有土地使用权证书的“合二为一”,其办理不仅需要满足房屋所有权证的办理条件,亦需要满足国有土地使用权证的办理条件,以办理房屋所有权证的期限约束不动产权证书的办理期限,既不符合客观事实亦加重了被告的合同义务。综上,原告已于2017年3月20日取得案涉房屋的不动产权证书,被告不存在因其原因逾期办理房屋权属证书的违约行为,不应承担逾期办理权属证书的违约责任。

裁判结果

法院对原告依据合同中关于逾期办理房屋所有权转移登记的违约条款要求

被告支付迟延办理房屋权属证书违约金的诉讼请求不予支持，判决驳回。

案例92：赵某诉成都某地产公司商品房预售合同纠纷案

基本案情

2012年7月11日，原告赵某与被告成都某地产公司签订《商品房买卖合同》及《补充协议》，约定赵某购买成都某地产公司开发的21幢1单元2层201号的商品房一套。《商品房买卖合同》第19条第2款关于转移登记约定："买受人同意委托出卖人向权属登记机关申请办理房屋权属转移登记，如因出卖人的责任，买受人未能在商品房交付之日起720日内取得房屋所有权证书的，合同继续履行，出卖人按10元/日向买受人支付逾期办证违约金，直至买受人房屋所有权证书办理完毕。"

合同签订后，原告赵某按约向被告成都某地产公司足额支付了购房款，并于2015年1月31日前向成都某地产公司交纳了办证所需税费，成都某地产公司于2017年11月1日向房屋权属登记部门递交赵某案涉房屋办证资料，赵某取得房屋不动产权登记时间为2017年12月26日。后赵某以其未在约定的期限内取得房屋所有权证书起诉至法院。

另查明，2016年11月14日，《成都市国土资源局关于实施不动产统一登记的通告》发布，通告自2016年11月23日起，成都市主城区范围内实行不动产统一登记，不再分别办理房屋所有权证及国土使用证，且市国土局、市房管局自2016年11月17日17：00起暂停受理主城区土地登记、房屋交易登记各类业务。

裁判观点

法院认为，根据《成都市国土资源局关于实施不动产统一登记的通告》，成都市已于2016年11月23日起实施不动产统一登记，从2016年11月17日起停止收件、不再单独办理房屋所有权证和国有土地使用权证，开始实施不动产统一登记，故在此情况下，因二证合一政策的实施，从2016年11月17日起成都某地产公司已在客观事实上无法为赵某单独申请办理案涉房屋所有权证。关于逾期办理房屋所有权证违约金的时间因无其他证据证明其缴纳税费的具体日期，仅有赵某在审理过程中提交的成都某地产公司系统截图，该截图显示其缴纳办证税费的时间为2015年1月31日前，成都某地产公司为赵某办理房屋所有权证书的时间为2015年2月1日起至720日届满之次日即2017年1月21日。故法院认为，合同约定的办证期限尚未届满之前，成都某地产公司在客观事实上已经无法为赵某单独申请办理案涉房屋所有权证，因此无须承担违约责任。

裁判结果

法院判决驳回原告赵某的诉讼请求。

案例93：刘某与成都某房产公司商品房预售合同纠纷上诉案

基本案情

2012年3月7日，上诉人刘某（买受人）与被上诉人成都某房产公司（出卖人）签订了《商品房买卖合同》及其补充协议，约定买受人采取一次性付款方式付款购买出卖人开发建设的38栋-1至2层2号房屋，并在2013年12月31日前交付，买受人委托出卖人代为办理房屋所有权证和土地使用权证，在买受人缴齐全部资料及费用，并办理完委托手续后的365个工作日内，代买受人向相关部门缴纳相关费用和办理房屋所有权证，分户土地使用权证在办理完委托手续之日起的5年内，代买受人向相关部门缴纳相关费用并取得分户国有土地使用权证。如买受人未完整提供全部资料和费用的，出卖人有权相应推迟权属办理时间而无须承担延迟办证的责任。

上述合同及补充协议签订后，刘某按合同约定的方式向成都某房产公司支付了购房款，后在2014年9月20日办理了房屋交付手续，并支付维修基金6912元，2015年5月12日又缴纳了办理房屋产权证所需的契税、产权登记费、国土证工本费等共计191,051.5元。2015年12月9日，出卖人为其办理了房屋所有权证，登记的房号为38栋-1至2层1号。后买受人于2017年11月30日取得了房屋不动产权证，载明房号为38栋-1至2层2号。

另查明，国家实施不动产统一登记后，成都市某区于2016年10月25日起在全区实施不动产统一登记，因不动产登记系统升级等原因，于2016年10月18日至24日停止受理各类土地、房屋登记业务。

基于上述事实，刘某认为即使成都某房产公司在合同约定期限内曾办理了房产证，但由于该房产证上房号错误，出卖人并未履行完毕合同约定的代为办证义务，而房号正确的《不动产权证》办理时间超出合同约定办理房屋所有权证的期限，属于违约，成都某房产公司应承担逾期办证的违约责任。

裁判观点

一审法院认为，关于房屋权属转移登记，根据买卖双方对产权登记的约定："买受人委托出卖人代为办理房屋所有权证的，应在办理房屋交付手续的同时提交书面委托手续，并向出卖人缴齐办理房屋所有权证所需各项资料及费用（包括但不限于契税、专项维修资金、办证手续费、登记费等），由出卖人代买受人向相关部门缴纳。出卖人应在买受人缴齐全部资料及费用，并办理完委托手续后的365个工作日内，代买受人向相关部门缴纳相关费用和办理房屋所有权证。如买受人未完整提供全部资料和费用的，出卖人有权相应推迟该房屋产权证的办理时间而无须承担延迟办证的责任。"本案中，刘某缴齐办证所需税、费的时间是2015年5月12日，成都某房产公司办理房屋所有权证的时间应从2015年5月12日起计算365个工作日内即2016年10月24日前，而政府相关部门从2016年10月25日开始实施不动产统一登记政策，因该政策的实施，从2016年10月18日至24日停止受理各类土地、房屋的登记业务。故根据合同的约定，成都某房产公司为刘某办理房屋所有权证并未违反合同约定。实施不动产统一登记政策后，办理不动产权证与分别办理房屋所有权证、土地使用证所提交的资料和需审批的事项均有所不同，且合同中关于办理国有土地使用证的期限是刘某缴齐全部资料及费用，并办理完委托手续之日起的5年内，该期限尚未届满，即应视为办理不动权属证书的期限尚未届满，而实际在合同约定的国有土地使用权证办理期限届满前，公司已为刘某办理了房屋的不动产权证。因此，刘某主张成都某房产公司在合同履行过程中存在逾期办证的违约行为，缺乏事实依据，判决驳回其全部诉讼请求。

二审法院认为，首先，本案争议焦点在于某公司是否应当承担逾期办证的违约责任。按照约定，成都某房产公司应在刘某缴齐全部资料及费用，并办理完委托手续后的365个工作日内,代刘某向相关部门缴纳相关费用和办理房屋所有权证。因此,该公司办理房屋所有权证的时间应为刘某缴齐办证所需税、费之日即2015年5月12日起至2016年10月24日。其次,鉴于房屋所在地辖区于2016年10月25日起在全区实施不动产统一登记,且2016年10月18日至24日停止受理各类土地、房屋登记业务,故在此情况下,因二证合一政策的实施,成都某房产公司在合同约定的办理房屋所有权证的期间内即从2016年10月18日起已在客观事实上无法为刘某单独申请办理案涉房屋所有权证,故,在此情况下认定成都某房产公司应当承担违约责任,有违合同法的公平原则。同时,由于国家政策变动,原房屋所有权证书与国土证书合并为不动产权证书,该证书涵盖了原房产证与国土证的双重性质,因此,成都某房产公司办证义务的履行期限应当以双方约定的办理国土证的期限作为办理不动产权证的最终期限。最后,根据双方的约定,成都某房产公司应当于刘某缴齐全部资料及费用,并办理完委托手续后的5年内,代刘某向相关部门缴纳相关费用和办理房屋不动产权证。现由于该公司已于2017年11月30日为刘某取得了房屋不动产权证,故刘某主张成都某房产公司在合同履行过程中存在逾期办证的违约行为,并无事实依据和合同依据,法院不予支持。

裁判结果

二审法院判决驳回刘某的上诉请求,维持原判。

律师分析

从上述案例可以看出,法院的观点亦为:不动产统一登记政策实施后,在《商品房买卖合同》未约定不动产权证办理相关内容时,基于《不动产权证》的办理涵盖了房屋所有权和土地使用权两项权利,所具备的条件不仅有房屋所有权证的办理条件,还须具备国有土地使用权证的办理条件,相应的,委托办理《不动产权证》的履行期限也应当为办理房屋所有权证的期限与办理国有土地使用权证期限两者最晚截止时间,即使如案例92中出现房号登记错误的情形,只要在办证期限内予以修正,仍不应当视为违约。

其二,关于不动产新政实施后违约期限的计算问题。以成都市为例,2016年8月成都市开始施行不动产统一登记政策,各区国土局在8~11月,陆续发布不动产统一登记的通告。同时为进行国土、房管系统测试联调和数据迁移,在短时间内暂停受理相应的土地登记和房屋交易登记等各类业务,甚至将部分登记申请作退件处理。新政实施后,办理权属转移登记的时间和手续也较之前不同,这就在客观上延长了开发商的办证期限。此属于非“出卖人原因”,延迟期限的后果不应由开发商承担。

上文列举案例89中,还涉及另一个争议事实,即如何计算违约期间及相应违约金的问题。法院对此认定如下:

裁判观点

一审法院认为,关于成都某房地产开发公司应支付违约金金额的计算问题,根据合同约定及案件事实,法院认定违约金的起算时间为2016年10月22日。由于成都某房地产开发公司未能在合同约定的期限内为原告办理房屋所有权证书,即使不动产统一登记政策出台,也并不能免除其办理房屋权属证书的义务,故根据《补充协议》第6条“出卖人在合同及其附件、补充协议约定期限内将办理权属证书的相关资料、凭据等递交权属登记部门即履行了合同的第十九条项下义务”的约定,其承担违约金的截止时间应认定为其将办理权属证书的相关资料、凭据等递交权属登记部门之日。因此,应付违约金的起止时间应为2016年10月22日至2017年4月12日,共计172天。

二审法院改判被告承担2016年10月22日至11月17日的违约金,理由如下:根据《成都市国土资源局关于实施不动产统一登记的通告》,成都市已于2016年11月23日起实施不动产统一登记,从2016年11月17日起停止收件、不再单独办理房屋所有权证和国有土地使用权证,开始实施不动产统一登记,故在此情况下,因二证合一政策的实施,从2016年11月17日起成都某房地产开发公司已在客观事实上无法为卢某、黄某单独申请办理案涉房屋所有权证。

裁判结果

二审法院判决撤销一审判决,改判成都某房地产开发公司承担逾期办理房屋所有权证违约金的时间应为2016年10月22日起至成都市实施不动产统一之日止,即2016年10月22日起至11月17日期间的违约金。

案例94:肖某、邹某诉华龙公司商品房预售合同纠纷案

基本案情

原告肖某、邹某与被告华龙公司签订《商品房买卖合同》及其附件,约定被告将其开发的商品房出售给原告,肖某、邹某向华龙公司支付了全部购房款,并向华龙公司缴纳了办理房屋权属证书相关费用及资料,且于2015年向华龙公司提交了委托办证所需的授权委托书。因此,根据《商品房买卖合同》第19条第2项的约定,华龙公司应在房屋交付之日起500日内为买受人办理房屋所有权证书,即华龙公司应在其实际交付案涉房屋之日起500日内即2015年1月14日前为肖某、邹某办理完房屋所有权证书,且华龙公司依约还应在房屋所有权证书办理完毕后的2年内为肖某、邹某办理国有土地使用权证。但前述两证书华龙公司均未按期办理完毕。另查明,《区政府关于实施不动产统一登记有关事项的通告》载明:2016年10月13日至19日,全区停止受理各类土地、房屋、林权登记等业务;2016年10月20日起,受理不动产登记申请,颁发《不动产权证书》和《不动产登记证明》。基于上述事实,原告向法院提起诉讼,请求:(1)请求判令被告立即为原告办理所购房屋的不动产权证;(2)请求判令被告向原告支付迟延办理房屋所有权证的违约金,以全部已付款为基数,按每日万分之一的标准,从2015年1月15日起计算至不动产登记中心出具不动产权证之日止;(3)请求判令被告向原告支付因维权而支出的律师费900元。

裁判观点

法院认为,原告已按照双方合同约定向华龙公司缴纳了办理所购房屋权属证书的相关费用及资料,并委托了华龙公司为其办理所购房屋权属登记手续,而双方合同约定的办证期限早已到期,但原告实际上并未取得应由华龙公司办理的房屋权证,被告华龙公司已经违约。同时,根据国家现行法律法规及政策之规定,目前实施"不动产统一登记"制度,而该不动产统一登记系对原房屋所有权证和国有土地使用权证的统一登记。现原告要求被告为其办理不动产权证书,符合法律和政策规定。因此,原告要求被告办理房屋不动产权属登记的诉请并无不当。并且,华龙公司应承担的逾期办证违约金的截止期限为原告取得不动

产权利证书之日止。

裁判结果

法院判决被告华龙公司立即协助原告肖某、邹某办理房屋不动产权证书,并承担逾期期间的违约金。

律师分析

以上两案例可以看出,逾期办证违约金截止时间与买受人所主张的权利紧密相关,这也是为什么在该类案件的审理过程中法院会特意要求买受人明确其主张的是逾期办理房屋所有权证的违约金还是逾期办理不动产权证的违约金。在原告诉请的是逾期办理房屋所有权证的违约金时,违约期限应当计算至客观上无法为其办理该证的时间,即不动产统一登记政策实施前政府相关部门停止受理房产证办理申请之日。其原因在于,一方面,房屋所有权证与不动产权证属于两个不同的权证,二者不能混为一谈,如果法院判决被告承担至实际办理不动产权利证书之日止的违约金,则存在违反“不告不理”原则的情形;另一方面,房屋所有权证在某一时间节点已经丧失其办理的客观可能性,若在超出这一节点的时间范围仍然要求开发商承担因此而产生的违约责任将有失公平。如果原告诉请逾期办理不动产权利证书/权属转移登记,由于不动产权利证书包含了房屋所有权转移和相对应的土地使用权的转移,在二者均逾期登记的情况下,违约期限就应计算至实际办理不动产权利证书之日止。在案例 89 中二审法院改判的原因也是在此。

三、逾期办证违约金诉讼时效的界定

《民法总则》第 188 条规定,“诉讼时效期间自权利人知道或者应当知道权利受到损害以及义务人之日起计算”,《最高人民法院第八次全国法院民事商事审判工作会议(民事部分)纪要》第 18 条规定,“买受人请求出卖人支付逾期办证的违约金,从合同约定或者法定期限届满之次日起计算诉讼时效期间”。《民法总则》实施之前,诉讼时效期间一般为 2 年。

一种观点认为，买卖合同中所约定的办证期限届满之日，开发商未能履行相应义务导致逾期办证的，其违约行为已发生，且从该届满之日起买受人即已知道其权利受到侵害，此时即应当开始计算诉讼时效，2 年后（《民法总则》实施后为 3 年）才提起诉讼的，又无证据证明在此期间进行过催告的，应当认定为超过诉讼时效，法院不应支持其要求开发商承担违约责任及违约金的诉讼请求。另一种观点认为，从逾期办证约定的违约金计算方式来看，多为每日发生违约金并累加计算，在延期期间每日均新产生违约金，该每日违约金并非同一债权，因此应当分别计算诉讼时效，也即从买受人起诉之日倒推 2 年或者 3 年，该期间的违约金应在诉讼时效之内。

案例 95：金城湾房地产公司与王某商品房预售合同纠纷上诉案

基本案情

王某与金城湾房地产公司于 2014 年 9 月 6 日签订《商品房买卖合同》，所购商品房为金城湾花园 1#楼 27 层 08 单元。王某已付购房款为 573,070.68 元（2014 年 5 月 12 日支付 173,070.68 元、2015 年 10 月 27 日支付 400,000 元）。合同约定交付时间为 2014 年 6 月 28 日，约定办证义务履行期限为商品房交付之日起 210 日内。合同约定逾期办证违约金标准为每日按已付购房款 0.01%。项目土地房屋权属登记通知书出具时间（逾期办证违约金计付截止时间）为 2017 年 2 月 8 日。

王某主张，因出卖人原因，其未能在商品房交付使用后 210 日内取得项目土地房屋权属登记通知书，出卖人应承担违约责任。

裁判观点

一审法院认为，金城湾房地产公司应于商品房交付之日起 210 日内协助办理房屋权属登记手续，但金城湾房地产公司逾期至 2017 年 2 月 8 日才完成土地房屋初始登记，违约情形至 2017 年 2 月 8 日才消除。王某主张按日计付的逾期办证违约金，每日的违约金可作为独立债权计算诉讼时效。《民法总则》第 188 条规定，“向人民法院请求保护民事权利的诉讼时效期间为三年”。王某于 2018

年9月13日提起诉讼，在无诉讼时效中止或中断事由的情形下，一审法院认定2015年10月1日之前的违约金请求权诉讼时效已经届满。金城湾房地产公司应向王某支付2015年10月1日起至2017年2月8日止的逾期办证违约金27,441.61元（173,070.68元×0.01%/天×497天+400,000元×0.01%/天×471天）。

二审法院认为，本案的争议焦点在于逾期办证违约金诉讼时效应如何计算。案涉《商品房买卖合同》约定，办证义务的履行期限为商品房交付之日起210日内，逾期办证违约金每日按已付购房款0.01%计算。合同约定该违约金系以日为单位累计计算，属于继续性债权，应对每个个别的债权分别适用诉讼时效。《民法总则》第188条规定“向人民法院请求保护民事权利的诉讼时效期间为三年”；《最高人民法院关于适用〈中华人民共和国民法总则〉诉讼时效制度若干问题的解释》第2条规定“民法总则施行之日，诉讼时效期间尚未满民法通则规定的二年或者一年，当事人主张适用民法总则关于三年诉讼时效期间规定的，人民法院应予支持”，故违约金应自起诉之日起倒推3年起计算。王某于2018年10月1日提起诉讼，在无诉讼时效中止或中断事由的情形下，一审法院认定违约金应自2015年10月1日起计算，合法有据。

裁判结果

二审法院判决驳回金城湾房地产公司的上诉请求，维持原判。

律师分析

本案中法院则是持第二种观点。实际上，我国多省市人民法院的司法审判观点均是如此。例如，《北京市高级人民法院关于审理房屋买卖合同纠纷案件若干疑难问题的会议纪要》第23条规定，“约定违约金为按日（月）计付的继续性违约金的，以每个个别的债权分别单独适用诉讼时效，当事人在诉讼中提出时效抗辩的，违约金保护范围为当事人起诉之日前两年”；《福建省高级人民法院〈关于审理商品房买卖合同纠纷案件疑难问题的解答〉》第21条规定，“按日计付的违约金的诉讼时效应当分别每一日单独计算”；《浙江省宁波市中级人民法院〈关于审理商品房买卖合同纠纷案件疑难问题解答〉》第13条规定，“当事人在合同中约定以日或月为单位累计计算违约金数额的，属于继续性债权，以每个个别的债权分别适用诉讼时效；买受人要求支付逾期交房或逾期办证违约金，出卖人在一审法庭辩论终结前提出诉讼时效抗辩的，违约金保护期间为当事人起诉之日前两年"。上述裁判意见出台时间在《民法总则》施行之前，故诉讼时效均按2年计算。

逾期办证违约金诉讼时效起算点的确定与违约金的计算方法紧密相关。买卖双方在签订的《商品房买卖合同》中，直接将逾期办证违约金约定为固定数额的，此时违约金债权作为一次性债权，诉讼时效起算点的认定较为简单，可直接引用前述法律规定来确定诉讼时效的起算时间，即合同约定的违约金支付期限届满之次日。但固定数额的违约金多出现在合同解除的情况之下，而对于违约后双方继续履行合同的情形，是以按日累加方式计算违约金约定的方式居多。值得注意的是，该种情形与《最高人民法院关于审理民事案件适用诉讼时效制度若干问题的规定》第5条规定的"当事人约定同一债务分期履行的，诉讼时效期间从最后一期履行期限届满之日起计算"不同，该条的适用条件是只有一笔债务，而非只有一个法律行为。在累加计算违约金的方式中，法律行为是同一个，但同一违约行为产生的违约金金额随着违约天数增加而递增，截至每日的违约金数额和违约天数均不同，这就导致按日计算的每笔违约金在法律上具有相对独立性，究其实质而言，属于各自独立的债权，应独立适用诉讼时效、确定诉讼时效期间。因此，针对不同截止日的违约金债权，即使买受人是在办证期限届满之日起3年后才提起诉讼，也不会直接导致全部的违约金债权请求权超过诉讼时效。此时，不仅达到了违约责任约定目的即督促义务方积极履行合同义务，同时，违约方也不至于承担巨额赔偿责任，防止市场秩序紊乱。此认知也与《〈第八次全国法院民事商事审判工作会议（民事部分）纪要〉理解与适用》[1]一书中关于逾期办证违约责任的诉讼时效起算时点的条文理解相一致，已属于多数法院认可的裁判观点。

---

[1] 杜万华主编：《〈第八次全国法院民事商事审判工作会议（民事部分）纪要〉理解与适用》，人民法院出版社2017年版，第330～331页。

第三节
开发商代办权证的风险控制

如前所述,虽然开发商在商品房产权办理过程中承担的是“协助义务”,但是在房屋交付时,较多业主均是委托开发商代为办理不动产转移登记。一方面是因为业主对于不动产转移登记流程并不熟悉,交由开发商的专门部门及人员代为办理已成为习惯;另一方面是因为商品房买卖中较多业主采取按揭方式支付房款,开发商对业主贷款向按揭银行承担了阶段性保证担保责任(一般截至不动产权办理完毕并完成抵押登记),开发商为尽快解除该保证责任,避免代偿风险,均会要求按揭业主交由其统一办理产权。这就形成了在某个商品房项目中开发商承担了多数业主的产权代办责任且纠纷频发的情况。因此,开发商有必要把握好权证代办过程中的风险控制,一旦忽略某个环节,就有可能产生法律责任,甚至遭受无谓的损失。

一、交证过程中的风险控制

案例96:成都某置业公司与钟某不当得利纠纷上诉案

基本案情

2007年6月23日,成都某置业公司与钟某签订《商品房买卖合同》及《补充协议》,约定由钟某购买成都某置业公司开发的住宅房屋一套,合同总价款为324,724元,并约定钟某可委托成都某置业公司代其向税务机关缴纳契税。合同签订后,钟某依约支付了房款,成都某置业公司将涉诉房屋交付钟某使用。2008年12月25日,成都某置业公司向钟某出具收据一张,金额为7329.72元,收款事由为“代办产权费用”,该费用包含代收契税和维修资金。2009年8月21日,成都某置业公司代钟某缴纳契税,成都市地税局第三直属分局出具契税完税证明,计税金额为324,724元,税率3%,实纳金额为9741.72元,成都某置业公司实际上为钟某垫付契税4870.86元。后钟某补交成都某置业公司垫付契税后，成都某置业公司工作人员将该契税完税证明及房屋产权证书转交钟某。2010年10月9日，四川某会计师事务所向成都某置业公司出具专项审计报告，依据成都某置业公司2008年12月22日至2010年10月9日的代收款收据及存根编号，认定成都某置业公司收款收据存根编号是连续的，且除钟某所交7339.72元外，账面资料未发现钟某所交4870.86元款项及收据。

后成都某置业公司、钟某之间因钟某是否应补交4870.86元契税款项产生纠纷，成都某置业公司提起诉讼，请求判令：钟某向成都某置业公司补交成都某置业公司垫付的契税4870.86元以及自2009年7月31日至钟某向成都某置业公司支付垫付契税款项之日止的银行同期利息1000元。

裁判观点

一审法院认为，按照成都某置业公司与钟某双方在购房合同中的约定，钟某应将契税款项9741.72元支付给成都某置业公司，成都某置业公司代钟某向税务机关进行缴纳。成都某置业公司代钟某缴纳契税后，契税完税证明已由成都某置业公司转交钟某，转交该契税完税证明时成都某置业公司并未对钟某提出异议。按照行业交易惯例，若钟某未能足额向成都某置业公司支付契税款项，成都某置业公司不会向钟某交付契税完税证明。因此，成都某置业公司向钟某交付契税完税证明且未提出异议的行为证明钟某并未拖欠成都某置业公司契税款项的事实。成都某置业公司依据本公司账目、收据及四川某会计师事务所专项审计报告，主张钟某未足额向成都某置业公司支付契税款项7339.72元，应向成都某置业公司补交少支付的4870.86元，因成都某置业公司所提供证据不能排除钟某向成都某置业公司支付了现金而成都某置业公司未将该款入账的可能性，故对成都某置业公司关于钟某未向其支付契税款项4870.86元的主张不予采信，对成都某置业公司的诉讼请求不予支持，予以驳回。

二审法院认为，根据《最高人民法院关于民事诉讼证据的若干规定》第2条[1]规定，当事人对自己提出的诉讼请求所依据的事实或者反驳对方诉讼请求所依据的事实有责任提供证据加以证明。没有证据或者证据不足以证明当事人的事实主张的，由负有举证责任的当事人承担不利后果。且根据民事诉讼“谁

〔1〕 2019年修正后该条规定已无。

主张,谁举证"原则,成都某置业公司认为钟某没有缴纳完应当缴纳的税费,应当承担举证责任,但是成都某置业公司不能说明钟某为什么持有完税的正式票据。成都某置业公司认为是其公司工作人员的工作失误,在钟某没有完税的情况下就将正式完税票据交给了钟某,但是钟某不予认可,故成都某置业公司在没有证据证明钟某没有缴费的情况下,应对工作失误承担责任。对成都某置业公司认为四川某会计师事务所出具的专项审计报告也证明成都某置业公司未收到钟某补交的4870.86元契税款项和2008年12月22日至2010年10月9日代收款收据及存根编号为连续,均没有钟某缴费的事实。因审计报告是成都某置业公司单方所做,与钟某是否缴费没有关联性。2008年12月22日至2010年10月9日代收款收据及存根编号连续也不能推断出钟某就没有补交费用的事实,故一审法院关于既然钟某已经持有完税的证明,按照交易惯例若钟某未能足额向成都某置业公司支付契税款项,成都某置业公司不会向钟某交付契税完税证明的认定并无不当。

裁判结果

二审法院判决驳回成都某置业公司的上诉请求,维持原判。

律师分析

按照多数裁判观点,开发商在代办权证情形下,将所领取的房屋权属证书交付给业主之后方视为义务履行完毕。实践中,开发商更加注重把控权属证书的办理节点,避免办证逾期而承担违约责任,却往往忽略办证完成之后的"交证"环节,案例95所反映的事实即可见一斑。该案中开发商代收契税时按照优惠政策计算收取,而经税务部门核定该业主并不能享有优惠政策,应当按照房款3%的税率全额缴纳契税,此时开发商"大度"地为钟某垫付4000多元的契税。这本是出于好意,且有利于业主办证完成,但是开发商的工作人员在交证时,忽略了一个重要流程,即在钟某未补交垫付契税的情况下将产权证书和完税凭证原件全部交付给钟某,且没有要求钟某对补交税费给予书面说明,从而直接造成在诉讼过程中陷入难以举证的被动局面。尽管其提交了某会计师事务所提交的审计报告,力图证明其在办证期间并没有钟某自称的已补交差额的收款行为,但因该审计报告并不能排除现金收款的情况,导致一审、二审法院均不予认可其主张，最终败诉。此教训不可谓不深刻。

此外，多数开发商在取得权属证书之后，并没有采取书面方式通知业主前来领取，而仅仅只是电话告知或者短信通知，一旦业主否认收到该通知的事实，在处理此类纠纷时开发商很难举证证明，则可能承担逾期办证的违约责任。因此，以书面方式通知业主领证且保留相关证据是开发商把控此中风险的重要措施。实际上，要避免通知不能或者难以举证的风险，开发商完全可以通过在买卖合同中设置相应条款来实现。譬如：

“买受人委托出卖人办理权属转移登记的，出卖人应当在合同约定的办证期限内完成转移登记并告知买受人领取权属证书，通知方式可采取书面通知、项目所在地报纸公告、电话告知、短信或者微信通知等任一方式。若出卖人没有通知或者买受人未收到通知的，买受人最迟应当于合同约定办证期限届满前自行领取权属证书，除非由于出卖人原因在该约定期限内未取得权属证书的，买受人延迟领取造成的逾期由其自行承担。”

此约定相当于“兜底条款”，将合同中已经明确且双方均可预见的办证期限作为开发商义务的履行终点，即使业主没有能够收到通知，也可在最终期限届满之前领取证书，确保开发商不会产生违约行为，并大大降低了开发商通知不能的风险和举证难度。

二、开发商不再代收契税情形下的风险控制

很多地方开发商代办产权时会向业主代收所需缴纳的契税和维修资金，统一核税，统一划转归集账户。但由于有的开发商代收税费后出现资金链断裂、项目“烂尾”等情况，代收的税费被开发商挪用而无法按时缴纳，导致业主的产权多年不能办理，引发了严重的社会问题，因此，各地政府及主管部门为了避免群体事件的发生，维护业主合法权益，近年来相继出台了限制或者禁止开发商代收税费的规定。比如，2015 年 5 月 22 日发布的《汕头市地方税务局关于契税有关事项的敬告》提示购房者“我市契税由地方税务机关直接征收管理，我市地税机关从未委托房地产开发企业、物业公司等其他单位及个人代收契税。强制代收

契税属违规行为。纳税人(预)购买房屋时确需委托房地产开发企业等其他单位及个人代理契税业务的,存在着款项被挪用、超标准收取等各类经济风险,不缴或少缴税款的责任仍由纳税人承担等各类法律风险,敬请纳税人注意”。2019年10月17日发布《菏泽市住房和城乡建设局关于房屋交付使用时禁止代收办理不动产证的契税的通知》,明确“凡城区房地产开发项目房屋交付时,各房地产企业禁止代收购房人办理不动产权证书的契税……存在代收的要立即退还收取的契税”。成都市各区税务主管部门从2018年8月起陆续通知只能由购房者亲自办理契税缴纳的通知。

上述限制政策的实施,直接导致开发商在代办产权过程中不能代收代缴契税,产生的后果则是:其一,由于业主自行缴纳契税且需将完税凭证交付开发商之后,后续办证流程方可推进,而因业主自身原因,其缴纳时间难以控制,以致办证时间不易确定,可能会长期拖延;其二,开发商完成不动产权首次登记(初始登记)后才具备转移登记的条件,业主也才方能自行缴纳契税,此时对开发商来说,则增加了一个通知义务,若未通知业主前去缴纳契税,使权属证书未能在约定期限取得的,开发商有承担违约责任的风险。因此,政策变化和行政管理方式调整下,开发商亦应调整权证办理工作流程,并采取必要的风险控制措施。

1.《商品房买卖合同》条款拟定

对于尚未签订《商品房买卖合同》时政策就已经发生变化的情况,则需要在《商品房买卖合同》中拟定相关条款,对于契税的缴纳、完税凭证的提供及违约责任等进行明确约定,避免因约定不明而导致逾期办证违约争议。参考约定如下:

“买受人委托出卖人办理权属转移登记的,出卖人在完成不动产权首次登记后30日内通知买受人缴纳契税及相关税费,通知方式可采取书面通知、项目所在地报纸公告、电话告知、短信或者微信通知等任一方式。买受人应在收到通知后10个工作日内前往相关部门缴纳并将完税凭证原件交付出卖人,以便于出卖人能够代办转移登记。若出卖人没有通知或者买受人未收到通知的,买受人最迟应当于合同约定的办证最后期限前溯30个工作日届满前予以缴纳并将完税凭证原件交付出卖人。因买受人怠于缴纳契税及提交完税凭证而导致房屋权属证书迟延领取的责任和风险由买受人自行承担。”

按照办证流程,开发商办理了房屋所在楼栋的首次登记后,才具备办理业主所购房屋的不动产权证的条件,对于何时具备办证条件,何时可以至税务部门缴纳税费,业主是不清楚的,仍然需要开发商另行通知。因此,开发商在具备缴纳契税条件时,需要及时通知业主,如采取书面通知方式,寄发《自行缴纳契税通知书》,并做好证据保存。

2. 政策调整时正在履行中的《商品房买卖合同》处理

如果政策发生变化时业主尚未向开发商支付代缴契税的,由于已签署的《商品房买卖》对此并没有约定,开发商同样应在满足契税缴纳条件时及时通知业主,通常方式亦是向业主寄送《契税自行缴纳告知书》,并保留相关证据。告知其政策变动情况,并寄发《契税自行缴纳通知》,所有寄发文件应保留证据。如果政策变化时业主已经向开发商支付了代缴契税的,开发商应及时寄发《契税自行缴纳及退款通知》,避免违约风险。

此外,由于政策可能随时发生变化,即使目前一些地方的税务主管部门暂时未禁止开发商代收代缴契税的,也建议在《商品房买卖合同》中约定若政策变化导致开发商不能代缴契税时的处理办法及责任界定。

三、不动产权证办理风险控制流程

(一)交房准备

1. 交房前准备办理不动产权证所需资料的清单,寄送《交房通知书》时一并提供办证资料清单。

2. 如缴税政策变化,公司不能代缴税费的,交房前已具备缴纳契税条件的,应一并寄送《契税自行缴纳通知》;交房前尚不具备缴纳契税条件的,应一并寄送《契税自行缴纳告知书》及时告知购房者政策变动情况,并在满足契税缴纳条件时寄发《契税自行缴纳通知》。

(二)资料收集

1. 对买受人提交的办证所需资料逐一核对,办证委托书应当由买受人当面签署并捺手印。资料提交不齐的,应当明确告知买受人需在一定期限内补齐资料,并请买受人书面确认,书面确认资料妥善保管。

2. 若买受人未能亲自到场办理房屋交接手续的，受托人应当提交公证委托书，并提供委托人、受托人的身份证原件及复印件。办证资料由受托人提交和办理。

3. 在买受人提交资料时，应重新留存买受人详细的联系方式，由其本人填写并签字确认。

4. 房屋交付后，办证部门或者办证专员应及时清理买受人所提交的资料是否完善，填写是否规范，资料不齐或需重新填写的应及时寄发《补充资料/补交费用通知书》。

5. 若在办理不动产权证过程中，因法律的调整或国家行政主管部门的政策变动，导致需补充提交新的资料的，或需修改原有资料的，或需补交费用的，应将相关情况及时告知买受人，并寄发《补充资料/补交费用通知书》。

（三）核税

1. 及时到税务部门核税。

2. 如核税后所代收的买受人税费金额不足的，应及时寄发《补缴税费通知》。

3. 如缴税政策变化，公司不能代缴税费或者只能由买受人亲自缴纳税费的，应及时寄发《契税自行缴纳及退款通知》。

（四）权证交付

1. 若需将房屋不动产权证递交按揭银行的，应与银行书面签署《不动产权证交接单》，并向买受人寄发《不动产权证转交按揭银行通知书》。

2. 若需将房屋不动产权证交付买受人的，应向买受人寄发《领取不动产权证通知书》。交付时，应与买受人签署《不动产权证交接单》，留存房屋不动产权证的复印件，并归入合同档案予以保管。

（五）其他

1. 本流程中涉及通知事项的，均应同时以电话、短信或者微信等方式告知买受人。

2. 采取邮寄方式通知的，邮寄回单及妥投信息应及时收集并作为合同档案保管。若买受人拒收或者无法送达的，可采取公证送达方式。

3. 权证办理中涉及特殊情况处理,应及时咨询公司法务部门或者外聘律师,根据相应法律建议实施。

附件1:契税自行缴纳告知书
附件2:代办不动产权证交接清单
附件3:补充资料/补交费用通知书
附件4:补缴税费通知书
附件5:契税自行缴纳及退款通知书
附件6:不动产权证转交按揭银行通知书
附件7:领取不动产权证通知书
附件8:不动产权证交接单

附件1:

契税自行缴纳告知书

尊敬的业主:

您购买了我公司投资开发的【________】项目________栋________单元________楼________号房屋(以下简称该房屋),并委托我司代为办理该房屋的不动产权证。非常抱歉告知您,现经税务部门通知我司不能为您代缴契税/需由您亲自办理契税缴纳。为确保在约定时间内完成您的房屋不动产权证的办理,我司将在具备办理契税缴纳时及时通知您办理核税及缴纳。您在缴纳完毕之日起5个工作日内将完税凭证交付给我司,以便我司办理后续手续。否则,我司将无法办理该房屋的不动产权证,由此若导致您的产权转移登记逾期,我司将不承担责任。

__________________公司

________年____月____日

联系地址:

联系电话:

附件2：

代办不动产权证交接清单

一、代收费用		
序号	类别	备注
1	契税	
2	合同印花税	
3	产权登记费	
4	共有证工本费	
5	产权证印花税	
6	地籍测绘费	
7	专项维修基金	
8	交易手续费	
	……	
二、提交资料		
序号	类别	备注
1	身份证	
2	委托书	
3	契税缴纳委托书	
4	契税缴纳承诺书	
	……	

□资料齐全、费用全部交纳

□资料不齐或费用未全部交纳：本人确认将于________年____月____日前补齐。

本人确认最新通信方式如下：

联系地址：　　　　　　　　联系电话：

委托方（签章）：

________年____月____日

附件3：

补充资料／补交费用通知书

致：______先生/女士（身份证号码：____________________）

您于________年____月____日与我公司签订了《商品房买卖合同》及补充协议（以下简称合同），并委托我们为您办理________项目________栋________单元________号房屋（以下简称该房屋）的不动产权证手续，但经我司核查，您所提供的用于办理该手续的资料不齐/填写不规范。

但因……法律的调整或……政策变动，导致需补充提交新的资料/需修改原有资料的/需补交费用……

因此，我司特通知您于________年____月____日前向我司补齐如下资料/补交如下费用：

……

否则，该房屋不动产权证办理延迟的责任由您自行承担。

特此通知。

____________________公司

________年____月____日

附件4：

补缴税费通知书

尊敬的业主：

您购买了我公司开发的【________】项目______栋______单元______楼______号房屋（以下简称该房屋），并委托我司代为办理该房屋的不动产权证。现经税务部门核定，您因________原因应当全额缴纳契税，应缴金额为人民币________元。但您支付给我司代缴契税金额为________元，尚差________元。为确保在约定时间内完成您的房屋不动产权证的办理，请您在3日内至我司补缴上述差额，以便于我司办理后续手续，否则，我司将无法办理该房屋的不动产权证，由此若导致您的产权转移登记逾期，我司将不承担责任。

__________________公司

________年____月____日

联系地址：

联系电话：

附件5：

契税自行缴纳及退款通知书

尊敬的业主：

您购买了我公司开发的【________】项目________栋________单元________楼________号房屋（以下简称该房屋），并委托我司代为办理该房屋的不动产权证。非常抱歉告知您，现经税务部门通知我司不能为您代缴契税/需由您亲自办理契税缴纳。

为确保在约定时间内完成您的房屋不动产权证的办理，请您在3个工作日内至×××办理契税核税及缴纳，并在缴纳完毕之日起5个工作日内将完税凭证交付给我司，以便于我司办理后续手续，否则，我司将无法办理该房屋的不动产权证，由此若导致您的产权转移登记逾期，我司将不承担责任。

请您在收到本通知后携带您本人身份证及银行卡至我司×××办理已交纳契税的退款事宜。

__________________公司

________年____月____日

联系地址：

联系电话：

附件6:

不动产权证转交按揭银行通知书

尊敬的业主:

您购买了我公司投资开发的【________】项目________栋________单元________楼________号房屋(以下简称该房屋),并委托我司代为办理该房屋的不动产权证。由于您向________银行进行了按揭抵押贷款购买该房屋,现应该行要求,我司将您的不动产权证原件转交该银行,由其办理抵押登记相关手续。

__________________公司

________年____月____日

附件7:

领取不动产权证通知书

尊敬的业主:

您购买了我公司投资开发的【________】项目________栋________单元________楼________号房屋(以下简称该房屋),并委托我司为您办理了该房屋的不动产权证,现我公司已办理完毕并代为领取了您的不动产权证书,特通知您于________年____月____日前持本人身份证原件到________领取不动产权证书和其他相关资料,如届期未来领取,则我司不承担由此造成的相关责任。

__________________公司

________年____月____日

联系地址:

联系电话:

附件 8：

不动产权证交接单

房号	姓名	不动产权证信息	交件人	接收人签名	交接日期

第六章　共有篇

第一节
“底层花园”的共有和专用之争

《物权法》第 73 条规定:“建筑区划内的道路,属于业主共有,但属于城镇公共道路的除外。建筑区划内的绿地,属于业主共有,但属于城镇公共绿地或者明示属于个人的除外。建筑区划内的其他公共场所、公用设施和物业服务用房,属于业主共有。”从该条规定来看,小区内的绿地“明示属于个人的”可以归个人所有,而非业主共有。但是在实践中,在哪种情况下绿地才可以归个人专有,法律和司法解释并没有作出明确界定,众人的理解也各不相同。最高人民法院民一庭认为,可以认定为个人专有的绿地应符合三个认定标准:(1)该归个人所有的绿地须是经规划批准且在规划设计纸上明确载明范围(施工首层图予以标明);(2)买卖合同中有明确约定;(3)符合《最高人民法院关于审理建筑物区分所有权纠纷案件具体应用法律若干问题的解释》第 2 条所规定的“具有构造上的独立性,能够明确区分”和“具有利用上的独立性,可以排他使用”,至于是否被登记可以不予考虑。[1] 同时还认为,应当采用有学者提出的“草坪说”来理解绿地专有权问题,即土地之上的草坪部分归属于个人所有,但其所附着的土地并不归

[1] 最高人民法院民事审判第一庭编:《最高人民法院建筑物区分所有权、物业服务司法解释理解与适用》,人民法院出版社 2017 年版,第 55 ~57 页。

个人所有,个人仅拥有土地使用权(城镇土地所有权归属于国家)。[1]

上述观点看来可以为《物权法》规定绿地"明示属于个人"的情形作出比较明确的法律界定标准。之所以大家都关注小区绿地专有权问题,正是因为实践中大量项目存在的"私家花园"、"底层花园"或者"底层庭院",由开发商在销售时允诺给特定业主专有或者长期专用,引发其他业主认为开发商或者该特定业主侵犯小区公共绿地的纠纷。事实上,除了个别别墅楼盘外,大多数项目特定房屋的"底层花园"部分均不会在设计及施工图上载明(其实就是未经规划批准),而是由开发商根据小区布局、房屋特点及销售需要等因素自行划定,规划设计纸上载明属于特定房屋的绿地或者庭院、花园的,其土地占用的相应面积均可以登记于不动产权证书和不动产登记簿,这本身不会产生争议,真正产生争议的恰恰是没有图纸载明且不能办理不动产登记的绿地(花园),而且这部分绿地还纳入了小区公共绿地率的指标范围,更加成为业主认定开发商或者特定业主侵权的依据。这也成为让多数开发商十足头疼的一个问题。

一、两个裁判观点截然相反的案例

案例97:高某等8人与林某、彭某及某物业管理公司、某投资置业公司共有权纠纷上诉案

基本案情

2015年10月8日,林某、彭某与某投资置业公司分别签订二份《商品房买卖合同》及其补充协议,约定某投资置业公司将其开发的小区5栋1单元1层104号、105号房屋出卖给林某、彭某。林某、彭某在房屋交付后,对所购买的房屋对应的外墙至小区道路范围内的区域进行了装修。高某等8人均系该小区业主,其与某投资置业公司签订的《商品房买卖合同补充协议》均约定:"……13.1 买受人对购买附有地下室、半地下室、小院、露台、花园、结构联板及其他专有使用空间(以下统称'专有使用空间')的商品房的业主拥有相应专有使用空间的

[1] 最高人民法院民事审判第一庭编:《最高人民法院建筑物区分所有权、物业服务司法解释理解与适用》,人民法院出版社2017年版,第67~68页。

使用权没有任何异议，买受人放弃对上述专有使用空间的使用权。买受人对上述专有使用空间没有所有权的情况完全了解。购买带专有使用空间的商品房的买受人在使用时不得改变其形状、结构、大小及用途，并应遵守相关管理规定。买受人在使用该专有部分时不得妨碍其他业主利益及公共利益……13.3.2 全体买受人特别承诺：全体买受人均同意购买附有专有使用空间的商品房的买受人有权独自使用该部分专有使用空间，且该等确认不得撤销，亦不得因业主大会决议或业主大会修改或重新制定管理规约等方式而失效。”经查，小区毗邻一楼业主的部分小区绿地由某投资置业公司采用设置绿栏的方式与小区整体绿地之间隔离。毗邻一楼业主可从落地窗处直接进入该部分隔离的小区绿地。《商品房买卖合同》附件一的房屋平面图表明林某、彭某享有专有产权的房屋附带有一部分单独区间。该部分单独区间与某投资置业公司采用设置绿栏方式隔离出的部分小区绿地位置一致。此外，小区总平面图显示毗邻一楼业主的小区绿地规划设计纸载明为公共绿地。

2016 年 7 月，高某等 8 人认为林某、彭某私自占用小区业主共有的绿地使用，侵犯业主共有权，将林某、彭某列为被告，将某物业管理公司和某投资置业公司列为第三人向法院提起诉讼，要求法院判令林某、彭某立即停止侵权，将其私自占用部分的绿地恢复原状。

裁判观点

一审法院认为，林某、彭某应当就案涉花园属于其购房房屋专有部分提供证据予以证明。根据林某、彭某与某投资置业公司签订的《商品房买卖合同》及其补充协议可以看出，双方并未就案涉花园是否包含在所购房屋面积内进行明确的约定。仅仅在作为合同附件一的房屋平面图有所涉及，但该平面图也未对案涉花园的尺寸、面积进行明确的标识，故林某、彭某应当承担举证不能的法律后果。根据规划，案涉花园占用的土地属于建筑区划内的公共绿地，属于全体业主共有，林某、彭某将全体业主共有的绿地占为己有并进行装修、改造的行为已构成侵权，应当承担相应的法律责任，因此判决林某、彭某立即停止侵权并于判决生效之日起 15 日内将侵占的公共绿地恢复原状。

二审法院认为，本案中某投资置业公司在未取得规划许可的情况下将部分公共绿地，以“专有使用空间”“小花园”的名义作为房屋的附属物予以出售并实际交付给一楼业主。对购买附属绿地的一楼业主而言，其主观善意且无过错，因某投资置业公司在出售该附属绿地时隐瞒了其是否有权设置“专有使用空间”和该“专有使用空间”是否获得规划许可的事实。在获得附属小花园后，一楼业主对小花园进行占有和使用改建并非是擅自占用公共绿地，该占有行为是基于合同约定和支付相应对价获得的，是因合同约定而占有使用，而实施擅自改变公共绿地使用性质的是建设单位即某投资置业公司，业主林某、彭某并无过错。

裁判结果

二审法院认为高某等8人起诉主体错误，判决撤销一审判决，改判驳回高某等8人的起诉。

案例98：张某、孙某与中杰置业公司商品房预售合同纠纷上诉案

基本案情

2015年7月8日，张某、孙某与中杰置业公司签订《商品房买卖合同》及《补充协议》，约定购买中杰置业所开发的小区12幢2单元301号商品房一套，面积99.29平方米。《补充协议》第4条约定：“关于附带花园、地下室和露台的约定：1.买受人同意，买受人所购房屋建筑区划内，与底层房屋直接毗连的地下室、花园及露台由出卖人统一进行分割并授权相应底层房屋买受人专有使用，非该底层房屋买受人自愿不可撤销地放弃对该部分地下室、花园及露台的共有使用权。”2016年12月，张某、孙某签署《房屋交接单》。

2017年4月，张某、孙某起诉中杰置业公司，请求判令撤销《补充协议》第4条关于“附带花园”的约定，中杰置业公司赔偿损失。

裁判观点

一审法院认为，根据《物权法》第73条之规定，案涉“附带花园”属于全体业主共有，且无法取得产权登记，中杰置业公司未提供证据证明该绿地属于经规划批准属于个人专有的部分，补充协议的该条款是中杰公司故意隐瞒重要事实，使张某、孙某违背真实意愿而签署，该条款应予撤销。

二审法院认为,从《补充协议》第 4 条的表述可明确买受人自愿不可撤销地放弃的是对该部分花园、地下室和露台的共有使用权,因此张某、孙某主张中杰置业公司隐瞒该花园为业主共有的事实,违背其真实意思的签订该条款,与合同文字载明的事实不相符合。一审法院认定中杰置业公司没有明确告知花园性质,判决撤销该条款不当。

裁判结果

二审法院判决撤销一审判决,改判驳回张某、孙某的诉讼请求。

律师分析

以上两案,均由同一中级人民法院二审审理,但裁判结果截然不同的,尽管案例 97 的裁判结果是改判驳回原告的诉讼请求,但其理由仅仅是认为原告起诉主体错误,仍然认为占用花园为违法,只是侵权实施主体应当是开发商。当然,两个判决裁判的出发点是一致的,即不论被告是业主还是开发商,均需举证证明该"底层花园"业已经规划批准,证明标准自然是规划或者施工图纸上有明确的标注,包括面积、具体位置等,更细致一些的考量,则要审查该部分绿地是否计入了小区绿化率指标,从而判断其是否属于"明示属于个人所有"的情形。这个审判思路也是秉承了《最高人民法院建筑物区分所有权、物业服务司法解释理解与适用》一书的基本观点。因此,在两个案件之中,法院均得出结论,协议所约定的"花园"并非专属于个人所有,而是属于全体业主共有。

而两个案件出现不同裁判观点的根本原因在于相关协议对于"共有"和"专用"的表述一个模糊,一个清晰。案例 97 之中,某投资置业公司在与买受人签署的《房屋买卖合同补充协议》中约定,"买受人对购买附有地下室、半地下室、小院、露台、花园、结构联板及其他专有使用空间(以下统称'专有使用空间')的商品房的业主拥有相应专有使用空间的使用权没有任何异议,买受人放弃对上述专有使用空间的使用权""全体买受人特别承诺:全体买受人均同意购买附有专有使用空间的商品房的买受人有权独自使用该部分专有使用空间"。"专有使用空间"是什么概念?到底是"专有"还是"专用"?该条款似乎是意图利用《最高人民法院关于审理建筑物区分所有权纠纷案件具体应用法律若干问题的解释》第 3 条所规定的未登记但是具备构造独立性,能够明确区分且可以排他使用的界定将地下室、花园、露台、小院等约定为“专有”,但又想兼顾在无法认定为“专有”情形下的折中处理,全体买受人同意特定买受人可享有“专用”权,但是却忽略了一个基本问题,经规划修建的地下室、半地下室、露台等,按照司法解释规定将之确定为“专有部分”应无太大问题,但是“花园”(绿地)在未经规划批准情形下必然将被认定为业主共有部分,约定为“专有”显然与其共有性质直接冲突,而将上述不同的特定空间全部放在一起含糊地表述为“专有使用空间”,很难让人理解,尽管某投资置业公司在审理过程中反复辩称该条款的含义是全体买受人同意将这些特定空间的使用权交由特定买受人独占使用,然而开发商属于提供格式条款的一方,法院将该约定界定为某投资置业公司擅自处分业主共有部分且侵犯业主共同利益也就不足为奇。此外,在没有经规划批准的情况下,如何判断所谓“半地下室、地下室、小院、花园、结构联扳”的具体位置,其附属于某幢某号房屋,均没有作出明确表述,即使法院认为该约定有效,也无法界定其是否涉及或者涵盖本案所争议的“花园”部分。虽然二审法院以主体错误为由撤销一审判决,但同时也作出了是投资置业公司擅自改变业主共有的绿地,应当由其承担侵权责任的认定。

反观案例98,其补充协议约定,“买受人同意,买受人所购房屋建筑区划内,与底层房屋直接毗连的地下室、花园及露台由出卖人统一进行分割并授权相应底层房屋买受人专有使用,非该底层房屋买受人自愿不可撤销地放弃对该部分地下室、花园及露台的共有使用权”。该约定其实是在承认花园及相关特定部位属于业主共有这一基本前提之下,约定全体买受人同意将这些共有部分交由开发商统一分割、划定具体区域,并将其交付给底层房屋买受人“专有使用”即独占使用,而其他买受人自愿放弃这些共有部分的使用权。不论是单独所有权还是共有所有权,其基本四项权能即占有、使用、收益和处分权是可以分离的,将共有所有权的占有和使用权通过买受人自愿同意的方式“过渡”给部分买受人独占使用,这本身符合民法基本原理,因而该约定也应为有效。二审法院改判理由相对简单,认为该约定已经明确表达了“附带花园”本属于业主共有,仅仅只是将使用权交由底层买受人独占,并没有隐瞒和欺诈情形,所以最终驳回了张某、孙某要求撤销该条款的诉请,其基本观点则是“共有权”不得擅自处理,但是“使用权”却是可以按照约定行使的。

二、“底层花园”约定独占使用权是否有效

笔者认为，“底层花园”所涉及的绿地除非规划明确界定可归属于个人所有的之外，其应当归属于全体业主共有，开发商在房屋销售时以“专有”方式提供给个别买受人使用存在根本上的法律瑕疵，而通过全体买受人同意将其使用权提供给部分买受人独占使用的条款设定则具有法律可行性。

可能有人会引用《最高人民法院公报》2007 年第 9 期案例《青岛中南物业管理有限公司南京分公司诉徐某太、陆某侠物业管理合同纠纷案》来予以驳斥。我们不妨对此案再作分析。

案例 99：青岛中南物业管理有限公司南京分公司诉徐某太、陆某侠物业管理合同纠纷案

基本案情

被告徐某太、陆某侠所购麒麟锦城小区的房屋南阳台外有一庭院绿地，该庭院绿地周边有高 50 厘米左右的木栅栏围挡，常锦公司建设该房屋时在南阳台上预留了出入门。徐某太、陆某侠与常锦公司签订的购房合同中并未就该庭院绿地的使用权归属问题作出明确约定。徐某太、陆某侠亦尚未领取房屋所有权证及国有土地使用权证。2005 年 12 月，徐某太、陆某侠在对所购麒麟锦城小区房屋进行装修时，将该房屋南阳台外的庭院绿地进行了改造，破坏原有绿地后在庭院里铺设水泥地、砌花台、建鱼池。为此，原告青岛中南物业管理有限公司南京分公司（以下简称中南物业南京公司）分别于 2005 年 11 月 1 日、2006 年 3 月 21 日向徐某太、陆某侠发出整改通知，要求徐某太、陆某侠停止对该庭院绿地的改建，恢复原状。徐某太两次签收了中南物业南京公司出具的整改通知单。因徐某太、陆某侠未按物业管理要求加以整改，2006 年 11 月，中南物业南京公司就本案纠纷向法院提起诉讼。一审期间，被告徐某太、陆某侠申请证人出庭作证，以证明其在常锦公司售楼处购房时，售楼人员曾口头承诺买一楼送花园。

裁判观点

法院认为，其一，即使常锦公司的售楼人员曾向被告徐某太、陆某侠口头承诺买一楼送花园，但在常锦公司与徐某太、陆某侠正式签订的商品房买卖契约中，并未对徐某太、陆某侠所购麒麟锦城小区房屋南阳台外的庭院绿地的使用权作出明确约定。常锦公司的售楼人员作出口头承诺在先，徐某太、陆某侠签订商品房买卖契约在后，且商品房买卖契约系书面合同，故房屋买卖双方关于该庭院绿地使用权归属问题的约定，应当依据常锦公司与徐某太、陆某侠正式签订的商品房买卖契约的内容加以确定，而根据该商品房买卖契约，不能认定徐某太、陆某侠在购买麒麟锦城小区房屋的同时取得了该房屋南阳台外庭院绿地的使用权。其二，如果被告徐某太、陆某侠对其所购麒麟锦城小区房屋南阳台外的庭院绿地具有独占使用权，则该项事实应当在房屋所有权证、国有土地使用权证书中明确记载。鉴于徐某太、陆某侠尚未领取房屋所有权证及国有土地使用权证，不能以物权证书证明其对该庭院绿地享有独占使用权，因此，徐某太、陆某侠关于其对该庭院绿地享有独占使用权的主张，缺乏事实根据。

裁判结果

法院判决被告徐某太、陆某侠于60日内拆除在其所购麒麟锦城小区房屋南阳台外庭院绿地内改建的水泥地、鱼池、花台，恢复该庭院绿地原状。

律师分析

该公报案例似乎全面否定了未经规划和登记的“庭院花园”可归个人独占使用的法律可能。但是需要注意的是，该公报案例审理时间和发布时间均在《物权法》及《最高人民法院关于审理建筑物区分所有权纠纷案件具体应用法律若干问题的解释》实施之前，此时尚未有绿地明示归个人所有的法律规定，也尚未形成构造独立、能够明确区分、可排他使用特定空间亦可专有的司法审判观点，而即使是经规划批准可归个人所有的绿地往往最终也不会进行登记，但现在显然不能仅以没有登记而否定其成为专有部分的法律性质。同时，由于本案审理时尚未确立绿地所有权和其附着建设用地（土地）使用权可予以分离的概念（前文所述“草坪说”，绿地所有权可归个人所有，但不拥有建设用地所有权，建设用地使用权归全体业主共有)，审理法院理所当然地将底层绿地独占使用的“使用权”理解为是作为用益物权的建设用地使用权，而不是绿地作为小区附属设施为全体业主所有(共有所有权)所包含的“使用权”这一权能，两个“使用权”的指向和内涵具有重大区别。当然，关键问题也在于被告与开发商在签署买卖合同时，并没有对所谓“独占使用权”进行任何约定，审理法院自然也就无法判定其具体内容和范围，从而推导出被告未经约定未经登记擅自占用、改建业主共有的绿地，缺乏合法依据这一结论，从而判决被告承担侵权责任。所以，在承认绿地作为小区配套设施归全体业主共有、其建设用地使用权归全体业主共有的前提下，通过合同条款约定全体买受人将其拥有所有权的部分绿地的使用权交由特定业主独占使用就具有法律依据。

总结起来，笔者认为“独占使用权”约定有效的要件应当包括：

1. 买卖合同文件中应当有明确约定，且该约定应当清晰具体。例如：“买受人同意，出卖人可将与底层房屋相毗连的部分共有绿地及相关区域进行合理划分并交由购买底层房屋的特定买受人在房屋所有权期限内无偿独占使用，该独占使用区域的具体位置由出卖人在房屋交付前以绿篱、栅栏等方式予以隔离并明确区分，其范围和面积以实际交付为准。非底层房屋买受人均同意放弃该部分绿地和相关区域的共有使用权。底层房屋买受人对底层绿地专用部分的使用应遵守法律、法规和临时管理规约的相关规定，不得妨碍正常物业管理，同时必须为物业公共维修提供方便，使用底层绿地时不得影响花园作为防火避难使用，在花园绿化建设中，应遵照物业公司的管理规定进行花园绿化，不得改变花园的用途或隔离方式，不得损坏或移动花园内外设置或预埋的公共设施，不得对花园地面进行硬化处理，也不得在花园内搭建建筑物、构筑物。与上述花园毗连的公共区域的绿化，买受人不得进行破坏或改变其原貌。”

2. 上述约定条款应当以加大字体或者加粗加黑等合理方式引起买受人足够注意，且应当对买受人进行解释和说明。

3. 以上条款类似表述应当记载于《临时管理规约》条款之中。

4. 与买受人签订商品房买卖合同时，应当在附件中对底层花园的位置和范围进行标注，最好标明尺寸。

第二节
地面车位到底应当归谁所有

《物权法》第74条规定："建筑区划内，规划用于停放汽车的车住、车库应当首先满足业主的需要。建筑区划内，规划用于停放汽车的车住、车库的归属，由当事人通过出售、附赠或者出租等方式约定。占用业主共有的道路或者其他场地用于停放汽车的车位，属于业主共有。"该条规定明确了小区车位权属界定的基本原则，也为长期以来存在的小区车位归属权纠纷起到了定分止争的作用。那么按照此条款的理解，小区地面车位只要是经规划批准而修建的，开发商也有权进行出售或者出租，且根据《最高人民法院关于审理建筑物区分所有权纠纷案件具体应用法律若干问题的解释》第2条第1款"建筑区划内符合下列条件的房屋，以及车位、摊位等特定空间，应当认定为物权法第六章所称的专有部分：(一)具有构造上的独立性，能够明确区分；(二)具有利用上的独立性，可以排他使用；(三)能够登记成为特定业主所有权的客体"之规定，更符合地面车位可归开发商所有的界定。然而在实践中，经规划修建的地面车位的归属问题仍然争议不断，有的开发商在将地面车位进行处置和收益之后，引发业主及业主委员会的强烈反应，并进而形成诉讼，有的诉讼裁判结果却是让开发商始料不及。

一、对最高人民法院关于地面车位纠纷再审裁定的分析

案例100：重庆市豪运房地产开发有限公司与重庆市九龙坡区西彭帝景豪苑小区业主委员会共有权纠纷申请再审案

基本案情

2015年3月27日，因重庆市豪运房地产开发有限公司拟将小区部分车位出租，重庆市九龙坡区西彭帝景豪苑小区（以下简称帝景豪苑小区）业主委员会则声明小区地面停车位是利用小区公共用地设立的，属于小区业主共同所有，开发商和物业公司均无权擅自出租或出售。双方协商未果，重庆市豪运房地产开发

有限公司遂向重庆市第五中级人民法院提起诉讼，请求依法确认帝景豪苑小区建筑区划内，规划用于停放汽车的地上停车位393个的权属归其所有。

裁判观点

一审法院认为，本案中，帝景豪苑小区地面停车位是由开发商依照行政规划建设的物业附属设施，本案所涉及停车位是地面停车位，并无建筑物，不能办理产权登记，其本质上属于土地使用权。地面停车位属于业主行使土地使用权的形式之一。有关部门规划地面停车位的用途，与小区道路、绿化等规划用途一样，是确定小区内公共土地的使用方式。但规划与权属无关，权属的确定应当依据物权法的规则来进行。因此，诉争地面停车位属于业主共有的土地使用权的范畴，其权益归属于全体业主。据此判决驳回房产开发公司的全部诉讼请求。

重庆市豪运房地产开发有限公司不服一审判决，提起上诉。二审法院经审理后作出终审判决，驳回上诉，维持原判。重庆市豪运房地产开发有限公司向最高人民法院申请再审。

最高人民法院认为，根据《最高人民法院关于审理建筑物区分所有权纠纷案件具体应用法律若干问题的解释》第2条第1款之规定，案涉车位不能办理产权登记，因此其不能成为享有专有权的专有部分。即使重庆市豪运房地产开发有限公司在建造帝景豪苑小区时支付了建筑区划内的土地使用权出让金，成为建设用地使用权人，但是小区建设完成之后，随小区内房屋的出售，小区建筑区划内的土地使用权也随之转移，小区的共有部分土地使用权归小区业主共有。由于案涉车位不能办理产权登记，不能成为专有部分，原判决确认该部分停车位属于占用业主共有的道路或者其他场地用于停放汽车的车位并无不当。而开发商建设的小区经验收合格，是开发商的基本义务，且绿化是否超过规划面积对认定停车位是否占用业主共有场地没有必然联系。故重庆市豪运房地产开发有限公司关于原判决认定案涉车位系占用业主共有的道路或者其他场地的车位，缺乏事实依据的申请再审事由不能成立。

裁判结果

法院裁定驳回重庆市豪运房地产开发有限公司的再审申请。

律师分析

应该说,本案是关于地面车位权属争议审级最高的裁判结果,似乎对地面车位的归属问题已“盖棺定论”。但是该案仅仅只是个案,并非指导性案例也非司法解释本身,事实上该案裁定之后,全国各地法院也没有理所当然就参照此观点对类似案件进行判决,因为不论是本案一审、二审判决还是最高人民法院的再审裁定,其裁判观点均存在不少需商榷之处。

1. 地面车位的本质并非土地使用权,与是否为建筑物无关

最高人民法院认为,本案所涉及停车位是地面停车位,并无建筑物,不能办理产权登记,其本质上属于土地使用权,有关部门规划地面停车位的用途,与小区道路、绿化等规划用途一样,是确定小区内公共土地的使用方式。若按此逻辑,如何理解《物权法》第73条所规定的绿地可“属于个人所有”?众所周知,城镇土地所有权归国家所有,单位或者个人依法拥有建设用地使用权,这是一个基本法律制度,若绿地的本质亦为土地使用权,那如何归个人所有?很显然,法律上并非认为绿地本质为土地使用权,绿地和地面车位一样,属于小区经规划所修建的配套设施,其虽然不是建筑物,也附着于土地,但是可以与土地相互区分而成为单独所有权的客体。正如本章第一节中引用《最高人民法院建筑物区分所有权、物业服务司法解释理解与适用》一书的观点,其援引了物权法立法过程中的“草坪说”观点,即“虽然明示属于个人所有的绿地属于特定个人,但是这里所讲的绿地仅仅是草坪,草坪下的建设用地使用权不属于特定个人”。[1] 该书还认为,“该车位是由四条线为基础构成的一个立体空间,此空间与另一车位构成的彼空间也是能够区分的。因此,车位这一特定空间也是专有部分”“如果不在建筑物内,而是在小区的地面上的车位,是不是就不是专有部分了呢?实际上也是专有部分。不能因为车位在建筑物内就是专有部分,在建筑物外就不是专有部分”。[2]

同理,地面车位虽然直接附着于土地,但其是建设单位根据规划投资修建,通过场地平整、覆盖混凝土或者铺设植草砖、划线、安装其他辅助设施等方式所

[1] 最高人民法院民事审判第一庭编:《最高人民法院建筑物区分所有权、物业服务司法解释理解与适用》,人民法院出版社2017年版,第67页。

[2] 最高人民法院民事审判第一庭编:《最高人民法院建筑物区分所有权、物业服务司法解释理解与适用》,人民法院出版社2017年版,第53页。

形成可供停车的设施，与最初出让的土地现状有着重大差别，也脱离了单纯的土地的属性，其附着于土地之上的部分包括形成的立体空间同样可为专有部分。

2.“能够登记”不是已经登记，也不能因行政机关不登记而认定为不能登记

长期以来，我国各个地方对于不动产登记均有不同的登记要求和规则，即使实行统一不动产登记制度以后，对于不同类型的房屋及相关建筑物也仍然执行不同的登记制度。就车位而言，有的地方对所有车位均不进行产权登记，有的地方对地下车位包括人防车位进行产权登记，有的地方对架空层车位可以进行产权登记等。因此，若仅仅从登记机关是否进行登记来判断车位是否属于“能够登记”从而进一步判定其是否属于专有部分显然是片面的。若登记机关并不对车位进行登记，则就要看是否符合《最高人民法院关于审理建筑物区分所有权纠纷案件具体应用法律若干问题的解释》第2条第1款所界定的两个条件，即明确区分和排他使用，只要满足上述两个条件，就应当认定为其为专有部分，即不能因登记机关不登记而否认其专有性质。

本案所涉及的地面车位所属土地使用权之所以被法院直接认定为归全体业主共有，因为即使是在《物权法》实施之后，登记机关在办理商品房产权及土地的权属转移过程中，除了对需要办理产权登记的建筑物所分摊的土地面积进行登记外，几乎不会考虑可能因非产权房屋或者其他专有部分产生的土地分摊问题，比如绿地，比如地面车位。

以某市国土资源局所实施的土地分摊登记规则为例：

（一）分摊范围

国有土地使用权的分摊登记以宗地为单位，采用地上和地下分别分摊，地上国有土地使用权分为按建构筑物占地面积分摊和全体权利人共同使用土地分摊两个部分。适用于宗地内商品房、政策性住房（包括集资建房、经济适用房、房改房）、拆迁安置房等因建构筑物产权而涉及的国有土地使用权的面积分摊；土地使用权（地下）特指地下建构筑物在地表上的垂直投影面积，其权益不参与地上国有土地使用权的分摊，适用于与宗地地上建构筑物相关联的地下（含半地下）建构筑物的面积分摊。

（二）分摊面积的确定

权利人申请登记的地上建构筑物所分摊的土地使用权面积为各权利人按建构筑物占地面积分摊的土地面积与全体权利人共同使用分摊面积之和。

1. 土地使用权

(1) 地上建构筑物占地面积是指底层房屋闭合线范围内的土地面积；

(2) 共同使用土地面积是指宗地总面积减去地上建构筑物占地面积所剩余的面积。

2. 土地使用权(地下)特指地下建构筑物在地面上的垂直投影面积，包括进出地下室通道的垂直投影面积。

……

国有土地使用权登记发证。同一宗地内的各权利人按房屋产权证的产权面积分摊土地使用权面积中的地上建构筑物占地面积，核发《国有土地使用证》，全体权利人共同使用的国有土地使用权注册登记给全体业主，证书记事栏中记载"全体权利人共同使用分摊面积"。在《国有土地使用证》证书的"地类(用途)"栏中按国家土地分类填至三级类；在"使用权类型"栏中填"出让或划拨"；在"使用权面积"栏中填写各权利人按建构筑物占地面积分摊的土地面积；在"记事"栏中记载"本证登记面积为本幢建构筑物所占土地的面积分摊，宗地内共同使用土地登记注册给全体业主"的字样。

这个规定是该市在不动产统一登记之前所实施的土地分摊登记规则，不动产统一登记之后也继续沿用，只是将二证合一颁发不动产权证书而已。从上述规则可以看出，对于地上部分其土地分摊规则非常简单，除了产权房屋所占用土地的分摊之外，其余全部土地使用权登记为全体业主共有，而不会考虑非产权物业、设施作为专有部分所应分摊的土地面积的可能。此时即使某小区内有部分绿地面积依法属个人所有，其所占用土地范围仍被登记为业主共有，导致权属混乱，更何况是地面车位。而事实上，绿地、地面车位虽然不是建筑物，但可以认定为构筑物，按其"权利人申请登记的地上建构筑物所分摊的土地使用权面积为各权利人按建构筑物占地面积分摊的土地面积与全体权利人共同使用分摊面积之和"之规定，绿地、地面车位就应当属于土地分摊和可登记范围。因此，以登记机关不予登记就认定无法登记并否认地面车位的专有性质的观点，是极其偏颇的。

3. 经规划修建的地面车位不存在占用业主共有道路和场地的情形

《物权法》第 74 条第 2 款规定，"建筑区划内，规划用于停放汽车的车住、车库的归属，由当事人通过出售、附赠或者出租等方式约定"，包含两层含义：一是允许出售、出租或者赠与的车位应当是经规划批准而建设，可结合规划条件中关于车位配置比例和数量、规划总平图、竣工图及验收文件等予以确定，自然也应当包含地面车位在内；二是既然规划车位可由当事人自行约定处置，显然其权属就归于作为项目投资和建设单位的开发商。第3款规定，“占用业主共有的道路或者其他场地用于停放汽车的车位，属于业主共有”，明显是指非经规划批准建设或者改造的车位。经规划主管部门批准后的商品房小区规划设计方案，可以明确小区楼由栋、房屋及配套设施布局和功能，如道路、运动场地、游泳池、车位、物管用房、配电房、绿地、广场，小区地面车位与其他配套设施、道路和公共场所等明显区分，小区内的各个区域或者场地都有明确的规划用途，既然某区域已规划为地面车位，功能上就不会再有其他用途；同样，若已规划为小区道路或者其他用途的公共场地，就不会是停车位。而唯有的可能，就是开发商在未规划批准的情况下自行将公共道路或者其他场地改为停车位，或者在项目整体交付后由相关业主、业主委员会决定将公共场地改建为停车位，这样才可能存在“占用”一说。因此《最高人民法院关于审理建筑物区分所有权纠纷案件具体应用法律若干问题的解释》第6条才规定：“建筑区划内在规划用于停放汽车的车位之外，占用业主共有道路或者其他场地增设的车位，应当认定为物权法第七十四条第三款所称的车位。”所以，“经规划修建的车位占用公共道路或者其他公共场地”的情形本就不存在，这也是一种不符合基本逻辑、自相矛盾的认知。

二、对小区地面车位权属纠纷相关判决的再观察

案例101：武汉市某花园小区一期第二届业主委员会与武汉市某地产开发投资集团有限公司物权纠纷案

基本案情

武汉市某花园小区一期A区、B区系武汉市某地产开发投资集团有限公司开发建设。该集团公司作为出卖人与买受人签订的《商品房买卖合同》第18条约定：公共绿化（不含一层分户花园）、道路、该商品房外立面、楼梯间、社区居委会、物业管理用房、体育场地、设施归全体业主享有所有权、使用权，会所的所有

权及经营收益权、规划方案所标示的地上车位使用权及收益权归出卖人享有。自 2005 年起，该集团公司开始向小区业主转让地面停车位使用权。

2016 年 12 月 9 日，审理法院致函武汉市园林和林业局，咨询“1. 小区一期 A 区、B 区内植草砖车位面积有多少？该面积是否计入配套绿化用地面积？如计入配套绿化用地面积，折算比率为多少？2. 小区一期 A 区、B 区内植草砖车位是否为公共绿地？3. 小区公共绿地及配套绿化用地的概念”。武汉市园林和林业局于同月 15 日向法院回复：“1. 小区一期 A 区、B 区规划方案中的植草砖车位面积约为 5257 平方米，此面积按 25% 折算后为 1314. 25 平方米，计入配套绿化用地面积。2. 植草砖车位不是公共绿地。3. 根据《城市居住区规划设计规范》，公共绿地：满足规定的日照要求、适合于安排游憩活动设施的、供居民共享的集中绿地，包括居住区公园、小游园和组团绿地及其他块状带状绿地等；小区配套绿地：小区用地红线范围内的绿地，包括公共绿地和宅旁绿地。”

裁判观点

法院认为，根据《物权法》第 74 条的规定，建筑区划内规划用于停放汽车的车位、车库的归属可以由开发商和业主通过约定确定。武汉市某花园小区一期经规划部门审核批准，用于停放汽车的地面车位有 500 个。武汉市某地产开发投资集团有限公司与业主签订的《商品房买卖合同》第 18 条明确约定“规划方案所标示的地上车位使用权及收益权归出卖人享有”，同时，合同附件二关于公共部位与公用房屋分摊建筑面积构成说明中也排除了地面停车位作为公共部位与公用房屋的情形。上述地面停车位的约定系双方当事人真实意思表示，合法有效，表明武汉市某地产开发投资集团有限公司与业主就地面停车位使用权及收益权的归属已达成一致。关于一期业委会主张地面停车位种植了植草砖占用小区的绿化面积并归入绿化用地且计算了绿化率，故地面停车位应属全体业主共有的问题，根据武汉市园林和林业局向一审法院的回复可知，小区内植草砖车位不是公共绿地。虽然小区内植草砖车位面积经折算后计入配套绿化用地面积，但绿地与绿化并非同一概念，武汉市某花园小区一期小区内规划用于停放汽车的地面停车位并未占用公共绿地或其他场所，因此，武汉市某花园小区一期业委会主张地面停车位的使用权归全体业主所有缺乏事实及法律依据，不予支持。

裁判结果

法院判决驳回武汉市某花园小区一期业委会的诉讼请求。

案例102：长沙市某小区业主委员会与湖南某房地产开发有限公司、湖南某物业管理有限公司业主共有权纠纷再审复查与审判监督案

基本案情

长沙市某小区业主委员会申请再审称:66个车位应当属于全体业主所有。原审法院以《规划图总图》认定车位的实际位置及所有权归属是错误的。双方争议的停车位实际上是简单地用白色油漆在地面上划出的固定位置,其本身并无任何建筑物构成的空间,在商品房买卖中,购房者在购买商品房时,开发商已将小区公共部分分摊至所有购房面积内,因此开发商应提供证据证明停车位占用的土地不包括在分摊面积内。

裁判观点

再审申请受理法院认为,根据《物权法》第73条、第74条及《最高人民法院关于审理建筑物区分所有权纠纷案件具体应用法律若干问题的解释》等规定,小区内地面车位的所有权并不当然地属于业主共有,对于建筑区划内,非占用业主共有道路或者其他共有场地的规划用于停放车辆的车位,其初始权利属于开发商,开发商可以与业主之间就车位的权属进行约定。只有占用了业主共有的道路或者其他共有场地的非规划用于停放汽车的车位,因其改变共有部分的用途,才属于业主共有。本案争议的66个车位,从原审中再审申请人提交的小区总平面图、被申请人房产公司提交的小区二期项目建设规划图以及长沙市城乡规划局回函等证据中可以得出其属于规划内的车位,是在建设期间就已规划要建设的车位,并未占有小区公共道路。故在再审申请人未提交证据证明其已通过租售等方式取得66个车位所有权的情况下,原判认定66个车位属于开发商湖南某房地产开发有限公司所有并无不当。

裁判结果

法院裁定驳回长沙市某小区业主委员会的再审申请。

案例103：张某与驻马店市某置业有限公司、某物业管理有限公司合同纠纷案

基本案情

2012年9月16日，驻马店市某置业有限公司（以下简称某置业公司）为某物业管理有限公司（以下简称某物业公司）出具授权书一份，该授权书载明：某置业公司授权某物业公司与小区车位使用权人签订地上停车位使用权确认协议并收取相应费用，该协议自签订之日起生效，并对授权人产生法律效力。2014年6月23日，张某与某物业公司签订了《地上停车位使用权确认协议》，约定：张某使用小区29号楼83号车位，停车位使用费6万元，该车位使用年限等同于张某所购买房屋的土地使用年限等内容。后张某以某物业公司没有转让车位使用权的权利及停车位未经规划为由，起诉请求判令《地上停车位使用权确认协议》为无效合同，并要求某置业公司和某物业公司返还车位使用费及利息。一审法院审理查明，项目规划图显示，该小区规划地面停车位410位，地下停车位645位。某物业公司所转让车位未超过规划部门规划的车位数量。

裁判观点

法院认为，根据《物权法》第74条和《合同法》第52条的规定，张某欲使其诉讼请求得到支持，需举证证明诉争车位系占用业主共有的道路或者其他共有场地，并具有法律规定的合同无效情形。现张某对此无证据证明，应承担举证不能的后果。某物业公司经某置业公司的授权有权与张某就诉争车位的使用签订协议，该协议系双方真实意思表示，也不存在法律所规定的无效情形，故应认定《地上停车位使用权确认协议》有效。且该协议仅是双方对车位使用权的出让，张某如因其他人的原因，不能正常使用诉争车位，可以根据合同约定要求某置业公司、某物业公司承担违约责任，在不存在违反法律强制性规定等合同无效的情形下，不宜认定合同无效。

裁判结果

法院判决驳回张某的诉讼请求。

律师分析

笔者认为，上述案例的裁判观点更加符合《物权法》的立法本意，具有代表性和借鉴性。案例101中，审理法院在查明争议地面车位为规划修建的条件下，着重通过相关主管部门询问并查实上述停车位并未占用小区公共绿地，并结合开发商与业主所签署买卖合同对车位使用权和收益权的约定，认定开发商享有地面车位使用权，其实也是认定了开发商享有地面车位的所有权。案例102为湖南省高级人民法院再审裁定，该案业主委员会申请再审的理由为地面车位占用业主共有土地且开发商无证据证明其不属于土地分摊范围，但法院未在此问题上纠结，认为既然争议车位并未占用小区公共道路，而业主委员会又不能证明其已取得上述车位所有权，那么该车位应该归开发商所有。案例102的背景为群体诉讼案件，值得一提的是，该案审理时间在最高人民法院关于帝景豪苑小区地面停车位纠纷案再审裁定之后，业主在庭审中直接向法院提交了该案的裁定书作为证据，并反复强调与重庆市第五中级人民法院判决相同的观点，但是法院终审并未采纳业主的观点，认为业主方不能证明合同所涉及的地面停车位占用小区公共场所，故该合同约定不违反法律和行政法规的强制性规定，属于有效。

事实上，笔者搜索裁判文书网中关于地面车位纠纷的众多生效判决发现，大多数判决均与上述案例持同样观点，以是否经规划修建作为判定地面停车位权属的主要依据，认为占用公共道路和场地的车位系非规划车位，而并不考察土地使用权是否为共有。

正是因为在司法实践中存在争议，开发商在选择地面车位收益模式时更应当采取谨慎的态度。如采取车位使用权转让方式，其实质法律关系是车位买卖，由于地面车位并不办理产权登记，而其所占用的土地使用权又属于业主共有（除非登记机关改变登记规则），容易引发业主群体纠纷，且司法审判结果也难以预测，将可能面临较大法律风险。如采取车位出租方式，引发群诉概率较小，但也仍然可能收到部分业主要求将停车费交由业主所有的投诉。故不妨考虑约定地面车位与其他公共部分收益方式一致，将其中部分收益通过物业公司向业主作出一定分配,在买卖合同或者前期物业服务合同中对于收益分配比例和成本扣除事项等进行明确约定,从而避免后续可能发生的纠纷。

第三节 人防车位的权利归属和收益模式

居安思危,思则有备。中华人民共和国成立以来,国家大力引导人民防空工程建设。人民防空工程是指为保障战时人员与物资掩蔽、人民防空指挥、医疗救护而单独修建的地下防护建筑,以及结合地面建筑修建的战时可用于防空的地下室。人防工程建设的基本内容包括人防指挥工程建设,公用的人员掩蔽工程和疏散干道工程建设,医疗救护、物资储备等专用工程建设,民用建筑下的防空地下室建设,城市的地下交通干道以及其他地下工程的人防配套设施建设。本书所称"人防车位",就是开发商在修建商品房时,依照法律规定和规划要求,结合地面建筑修建的战时可用于防空,并在非战时作为停车位使用的地下空间。《人民防空法》第5条第2款规定:"国家鼓励、支持企业事业组织、社会团体和个人,通过多种途径,投资进行人民防空工程建设;人民防空工程平时由投资者使用管理,收益归投资者所有。"但因法律仅明确了投资者对人防车位享有的"使用权"和"收益权",而未明确界定所有权,加之大多地方的登记机关并不对人防车位进行权属登记,导致人防车位权利归属模糊,开发商实现收益的模式也备受制约,从而使业主与开发商就此产生巨大争议。因此,实务中有必要厘清人防车位的权利归属和收益模式,以使开发商正确处理此类纠纷。

一、人防车位的权利归属

关于人防车位所有权问题,由于法律层面未有明确规定,目前针对其所有权归属主要存在三种观点:其一是归投资建设者所有,其二是归国家所有,其三是归全体业主共有。

（一）人防车位归投资建设者所有

该观点认为，《物权法》第30条规定："因合法建造、拆除房屋等事实行为设立或者消灭物权的，自事实行为成就时发生效力。"第142条规定，"建设用地使用权人建造的建筑物、构筑物及其附属设施的所有权属于建设用地使用权人，但有相反证据证明的除外"。《城市地下空间开发利用管理规定》第25条规定，"地下工程应本着'谁投资、谁所有、谁受益、谁维护'的原则，允许建设单位对其投资开发建设的地下工程自营或依法进行转让、租赁"。人防工程的投资建设者据建设行为原始取得人防工程的所有权。因此，人防车位的所有权应归投资建设者所有。笔者赞同此观点。

实际上，我国部分地区可为项目业主办理初始产权登记，并以地方立法或者规范进行规定。例如，《重庆市国土房管局关于人防工程权属登记有关问题的通知》规定，房地产开发企业可以参照普通地下停车位的方式对人防车位进行销售，并为购买人防车位的购房人办理人防车位的产权登记。《西安市人民政府关于化解房地产库存促进房地产市场健康发展的若干意见》明确规定，投资人取得人防工程的所有权并进行登记，收益归投资人。《广州市人民防空管理规定》明确规定，人民防空工程所有权归属的确定适用与建设用地使用权相一致的原则，界定人防车位的所有权应归投资建设者所有。在司法实践中，该观点也得到了部分法院的支持。

案例104：广州市某物业管理公司与广州某房地产开发公司租赁合同纠纷上诉案

基本案情

2014年12月25日，广州某房地产开发公司（以下简称房地产开发公司）（甲方，出租方）与广州市某物业管理公司（以下简称物业公司）（乙方，承租方）签订了《租赁合同》，约定：甲方为位于广州市××街××花园物业的产权人，同意将租赁物业租赁给乙方作停车场使用。该租赁物建筑面积经甲乙双方一致确定为2950平方米，租金合计7750元/月。租赁期限为1年，租期自2015年1月1日起至12月31日止，甲方于2015年1月1日前交付租赁物业（物业乙方已在使用)。

2017 年 1 月 4 日,房地产开发公司向物业公司发出《解除租赁合同通知书》,内容为房地产开发公司决定解除与物业公司签订的《租赁合同》,要求物业公司于 2017 年 2 月 28 日前将位于广州市 × ×街 2 号租赁物腾空并交还给房地产开发公司。物业公司于 2017 年 1 月 5 日收到上述通知书。

2017 年 1 月 6 日,物业公司向房地产开发公司复函称其司将按通知要求于 2017 年 3 月 1 日把承租房地产开发公司的有产权车位返还给房地产开发公司。此后双方就物业公司是否应当将人防车位及公用部分返还给房地产开发公司的问题产生争议,物业公司认为仅应当将已办理以房地产开发公司为产权人的车位交还给房地产开发公司,房地产开发公司认为物业公司应当将地下车库包括人防车位及共用部分整体交还。

裁判观点

一审法院认为,《租赁合同》解除后,所涉其中 17 个人防车位是否应当交还的问题,该争议的实质是人防车位是否属于业主共有部分的争议。根据房地产开发公司提交的广州市民防办公室的复函和《最高人民法院关于审理建筑物区分所有权纠纷案件具体应用法律若干问题的解释》第 2 条“建筑区划内符合下列条件的房屋,以及车位、摊位等特定空间,应当认定为物权法第六章所称的专有部分:(一)具有构造上的独立性,能够明确区分;(二)具有利用上的独立性,可以排他使用;(三)能够登记成为特定业主所有权的客体”之规定,涉案 17 个人防车位可以办理产权登记,因此其能成为享有专有权的专有部分。同时,根据房地产开发公司提供的房地产权证书的记载, × ×街 2 号地下室总建筑面积为 2950.44 平方米,其中共有面积为 2238.2361 平方米,则地下室专有面积合计应为 712.2039 平方米。经核算,房地产开发公司持有产权证的 39 个车位,以及房地产开发公司已经过户给买受人的 3 个车位合计总建筑面积为 507.7826 平方米,尚未达到地下室总专有面积 712.2039 平方米,由此可以合理地推断出,人防车位应当属于专有部分,并非共有部分。据此,双方存在争议的 17 个人防车位属于房地产开发公司尚未出售的专有部分,其产权属于作为开发商的房地产开发公司,在《租赁合同》解除后,物业公司应当将该 17 个人防车位返还给房地产开发公司。

二审法院认为,根据广州市规划和自然资源局于2019年11月21日向法院出具的穗规划资源协查〔2019〕1238号《关于(2019)粤01民终13890号〈协助调查函〉的复函》内容显示,涉案17个车位面积未被计入公共分摊面积,小业主的房地产权证所载的公共分摊面积无包含上述车位面积目前暂无17个车位的查封、抵押信息,房地产开发公司可申请办理单个车位的分割登记并领取不动产权证书,故物业公司以房地产开发公司未办理涉案17个人防车位独立产权登记为由,认为一审法院关于该17个人防车位产权归属的认定有误,并上诉主张其不应返还该17个人防车位,缺乏理据,不予支持。

裁判结果

二审法院判决驳回物业公司的上诉请求,维持原判。

律师分析

上述案例中,法院认为案涉人防车位面积未计入公共分摊面积,不为项目业主共有部分,而属于房地产开发公司。由此判定房地产开发公司享有该人防车位的所有权,且房地产开发公司未办理单个车位的不动产权证书并不影响其拥有人防车位权属的认定。

根据《物权法》第135条"建设用地使用权人依法对国家所有的土地享有占有、使用和收益的权利,有权利用该土地建造建筑物、构筑物及其附属设施"、第136条"建设用地使用权可以在土地的地表、地上或者地下分别设立"、第142条"建设用地使用权人建造的建筑物、构筑物及其附属设施的所有权属于建设用地使用权人,但有相反证据证明的除外"的规定,房地产开发企业获取建设用地使用权后并经合法审批,基于其对建设用地的使用权,有权建造建筑物、构筑物及其附属设施,这些经合法建造的地上房屋、地下空间(应包括人防地下车位)可以各自独立存在,具有价值且可以转让,据此,由开发商享有包括人防地下车位的建筑物的所有权,进而享有处分、销售的权利。

(二)人防车位归国家所有

该观点认为,人民防空工程属于国防工程的组成部分,是国民经济和社会发展的重要内容,属于社会公益项目。人民防空地下防护工程是战时人员隐蔽、储藏战备物资的重要场所，在战时具有重要功能，如认定其设施归属非国有，将不利于该设施发挥应有的作用。而《中共中央、国务院、中央军委关于加强人民防空工作的决定》第17条规定："遵循社会主义市场经济规律，对现有人民防空设备设施，在保持和增强战备功能、安全保密的前提下，积极开发利用。要研究制定人民防空国有资产使用和管理办法，明晰人民防空设备设施的产权，实行产权与使用权、经营权的分离，把使用权、经营权推向市场，有偿出租、转让，为经济建设服务。"该决定中，国家也极力推行此类使用权、所有权分离的模式，赞同保留国家所有的人防工程所有权，将使用权、经营权有偿转让出去的方式。部分地区也出台了相应的文件对此进行规定，例如，《济南市城市地下空间开发利用管理办法》第37条规定："经依法批准结建的人防工程，所有权属于国家。未经批准，任何单位和个人不得擅自转让、租赁。"

案例105：某花园小区业主委员会与某房地产开发有限公司共有权纠纷上诉案

基本案情

某房地产开发有限公司系某花园小区的建设单位，某花园小区建设有防空地下室即本案所诉争的人防工程，作车库使用。房地产公司与业主签署的《商品房买卖合同》表明，部分室内车库的产权属开发商所有，部分室内车库的权属无约定。2013年11月6日，某花园小区业主委员会（以下简称业委会）经业主大会选举并经备案成立。业委会认为，商品开发成本最终都将体现为房价，随着小区商品房的出卖，投资者的身份从开发商转移到业主的身上，所以地下车位属于业主共有。遂诉讼请求确认某花园小区2号楼、3号楼架空层的停车位及地下人防工程的停车位产权归业委会所有并要求房产公司移交争议车位。

裁判观点

一审法院认为，关于案涉地下人防工程的权属问题，人防工程在战时承担防空的公共职能，涉及公共利益，业委会要求确认涉案人防工程所有权归其所有的诉讼请求，缺乏法律依据，不予支持。涉案人防工程为房地产公司投资建设，根据《人民防空法》第5条规定的人防工程"谁投资、谁使用、谁受益"的原则，业委会主张人防工程使用权没有法律依据，不予支持，判决驳回其诉讼请求。

二审法院认为，本案地下停车位不同于其他车位，车位所占用的面积属人防工程。而人防工程是指为保障战时人员与物资掩蔽、人民防空指挥、医疗救护而单独修建的地下防护建筑，以及结合地面建筑修建的可用于战时防空的地下室。人防工程是国防资产，应属国家所有，业委会主张某花园地下人防工程的停车位属全体业主共有亦无法律依据，不予支持。根据《人民防空法》第5条"国家对人民防空设施建设按照有关规定给予优惠。国家鼓励、支持企业事业组织、社会团体和个人，通过多种途径，投资进行人民防空工程建设；人民防空工程平时由投资者使用管理，收益归投资者所有"及《城市地下空间开发利用管理规定》第25条"地下工程应本着'谁投资、谁所有、谁受益、谁维护'的原则，允许建设单位对其投资开发建设的地下工程自营或依法进行转让、租赁"的规定，某花园小区的地下停车位由被上诉人投资建设，被上诉人对该地下停车位享有使用、管理、收益的权利，业委会主张人防地下车位的建设成本已分摊到业主的房价中没有证据证明，不予支持。

裁判结果

二审法院判决驳回业委会的上诉请求，维持原判。

律师分析

本案因业委会与房地产开发公司就人防车位所有权问题产生争议，法院认为人防车位既不属于业主共有，也不属于开发商所有，而是属于国家所有。

笔者认为，《国防法》第37条第1款规定："国家为武装力量建设、国防科研生产和其他国防建设直接投入的资金、划拨使用的土地等资源，以及由此形成的用于国防目的的武器装备和设备设施、物资器材、技术成果等属于国防资产。"由国家直接投资形成的用于国防目的的设施设备当然归国家所有，这点与《物权法》第52条规定是一致的。但显然，案例105中所讨论的人防车位所属的人防工程并不是由国家直接投资修建的，而是由房地产开发企业投资建设，不应当归国家所有。同时，根据《中共中央、国务院、中央军委关于加强人民防空工作的决定》第17条规定的"实行产权与使用权、经营权的分离，把使用权、经营权推向市场,有偿出租、转让,为经济建设服务”,其所针对的人防工程系人民防空国有资产;《人民防空国有资产管理规定》第 2 条规定:“人防国有资产是国防资产组成部分,是指人防主管部门及所属单位占有、使用及管理的、在法律上确认为国家所有、能以货币计量的各种经济资源的总和……”所以,本就属于国家投资的人防工程不在此问题的讨论之列,但中共中央关于主张分离产权和使用权、经营权,将使用权、经营权推向市场的管理模式对民用建筑防空地下室的日常管理和收益也具有极强的指导意义。

(三)人防车位归全体业主共有

该观点认为地下停车位的建筑面积被计入公摊面积并分摊建设费用,则应属于业主共同所有。部分地区的文件中也支持这一观点,如深圳市规划和国土资源委员会 2014 年发布《深圳市房地产开发项目停车位建设及处分管理办法(征求意见稿)》中第 4 条规定:“停车位的分类、权属、数量及处分等应当在土地使用权出让合同中进行约定。配建停车位应约定为房地产开发项目全体业主共有。”第 7 条规定:“依法利用民用建筑的防空地下室设置的停车位,应当纳入配建停车位范围。”

事实上,已有明确规定人防工程不计入公摊面积。《物权法》第 74 条第 3 款规定:“占用业主共有的道路或者其他场地用于停放汽车的车位,属于业主共有。”建设部《商品房销售面积计算及公用建筑面积分摊规则》第 4 条和第 9 条中规定:“地下室作为人防工程的,应从整栋商品房的建筑面积扣除”“作为人防工程的地下室也不计入公用建筑面积。”显然,人防工程并不属于归业主共有的“其他场地”。案例 105 中法院否认业委会关于人防车位归业主共有的主张可表明多数法院的态度。认为人防车位应归业主共有的观点缺乏相应依据,属于少数人观点,在此不再赘述。

综上,目前对于人防车位权利归属问题仍然存在较大争议,各地地方立法和规范性文件以及不动产登记制度的不同亦进一步加剧了分歧,法律和行政法规至今没有作出明确界定,以至于司法审判中对于其权利归属亦产生不同认定。笔者认为,对于开发商而言,至少法律已经明确界定了人防车位的“投资收益权”,开发商将人防车位进行使用和经营并无法律障碍,实践中把控好收益模式才是关键。

二、人防车位收益权模式的性质界定

关于人防车位的收益处分问题,《人民防空法》第 5 条明确规定了人防工程的投资者对人防工程进行使用管理并获取收益。但实践中,开发商具体实现收益的方式却往往引起较大的争议。

(一)使用权转让模式

由于缺乏上位法对人防车位所有权进行权属登记的规定,部分地区也不对人防车位进行所有权登记,因此开发商通常采取与业主签署车位使用权转让协议将人防车位交由业主排他使用,通过业主一次性支付使用权转让费的方式获取收益,约定使用期间一般为永久(或者土地使用权存续期间)。该模式在实践中较为普遍。对于此类常见收益模式的主要争议焦点分为:其一,协议是否有效?其二,使用权转让协议的性质是否实为租赁合同?使用期限是否应当受《合同法》第 214 条关于租赁合同租赁期限不得超过 20 年规定的限制?

1. 使用权转让协议的效力问题

对于使用权转让协议的效力的质疑主要源于无上位法对人防车位所有权属进行明确,以此认为开发商存在无权处分或者损害国家公共利益的情形。具体而言,使用权转让行为实际上是将人防车位出售给业主,开发商收取所谓的“使用权转让费”实质为销售款项,业主获得车位后享有占有、使用和收益的权利,甚至可以再次转让,因此使用权转让协议实际上是将国家所有的人防工程出售给业主,损害国家和公共利益,应属无效。

笔者不同意此观点。所有权包含占有、使用、收益和处分四项权能,即使人防车位归属于国家所有,但法律已明确赋予了投资者“使用”和“收益”的权利,即法律规定将所有权相应的权能过渡给开发商以实现所有权和经营权相分离,“使用权转让”就是开发商实现收益权的表现形式。同时,与买卖行为有本质差别的是,使用权转让行为并不以权属转移为目的,也不进行权属转移登记,二者不能等同。正如《中共中央、国务院、中央军委关于加强人民防空工作的决定》第 17 条中规定的“实行产权与使用权、经营权的分离,把使用权、经营权推向市场,有偿出租、转让,为经济建设服务”,该使用权可进行转让和出租,因此开发商的行为并无损害国家利益和社会公共利益的情形,不应当认定为无效。

案例106：贾某与江苏某置业公司确认合同无效纠纷上诉案

基本案情

2014年3月11日，江苏某置业公司（甲方）与贾某（乙方）签订《车位使用权转让协议》，约定：鉴于乙方向甲方购买小区7号901室，双方已签订商品房买卖合同，经双方友好协商，现就甲方向乙方转让车位使用权事宜，双方达成协议如下："一、甲方将地下车位93号（具体位置详见车位分布附图）的使用权转让给乙方，车位的使用权年限与乙方所购住宅具有同等年限。乙方已对上述车位的各项状况及位置、大小等充分了解，自愿受让该车位使用权。二、乙方同意向甲方支付车位使用权转让费75,000元，并于本协议签订时一次性付清。三、甲方应于乙方付清所有价款后，于2014年12月31日前将该车位交付给乙方使用……七、因不可抗力，包括但不限于自然因素、政府行为等导致本协议无法履行的，双方互不负违约责任。如乙方非上述原因需退购该车位，需按该车位价格的20%支付给甲方违约金，且余款须等甲方将该车位再次销售后予以退还。"

贾某通过走访人防等部门认为，江苏某置业公司无权转让该所谓车位的使用权，遂提起诉讼，请求确认《车位使用权转让协议》无效。

裁判观点

一审法院认为，本案中诉争地下车位虽系人防工程，但《人民防空法》第5条规定，"……人民防空工程平时由投资者使用管理，收益归投资者所有"。案涉地下人防工程系由江苏某置业公司投资建设，故江苏某置业公司作为该地下人防工程的投资者对该地下人防工程依法享有使用及收益的权利。鉴于现行法律对地下人防工程的具体收益形式没有明确规定，且以车位的形态进行利用为常态，现江苏某置业公司通过与贾某签订协议有偿转让诉争地下人防车位使用权的方式投资收益，不违反法律、行政法规的强制性规定，应为有效，故判决驳回贾某诉请。

二审法院认为，案涉《车位使用权转让协议》中明确约定江苏某置业公司将案涉车位的使用权转让给贾某，车位的使用年限与贾某所购住宅具有同等年限，贾某已对上述车位的使用状况及位置、大小等充分了解，自愿与江苏某置业公司签订案涉合同,该合同系双方真实意思表示,并不因江苏某置业公司对人防车位不享有所有权而当然无效。本案中贾某系起诉认为江苏某置业公司转让人防车位使用权,无权进行销售,而主张确认案涉合同无效,其系基于买卖合同的性质而主张无效,该诉讼请求所依据的事实和理由与本案查明认定的合同性质不符,故对其该诉请不予支持。

裁判结果

二审法院判决驳回贾某上诉请求,维持原判。

律师分析

该案中,法院认为并无法律对人防工程的具体收益形式明确规定,所以江苏某置业公司通过与贾某签订协议有偿转让诉争地下人防车位使用权的方式投资收益,当然不违反法律、行政法规的强制性规定,协议应当有效。且案涉车位的《车位使用权转让协议》明确约定江苏某置业公司向贾某转让的是人防车位的使用权,双方基于其真实的意思表示签订了该《车位使用权转让协议》,不因为江苏某置业公司不享有所有权而无效。

2. 使用权转让协议是否实为租赁合同的问题

人防车位使用权转让协议的出现是向"不动产权经登记生效"和"人防车位无法办理所有权登记"妥协的产物,虽然人防车位使用权协议同买卖合同十分相似,但由于不具备"转移标的物的所有权"的要素,所以不属于买卖合同。至于是否属于租赁合同,根据《合同法》第212条关于租赁合同的定义可知,租赁合同是出租人将租赁物交付承租人使用、收益,承租人支付租金的合同,与使用权转让的区别在于:(1)使用权转让协议的受让人拥有对所转让标的物的充分使用权利,只要不违反其规划用途,受让人可以自行决定使用方式和使用用途,不需要征求转让人的意见。而租赁合同一般需事先约定使用用途,出租人对于承租人的使用行为有所限制,多数租赁合同会约定若承租人违反约定用途使用租赁物的,其应当承担违约责任,出租人甚至有权据此解除合同,与使用权转让协议相比,承租人并不享有独立自主的充分使用权。(2)使用权转让协议的受让人可自行决定将标的物再行转让、出租或者与他人合作使用;但租赁合同的承租人不能自行决定转租,未经出租人同意进行转租的,除非合同事先有约定或者转租人追认,否则该转租行为亦将被认定为无效。(3)《中共中央、国务院、中央军委关于加强人民防空工作的决定》第 17 条规定的"实行产权与使用权、经营权的分离,把使用权、经营权推向市场,有偿出租、转让,为经济建设服务",将"转让"和"出租"进行并列列举,亦可表明二者并不属于同一性质。

结合实践,可以将使用权转让协议定义为一方将标的物的使用权利在一定时期内交由另一方排他或非排他地使用,另一方需支付使用费的合同,使用权合同在具体签署时可以选择使用期限以及是否具有排他效果,属于《合同法》第 124 条规定的无名合同。人防车位使用权转让模式下所签订的协议,因为车位的不动产性质,在使用中具有排他性,因此所呈现出来的交易模式与买卖合同和租赁合同都非常相似,但其既不属于买卖合同,也不属于租赁合同,而属于无名合同。因此,也不受《合同法》第 214 条关于租赁合同租赁期限限制。

案例 107:冷某与沈阳某置业有限公司租赁合同纠纷上诉案

基本案情

2016 年 3 月 22 日,冷某与沈阳某置业有限公司签订《小区车位使用协议》一份,冷某为乙方,沈阳某置业有限公司为甲方。协议约定甲方同意乙方使用小区车库 74 号停车位,车位总金额为 68,500 元。同日,冷某签署《告知确认书》一份,该告知书内容显示沈阳某置业有限公司告知冷某该停车位所属建设工程属人防工程。而后,双方又签订《停车位合同》一份,合同第 3 条付款方式与期限约定,2016 年 3 月 22 日前支付首付款 20,550 元整,于 2016 年 9 月 20 日前支付 27,400元,于 2017 年 3 月 20 日前支付 20,550 元。第 11 条约定,本停车位使用权年限为自停车位交付之日起至 2052 年 4 月 3 日止。上述协议签订后,冷某已经分两次将 68,500 元停车位款项交付沈阳某置业有限公司。

冷某就该协议内容与沈阳某置业有限公司发生争议,诉至法院,要求确认租赁期限为 20 年,并判令沈阳某置业有限公司因经营超出自身营业执照范围的租赁事务,返还超出 20 年限的租赁费用及同期贷款利息。

裁判观点

一审法院认为,《物权法》第136条规定:“建设用地使用权可以在土地的地表、地上或者地下分别设立。新设立的建设用地使用权,不得损害已设立的用益物权。”第137条第1款规定:“设立建设用地使用权,可以采取出让或者划拨等方式。”涉案停车位系沈阳某小区地下,该项目由沈阳某置业有限公司开发建设,该公司对相应的土地拥有合法的建设用地使用权。《人民防空法》第5条规定:“国家对人民防空设施建设按照有关规定给予优惠。国家鼓励、支持企业事业组织、社会团体和个人,通过多种途径,投资进行人民防空工程建设;人民防空工程平时由投资者使用管理,收益归投资者所有。”第26条规定:“国家鼓励平时利用人民防空工程为经济建设和人民生活服务。平时利用人民防空工程,不得影响其防空效能。”可见民用建筑的人防工程应为“投资者”使用管理并收益。涉案地下停车位属于人防工程,所有权仍归国家,沈阳某置业有限公司作为“投资者”,有权使用管理并取得相应收益。且沈阳某置业有限公司的使用行为有利于经济建设与便民生活。案涉停车位所在区域人防工程按规定进行了审批,平时用途为“地下人防停车场”。沈阳某置业有限公司将其建成为停车场,并与业主签订《停车位合同》,系依法行使“投资者”权利,协议约定冷某有偿使用地下停车位,车位总金额为68,500元,约定使用年限为交付之日至2052年4月3日止。从上述约定及前文对案涉地下停车位权利归属的认定,双方之间实质是沈阳某置业有限公司将取得的案涉停车位人防工程使用权利让渡给冷某,该权利之让渡与沈阳某置业有限公司营业执照登记的经营期限并无必然联系,双方并非简单的“租赁关系”。故本案不宜按照一般的有名合同进行归类和判定。故驳回冷某之诉讼请求.

二审法院认为,地下人防工程属于国家所有,沈阳某置业有限公司享有车位收益。冷某与沈阳某置业有限公司签订的《小区停车位使用协议》与沈阳某置业有限公司的经营期限没有必然联系。法律并未明确禁止转让人防工程设施的使用权,因此沈阳某置业有限公司有权允许冷某使用车位。双方订立的合同是当事人真实意思表示,不违反法律、行政法规的强制性规定,且符合鼓励交易、维护交易安全与秩序的价值取向,该类合同不宜归类为租赁合同,故冷某主张的停车位确认租赁期限为20年不应予以支持。

裁判结果

二审法院判决驳回冷某的上诉请求,维持原判。

律师分析

该案中,尽管法院认为国家拥有该人防工程的所有权,但也认同开发商有权对人防车位进行处分和收益。同时,法院将此类合同性质认定为无名合同,笔者意见与之一致。现阶段,使用权合同具有其自身的特殊性,相关立法亟待进一步完善。在实践中不能只凭合同名称如《使用权转让合同》或合同内容涉及使用期限就武断判定合同类型,还需结合实际情况进行认定。当然开发商在拟定交易合同文本时,也应当注意明确交易内容和标的性质、交易模式等,同时应充分向业主披露人防车位无法办理产权登记以及战时交由国家统一调配导致无法使用的风险,履行告知义务。

(二)租赁模式

该模式大多应用在商业地产之中,由于地下车位主要为商业目的配套使用,一般供写字楼、商场物业租赁或临时停放并收取停车费,部分住宅项目也会采取这种收益模式。该模式与其他一般不动产租赁性质相同,本身不存在合同性质的争议。但实践中也存在物业服务公司或者业主委员会起诉要求返还收取此类人防车位租金的情形。该问题归根结底是人防车位收益权归属的争议,该类案件的发生仍具有启示意义。

案例108:无锡市某投资发展集团有限公司与无锡市某物业管理公司、无锡市某小区业主委员会所有权纠纷上诉案

基本案情

无锡市某小区系由无锡市某投资发展集团有限公司(以下简称投资发展公司)开发建设,无锡市某物业管理公司(以下简称物业公司)系投资发展公司于无锡市某小区交付使用初期选聘的前期物业企业,小区业主委员会成立后,由业主委员会与物业公司签订物业管理合同。2005年9月,防空地下室通过设计、

建设、监理单位以及无锡市人民防空办公室竣工验收。2011 年 8 月 17 日，业主委员会与物业公司另订立无锡市某小区 2011 年物业管理合同补充协议一份，约定，无锡市某小区地下人防工事停车位租赁费 200 元/月/个，由物业公司代为收取，并按 170 元/月/个交付业主委员会，业主委员会提供相关票据给租赁人，补充协议作为 2011 年物业管理委托合同的补充，与物业管理委托合同具有同等法律效力。

2015 年 6 月 6 日无锡市某小区业主委员会以无锡市某物业公司、无锡市某投资发展公司为被告提起诉讼，要求物业公司上缴代为收取的业主委员会所在小区的地面车位、人防车位租金收益（另案）。2015 年 12 月 24 日，投资发展公司提起本案诉讼，主张其物业公司收取车位租金为自己所有。

本案诉讼中，投资发展公司自认，其开发人防车位 200 个，其之所以将预留的这经营性车位 127 个和人防车位 73 个交由物业公司管理，是为了保证人防特殊需要的时候，满足人防工程需要，避免已长期出租 127 个人防车位腾出的情况，投资发展公司行为实际上就是其为了保证人防车位的数量，在部分人防车位被其长期出租的情况下所作的将经营性车位的调剂，故此作为投资发展公司设立的小区前期物业本案物业公司也与业主委员会明确人防车位的数量按 200 个计算。

裁判观点

一审法院认为本案讼争的车库车位数量，根据现场勘验和人防局人防区域图纸对比，以及当事人的确认，争议车位收益的车位为 200 个。本案中，无锡市人民防空办公室结合民用建筑修建防空地下室审批手续、防空地下室竣工验收证明书以及物业公司提供的人防工程平时使用证，均能证明投资发展公司属于无锡市某小区的建设单位，无锡市某小区人防工程由其的开发建设，该事实本案诉讼各方当事人亦均一致确认；无锡市物价局《关于政府信息公开申请的答复》，可以说明计入公建配套面积为 8787.98 平方米的是居委、物业用房、变电所、液化气配电站、公厕、高压水泵房、自行车和摩托车库，而人防面积 10,248 平方米，未计入公建配套面积。但上述证据仅能证明，投资发展公司依法配建了人防工程停车位，人防车位面积也未计入公用配套面积，但是投资发展公司并无证据进一步证明人防车库建设成本由其承担。相反，却有证据证明人防工程的建设成本核算在商品房开发成本之内，从投资发展公司报送无锡市物价局关于无锡市某小区项目销售价格的报告和无锡市价格认证中心关于无锡市某小区商品房开发成本的认定结论书载明，无锡市某小区商品房直接成本包含人防工程的勘察设计费用、建设费用，无锡市物价局据此核准了无锡市某小区商品房基准销售价格，小区人防工程的建筑成本已分摊至地面商品房的购房款中，人防工程的建设成本随着商品房的销售、业主购房的完成，实际已转化为无锡市某小区业主承担。此外，从物业公司另案中向物业公司主张人防车库维护和开支相关费用来看，人防车位维护和管理维修费用目前是由物业公司支出，并不是投资发展公司承担。故一审法院驳回了投资发展公司的诉讼请求。

二审法院认为，本案中无锡市某小区的人防工程是投资发展公司开发建设的，加之业主委员会与物业公司于2011年签订的物业管理合同又约定，人防工事停车位租赁费归业主委员会所有，因此，投资发展公司对有没有将人防工程建设成本分摊到无锡市某小区商品房基准销售价格之中，负有举证责任。根据现有证据，投资发展公司没有充分证据证明没有将人防工程建设成本分摊到小区商品房基准销售价格之中，故其要求返还人防车位收益1,968,918.1元，无事实和法律依据，不予支持。

裁判结果

二审法院判决驳回投资发展公司的上诉请求，维持原判。

律师分析

我们一般认为，人防工程成本的实际承担与是否对人防工程的建设进行投资属于两个行为，对于成本的转移并不意味着人防车位使用权及收益权的转移，如同零售商店的房租成本系由零售商品的买受人承担并不意味着门店承租权和收益权发生转移。权利自然地在两方中转移需要双方作出明确的意思表示，受转让方还需要支付相应的对价，但这一要件本案中并未见到。该案例中法院认定小区业委会拥有收益权是因为涉案小区系实行商品房指导价格出售的小区，一审、二审法院认为此类指导价格房屋依照物价局指导定价，并依职权收集了物价局批准的房价分摊成分证据，依此证据最终认定业主房价中包含修建人防设施的相关成本，故认定业委会拥有收益权能。其中的法律关系及逻辑值得商榷。

首先,应当认识到成本的承担并非法律意义上的“投资行为”,投资者和成本的最终承担者分明是不同的概念,正如投资者和投资者的股东的关系。房地产开发企业根据法律规定和国家要求修建了人防工程,也根据法律规定履行非战时期的管理义务,并获取收益。其次,开发商在申请商品房价格时为了得到预期的售价而将人防工程的建设成本计入商品房建设成本的行为,并不产生开发企业对人防车位的使用、管理、收益权因此转移至全体业主的法律效力。再次,根据《物权法》第 74 条的规定,建筑区划内规划用于停放汽车的车位、车库的归属,由当事人通过出售、附赠或者出租等方式约定。从物价管控的角度来看,房价所反映的价格应当只包括商品房建设成本,并不涉及车位的建设成本,而通过判决书可知,相关物价审核部门在审核商品房价格时并没有对开发商将人防工程的建设成本计入商品房建设成本的行为提出异议或处罚,同时审核通过了其申请的价格。物价管控是一个行政行为,开发商和业主之间是买卖合同法律关系,而成本和价格也是不同的经济学概念,笔者认为,是否承担成本不等于可以获得的所有权,房地产开发企业报送的价格如果不合规范,将受到相关物价管理部门的管控,而不是直接将人防工程的收益权转移给全体业主。最后,业主在购房时明确知晓其所支付的购房款的对价并不包括防空地下室,业主也缺乏购人防车位的意思表示,且根据建设部出台的《商品房销售面积计算及公用建筑面积分摊规则》第 4 条和第 5 条规定,人防工程不计入商品房建筑公用面积,当然无法获得人防工程的使用权和收益权。

(三)出售模式

前已述,我国部分地方如重庆市、西安市、广州市,因可以对人防车位办理房屋不动产权首次登记和转移登记,开发商可以将其作为普通车位进行销售。显然,对于能够进行不动产登记的人防车位而言,其权利归属和收益方式均不会遭受争议,在此无须赘述。

(四)作为销售策略配套赠送使用模式

该模式下,开发商为促进自身住宅或者商业房屋的销售,作为配套销售策略,对于购买商品房的买受人同时赠送人防车位予以使用。由于是无偿使用,发生争议的情形较少,可能存在无偿使用协议到期后人防车位的交接或继续使用的问题,以及房屋转让时所赠送的车位使用权是否一并转让的问题,开发商在拟定相关交易合同时应充分考虑上述问题的处理方式。

第四节
禁止封闭阳台的合法性思考

在《住宅设计规范》术语第2.0.11条中,“阳台”被定义为“附设于建筑物外墙设有栏杆或栏板,可供人活动的空间”。第5.6.1条称其为“室内与室外之间的过渡空间,在城镇居住生活中发挥了越来越重要的作用”。此处“重要的作用”表现在阳台成为居民室内空间四季采光通风的地方,是提高居民生活水平必不可少的建筑设计风格。在西方国家,最早的阳台设计出现在古希腊风格的建筑中,此时的阳台仅有栏杆无站台,主要功能在保证室内空气循环、引入自然光;在日本,作为一个早期建筑以木质结构为主且多火灾的国家,政府要求每户公寓外面必须保留有一条逃生通道,即配备有宽阔的阳台,且不能堆放杂物或者实施封闭,以保证居住安全;在我国,从古代的“美人靠”到现代意义上的观景台,阳台的功能已经从堆放杂物、晾晒衣物的地方变为居民观光远眺、增加生活趣味的空间。从各国阳台的发展历程来看,阳台的设计目的除了提高人民居住生活水平外,考虑最多的还是居住安全。

但是,因居住生活习惯不同,有的业主基于自身居住便利、空间扩展等因素自行采取措施封闭阳台,或将封闭区域作为厨房,或用以增加室内活动空间面积。此类封闭改造行为,不仅改变了阳台最初的设计用途,也影响了市容观瞻的效果,更增加了物业公司管理难度。有的物业公司据此诉诸法院要求业主拆除封闭措施,从而引发司法审判活动中关于禁止业主擅自封闭阳台行为合法性的思考。

一、“禁止封闭阳台”条款的效力认定

案例109：成都某物业管理有限公司与王某物业服务合同纠纷再审案

基本案情

王某系成都某小区业主，成都某物业管理有限公司（以下简称成都某物业公司）系某小区开发商选聘的前期物业服务公司。2014年5月31日，王某在签署《商品房买卖合同》的同时签署了《前期物业服务合同》和《临时管理规约》。《临时管理规约》规定，《前期物业服务合同》内容作为开发建设单位与物业买受人订立的物业买卖合同内容之一，物业买受人应当履行《前期物业服务合同》。另约定：业主、使用人应当按照下列规定使用物业：不得擅自在房屋建筑的外墙上安装遮阳篷、防护栏、晾衣架、花架、鞋架、封闭阳台等。如需安装上述物件、封闭阳台或在阳台开出口的，需在业主大会成立后，经全体业主表决同意方式统一材质、样式、色泽等的有关要求进行。业主、使用人在使用物业中，禁止下列行为：(1)改变物业原设计用途，损坏或者变动建筑主体、承重、结构、建筑外观（含外墙、外门窗、阳台等部位设施的颜色形状和规格）等行为；(2)禁止擅自改变房屋建筑及其设施设备外貌（含外墙、外门窗、阳台等部位设施的颜色形状和规格）。王某同时签署《承诺书》，承诺已详细阅读并理解《临时管理规约》，同意遵守《临时管理规约》内的一切条款，如有违约，愿承担相应违约责任。但王某接收房屋后，将其阳台上的原玻璃隔栏拆除，重新安装了落地玻璃窗。成都某物业公司认为王某的行为违反《临时管理规约》的规定和自身承诺，严重损害其他业主合法权益，故诉至法院，要求王某将封闭的阳台恢复原状。

裁判观点

一审法院认为，王某与成都某物业公司签订的《临时管理规约》合法有效，王某应当遵守。《临时管理规约》规定业主不得擅自封闭阳台，如需封闭阳台的，需在业主大会成立后，经全体业主表决同意方式统一材质、样式、色泽等有关要求后进行，系在考虑全体业主共同利益的前提下，对封闭阳台作出的限制性规定，并未排除王某的权利，且王某已签字承诺遵守《临时管理规约》的规定；关于

王某在阳台上安装落地玻璃是否损害他人合法权益，王某将阳台原有的玻璃拆除后，重新安装了落地玻璃，已经改变了阳台的形状和隔栏的规格，从外观来看，与相邻的其他房屋有较大的区别，影响了整栋楼房的整体外形和美观，损害了小区其他业主的合法权益，应予纠正。关于王某是否应当拆除阳台、恢复原状，王某已向成都某物业公司出具《承诺书》，可以证明其清楚并认可《临时管理规约》的内容，并作出了遵守承诺的真实意思表示。王某擅自封闭阳台的行为违反了自身承诺和《临时管理规约》，违反诚实信用原则。一审法院判决支持物业公司诉请。

二审法院认为，首先，阳台属于业主的专有部分，王某对于其房屋所属阳台享有占有、使用、收益、处分之权利。王某封闭属于其专有部分的阳台的行为不得危及建筑物的安全，不得损害其他业主的合法权益。成都某物业公司并无证据证明王某封闭阳台的行为危及建筑物的安全，亦无其他业主认为王某封闭阳台的行为损害其合法权益，故王某封闭阳台的行为并未违反法律规定。其次，某小区至今并未成立业委会，《临时管理规约》为开发商单方面制定，其中有关禁止业主擅自封闭阳台等内容为格式条款，排除了业主对属于其专有部分的阳台进行使用、处分的主要权利，应当认定为无效。故二审法院撤销一审判决，驳回成都某物业公司的诉讼请求。

再审法院认为，首先，根据相关法律规定，王某与成都某物业公司签订的《前期物业服务合同》《临时管理规约》对王某具有拘束力。其次，《前期物业服务合同》及《临时管理规约》对业主装修阳台进行了限制，具体为不得擅自封闭阳台。限制业主封闭阳台是要求业主在法律范围内合法行使权利，并未影响业主对阳台的正常使用，并非对业主物权的限制，且有利于维护小区环境美观以及小区全体业主的整体利益，该约定不符合法律规定的格式条款无效的情形，既并未免除成都某物业公司责任、也未排除王某主要权利。最后，王某曾签署承诺书承诺遵守《临时管理规约》，证明成都某物业公司对限制封闭阳台的条款履行了提示和说明义务，王某对禁止擅自封闭阳台的约定知情并且承诺愿意遵守。王某应当按照诚实信用原则遵守其承诺。

裁判结果

再审法院判决撤销二审判决，维持一审判决。

案例110：某物业服务集团有限公司诉赵某物业服务合同纠纷案

基本案情

2014年3月8日，某花园小区业主委员会与某物业服务集团有限公司签订了《某花园物业服务合同》，选聘某物业服务集团有限公司提供物业管理服务，对业主、物业使用人违反《管理规约》的行为，某物业服务集团有限公司有权采取劝阻、制止、报告业主委员会以及其他合法方式予以处理。某花园小区物业《管理规约》第二章第7条规定"不得擅自封闭阳台"。赵某系某花园小区的业主，在对其所有的房屋进行装修时，擅自对该房屋南面的阳台进行封闭，某物业服务集团有限公司劝阻并向赵某送达了《违章整改通知书》，赵某拒不拆除其在南阳台上擅自建造的封闭设施。某物业服务集团有限公司认为赵某的行为违反了《管理规约》关于不得擅自封闭阳台的规定，故诉至法院要求赵某立即拆除阳台上擅自建造的封闭设施并恢复原状。

裁判观点

法院认为，阳台属于建筑物专有部分与共有部分的交界地带，其产权归属业主，业主在物权的范围内有权合理使用。但因小区是否允许封闭阳台，不仅关系到赵某一户的利益，更因对阳台采取封闭措施可能存在环保、美观、安全等问题，而关系到小区其他业主的利益，故在判断该问题时应考虑赵某和小区其他业主的利益平衡。首先，根据法律规定，业主基于对住宅等专有部分特定使用功能的合理需要，无偿利用屋顶及其专有部分相对应的外墙面等共有部分的，在不违反法律、法规和管理规约的前提下，不应认定为侵权。因本案赵某系为了住宅安全的需要封闭阳台，其所采取的封闭措施系采用玻璃加装在阳台之上，没有向墙体外侧扩展、延伸或搭建其他建筑物，现有证据难以证明赵某系因侵犯其他业主的权利而应拆除封闭措施。其次，根据相关规定，制定《管理规约》，应当有物业管理区域内专有部分占建筑总面积过半数的业主且占总人数过半数的业主参加，且应当经专有部分占建筑物总面积过半数的业主且占总人数过半数的业主同意。本案某花园小区的《管理规约》形成过程未达到此标准，难以认定其可以代表普通业主的真实意思表示。最后,《管理规约》关于不得封闭阳台的规定,系格式条款,赵某虽在《某花园临时管理规约》《装修重点提示》上签字确认,但该条款属于对业主行使专有部分权利的限制条款,在未经业主充分表决的情况下,难以直接作为有效条款限制赵某的权利。

裁判结果

法院判决驳回某物业服务集团有限公司的诉讼请求。

律师分析

上述两案涉及的主要问题即禁止业主自行封闭阳台是否具有合法性,对此,各级法院并未形成共识。在案例 109 中,一审认为管理规约中规定的禁止封闭阳台条款合法有效,该条款限制王某封闭阳台,是要求其在法律规定范围内合法行使权利,并未排除王某的权利,亦未违反法律、行政法规的强制性规定,不属于格式条款无效的情形;王某封闭阳台的行为已经改变了阳台的形状和隔栏的规格,影响了整栋楼的整体外形和美观,损害了其他业主的合法权益。但二审法院则认为管理规约中规定的禁止封闭阳台条款无效,管理规约是开发商预先拟定的,排除了王某对其专有部分阳台进行使用、处分的主要权利;王某对于其房屋所属阳台享有占有、使用、收益、处分之权利,封闭阳台的行为未危害其他业主合法权益及建筑安全。最终再审法院支持了一审法院的裁判观点,认可管理规约中禁止业主擅自封闭阳台条款的效力,王某应该遵守自身承诺和管理规约,不能擅自封闭阳台。在案例 110 中,法院认为管理规约中限制业主封闭阳台的条款属于对业主行使专有部分权利的限制,未经全体业主充分表决不能作为有效条款限制赵某的权利;阳台的产权归属于赵某,赵某可以在物权范围内合理使用。赵某为了住宅安全的需要封闭阳台,其所采取的封闭措施为在阳台之上加装玻璃,没有向墙体外侧扩展、延伸或搭建其他建筑物,并未危及建筑物的安全或损害其他业主的合法权益。故法院并未支持物业公司的诉请。

对比两案裁判理由可知,探究禁止业主擅自封闭阳台的合法性问题,应首先厘清以下两个问题:一是《临时管理规约》或《管理规约》(以下统称管理规约)中规定的禁止封闭阳台条款是否有效?二是业主擅自封闭阳台的行为是否损害了其他业主的合法权益?虽然案例 109 和案例 110 的案件事实基本相同,但各法院对两个问题的不同回答，导致两案判决结果截然相反。笔者认为，禁止业主擅自封闭阳台具有合法性，法院在审理相关案件时，应该承认管理规约中规定的禁止业主擅自封闭阳台条款的效力，以维护全体业主的合法权益。

二、禁止封闭阳台的理论基础：物权“限制”和“延伸”

关于管理规约中禁止封闭阳台条款是否有效的问题。在案例 110 中，法院认为管理规约中限制业主封闭阳台的条款是对业主行使专有部分权利的限制，属于格式条款中排除一方主要权利的情形，因此判定该条款无效。该判决的理论基础在于物权所表现出来的排他性特征，即物权是权利人直接支配物的权利，任何人都有对物的所有人处分物的行为不加干涉的义务，所以法院才据此认定禁止业主封闭阳台的条款构成对业主行使物权的干涉，属于无效条款。但是，物权的排他性特征真的可以作为否认禁止封闭阳台条款效力的依据吗？

笔者认为，虽然《物权法》第 4 条规定：“国家、集体、私人的物权和其他权利人的物权受法律保护，任何单位和个人不得侵犯。”物权的排他性可以对抗一切不特定的人，物的所有人处分物的行为不受任何人干预，但是我国的物权制度同时要求不动产的所有人或使用人在行使自己的合法权利时，都要尊重其他所有人或使用人的权利，相互间应当给予一定的方便或接受一定的限制，此种权利义务关系即不动产的相邻关系。《物权法》第 84 条规定：“不动产的相邻权利人应当按照有利生产、方便生活、团结互助、公平合理的原则，正确处理相邻关系。”不动产相邻关系的本质是对一方所有人或使用人物权的“延伸”，同时又是对他方所有人或使用人物权的“限制”。

不动产相邻关系所遵从的物权“限制”和“延伸”理论，同样表现在建筑物区分所有权的行使中。建筑物区分所有权包括业主对专有部分的单独所有权、业主对共有部分的共有权及业主共同管理的权利义务。《物权法》第 71 条规定：“业主对其建筑物专有部分享有占有、使用、收益和处分的权利。业主行使权利不得危及建筑物的安全，不得损害其他业主的合法权益。”建筑物区分所有权有其特殊性：许多业主居住在同一栋建筑物和同一建筑区划内，业主享有的专有部分与建筑上其他专有部分或共有部分有密切的关系，彼此休戚相关，具有共同的利益,[1]业主对专有部分行使占有、使用、收益、处分的权利时都应当遵守《物权法》关于相邻关系的规定。《物权法》第 83 条规定:“业主应当遵守法律、法规以及管理规约。业主大会和业主委员会,对任意弃置垃圾、排放污染物或者噪声、违反规定饲养动物、违章搭建、侵占通道、拒付物业费等损害他人合法权益的行为,有权依照法律、法规以及管理规约,要求行为人停止侵害、消除危险、排除妨害、赔偿损失。业主对侵害自己合法权益的行为,可以依法向人民法院提起诉讼。”可见,在建筑物区分所有权中,相邻关系受到妨害时,物权法赋予了受害方以物权请求权,即要求实施妨害行为的业主消除危险、排除妨害等,其本质是对受害方物权行使范围的“延伸”,同时对实施违章搭建、拒付物业费等妨害行为的业主课以消除危险、排除妨害的义务,其本质是对实施妨害行为业主的物权行使的“限制”。

此外,依据《物权法》第 83 条的规定,业主除了遵守法律、法规外,还应该遵守管理规约。管理规约,也称业主公约,是全体业主依法订立的自我管理的公约,主要规定业主对共有部分进行管理时候的权利、义务及每个业主应该承担的责任,是全体业主自我管理和约束的“小宪法”,是协调业主、物业管理企业等相互关系的“总章程”。此处所称管理规约包括开发商先行制定《临时管理规约》和业主委员会制定的《管理规约》,《物业管理条例》第 17 条第 3 款规定:“管理规约对全体业主具有约束力。”第 23 条第 2 款规定:“物业买受人在与建设单位签订物业买卖合同时,应当对遵守临时管理规约予以书面承诺。”所以,不管是开发商制定的《临时管理规约》还是业委会制定的《管理规约》,对业主均有约束力。以此推论,在建筑物区分所有权相邻关系案件的处理中,法院也应当依据管理规约。

关于业主能否擅自封闭阳台的问题,一般在管理规约中有体现。如案例 109 中,《临时管理规约》规定:“本物业管理区域内的业主……按照下列规定使用物业……(十)不得擅自在房屋建筑的外墙上……封闭阳台等。如需安装上述物件、封闭阳台或在阳台开出口的,需在业主大会成立后,经全体业主表决同意方式统一材质、样式、色泽等的有关要求进行”“业主、使用人在使用物业中,禁止下列行为:(一)改变物业原设计用途,损坏或者变动建筑主体、承重、结构、建筑外观(含外墙、外门窗、阳台等部位设施的颜色形状和规格)等行为……

[1] 魏振瀛主编:《民法》,北京大学出版社 2010 年版,第 253 页。

(三)禁止擅自改变房屋建筑及其设施设备外貌(含外墙、外门窗、阳台等部位设施的颜色形状和规格)。"管理规约中规定禁止业主擅自封闭阳台的目的在于保障建筑小区环境的统一性和美观,保证建筑物的安全,维护小区全体业主基于专有部分所有权而享有的安全居住或其他合法权益。该禁止性规定内容,体现的是对特定业主行使阳台部分物权的必要"限制",对他方业主行使物权的合理"延伸",维护的是小区全体业主的整体利益。阳台即使未封闭,也可以正常使用,业主也能实现对阳台处分的权利,所以,临时管理规约中禁止业主擅自封闭阳台的条款并未干涉特定业主行使专有部分的物权,亦未违反法律法规的强制性规定,应当认定为合法有效。

三、封闭阳台行为处分"共有部分"的认定

关于业主擅自封闭阳台的行为是否损害其他业主的合法权益的问题。根据《物权法》第76条规定,有关共有和共同管理权利的重大事项,由业主共同决定。如果阳台属于共有部分,业主擅自封闭阳台属于未经其他业主同意处分共有部分的行为,当然损害其他业主合法权益。但在案例110中,法院认为业主封闭阳台的行为属于行使阳台专有部分的权利,未涉及处分共有部分,并未损害其他业主的合法权益。由此,封闭阳台是否处分了"共有部分",需明确阳台到底是业主的"专有部分"还是"共有部分"?

阳台是附设于建筑物外墙的半封闭空间,与外部空间存在交界面。根据《最高人民法院关于审理建筑物区分所有权纠纷案件具体应用法律若干问题的解释》第2条规定,符合以下条件的特定空间应该界定为专有部分:(1)具有构造上的独立性,能够明确区分;(2)具有利用上的独立性,可以排他使用;(3)能够登记成为特定业主所有权的客体。规划上专属于特定房屋,且建设单位销售时已经根据规划列入该特定房屋买卖合同中的露台等,也属于专有部分的组成部分。可见,基于物权的独立性原则,区分所有的专有部分,需要具备一定的条件,即构造、利用上独立且能够登记为特定业主所有的客体,才能作为建筑物区分所有权中专有权的客体。阳台虽为半封闭空间,但如果其在规划上专属于特定房屋且销售时已经列入房屋买卖合同中,又能在特定房屋的权属证书中得以体现,则阳台与外部空间交界面以内的部分属于特定业主的专有部分,业主是所

有权人,对阳台的专有部分享有所有权权能;而交界面以外的区域即阳台的外立面,包括阳台的栏杆或栏板,属于整栋建筑外墙的一部分。2004 年《建设部办公厅关于公有房屋产权出售后自用阳台外墙面属于自用部位还是共用部位意见的复函》中认为,自用阳台的外墙面属于共用部位。《最高人民法院关于审理建筑物区分所有权纠纷案件具体应用法律若干问题的解释》第 3 条规定,建筑物的基础、承重结构、外墙、屋顶等基本结构部分属于业主共有。故,阳台的外立面作为整栋建筑外墙的组成部分,当属业主共有部分。而根据法律规定,对共有部分的处分,由业主共同决定,故特定业主在未经其他业主同意的情况下无权自行处分阳台外立面。

综上分析,阳台并非绝对的专有部分,他是专有部分与共有部分的交界地带,同理,业主对阳台处分的权利就存在边界,而业主擅自封闭阳台的行为是否越过此边界,损害其他业主的合法权益?对此,笔者认为:

1. 业主擅自封闭阳台的行为越过了其对阳台处分的权利边界

回到业主封闭阳台的行为本身,实务中,业主封闭阳台多采用改造阳台与外空间交界面的方式。改造前,阳台区域原交界面外观为上半部空白,下半部分护栏或栏板,改造后,交界面上半部分空白有了遮挡,阳台变成了全部封闭空间,如案例 109 中,王某将阳台原有的玻璃护栏拆除后重新安装了落地玻璃;案例 110 中,赵某在阳台护栏上加装玻璃。有人据此认为业主封闭阳台没有向墙体外侧扩展、延伸或搭建其他建筑物,没有损害建筑安全和损害其他业主的合法权益。但笔者认为,阳台的外立面属于整栋建筑外墙的一部分,业主封闭阳台时改建阳台交界带的形状和护栏的规格,实际改造的是整栋建筑的外墙,也改变了整栋建筑外观。所谓建筑外观,是建筑物外墙的形状、颜色等外在形象给人呈现的观感。建筑外观直接反映城市的面貌,折射的是一座城市的风貌、经济、文明程度甚至市民素质,根据《城市市容和环境卫生管理条例》第 10 条“一切单位和个人都应当保持建筑物的整洁、美观……搭建或者封闭阳台必须符合城市人民政府市容环境卫生行政主管部门的有关规定”和《住宅室内装饰装修管理办法》第 6 条“装修人从事住宅室内装饰装修活动,未经批准,不得有下列行为:(一)搭建建筑物、构筑物;(二)改变住宅外立面,在非承重外墙上开门、窗……”的规定,在城市行政管理中,禁止业主未经批准擅自改变建筑外观。业主擅自封闭阳台,不管是否向墙体外侧扩展、延伸或搭建其他建筑物,均使建筑外观发生了变化,越过了对阳台专有部分行使权利的边界,违反了相关行政管理规定,相关行政主管部门及物业公司均有权依据物业服务合同的约定采取管理措施,包括提起诉讼。

2. 业主擅自封闭阳台的行为损害了其他业主的合法权益

笔者认为,首先,因阳台的外立面(共有部分)和专有部分并未完全分离,业主行使专有部分所有权时,需受到其他业主对共有部分共同管理的权利限制。其次,即使业主基于便利能够无偿利用与专有部分相对应的外墙面的权利,该利用行为也应当是合理的且不违反法律法规及管理规约。《最高人民法院关于审理建筑物区分所有权纠纷案件具体应用法律若干问题的解释》第4条规定:"业主基于对住宅、经营性用房等专有部分特定使用功能的合理需要,无偿利用屋顶以及与其专有部分相对应的外墙面等共有部分的,不应认定为侵权。但违反法律、法规、管理规约,损害他人合法权益的除外。"第15条规定,业主违反规定破坏、改变建筑物外墙面的形状、颜色等损害建筑物外观的行为,属于《物权法》第83条规定的损害他人合法权益的行为。业主擅自封闭阳台使其成为封闭空间,属于未经其他业主同意改变建筑外观的行为,已经超出了对阳台专有部分合理使用的范畴。最后,从住宅经济价值角度考虑,每个封闭阳台的业主对封闭阳台款式及选材的选择均有差异,会破坏楼栋外立面的统一性和美观,降低所在小区房屋的经济价值;从安全角度考虑,业主封闭阳台使其成为独立、封闭的活动空间,作为室内居所经常使用,会增加对阳台的利用率及荷载,可能给其他业主带来安全隐患。所以,在未取得其他业主同意或者未经批准的情况下,业主擅自封闭阳台的行为必然侵犯其他业主的合法权益。

后　记

笔者于2018年年底开始构思本书，从形成提纲到最终定稿，历经一年时间有余。写作的过程无疑是辛苦的，尤其是法律专业类书稿，笔者深感创作的不易。幸好在写作的过程中，以下合作律师和团队成员给予了巨大的支持：

舒勇攀、杨乔、杨旭、赵建洪、李秋林、刘燕茹、高洁、杨婉、游中康蓥、王倩、夏敏。

他们在案例的收集、整理、法律法规的检索以及文字的校对等方面付出了辛苦努力，也对文稿提出了良好的建议。可以说，没有他们的协助，本书难以顺利成稿和出版。在此笔者对他们表示衷心的感谢。

图书在版编目(CIP)数据

商品房销售疑难法律问题与典型案例裁判观点 / 刘俊，钟俊芳著. -- 北京 ：法律出版社，2020(2021.12 重印)

ISBN 978 - 7 - 5197 - 4743 - 5

Ⅰ. ①商… Ⅱ. ①刘… ②钟… Ⅲ. ①商品房 - 交易 - 民事纠纷 - 案例 - 中国 Ⅳ. ①D922.181.5

中国版本图书馆 CIP 数据核字(2020)第 121344 号

商品房销售疑难法律问题与典型案例裁判观点
SHANGPINFANG XIAOSHOU YINAN FALÜ WENTI YU DIANXING ANLI CAIPAN GUANDIAN

刘 俊 钟俊芳 著

策划编辑 邢艳萍
责任编辑 邢艳萍
装帧设计 汪奇峰 臧晓飞

出版发行 法律出版社
编辑统筹 法律应用出版分社
责任校对 朱海波
责任印制 吕亚莉
经　　销 新华书店

开本 710 毫米×1000 毫米 1/16
印张 24.75 **字数** 410 千
版本 2020 年 7 月第 1 版
印次 2021 年 12 月第 2 次印刷
印刷 北京建宏印刷有限公司

地址:北京市丰台区莲花池西里 7 号(100073)
网址:www.lawpress.com.cn
投稿邮箱:info@lawpress.com.cn
举报盗版邮箱:jbwq@lawpress.com.cn

销售电话:010 - 83938349
客服电话:010 - 83938350
咨询电话:010 - 63939796

书号:ISBN 978 - 7 - 5197 - 4743 - 5
定价:85.00 元

凡购买本社图书,如有印装错误,我社负责退换。电话:010 - 83938349